对外经济贸易大学
远程教育系列教材

民法学(第2版)

Civil Law (2nd Edition)

徐海燕　梅夏英　编著

对外经济贸易大学出版社
中国·北京

内容简介

民法学是法学的一门基础学科，也是法律制度中最为基础的一部分。本书的编写侧重于民法基本制度的介绍及传统的民法理论，以帮助读者全面系统地解读民法。全书共分四编：总论、物权、债权和民事责任。

图书在版编目（CIP）数据

民法学／徐海燕，梅夏英编著．—2版．—北京：对外经济贸易大学出版社，2012
对外经济贸易大学远程教育系列教材
ISBN 978-7-5663-0429-2

Ⅰ．①民… Ⅱ．①徐… ②梅… Ⅲ．①民法－法的理论－中国－高等教育－远程教育－教材 Ⅳ．①D923.01

中国版本图书馆 CIP 数据核字（2012）第 172474 号

民法学（第 2 版）
Civil Law（2nd Edition）

徐海燕 梅夏英 编著
责任编辑：汪友年

对外经济贸易大学出版社
北京市朝阳区惠新东街 10 号 邮政编码：100029
邮购电话：010－64492338 发行部电话：010－64492342
网址：http：//www.uibep.com E-mail：uibep@126.com

北京市山华苑印刷有限责任公司印装 新华书店北京发行所发行
成品尺寸：185mm×230mm 23.625 印张 477 千字
2012 年 9 月北京第 2 版 2012 年 9 月第 1 次印刷

ISBN 978-7-5663-0429-2
印数：0 001－3 000 册 定价：35.00 元

前　言

民法学是法学的一门基础学科，也是法律制度中最为基础的一部分。法学界有称，“民法乃万法之母”，意指法学其他学科几乎都或多或少以民法为基础。民法学自古罗马时代开始，在欧洲大陆已发展成一门理论与制度都比较健全的学科，主要调整着商品经济下人们的人身与财产关系。我国在清末就师承欧洲大陆制定了民法典，在民国时期制定的民法典不仅在当时运用至中国大部分地区，至今这部民法典仍在台湾地区发挥着基本法的作用。我国大陆地区长期以来都没有承认民法这门学科，直至改革开放才开始认清民法在商品经济下的重要功能，并于1986年制定了《中华人民共和国民法通则》，由此拉开了中国大陆民法制度制定的序幕，民法学的研究也才开始繁荣起来。1999年《中华人民共和国合同法》的制定，更是民法发展的一个里程碑。2007年通过的《中华人民共和国物权法》以及2009年通过的《中华人民共和国侵权责任法》，对于进一步完善我国的民法制度发挥了巨大的作用。

本书的编写，重在对于民法基本制度的介绍，鉴于我国民法制度的制定未成体系，书中也大量介绍了传统民法的理论，以帮助读者更好地理解民法。本书分为总论、物权、债权、民事责任四编，由于篇幅所限，加之民法学科的内容可谓浩如烟海，许多制度和理论都无法进行详细阐述，仅仅作了概括介绍，读者对其有不甚明了之处可以进一步学习，参阅相关的专著。本书总论部分吸纳了传统理论和最新的学说研究；物权部分根据2007年《中华人民共和国物权法》进行了相应制度的完善；债权部分主要介绍理论，而对具体的合同，没有一一介绍；民事责任部分亦结合了2009年的《中华人民共和国侵权责任法》，补充了最新的立法制度和学说。各章之后的案例分析，我们尽量引用真实的案例，相信这更有助于读者对我国民法制度的认识与学习。

本书由徐海燕老师和梅夏英老师共同编写，书中的内容尽量做到对知识点覆盖全面，不重复，文笔洗练，以便帮助学生最大限度地掌握民法的相关内容。

作者

2012年8月修订

CONTENTS

目　　录

第一编　总　　论

第一章　民法概述 ······ 3
第一节　民法的概念 ······ 4
第二节　民法的法律渊源 ······ 7
第三节　民法的基本原则 ······ 10
第四节　民法的效力范围 ······ 14
同步测练与解析 ······ 17

第二章　民事法律关系 ······ 21
第一节　民事法律关系的要素 ······ 22
第二节　民事法律关系的变动 ······ 23
第三节　民事权利 ······ 26
第四节　民事义务 ······ 32
第五节　民事责任 ······ 33
同步测练与解析 ······ 38

第三章　民事主体 ······ 41
第一节　自然人 ······ 42
第二节　法人 ······ 50
同步测练与解析 ······ 59

第四章　法律行为与代理 ······ 63
第一节　法律行为概述 ······ 64
第二节　意思表示概述 ······ 69
第三节　民事行为的无效与撤销 ······ 74

第四节　附条件和附期限的法律行为 …… 77
第五节　代理 …… 80
同步测练与解析 …… 85

第五章　时效 …… 89
第一节　时效制度概述 …… 90
第二节　取得时效 …… 92
第三节　消灭时效 …… 94
同步测练与解析 …… 102

第二编　物　　权

第六章　物权法概述 …… 107
第一节　物权概述 …… 108
第二节　物权法的基本原则 …… 109
第三节　物权法的主要内容 …… 110
第四节　物权的种类 …… 113
第五节　物权的效力 …… 115
第六节　物 …… 117
同步测练与解析 …… 122

第七章　所有权制度 …… 127
第一节　所有权概述 …… 128
第二节　不动产所有权 …… 130
第三节　动产所有权 …… 133
第四节　添附 …… 136
同步测练与解析 …… 138

第八章　用益物权 …… 141
第一节　用益物权概述 …… 142
第二节　土地承包经营权 …… 144
第三节　建设用地使用权 …… 151
第四节　宅基地使用权 …… 158
第五节　地役权 …… 162
同步测练与解析 …… 170

第九章 担保物权 ······ 173
第一节 担保物权概述 ······ 174
第二节 抵押权 ······ 176
第三节 质权 ······ 179
第四节 留置权 ······ 183
同步测练与解析 ······ 189

第三编 债 权

第十章 债权概述 ······ 195
第一节 债的概念与特征 ······ 196
第二节 债的法律关系的要素 ······ 198
第三节 债的分类 ······ 201
同步测练与解析 ······ 208

第十一章 债的原因 ······ 211
第一节 合同 ······ 212
第二节 侵权行为 ······ 216
第三节 无因管理 ······ 217
第四节 不当得利 ······ 221
第五节 其他原因 ······ 225
同步测练与解析 ······ 228

第十二章 债的履行 ······ 231
第一节 债的履行概述 ······ 232
第二节 债的适当履行 ······ 237
同步测练与解析 ······ 243

第十三章 债的保全和担保 ······ 247
第一节 债的保全 ······ 248
第二节 债的担保 ······ 252
同步测练与解析 ······ 265

第十四章 债的移转和消灭 ······ 269
第一节 债的移转 ······ 270

第二节　债的消灭……275
同步测练与解析……283

第四编　民事责任

第十五章　民事责任……287
第一节　民事责任概述……288
第二节　民事责任的归责原则及免责事由……292
第三节　民事责任的承担方式和民事制裁方式……297
同步测练与解析……303

第十六章　违反合同的民事责任……307
第一节　缔约过失责任……308
第二节　违约责任……311
同步测练与解析……318

第十七章　侵权的民事责任……323
第一节　一般侵权行为的民事责任……324
第二节　《侵权责任法》中具体的侵权行为……327
第三节　侵权责任和其他民事责任的竞合……330
同步测练与解析……335

综合测练与解析……339
综合测练与解析（一）……339
综合测练与解析（二）……345
综合测练与解析（三）……350

参考文献……356

CONTENTS

PART ONE GENERAL STATEMENT

CHAPTER 1 Out Line of Civil Law ··· 3
1.1 The Concept of Civil Law ··· 4
1.2 The Sources of Civil Law ··· 7
1.3 The Basic Principles of Civil Law ··· 10
1.4 The Scope of Application of Civil Law ··· 14
Exercises and Answers ··· 17

CHAPTER 2 Civil Legal Relationship ··· 21
2.1 The Key Elements of Civil Legal Relationship ··· 22
2.2 The Change of Civil Legal Relationship ··· 23
2.3 Civil Rights ··· 26
2.4 Civil Duty ··· 32
2.5 Civil Liability ··· 33
Exercises and Answers ··· 38

CHAPTER 3 Civil Subject ··· 41
3.1 Natural Person ··· 42
3.2 Legal Person ··· 50
Exercises and Answers ··· 59

CHAPTER 4 Juristic Acts and Agency ··· 63
4.1 Introduction of Juristic Act ··· 64
4.2 Expression of Intention ··· 69
4.3 Null and Void Juristic Acts & Revocable Juristic Acts ··· 74

4.4 Juristic Acts Subject to Conditions & to Stipulation of Time Limit …… 77
4.5 Agency …… 80
Exercises and Answers …… 85

CHAPTER 5 Limitation …… 89
5.1 Introduction of Limitation …… 90
5.2 Acquisitive Prescription …… 92
5.3 Limitation of claims …… 94
Exercises and Answers …… 102

PART TWO PROPERTY RIGHT

CHAPTER 6 Introduction of Property Right …… 107
6.1 The significance of Property Right …… 108
6.2 The Basic Principle …… 109
6.3 The Main Contents …… 110
6.4 The Categories …… 113
6.5 The Effect …… 115
6.6 Property …… 117
Exercises and Answers …… 122

CHAPTER 7 Ownership …… 127
7.1 Introduction …… 128
7.2 Property Right of Immovables …… 130
7.3 Property Right of Movables …… 133
7.4 Attachment …… 136
Exercises and Answers …… 138

CHAPTER 8 Usufruct of Immovable Property …… 141
8.1 Introduction …… 142
8.2 Right to the Contracted Management of Land …… 144
8.3 Right to Use Construction Land …… 151
8.4 Right to Use House Sites …… 158
8.5 Easement …… 162
Exercises and Answers …… 170

CHAPTER 9 Property Right Guaranteed …… 173
9.1 Introduction …… 174
9.2 Mortgage …… 176
9.3 Pledge …… 179
9.4 Lien …… 183
Exercises and Answers …… 189

PART THREE CREDITOR'S RIGHTS

CHAPTER 10 Introduction of Debts …… 195
10.1 Concept and Characters …… 196
10.2 Key Elements …… 198
10.3 Classifications of Debts …… 201
Exercises and Answers …… 208

CHAPTER 11 Causes of Debts …… 211
11.1 Contracts …… 212
11.2 Torts …… 216
11.3 Voluntary Service …… 217
11.4 Unjust Enrichment …… 221
11.5 Other Causes …… 225
Exercises and Answers …… 228

CHAPTER 12 Performance of Debts …… 231
12.1 Introduction …… 232
12.2 Suitable Performance of Debts …… 237
Exercises and Answers …… 243

CHAPTER 13 Preservation of Loan and Guarantee of Obligation …… 247
13.1 Preservation of Loan …… 248
13.2 Guarantee of Obligation …… 252
Exercises and Answers …… 265

CHAPTER 14 Transference and Termination of Obligation …… 269
14.1 Transference of Obligation …… 270

14. 2 Termination of Obligation …… 275
Exercises and Answers …… 283

PART FOUR CIVIL LIABILITY

CHAPTER 15 Civil Liability …… 287
15. 1 Introduction …… 288
15. 2 Imputation Principles of Tort Liability and Reasons for Exemption …… 292
15. 3 Categories of Civil Liability …… 297
Exercises and Answers …… 303

CHAPTER 16 Liability of Contract …… 307
16. 1 Liability for Wrongs in Conclusion of Contracts …… 308
16. 2 Liability for Breach of Contracts …… 311
Exercises and Answers …… 318

CHAPTER 17 Liability of Torts …… 323
17. 1 Liability of General Tortious Activities …… 324
17. 2 Liability of Particular Tortious Activities in Tort Law …… 327
17. 3 Coincidence of Tortious Liability and Other Civil Liability …… 330
Exercises and Answers …… 335

Comprehensive Tests & Answers …… 339
Comprehensive Tests & Answers Ⅰ …… 339
Comprehensive Tests & Answers Ⅱ …… 345
Comprehensive Tests & Answers Ⅲ …… 350

References …… 356

第一章
CHAPTER ONE

民法概述

学习目标

通过本章的学习，掌握民法的定义、民法的调整对象和方法、民法的基本原则和效力范围；了解大陆法系和英美法系等不同国家对民法的定义；了解民法和商法、经济法等法的法律关系；明确我国民法的法律渊源。

重点难点提示

- 民法的定义
- 大陆法系民法的定义
- 英美法系民法的定义
- 民法的调整对象和方法
- 民法的基本原则
- 民法的效力范围

第一编　总　论

第一节　民法的概念

一、民法的定义

（一）大陆法系关于民法的定义

大陆法系国家或地区多从“私法”的角度探讨民法的定义。在德国民法理论中，民法被认为是平等地适用于所有市民的法律部门，是私法的核心部分。在日本及我国台湾地区，民法一般被定义为“规律私人间一般社会关系的私法规范”。

在大陆法系的民商分立的国家，民法按其调整范围可分为广义民法与狭义民法。广义民法，指全体私法，即凡属于私法性质的成文法及不成文法皆属民法。商法属于广义民法的一部分。狭义民法是指除商法以外的私法。

另外，民法还有形式意义的民法与实质意义的民法之分。形式意义的民法，是指以民法命名的成文法典。实质意义的民法，不仅包括成文的民法典，还包括一切具有民法性质的法律、法规及判例法、习惯法。

（二）英美法系对民法的理解

在英美法系，civil law 并不代表一个独立的实体法部门，有关大陆法系民事法律关系的调整，主要由财产法、合同法、侵权法和家庭法调整。有学者将 civil law 比喻为“商业流转法”。

（三）我国对民法的定义

我国从民法调整对象的角度对民法进行定义。我国《民法通则》受前苏联立法的影响，对民法的定义也是从其调整关系的角度进行，即认为民法是“调整平等主体的公民之间、法人之间、公民和法人之间的财产关系和人身关系的法律规范的总称”。

二、民法的调整对象与调整方法

（一）民法的调整对象

1. 财产关系

财产关系是指以财产为媒介而发生的社会关系。民法所调整的财产关系：（1）既包括生产经营性的财产关系，也包括非生产经营性（消费性）的财产关系。（2）既包括商品性的财产关系，也包括非商品性（如财产继承）的财产关系。（3）既包括有偿的财产关系，也包括无偿（如无偿保管、赠与）的财产关系。（4）既包括物质财富的生产、集合、分配和消费过程中的财产关系，也包括精神财富的创作、利用、传播和转让过程中的财产关系（如知识产权）。（5）既包括由于特定的身份关系和人格而产生的财产关系，也包括与人身无关的财产关系。前者主要指由于家庭婚姻关系而产生的财产关系（包括家庭婚姻财产、抚养赡养费用等）及由于使用姓名、肖像引起的财产关系与因某些专有权（采矿、专卖等）而发生的财产关系；后者则包括民法所调整的绝大部分所有权及债权等。(6) 既包括由于权利的取得和行使而产生的财产关系，也包括由于权利受到侵犯而产生的财产关系（如赔偿损失、返还财产、支付违约金、修理、重作等）。(7) 既包括静态的财产关系（财产支配关系），也包括动态的财产关系（财产流转关系）。前者调整因财产的占有、使用、收益、处分而发生的社会关系；后者调整因财产流转而发生的社会关系，例如买卖、租赁、借贷等。前者也称物权关系，后者也称债权关系。

2. 人身关系

人身关系是指以人格和身份为媒介而发生的社会关系，其中“人”指人格，“身”指身份。人格关系是因人的姓名、生命、健康、婚姻自主、肖像、名誉、荣誉等权利而发生的社会关系，这些关系中所包含的权利是人生存和发展的必要条件。身份关系是因配偶、亲属等身份而发生的社会关系，身份关系中所包含的权利是维系家庭存续发展的必要条件。

3. 主体平等是确定民法调整对象范围的标准

财产关系是因财产而发生的人与人之间的社会关系，人身关系是因人格和身份而发生的社会关系，为何民法将二者集合到一起共同作为民法的调整对象呢？其原因在于，二者都具有平等的属性。这种平等的属性必然导致主体的平等，主体的平等即主体互不隶属，同处于平等地位。主体平等主要表现在：(1) 民事主体条件平等，即取得民事主体资格条件的平等。(2) 民事主体法律地位平等，即任何主体，无论其性别、年龄、民族、种族、出身、职业、宗教信仰、财产状况、教育状况、身体状况、精神状况、自由状况、婚姻状况如何，其法律地位都是平等的。民事主体法律地位平等，还意味着任何一方主体都不得凌驾于另一方主体之上，不得以自己的意思左右他人。(3) 法律保护平等。民事主体的法律地位平等必然意味着法律保护的平等，当权利受到侵犯时，民事主体将受到平等的法律保护。当然，民法上的平等，不是指事实或结果均等，而是指法律条件和法律地位平等。

（二）民法调整的方法

关于民法调整的方法，主要分为事前调整和事后调整。事前调整就是塑造社会关系为法律关系，使其循着符合立法者意志的方向发展，形成一种理想的秩序。事后调整是通过适用民事责任使被破坏的法律关系恢复圆满状态。其中，事前调整的方法又分为：(1) 规定法律关系的主体；(2) 规定法律关系的客体；(3) 规定当事人的行为模式。

三、民法与相关法律部门的关系

（一）民法和商法的关系

商法是指调整商事组织及商事活动关系的法律规范的总称。

1. 在法律编纂上

大陆法系在民法和商法的法律编纂上，有“民商分立”和“民商合一”两种模式。

（1）“民商分立”的立法模式。所谓“民商分立”的立法模式，是指在制定民法典的同时，制定独立的商法典，并以此为基础建立相对独立的法律体系。

（2）“民商合一”的立法模式。所谓“民商合一”的立法模式，是指仅制定民法典作为调整民商关系的基本法律，然后再制定单行的商事基本法律，作为民法典的特别法，而不制定商法典。

2. 在法律适用上

民法是对平等主体法律关系作出规定的一般法，商法是对平等主体商事法律关系作出规定的特殊法，二者是一般法和特别法的关系。

在法律适用上，民法与商法应遵循以下原则：

（1）民法的一般适用和补充适用的原则。首先，作为民法的基本原则（如诚实信用原则、平等原则、公平原则、契约自由原则）和作为民法的基本制度（如权利能力制度、行为能力制度等）都应无例外地适用于商事事项。其次，就某一事项商法未规定的，应补充适用民法的规定。

（2）商法的适用优先于民法的原则。由于商法是对民法一般制度的特殊化规定，例如，商法关于公司的规定就是对民法的法人制度的特殊化规定，因此，依照一般法和特别法的关系，就某一事项，民法和商法均有规定的，应优先适用商法。

（3）商法的效力优先于民法的原则。商法中的公法规范即强制性法律规范，优先于民法规范适用。

（二）民法和经济法的关系

“经济法”这一概念大约于20世纪30年代传入中国，但真正研究经济法则在20世纪70年代末以后。

经济法具有以下基本特征：（1）经济法的调整对象是国家在适度干预市场经济过程中发生的各种社会关系。国家对市场经济的适度干预主要体现在维护公平的交易和竞争秩序，以及宏观经济调控这两个方面。（2）经济法的调节机制是社会整体调节机制，也就是说，国家以全社会的名义对国民经济主体进行调节。（3）经济法追求的利益目标是社会整体利益，既不是企业的个体利益，也非纯粹的国家利益。

民法和经济法的区别主要体现在：

第一，二者的调整对象不同。民法所调整的财产关系，主要是平等主体之间的财产关系，亦即所谓横向的经济关系。这种财产关系，主要是商品所有者之间以货币为媒介进行的商品交换和劳务提供，价值规律起着作用，因而具有平等、自愿、等价有偿等特征。经济法所调整的财产关系或者经济关系，主要属于纵向的财产关系或经济关系。这种财产关系往往是基于国家对经济的管理，而发生在国家与企业或个体生产者之间，因而具有管理与被管理、监督与被监督、命令与服从的行政隶属性特征。

第二，二者的调整手段不同。民法的调整手段是个体的自我调节机制，即强调民事主体的意思自治（含财产所有权尊重、契约自由和过错责任三项原则）和诚实信用，而经济法的调整手段是社会整体的调节机制。

第三，二者追求的利益目标不同。民法追求民事主体的个体利益、微观利益；而经济法追求社会整体的经济利益、宏观利益。

第四，二者的救济措施不同。民法的救济措施主要限于民事责任，而经济法的救济措施既有民事责任（如损害赔偿），也有行政责任（含行政处罚和行政处分）和刑事责任。

第二节　民法的法律渊源

尽管法律的渊源包括多种含义，例如法律的历史渊源、法律的理论或思想渊源、法律的本质渊源、法律的效力渊源、法律的文献渊源及法律的学术渊源，但通常所讲的法律渊源，包括本书所讲的民法的法律渊源，乃指法律的效力渊源，即法律由不同机关创制或认可而具有不同效力的表现形式，亦即借以将法律规范确定为实在的和强制性规范的那些形式。

一、大陆法系民法的法律渊源

（一）制定法

制定法，是与习惯法，特别是判例法相对称的一个概念，是指由特定国家机关，主要指立法机关通过的法律。

民法典是大陆法系民事制定法的主要形式。在大陆法系的民法典中，《德国民法典》和《瑞士民法典》堪称两种模式。《德国民法典》为极端理性化模式。其特点在于立法者尽可能地就每一个细节每一种认为可能发生的具体案情，均作清楚无疑的立法。《瑞士民法典》则为概括抽象模式。其特点在于立法者只提出每种法律制度的轮廓，留给法官按照他所处理的具体案件的意见加以填充。

在民法典之外，大陆法系国家的制定法形式还有民事单行法。民事单行法是指民法典之外的有关立法机构颁布的涉及某些民事事项的系统性的法律、法规。例如，采民商合一立法模式的国家在民法典之外，还有专门的公司法、票据法、海商法、保险法等法律。

（二）习惯法

由习惯制定的法叫作习惯法，即“由习俗认可的法”，习惯法是最早的法律渊源。习惯只有经过国家承认，才能成为习惯法。有学者认为，民事采用的习惯法，必须具备以下要件：其一，须有习惯的存在；其二，须为人人确认其有法的效力；其三，须系法规所未规定的事项；其四，须不背于公共秩序与善良风俗；其五，须经国家（法院）明示或默示承认。① 还有学者概括为，对于法律习惯的形成或者说习惯法的建立来说，必须具备以下条件：一是法律信念，即把规范当作法来遵守的信念；二是对规范的自发遵守。

（三）法理

法理，即依据民法的基本原则所应有的原理或一致的学说。法理本身并不具有法律拘束力，但法官不能借法律无明文规定为由而拒绝判案，因此法官往往以法理作为解释或裁判的依据。

大部分国家或地区的民法典中都肯定了法理作为民法的渊源。根据《瑞士民法典》第7条第3款的规定，法官应依据公认的学理和惯例裁判。我国台湾地区“民法”第1条规定：“民事法律所未规定者，依习惯。无习惯者，依法理。”

（四）学说

学说是指研究法律的人对成文法的阐释，对习惯法的认知即对法理的探求所表示的意见。学说只是代表学者的个人意见，不能直接发生拘束力，因此，它不是法律的直接渊源，而仅为间接渊源，须经法院采用才可作为法律适用。并非所有学说都能成为法律的补充渊源，法院采用学说时，应依据如下标准：首先，就某一问题存在多种学说时，采通说。其次，就某一问题存在旧说与新说时，宜采新说。最后，对某一问题的学说具有不同权威性时，宜采权威学者的学说。

二、我国民法的法律渊源

（一）法律

全国人民代表大会制定的《民法通则》和若干民事单行法（如《继承法》、《收养法》、《婚姻法》、《专利法》、《商标法》、《著作权法》、《公司法》、《证券法》、《票据法》、《保险法》、《担保法》和《合同法》等）是最主要的民法渊源。行政法律中的民法规范也是我国的民法渊源之一。例如《产品质量法》第四章“关于瑕疵担保责任和产品

① 梁慧星．民法总论．北京：法律出版社，2001：28．

责任的规定”均属于民法规则。

（二）行政法规

根据《宪法》第90条第2款和《立法法》第7－9条的规定，国务院及其所属各部门发布的与民事有关的行政法规也是我国民法的渊源之一。必须指出的是，此处所谓的行政法规，是指国务院所行使的立法权限的性质而言的，但就其法规的内容，则有行政性法规和民事性法规的区别。① 例如，国务院1991年制定的《道路交通事故处理办法》第六章“损害赔偿”就属于民法规则。《城市私有房屋管理规定》第10条规定“房屋所有人出卖共有房屋，在同等条件下，共有人有优先购买权”则属于民法中的物权规范。

（三）有权解释

有权解释是指有解释权的机关对民事法律、法规所作的解释。有权解释的目的是为了阐述民法规范的构成要件及法律效果，或者通过解释以补充现行法的漏洞，具有创立规则的作用，它是我国民法的重要渊源之一。其中，最重要的是立法解释和司法解释。根据《宪法》第67条第4项的规定，全国人民代表大会常务委员会有解释法律的权力。由于全国人民代表大会常务委员会是立法机关，因此，它对民法所作的解释属于立法解释。另外，全国人民代表大会常务委员会“关于加强法律解释工作的决议”第2条规定，“凡属法院审判工作中具体应用法律、法令的问题，由最高人民法院进行解释”。由于最高人民法院是司法机关，其就审判工作中具体运用民事法律、法令的问题作出的具有法律效力的解释是司法解释。

除立法解释和司法解释之外，其他机关在授权范围内对某一法律的应用作出的解释同样具有法律约束力。

（四）习惯

我国宪法和民事基本法原则上没有确认习惯法为法律渊源，因此，习惯法是不能以法律渊源的意义被加以援用的。但习惯如果以制定法形式表现出来，或被吸收作为国家政策，其便成了法律渊源。

（五）法理和学说

按照我国现行法律，法理并没有拘束力，但经有解释权的机关对民事法理进行解释，或法官对法理在具体案件中作出解释之后便具有了法律拘束力，从而成为民法的渊源。

学说属于学理解释，是学者个人的学术观点，因此不能直接发生法律约束力，但学说因被采为判决依据便发生法律拘束力。

① 梁慧星．民法总论．北京：法律出版社，2001：27．

第三节　民法的基本原则

一、民法基本原则的意义与功能

（一）民法基本原则的意义

所谓民法的基本原则，是指贯穿于整个民法部门和全部民法规范之中的基本准则。民法基本原则的含义，可以从下述两方面理解：一是其内容的根本性，即其是对民法所调整对象的本质和规律的集中反映；二是其效力的普遍性和贯彻的始终性，即它是制定、解释、研究民法的共同准则。

（二）民法基本原则的功能

第一，民事立法的准则。民法基本原则体现着民法的基本价值，是制定民事基本法的立法准则。民法基本原则贯穿于整个民事立法，为民法制度的确立和民法规范的制定提供指导思想。例如，作为民法基本原则的平等原则就不仅体现在我国《民法通则》第3条中，还体现在《合同法》第3条中，即“合同当事人的法律地位平等，一方不得将自己的意志强加给另一方”。

第二，民事主体的行为准则。民法基本原则不仅是民事立法的准则，还是民事主体的行为准则。例如，我国《民法通则》第4条明确规定：“民事活动应遵循自愿、公平、等价有偿、诚实信用的原则”。

第三，解释民事法律法规的依据。民法的基本原则，在法律适用中，首先处于客观解释准则的地位，具有解释和协调的功能。民法基本原则本身不得单独援引作为直接判决依据，但是可以被当作解释规则运用，特别是对某个法律规范的理解有歧义时，可以引用民法基本原则进行解释。

第四，补充法律漏洞。如果现行法存在法律漏洞，法院可以运用民法基本原则补充法律漏洞，从而进行创造性的司法活动。

二、民法基本原则的内容

（一）平等原则

平等原则，是指民事活动中的所有当事人法律地位平等，任何一方不得将自己的意志强加给另一方。我国《民法通则》第2条规定本法“调整平等主体的公民之间、法人之间、公民和法人之间的财产关系和人身关系”。此处的“平等”二字将民法与同样也调整财产关系的经济法进行了区别。因此，平等原则最集中地反映了民法所调整的社会关系的本质特征，从而成为民法区别于其他部门法的主要标志。

1. 任何民事主体法律地位平等

就自然人而言，无论其性别、年龄、民族、种族、出身、职业、宗教信仰、财产状况、教育状况、身体状况、精神状况、自由状况、婚姻状况如何，其法律地位都是平等的。就法人而言，无论其所有制性质如何、资产规模大小、经济实力强弱，其在法律上的地位都平等。民事主体法律地位平等，还意味着任何一方主体都不能凌驾于另一方主体之上，不得以自己的意思左右他人。就当事人订立合同而言，任何一方都不得以强凌弱、以大欺小、以上压下，签订“霸王合同”。

2. 法律保护平等

民事主体的法律地位平等必然意味着法律保护的平等，当权利受到侵犯时，民事主体将受到平等的法律保护。当然，民法上的平等，不是指事实或结果均等，而是指法律条件和法律地位平等。

在国家利益、集体利益和个人利益的法律保护的关系问题上，曾经出现过一些错误的做法。我国在起草《民法通则》时，曾有人主张规定国家财产特殊保护的规定，或者规定国家、集体、个人三者利益兼顾的原则等。其实，这种做法或观点是不正确的。因为，在民事活动中，任何民事主体的法律地位都是平等的，当其权利受侵犯时，其法律保护也是平等的，不能按照民事主体或民事客体的地位、价值大小来规定不同的保护程度。因此，当国家利益、集体利益和个人利益发生纠纷时，不能按个人利益服从集体利益、集体利益服从国家利益的原则来处理。正确的解决办法是，谁的合法权益受到了侵犯，谁就应当受到法律的保护。

（二）私法自治原则

私法自治或意思自治原则是由契约自由原则发展而来的。契约自由包括五个方面：当事人是否订立契约自由，订立何种契约自由，何时订立契约自由，自由地选择契约相对人和契约的形式作用。

1900 年的《德国民法典》创造了“法律行为”这一抽象概念。法律行为是契约的上位概念，由此契约自由原则发展成了私法自治原则。私法自治原则强调，民事主体在法律强行性规定和公序良俗容忍的范围和限度内，有权为了追求自身的经济利益，以自己的名义实施各种民事行为，从而为自己创设一定的民事权利、设定一定的民事义务，国家或者他人对此只能消极地予以保护和尊重，而不能积极地予以干涉和妨碍。民事主体私法自治原则又可以引申出两项基本原则：（1）民事主体财产权利尊重（绝对或不可侵）原则。（2）行为自由原则。行为自由原则，既包括双方行为自由（契约自由），也包括单方行为自由，还包括多方行为自由（如章程自由）。

（三）诚实信用原则

我国大陆民法学者对诚信原则的解释主要有语义说和一般条款说两种。语义说认为，诚信原则是对民事活动的参加者不进行任何诈欺、恪守信用的要求。① 一般条款说认为，诚信原则是不确定但具有强制性效力的一般条款，除了指导当事人正确进行民事活动外，还具有授予法官自由裁量权填补法律漏洞、引导法律与时俱进的作用。② 在我国目前，一般条款说是解释诚信原则的通说。根据一般条款说，诚信原则在两个方面发挥着作用：首先，它是对当事人进行民事活动时必须具备诚实的内心状态的要求，对当事人民事活动起指导作用；其次，它是对法官自由裁量权的授予。

我国法律已明确地把诚信原则写进了法律条文之中。我国《民法通则》第4条规定："民事活动应当遵循自愿、公平、等价有偿、诚实信用的原则。"可见，我国《民法通则》对诚实信用原则采取了抽象化与具体化相混合的立法方式。一方面既直截了当地宣示诚实信用原则，另一方面又以自愿、公平、等价有偿等内容作具体阐释。另外，我国《合同法》第6条规定，当事人行使权利、履行义务应当遵循诚实信用原则。《消费者权益保护法》第4条规定，经营者与消费者进行交易，应当遵循诚实信用的原则。

（四）公序良俗原则

1. 公序良俗的含义

公序良俗作为现代民法一项基本原则，是由"公共秩序"和"善良风俗"两个概念组成的。何谓公共秩序，史尚宽先生认为，公共秩序谓为国家社会之存在及其发展所必要的一般秩序。不独宪法所定之国家根本组织，而且个人之言论、出版、信仰、营业自由，乃至私有财产、继承制度，皆属于公共秩序。③

何谓善良风俗，黄茂荣先生认为，善良风俗指某一特定社会所尊重之起码的伦理要求，它强调法律或社会秩序之起码的"伦理性"，从而应将这种伦理要求补充地予以规范化，禁止逾越。④ 在诚实信用原则与善良风俗的关系上，有学者主张应将善良风俗限定在性道德及家庭道德的范围内，从而与作为市场交易的道德准则的诚实信用原则相区别。

2. 违反公序良俗行为的类型

在我国，梁慧星先生结合法国、德国、日本及我国台湾地区的学说与判例，将违反公序良俗的行为归纳为以下十种类型：(1) 危害国家公序行为类型。例如，以从事犯罪或帮助犯罪行为作为内容的合同，身份证件的买卖合同，规避课税的合意，意图影响投票而为选举人提供免费饮料的合意等。(2) 危害家庭关系行为类型。例如，约定父母子女别居协议，约定夫妻别居协议，约定断绝亲子关系协议，婚姻关系中的违约金约款，代人受孕的代理母协议，以及代理母中介协会等。(3) 违反性道德行为类型。例如，对婚外同

① 马原. 中国民法教程. 北京：人民法院出版社，1989：24.

② 徐国栋. 诚实信用原则二题. 法学研究，2002 (4).

③ 史尚宽. 民法总论. 北京：中国政法大学出版社，2000：38-40.

④ 转引自梁慧星. 市场经济与公序良俗原则//梁慧星. 民商法论丛：第1卷. 北京：法律出版社，1994：51.

居人所作的赠与与遗赠，以同居为条件的财产转移等。(4) 射幸行为类型。例如，赌博、买空卖空、巨奖销售，及政府不允许的彩票等。(5) 违反人权及人格尊严的行为类型。例如，过分限制人身自由的劳动契约，以债务人人身为抵押的约定，以及企业对雇员、商场对顾客进行搜身的约定等。(6) 限制经济自由的行为类型。例如，利用垄断地位和行政权力分割市场、封锁市场，限制原材料输出或商品进入的协议或规定等。(7) 违反公正竞争行为类型。例如，拍卖或招标中的围标行为；以贿赂方法诱使对方的雇员或代理人与自己订立的契约，以诱使对方违反其对于第三人的契约义务为目的的契约等。(8) 违反消费者保护的行为类型。例如，利用欺诈性交易方法、不当劝诱方法及虚假和易使人误信的广告、宣传、表示致消费者遭受重大损害的行为。(9) 违反劳动者保护的行为类型。例如，劳动关系中以雇员对企业不利行为作为支付退职金条件的规定，“工伤概不负责”条款，“单身条款”，男女同工不同酬的差别规定等。(10) 暴利行为类型。《民法通则》中第58条规定的“乘人之危”及第59条规定的“显失公平”行为即暴利行为。

(五) 禁止权利滥用原则

1. 权利滥用的含义

权利滥用，是指超出权利的、社会的、经济的目的或社会所不容许的界限行使权利。由于权利不仅保护权利者个人利益，同时还具有维护社会全体利益的功能，此即权利的社会性与公共性。因此，权利的行使如果违反了公序良俗或权利人方面无正当利益，或权利人因行使权利所获利益极小而损害他人或社会利益很大，皆构成权利滥用。禁止权利滥用原则的宗旨就是要求民事活动的当事人在行使权利及履行义务的过程中，实现个人利益和社会利益的平衡。在大陆法系国家，禁止权利滥用原则是诚信原则的当然内容，或者说是诚信原则的反面规范，即权利之行使有违诚信原则者，是为权利滥用。

2. 权利滥用的构成要件

构成权利滥用必须具备下述三个要件：

(1) 须有权利的存在。如果不存在权利而加害于他人，则构成侵权行为，而非权利滥用。因此，权利滥用的首要条件是存在权利。

(2) 须权利人有积极的或消极的行为。权利人行使权利构成权利滥用比较常见，权利人不行使权利构成权利滥用的情形虽少，但也存在。

(3) 须权利行使或不行使损害了他人或社会的利益。

关于“故意损害”是否为权利滥用的一个构成要件，早期的判例及法律一般认为是构成要件之一。但最近的判例及学说主张不以“故意损害”为构成权利滥用的要件。日本民法学者北川善太郎指出：权利滥用的构成要件，因所涉及的问题情形而有不同，而作为共同的要件，须权利的行使超过了社会的容许限度。是否有加害目的等主观意图，并非必要条件。另外，关于社会容许限度的判断，应就具体情形依诚实信用原则对于权利者一方与对方的利益关系进行比较。① 可见，北川先生以超过社会容许限度作为权利滥用的构成要件，而代替传统的故意损害要件。

3. 权利滥用与侵权行为的关系

权利滥用与侵权行为极易混淆，二者主要区别如下：

（1）构成权利滥用，须有正当权利存在，且是与权利行使或与权利行使有关的行为；而侵权行为事先并无正当权利存在，不属于权利行使或与权利行使无关。

（2）权利滥用之立法目的，在于对民事权利之行使予以一定限制，通过对权利滥用的禁止或制裁以保护社会公益或他人利益；而侵权行为制度并无限制民事权利的目的。

（3）权利滥用以当事人有损害他人或社会利益的故意为要件，在行使权利时仅仅因为过失造成他人或社会利益损害的，尚不构成权利滥用；而侵权行为不以故意为要件，仅因过失侵害他人合法权益亦可构成侵权行为。但由于最近的判例及学说主张不以“故意损害”为构成权利滥用的要件，因此此一区别不甚明显。

第四节　民法的效力范围

一、民法对时间的效力

民法关于时间的效力，即民法的生效期间，指某一特定民法从生效到失效的时间段。

就某一特定民法的生效时间而言，一般遵循以下原则：（1）施行生效原则。法律规定有施行日期的，施行之日为生效之日；法律没有规定施行日期的，公布之日一般为生效之日。（2）法不溯及既往原则。法不溯及既往原则在罗马法中就有，现代各国亦已明文规定此原则。例如，《法国民法典》第2条规定：“法律仅适用于将来，没有追溯力。”但此原则也有例外，例如，关于某事项，在民法施行以前就已发生，立法机关可以明确规定其适用新法。

对于某一特定民法效力的终止，一般遵循以下原则：（1）废止终止原则。如果该民法自身规定施行日期，期满自行废止；如果没有规定施行日期的，则以明文废止日期作为该法律废止之日。（2）新法优于旧法原则。就某一事项而言，既有新法规定，又有旧法规定（该旧法未废止），且新法与旧法处于同一法律地位，则适用新法的规定。（3）特别法优于普通法原则。如果新法与旧法不处于同一法律地位，一个为民事普通法，一个为民事特别法，则须适用“特别法优于普通法的原则”，即使该民事普通法生效在后也无妨。

---

① 转引自梁慧星．民法总论．北京：法律出版社，2001：297．

二、民法对空间的效力

一国的法律原则上只能在一国领域之内适用。因此，我国《民法通则》第8条第1款规定："在中华人民共和国领域内的民事活动，适用中华人民共和国法律，法律另有规定的除外。"另外，不同的民事法律，其对空间的效力也不一样。例如，作为我国民事普通法的《民法通则》适用于我国全部领土，而某一地方性民事法规只能适用于特定区域。

三、民法对人的效力

法律对人的效力有属人主义和属地主义两种标准。按照属人主义的标准，凡属本国国民，不问其在本国，抑或外国，都应受本国法律支配。属人主义是国家行使"人民主权"的结果。按照属地主义标准，凡居住在本国领土，不论本国人，还是外国人，都受本国法律支配。属地主义是国家行使"领土主权"的结果。

我国民法采属地主义为主的折衷主义。原则上，我国民法适用于我国境内的本国人、外国人和无国籍人、本国法人和外国法人。我国民法适用的例外情形是：（1）对于不在中国境内的中国人、外国人和无国籍人，根据国际私法规则应适用中国民法的，仍应适用。（2）根据国际法和国际私法原则，在中国境内的中国人、外国人和无国籍人应适用国际条约、国际惯例和外国法的，就排除中国民法的适用，而适用上述法律。

本章小结

民法是"调整平等主体的公民之间、法人之间、公民和法人之间的财产关系和人身关系的法律规范的总称"。

所谓"民商合一"的立法模式，是指仅制定民法典作为调整民商关系的基本法律，然后再制定单行的商事基本法律，作为民法典的特别法，而不制定商法典。

平等原则，是指民事活动中的所有当事人法律地位平等，任何一方不得将自己的意志强加给另一方。

私法自治原则强调，民事主体在法律强行性规定和公序良俗容忍的范围和限度内，有权为了追求自身的经济利益，以自己的名义实施各种民事行为，从而为自己创设一定的民事权利、设定一定的民事义务，国家或者他人对此只能消极地予以保护和尊重，而不能积极地予以干涉和妨碍。

我国大陆民法学者对诚信原则的解释主要有语义说和一般条款说两种。语义说认为，诚信原则是对民事活动的参加者不进行任何诈欺、恪守信用的要求。一般条款说认为，诚信原则是不确定但具有强制性效力的一般条款，除了指导当事人正确进行民事活动外，还具有授予法官自由裁量权填补法律漏洞、引导法律与时俱进的作用。

公序良俗作为现代民法的一项基本原则，是由“公共秩序”和“善良风俗”两个概念组成的。

禁止权利滥用原则的宗旨就是要求民事活动的当事人在行使权利及履行义务的过程中，实现个人利益和社会利益的平衡。

重要概念

民法　商法　经济法　法理　习惯法　平等原则　私法自治原则　公序良俗　禁止权利滥用原则　属人主义　属地主义　效力范围

案例分析

【案情】

某商店开展促销活动，部分商品打折销售，并在醒目处贴出“打折商品，一经售出，概不退换”的告示。

【问题】

运用民法原理并结合我国有关法律的规定对该告示加以评析。

【评析】

（1）该商店告示反映了民法的格式条款制度。格式条款是指当事人为了重复使用而预先拟定，并在订立合同时未与对方协商的条款。

（2）采用格式条款订立合同虽然具有简化缔约程序、节约交易成本的好处，但内容常常显失公平。合同作为双方法律行为，要求反映当事人的真实意思，并体现公平原则。商店作为提供格式条款的一方，往往规定免责条款损害对方尤其是消费者权益保护法的规定。

（3）根据合同法的规定，提供格式条款的一方应当遵守公平原则确定当事人的权利和义务，采取合理的方式提请对方注意限制或免除其责任的条款。

（4）根据合同法的规定，提供格式条款具有免除提供格式条款一方责任、加重对方责任、排除对方主要权利等情形的，该条款无效。商店的告示实质是完全免除自己的责任，因此，该格式条款应当是无效的。

同步测练与解析

一、单项选择题

1. 形式意义的民法，是指以民法命名的（　　）。

A. 成文法典　　B. 法律　　C. 习惯法　　D. 判例法

2. 王某从某商场购得一台电暖器（商场未声明有质量问题），放置一年半后使用时因漏电而受伤，为此花去医疗费3 000元。根据诉讼时效的规定，王某起诉获法院支持应根据（　　）。

A. 《民法通则》　　B. 《产品质量法》

C. 《合同法》　　D. 《民法通则》或《产品质量法》

3. 下列情形中属于民事法律事实的是（　　）。

A. 日出　　B. 备课　　C. 赠与　　D. 恋爱

4. 下列权利中属于民事权利的是（　　）。

A. 婚姻自由权　　B. 亲属抚养权　　C. 作品修改权　　D. 仲裁请求权

5. 形式意义的民法是指（　　）。

A. 经立法程序编撰的民法典

B. 由民法专家写的著作

C. 最高司法机关关于民法的解释性文件

D. 法律出版社出版的民法大百科全书

6.（　　）是确定民法调整对象范围的标准。

A. 身份平等　　B. 地位平等　　C. 主体平等　　D. 财产平等

7. 私法自治或意思自治原则是由（　　）发展而来的。

A. 契约自由原则

B. 行为自由原则

C. 民事主体财产权利尊重（绝对或不可侵）原则

D. 章程自由原则

8. 禁止权利滥用原则的宗旨就是要求民事活动的当事人在行使权利及履行义务的过程中，实现个人利益和（　　）的平衡。

A. 他人利益　　B. 社会利益　　C. 商业利益　　D. 政治利益

二、多项选择题

1. 构成权利滥用必须具备下述（　　）要件。

A. 须有权利的存在

B. 须权利人有积极的或消极的行为

C. 须权利行使或不行使损害了他人或社会的利益

D. 须违反了法律的规定

2. 权利滥用与侵权行为的区别是（　　）。

A. 构成权利滥用，须有正当权利存在，且是与权利行使或与权利行使有关的行为；而侵权行为事先并无正当权利存在，不属于权利行使或与权利行使无关

B. 权利滥用之立法目的，在于对民事权利之行使予以一定限制，通过对权利滥用的禁止或制裁以保护社会公益或他人利益；而侵权行为制度并无限制民事权利的目的

C. 权利滥用是以自己的权利存在为前提的，而侵权是以侵犯他人的权利为前提的，自身没有其权利

D. 权利滥用以当事人有损害他人或社会利益的故意为要件，在行使权利时仅仅因为过失造成他人或社会利益损害的，尚不构成权利滥用；而侵权行为不以故意为要件，仅因过失侵害他人合法权益亦可构成侵权行为

3. 就某一特定民法的生效时间而言，一般遵循（　　）。

A. 施行生效原则　　B. 颁布生效原则

C. 制定之日生效原则　　D. 法不溯及既往原则

4. 法律对人的效力有（　　）标准。

A. 属人主义　　B. 属地主义　　C. 国家主权主义　　D. 出生地主义

5. 我国民法的基本原则有（　　）。

A. 公平原则　　B. 法律面前人人平等原则

C. 诚实信用原则　　D. 平等原则

三、简答题

1. 简述我国民法基本原则中的诚实信用原则。

2. 简述我国民法对人的效力采用的标准及其例外情形。

3. 简述我国民法的法律渊源。

4. 简述民法和经济法的关系。

四、论述题

1. 论述我国民法的基本原则。

2. 论述民法的效力范围。

3. 论述权利滥用原则和侵权原则的适用的不同。

五、案例题

甲乙两家各有小院，隔墙而居，院墙高约两米。一天，甲家夫妇下田务农，将两周岁的儿子丙锁在自家的院子里玩。不巧，乙家的一只公鸡飞过院墙，将丙的左眼啄伤。甲家

为此支出医药费近万元。

问题：对甲家所受的损失应如何承担？

参考答案

一、单项选择题

1. A　2. B　3. C　4. C　5. A　6. C　7. A　8. B

二、多项选择题

1. ABC　2. ABCD　3. ABD　4. AB　5. ACD

三、简答题（答案略）

四、论述题（答案略）

五、案例题

本案涉及动物致损侵权责任的承担问题。《民法通则》第 127 条规定："饲养的动物造成他人损害的，动物饲养人或者管理人应当承担民事责任；由于受害人的过错造成损害的，动物饲养人或者管理人不承担民事责任；由于第三人的过错造成损害的，第三人应当承担民事责任。"因本案中的受害人为无行为能力人，故在确定责任分配时，甲家夫妇是否尽到应有的监护责任便成为一个重要的考虑因素。许多人认为，甲家夫妇将丙独自锁在家中属未尽到应有监护责任的行为，亦存在一定的过错，但是，甲乙两家的院墙高达两米，一般的家禽难以飞越，若要求甲家预见到这一结果的发生，则未免过于严苛。且一旦发生损害，若采用从结果推原因的方法，我们基本上均可找出监护人的不严密之处。那么，何谓尽到应有的监护责任就将变成一个无法回答的问题。另外，值得注意的是，动物致损案件中，无须证明侵权人存在过错，只须证明他人对该损害无过错，而他人的过错应由动物饲养人或管理人负举证责任。

[illegible]

问题 [illegible]

参考答案

一、单项选择题

[illegible]

二、多项选择题

[illegible]

三、名词解释

[illegible]

四、论述题（要点）

[illegible]

第二章

CHAPTER TWO

民事法律关系

学习目标

通过本章的学习，掌握民事法律关系的定义、要素、分类、变动及其原因等；了解民事权利和义务的分类及其范围；理解民事责任的概念及其适用。

重点难点提示

- 民事法律关系的要素
- 民事法律关系的主体、客体、内容
- 民事法律关系的变动
- 民事权利
- 权利的保护
- 民事义务的意义和分类
- 民事责任

第一节　民事法律关系的要素

民法所调整的社会关系的范围极其广泛，涉及经济、文化、科学、医疗、卫生、教育等各行各业；牵涉到自然人的生老病死、法人或其他组织的设立、变更和终止等各个方面。可以说，市场经济虽然错综复杂，变化万千，但反映到民事法律关系上，却可以简单地归结到动和静两方面要素。静的要素为法律关系的主体与客体，动的要素为权利义务及其变动和变动的原因。任何一个民事法律关系无论其如何复杂，都可以从其主体、客体以及法律关系的内容（权利义务及其变动和变动的原因）去分析。因此，民事法律关系是主体、客体、内容三个要素组成的有机整体，三者缺一不可，其中，主体为权利义务之所属，客体为权利义务之所附，内容为权利义务的具体化。

一、民事法律关系的主体

民事法律关系的主体，是指参加民事法律关系，享有民事权利和承担民事义务的人，简称民事主体或权利主体。民事主体有两种含义：第一，就特定权利而言，指称该特定权利之所归属。例如，张三为某房屋的所有权人。第二，指称享有民事权利承担民事义务的法律资格。例如，三岁幼儿无民事行为能力，但亦可作为民事权利主体。[①]

民事法律关系的主体，抑或民事法律关系的当事人，既包括自然人，还包括法人和不具有法人资格的其他组织，有的情形下，国家也是民事主体。

在民事法律关系的当事人中，享有权利的一方称为权利主体（权利人），负有义务的一方称为义务主体（义务人）。在多数法律关系中，当事人既享有权利，又承担义务，既是权利主体，又是义务主体。

二、民事法律关系的客体

民事法律关系的客体，又称为民事权利客体或权利客体，是指民事法律关系的主体享有的民事权利和负有的民事义务所指向的事物。权利客体，在有的著作中，又称为权利的对象，或权利的标的。民事法律关系的客体既是产生民事权利与民事义务的依托，又是确认民事法律关系性质的重要依据。

民事法律关系的客体通常包括物、行为、智力成果和人身利益。物是物权关系的客体，但并非一切物权关系的客体均为物。例如，担保物权的客体除物之外，还有权利（如权利质权）；债权关系的客体是行为，包括物和劳务两方面；知识产权关系的客体是

---

① 梁慧星．民法总论．北京：法律出版社，2001：62.

人类的智力成果，又称无体物（与物等有体物相对）；人身权关系的客体是人格利益，包括生命、健康、身体、肖像、自由、名誉、隐私等。

三、民事法律关系的内容

民事法律关系的内容，是指民事法律关系的主体所享有的民事权利和负担的民事义务。不同的民事法律关系，其内容也不同。例如，所有权法律关系和买卖合同关系的内容就不同。有些民事法律关系的内容，即当事人的权利义务是由民事法律规范直接规定的，而有的是由当事人在法律允许的范围内自由协商的。权利义务等有关内容由当事人协商，充分体现了民法的私法自治原则，也是民法作为私法，区别于公法的标志之一。

民事法律关系与民法所调整的社会关系是同一社会现实的两种不同表现。例如，甲从乙公司购买一批建材，甲交付价款，乙交付建材，从法律上看，这为典型的买卖合同关系，从经济上看，这为典型的商品交换关系。因此，民事法律关系是具有民事权利义务内容的社会关系。

第二节　民事法律关系的变动

一、民事法律关系变动的概念

民事法律关系的变动，是指民事法律关系的发生、变更与消灭。

虽然民事法律关系的变动通常产生民事权利和民事义务变动的结果，但实际上，民事法律关系的变动不同于民事权利的变动。就民事法律关系的发生而言，虽然大部分情形下，民事法律关系发生，自然导致民事权利和民事义务的立即发生，但在附条件和附期限的法律行为中，其民事法律关系虽已发生，但其民事权利与民事义务要待条件成就或期限届至时才发生。此亦即法律行为成立和生效的区别，暂容后述。

（一）民事法律关系的发生

民事法律关系的发生，指因一定的民事法律事实出现，民事主体之间形成民事权利义务关系。从民事权利的发生角度来看，民事权利可以分为绝对发生和相对发生。

1. 民事权利的绝对发生

民事权利的绝对发生，指民事主体独立、不依附于既存的其他权利而发生的权利。从权利主体的角度看，即为权利的原始取得。例如，因先占无主物而原始取得物的所有权。

2. 民事权利的相对发生

民事权利的相对发生，指基于他人既存的权利而发生的权利。从权利主体的角度看，则为权利的继受取得，或传来取得，亦即当事人通过继受其他民事主体的现存权利而取得。例如，因继承而取得财产的所有权。

继受取得可以分为移转的继受取得和创设的继受取得。前者指主体变更而权利内容并未变更，例如所有权的让与、债权的让与等。后者指原权利人基于自己的权利而为他人设立一个新的权利，原权利人仍保留自己的权利。例如，在自己的土地上为他人设定地役权、在自己的房屋为他人设立抵押权等。

继受取得还可以分为个别的继受取得与概括的继受取得。前者指相互分离的单项权利的转让，后者指一个权利集合体或一整份财产的转让，这种转让无需采用转让每一个单项权利所使用的各个特别方式。概括的继受取得主要出现在遗产的继承中。

（二）民事法律关系的变更

民事法律关系的变更，指因一定的民事法律事实出现，原有的民事法律关系发生了变化。民事法律关系的变更包括主体变更、客体变更及内容变更。

1. 民事法律关系主体的变更

民事法律关系主体的变更，指权利主体或义务主体的变更。例如，债权让与使权利主体发生了变更，债务转移使义务主体发生了变更。

2. 民事法律关系客体的变更

民事法律关系客体的变更，指客体的性质和范围发生了变更。例如，选择之债一经选择就变为简单之债；所有物部分灭失，导致所有权客体的变更。民事法律关系客体的变更，有时也会导致民事法律关系的内容相应地发生变更。

3. 民事法律关系内容的变更

民事法律关系内容的变更，指民事权利义务的性质和范围发生了变化。民事法律关系内容的变更有的是由客体变更引起的，例如，选择之债变为简单之债。有些变更与客体无关，例如，买卖合同先约定由买方提货，后改为卖方送货。

（三）民事法律关系的消灭

民事法律关系的消灭，指因一定的民事法律事实出现，原有的民事法律关系终结。民事法律关系的消灭分为绝对消灭与相对消灭。绝对消灭，指民事法律关系主体的权利义务已不复存在。例如，因物的全部灭失而致所有权的消灭，因债的全部履行而致债权消灭。相对消灭，指民事法律关系的主体、客体和内容的变更。

二、民事法律关系变动的原因——民事法律事实

民事法律关系的变动是有一定原因的，导致民事法律关系变动的原因称为民事法律事实。民事法律事实，就是指符合法律的规定，能够引起民事法律关系的发生、变更或消灭的客观情况。法律事实分为两大类，即自然事实和人的行为。

（一）自然事实

自然事实，指人的行为之外的，能够引起民事法律关系变动的一切客观情况。自然事

实又分为状态与事件两种。

1. 状态

状态，指某种客观情况的持续。与人有关的，如人的下落不明、精神失常；与物有关的，如相邻状态；与人和物都无关的，如时间的经过等。

2. 事件

事件，指某种客观情况的发生。与人有关的，如人的出生与死亡、不当得利、混同、继承开始、战争爆发和罢工等；与物或自然有关的，如自然灾害的发生、物的毁损、天然孳息的分离等。

（二）人的行为

法律上人的行为，指人有意识的活动。人的无意识的动作，例如，人在昏迷状态中的动作以及无行为能力人的“行为”，都不是此处所称的“人的行为”。另外，并非一切人的行为都是法律事实，只有那些具有私法价值的人的行为才被纳入到法律事实的范畴。

1. 法律行为

法律行为是一种具有确立、变更或终止民事权利和民事义务关系的意思表示行为。

德国传统民法理论将意思表示的构成要素抽象为以下五项：目的意思，又译基础意思、交易意思、法律行为意思；效果意思；表示意思，指为目的意思所生之意思；行为意思，又称行动意思，指为表示效果意思所生之意思；表示行为。其中前四项为内在意思要素，后一项为外在表示要素。

2. 准法律行为

关于准法律行为，学者们没有给出一个确切的定义。法律行为的效力，在于行为人的意思；但准法律行为不是因当事人的意思表示，而是根据法律规定而产生法律效果。准法律行为包括意思通知、观念通知、感情表示。

3. 事实行为

事实行为指行为人不具有设立、变更或消灭民事法律关系的意图，但依照法律规定客观上能引起民事法律后果的行为。

关于法律行为和事实行为的关系，德国学者概括为：“有法律意义的行为可以分为两类：一是大陆法系学者通常都熟悉的法律行为，……另一是事实行为”；“法律行为与事实行为的核心区别在于后者不依赖于行为人的意图而产生其法律后果；而前者的法律后果之所以产生恰恰是因为行为人表示了此种意图，即法律使其成为实现行为人意图的工具”。①

根据包含私法意识的情形不同，事实行为具体又可分为以下三类：

第一，纯粹物质性、技术性的无需私法意识的行为，指不包含行为人任何私法意思而

① （德）茨维格，等. 比较法导论：第2卷. 2，转引自董安生. 民事法律行为——合同、遗嘱和婚姻行为的一般规律. 北京：中国人民大学出版社，1994：107.

仅具有简单行为意识的事实行为。例如，在作品自动取得著作权的国家，法律使创作人当然取得著作权，而不问创作人是否有取得著作权的意识。

第二，有占有意思的事实行为，指以占有取得或丧失为目的，而非以法律效果为目的的事实行为。这种行为虽含有准法效意思，但仍然不是权利意思的表达，如占有、遗失物的拾得等。

第三，有独立的意思因素的事实行为。这一类事实行为虽具有意思因素，但该意思因素实际上是一种行为意思或行为意识，并相对于事实行为的法律效果内容也是独立的。例如，住所的设定与废止、无因管理、正当防卫、紧急避险等。①

第三节　民事权利

一、权利的定义

权利是指法律赋予特定人，以享受其利益的权力。关于权利和法律二者的关系如何，易言之，先有法律，还是先有权利，理论上存在以下三种学说：（1）权利先存说。该学说亦即所谓的"天赋人权说"，强调权利本位，认为有人即有权利，法律的创设不是为了赋予人以权利，而是确认和保护人的权利。（2）法律先存说。该学说强调义务本位，认为权利是由法律创造的，在法律之前绝无权利可言，即使在法律之后，也是先产生义务，再产生权利。（3）权利与法律同时存在说。该学说认为，权利与法律同时存在，二者为事物的两面，法律依主观的观察，则为权利；权利由客观的观察，则为法律。因此，权利为主观化的法律，法律为客观化的权利。②

二、权利的种类

（一）公权、私权与社会权

现代法律以调整对象、调整机制和追求的价值目标为标准分为公法、私法与社会法。相应地，这些法律所保护的权利分别表现为公权、私权与社会权。公法规定的权利是公权，私法规定的权利是私权，社会法规定的权利是社会权。③民法和商法均为私法，因此，民法和商法所规定的权利都为私权。

（二）财产权、非财产权与综合性权利

以权利的标的是否具有财产价值，可将权利分为财产权、非财产权与综合性权利。

---

① 转引自龙卫球．民法总论．北京：中国法制出版社，2001：179.

② 郑玉波．民法总则．台北：三民书局，1979：44.

③ 这些社会权包括社会保障权、工作权、接受教育权、环境权等。

1. 财产权

财产权是指权利标的具有财产价值的各类民事和商事权利，包括物权、准物权（如采矿权、渔猎权）、债权等。所谓物权，是指权利人直接支配其标的物，并享受其利益的排他性权利。物权是对世权，因此物权的实现，无须他人的意思或义务人行为的介入。准物权，是指以无形的资格（如采矿的资格）为标的的权利。债权是指债权人得请求债务人为给付的权利，而债则是按照合同的约定或者依照法律的规定，在当事人之间产生的特定的权利和义务关系。债权是请求权，因此债权的实现，必须仰赖债务人的行为。

值得注意的是，列入财产权的权利并非都有财产价值。例如，江河湖海作为财产权的标的，因其不是商品，无法衡量其财产价值。

2. 非财产权

非财产权是指与权利主体的人格、身份不可分离的权利。非财产权包括人格权与身份权。人格权是指民事主体固有的，由法律所确认的，以人格利益为客体，为维护民事主体具有法律上的独立人格所必备的基本权利。自然人的人格权因出生而取得，因死亡而消灭。自然人的人格权不能由民事主体转让和抛弃。“没有做人的权利，也就没有进入社会的资格，让渡基本权无异于把人复归为兽类。”① 人格权包括生命权、身体权、自由权、姓名权、名誉权、肖像权等。身份权，指民事主体基于某种特定的身份而依法享有的一种民事权利，如亲属权等。

3. 综合性权利

综合性权利是指兼有财产权和非财产权双重性质的权利，主要有继承权、社员权（含股东权）和知识产权等。

继承权，是指自然人依法享有的，能够无偿取得其死亡近亲属遗产的权利。

股东权为民事权利中社员权之一种。所谓社员权，又称成员权，是指社团法人的成员即社员对社团法人所享有的一种独特的民事权利。无论是营利社团法人，还是公益社团法人，作为社员均享有社员权。社员权与物权有别，这是由于社员对社团法人出资、取得社员资格后，即对其出资丧失了所有权，而作为独立民事主体的社团法人，则对社员的全部出资及其孳息享有实定法上的所有权；社员权亦非债权，这是由于债权是由交易法或行为法所规定的，而社员权是由团体法或组织法所规定的。②

知识产权是人们就其智力创造的成果依法享有的专有权利，如著作权、专利权、商标权。

（三）支配权、请求权与变动权

1. 支配权

支配权，是指在法律允许的范围内，权利人直接支配标的物的排他性权利。支配权的

---

① 徐显明．公民权利义务通论．北京：群众出版社，1991：133.

② 刘俊海．股份有限公司股东权的保护．北京：法律出版社，1997：12.

功能体现在，于积极方面，权利人无须借助他人的行为，可以直接支配其标的物；于消极方面，权利人有权禁止他人侵犯其所支配的标的物，而权利相对人亦有不作为、容忍的义务。物权以支配为首要功能，是典型的支配权。知识产权、人格权及身份权按其首要功能，亦为支配权。

2. 请求权

请求权，是指权利人请求对方为特定行为（作为或不作为）的权利。请求权的实现，需要义务人的行为，这与支配权直接支配其标的不同。请求权的行使，一般是权利人向义务人提出，义务人自动履行即归消灭。如义务人不履行，权利人可诉请法院强制义务人履行，因此，请求权的行使常伴有诉权。但二者性质不同，并非同一权利。请求权存在于平等的当事人之间，属于私权；而诉权存在于个人与国家之间，系私人请求国家予以保护的诉讼权利，属于公权。

请求权基于一定事实而发生，即先有基础权利，然后才有请求权。依基础权利不同，请求权可分为：

（1）债权请求权。债权为典型的请求权，债权人不能直接支配债务人的行为，也不能支配债务人本身，只能请求债务人为特定行为。而且，与物权请求权等不同，债权请求权从债权成立时当然发生，而物权请求权等只有当基础权利受侵害时，才发生请求权。从债权的作用来看，给付请求权为债权的核心，但债权于给付请求权之外，尚有选择权、撤销权、解除权、抗辩权等权能，因此，不可将债权与请求权等同为一个概念，债权为请求权的基础权利，请求权是债权所具有的作用之一。

（2）物权请求权。在物权的事实状态适合于物权内容的范围时，不发生任何请求权。当存在侵犯物权的事实时，即对侵权人发生恢复原状请求权或损害赔偿请求权。

（3）基于身份上的请求权。例如一定亲属间的抚养请求权。

（4）基于知识产权的请求权。

（5）准物权上的请求权。

但有学者认为，只有债权请求权才是典型的请求权，后四种请求权都不是严格意义上的请求权，而只是作为支配权的基本权的次要权能的表述。①

3. 变动权

变动权，是指权利人依自己的行为，使法律关系发生变动的权利。变动权不同于支配权和请求权，其作用在于使法律关系发生、变更和消灭。按照所变动的法律关系的不同，变动权分为形成权、抗辩权和可能权。

（1）形成权，指权利人依自己的单方意思，使得权利发生、变更、消灭或产生其他法律结果的权利。撤销权、解除权、追认权均属于形成权。权利人享有形成权，意味着其

① 龙卫球．民法总论．北京：中国法制出版社，2001：141.

单方面的意思表示就能使自己与他人之间的法律关系发生变更，亦即形成权的相对人必须接受权利人单方面作出的决定，这就要求形成权的事实必须具有合理性。这种合理性既可以存在于形成权相对人事先表示的同意中，如约定合同终止的情形；也可以由法律本身作出规定，如法律规定表意人因表达错误而享有撤销权的情形。①

由于形成权的相对人必须接受权利人行使形成权的结果，因此，为保护相对人免受不公平结果的损害，法律规定权利人在行使形成权时必须受到一些限制：一是权利人行使形成权通常不得附条件和附期限；二是形成权的行使不得撤回。法律之所以如此规定，是因为基于这样一种事实，既然形成权相对人必须接受他人行使形成权的事实，那么就不应该再让他面临不确定的状态。除上述两项一般性规定之外，法律还规定了有关对权利人的限制。例如，关于权利人赔偿义务的规定。②

（2）抗辩权，指权利人用以对抗他人请求权的权利。抗辩权的功能在于防御，因此，一般是对方提出请求，另一方对他方的请求进行抗辩。一般而言，抗辩权主要针对请求权，对于针对请求权以外权利的抗辩权，学者一般称之为准抗辩权。

（3）可能权，指权利人依自己的行为而使他人与他人之间的法律关系发生变动的权利，例如代理权、代位权等。

（四）绝对权与相对权

以权利的效力范围为标准，可将权利分为绝对权与相对权。

1. 绝对权

绝对权，又称对世权，指对一切人主张的权利，任何一个人都必须尊重此种权利。绝对权的义务人是不特定人，其义务是不作为。物权是典型的绝对权，人格权和知识产权也属于绝对权的范畴。

2. 相对权

相对权，又称对人权，指仅得对特定人主张的权利。根据相对权，权利人可以请求特定人为或不为一定行为。债权属于典型的相对权。

（五）既得权与期待权

依照是否已经具备全部成立要件为标准，可将权利分为既得权与期待权。

1. 既得权

既得权，又称完整权，指已经具备全部成立要件，因而已经发生的权利。一般的权利

---

① 《德国民法典》第119条规定：“（1）表意人所为意思表示的内容有错误时，或表意人根本无意为此种内容的意思表示者，如可以认为，表意人若知其情事并合理地考虑其情况即不为此项意思表示时，表意人得撤销其意思表示。（2）关于人的资格或物的性质的错误，交易上认为重要者，视为关于意思表示内容的错误。”

② 《德国民法典》第122条第1款规定：“意思表示按第118条无效，或按第119条及第120条撤销时，如其表示应向相对人为之者，对于因信其意思表示为一项而受损害的相对人或第三人应负赔偿责任，但赔偿数额不得超过相对人或第三人于意思表示有效时所受利益的数额。”

均属于既得权。

2. 期待权

期待权，指尚未具备全部成立要件，而于将来有可能实现的权利。附条件的权利；继承开始前法定继承人的权利；由既存债权产生的将来债权，如利息期待权和租金期待权等；保险合同受益人的权利等均属于期待权。

（六）专属权与非专属权

依照权利与其主体之间的关系，可将权利分为专属权与非专属权。

专属权，指专属于权利人自己而不能让与的权利。人格权与身份权为专属权。专属权以外的权利均为非专属权，大多数财产权都属非专属权。

（七）主权利与从权利

依照权利之间的相互关系为标准，可将权利分为主权利与从权利。主权利是相互关联的几项权利中，不依赖其他权利而独立存在的权利。以主权利为存在前提的权利是从权利，从权利虽具有附属性，但仍然是一种单独的权利，而非权能。从权利附属于主权利，没有主权利，从权利就不存在。主权利与从权利主要出现在担保债权中，例如抵押担保债权中，债权为主权利，抵押权为从权利。

（八）基础权与救济权

以权利效力的目的为标准，可将权利分为基础权和救济权。

以自身实现为目的的权利，为基础权。民法中的大多数权利都属于基础权。救济权，是指消除因基础权利被侵害而产生的不法或不公平状态的权利。救济权是基于基础权利或基础利益被侵害或遭受危险的事实而发生的，因此是派生的权利。救济权的目的在于援助受害权利或利益。形成权的一部分、请求权的一部分及抗辩权，因其救济性质，均属救济权。

三、权利竞合

权利竞合，指数个权利存在于同一标的，并且其行使可产生同一结果的现象。权利竞合并非法律设计的漏洞，而是法律上权利体系化导致的一种不可避免的现象。

各种权利均可发生权利竞合，但以请求权竞合为最普遍。请求权竞合，是指权利人对同一义务人，就同一标的发生数个请求权的现象。在发生请求权竞合的场合，其中一个请求权得到满足，其余请求权则归于消灭。但在消灭之前，各请求权的关系如何？原则上，各请求权之间应采取不相关联的原则，即各竞合的权利视为彼此独立，不相依存，其中一个权利的消灭或诉讼时效的完成，并不当然影响其他权利。例如，就物上请求权与债的请求权竞合而言，当承租人在租赁关系结束后，仍不返还租赁物时，则出租人既产生基于所有权的所有物返还请求权，又产生基于租赁合同的租赁物返还请求权。若出租人选择了租赁物返还请求权，并且权利得到实现，则所有物返还请求权归于消灭。假设出租人因怠于行使权利，造成租赁物返还请求权的诉讼时效已经完成，则出租人无权再选择租赁物返还请求权，但仍可选择所有物返还请求权，以寻求救济。

四、权利的保护

权利的保护，是指当权利主体受到侵害时，运用民事保护方法防止或减少损害，使所受侵害的权利得到恢复。权利的保护可以分为公力救济和私力救济。

（一）公力救济

公力救济，指民事主体的权利受到侵害时，由国家公权力机关通过法律规定的程序予以保护。例如，人民法院受理当事人提起的诉讼就是公力救济的一种最经常的方式。现代社会，对民事主体权利的保护，以公力救济为原则，一般禁止私力救济。只有在遇有紧急情形时，才允许私力救济。

（二）私力救济

私力救济，指民事主体的权利受到侵害时，由民事权利主体自己采取必要的措施来进行保护。私力救济主要有自卫行为和自助行为两种方式。

1. 自卫行为

自卫行为，指自己、他人的权利或公共利益受到侵害或紧急危险时，权利人采取必要的措施，以防止损害的发生或扩大。自卫行为包括正当防卫和紧急避险两种。

（1）正当防卫，指为了使自身利益、他人利益或社会公共利益免受正在遭受的不法侵害而对行为人本身采取的防卫措施。构成正当防卫，必须具备以下要件：第一，须遭受现实的不法侵害。首先，要求侵害正在进行，如果侵害尚未发生或侵害已经发生，都不发生正当防卫的问题。其次，侵害必须是违法的。有些侵害，例如公务员执行职务时产生的侵害，不成立正当防卫。第二，防卫必须出于正当的目的，即为了避免本人、他人的人身或财产，以及公共利益遭受损害。第三，防卫必须对行为人本人实施。如果对行为人以外的人实施，则不构成正当防卫，反而构成侵权行为。第四，防卫不能超过必要的限度。衡量防卫行为是否超过了必要限度，一般是看防卫行为是否具备了以下两个条件：一是必要性，即是否必须采取该行为才能制止不法侵害的行为；二是相当性，即衡量因进行正当防卫所生的损害与所欲避免的侵害是否大体相当。

（2）紧急避险，指为了避免自己、他人生命和财产或社会公共利益正在遭受的紧迫危险，不得已而采取的损害另一较小利益的行为。紧急避险必须具备以下条件：第一，必须存在紧迫的危险。第二，紧急避险必须是在没有可供选择的其他措施下采取的。第三，避险行为不得超过必要的限度。

2. 自助行为

自助行为，指民事主体为了保护自己的权利，而对于他人的人身自由予以拘束或对他人的财产予以扣押或毁损的行为。

构成自助行为，必须具备以下要件：（1）须为保护自己的权利。保护他人的权利，不构成自助行为。另外，此处的权利一般仅限于请求权，例如债权请求权和物权请求权。（2）须情形紧迫来不及请求公力救济。（3）采取的手段须不超过必要的限度。（4）事后须及时请求有关国家机关予以处理。

我国民法没有规定自助行为，但在实践中却存在大量的自助行为。自助行为只要符合上述要件，自助行为人就不必承担因此而给债务人造成的损害。

第四节　民事义务

一、民事义务的意义

义务，指法律上应受一定作为或不作为的约束，而不问自己是否愿意，都必须履行或遵守。民事义务的内容分为作为（积极地为某种行为的义务）和不作为（消极地不为某种行为的义务）。不作为又分为单纯的不作为与容忍。单纯的不作为，一般仅指不为某种行为。容忍，指义务人应该容忍原则上禁止他人的行为。例如，土地所有人，因相邻关系，容忍他人在其土地上通行。

权利与义务原则上相对立，二者的关系主要有以下两种情形：（1）权利人的利益享受必须依赖义务人的行为，那么权利人的反面就为义务。例如债权，从债权人方面看为权利，从债务人方面看为债务。（2）权利人的利益享受不依赖义务人的行为，那么义务人仅负有不妨害权利人利益享受的不作为义务。例如所有人行使所有权，他人仅负有不加以妨害的消极义务。

权利与义务并非任何时候都相伴而生，例如，形成权就属于无义务的权利，合同当事人在发生不可抗力时的通知义务则属于无权利的义务。

二、民事义务的分类

法律上的权利，有公权利与私权利之分，相应地，义务也有公义务与私义务之分。公法上所规定的义务均为公义务，例如纳税义务、服兵役义务等。私法，例如民法所规定的义务均为私义务。

义务依其内容还可以分为积极义务与消极义务。积极义务以一定作为为其内容，又称为作为义务，例如提供劳务、供货等。消极义务以一定不作为为其内容，又称为不作为义务，例如所有权的义务人负有不侵害他人所有权的义务、相邻关系的一方当事人允许他方当事人在自己土地上通行的义务等。

义务按其发生的根据为标准，又可分为法定义务和约定义务。法定义务，是指民事主体根据法律的规定应当遵守的义务。约定义务，是指由当事人协商确定的义务。

另外，义务还可以分为主义务和从义务、明示义务与默示义务、一般义务与附随义务等。

第五节 民事责任

一、民事责任的概念

（一）民事责任的概念

关于民事责任的概念，基于民事责任本质的不同理解，在理论上形成了制裁说、后果说和义务说三种观点。制裁说认为，法律责任是指义务人违反其应负的义务时，所应受到的法律上的制裁。后果说认为，由于法律责任是某种不利的后果，因此民事责任是指违反民事义务而依法应承担的民事法律后果。义务说认为，民事责任是根据法律规定，在民事上应负的给付义务。本书采后果说，即民事责任是指民事主体违反民事义务而应承担的法律后果。

（二）民事责任与债务

大陆法系国家对债务和责任进行了区分。例如，《法国民法典》第 1142 条规定："作为或不作为的债务，在债务人不履行的情形下，转变为损害赔偿的责任。"又如，《德国民法典》第 241 和 276 条分别规定："债权人因债的关系得向债务人请求给付"；"债务人，如无其他规定，应就其故意或过失的行为负责任"。我国民法沿袭大陆法系的规定，在《民法通则》中严格区分了债务和责任。例如，《民法通则》第五章第二节规定了"债权"；第六章规定了"民事责任"。

二、民事责任的特征

民事责任的特征有：(1) 民事责任的前提是民事主体违反了民事义务并侵害了他人的民事权益。由于民事责任是民事主体违反民事义务所应承担的法律后果。因此，民事主体承担民事责任的前提是其违反了民事义务。此处的民事义务既包括约定义务，也包括法定义务。我国《民法通则》第 106 条规定："公民、法人违反合同或者不履行其他义务的，应当承担民事责任。公民、法人由于过错侵害国家的、集体的财产，侵害他人财产、人身的，应当承担民事责任。没有过错，但法律规定应当承担民事责任的，应当承担民事责任。"(2) 民事责任的目的是加害人补偿受害人的损害为了弥补受害人所受到的损害，法律规定加害人应当承担损害赔偿责任。这种损害既包括财产上的损害，也包括非财产上的损害。

三、民事责任与刑事责任、行政责任的区别

民事责任属于私法上的责任，刑事责任和行政责任是主体违反了刑法和行政法的有关

规定而依法应承担的法律责任，属于公法上的责任。民事责任与刑事责任、行政责任的区别主要表现在：

第一，责任产生的根据不同。由于民法是私法，以意思自治为根本原则之一，因此，民事责任既可以由法律规定，又可以由当事人约定；而刑事责任、行政责任只能根据刑法和行政法的有关规定而产生。

第二，责任的目的不同。民事责任的目的主要对已经造成的权利损害给予救济和填补，因而具有补偿性和恢复原状等特征；而刑事责任和行政责任的目的是惩罚罪犯和行政违法的行为人，因而具有惩罚性和教育性的特征。

第三，责任的法律强制程度不同。刑事责任和行政责任的强制性程度比民事责任的强：首先，民事责任的承担，例如损害赔偿金支付的时间、方式、地点以及恢复名誉的方式，可以根据意思自治原则，由当事人协商解决，只有在当事人协商不成的情况下，才由人民法院和仲裁机构出面予以干预解决。而刑事责任和行政责任则必须由国家机关强制追究，当事人不得和解。其次，民事责任的权利人在法律允许的范围内，可以放弃自己的权利或减免对方的责任。对于刑事责任和行政责任，非经法定程序，任何人不得赦免或拖延刑事责任或行政责任的执行。

第四，责任的方式不同。根据我国《民法通则》第134条的规定，承担民事责任的形式主要是财产责任，例如返还财产、赔偿损失和支付违约金等。根据我国《刑法》第33条和第34条的规定，承担刑事责任的方式除了罚金和没收财产等附加刑外，主要是限制人身自由和剥夺罪犯生命的刑罚，例如管制、拘役、有期徒刑、无期徒刑和死刑。而行政责任的主要形式则是警告、记过、拘留、罚款和开除等。

四、民事责任的分类

（一）财产责任与非财产责任

根据民事责任是否具有财产内容，可以分为财产责任与非财产责任。财产责任，是指以支付金钱、移转财产权利为内容的民事责任，如赔偿损失、返还财产、支付违约金以及修理、重作、更换等。非财产责任，是指以不作为、精神抚慰等非以财产为内容的民事责任，如消除影响、停止侵害、赔礼道歉、恢复名誉等。

区分财产责任和非财产责任的意义在于：财产责任的实现会受到责任人实际财产状况的限制，即责任人承担责任的范围以其财产为限。非财产责任主要适用于精神损害。

（二）合同责任与非合同责任

根据民事责任是否由合同关系引起，可以分为合同责任与非合同责任。

合同责任即违反合同约定的义务或违反合同法规定的义务而产生的民事责任。关于合同责任是否等同于违约责任，学术界有肯定说和否定说。肯定说认为合同责任就是违约责任。实际上，合同责任与违约责任不是同一个概念，合同责任的外延比违约责任的外延大，它不仅包括违约责任，还包括缔约过失责任、后合同责任、因合同变更或解除所产生的民事责任、保证责任和非违约方未尽到防止或者减轻损害的义务所应负的责任等。

非合同责任，是指非因合同关系所产生的民事责任，具体包括侵权民事责任、无因管理中被管理人因拒绝补偿管理人的损失而产生的民事责任和不当得利返还民事责任等。

区分合同责任和非合同责任的意义在于：有利于解决合同责任和非合同责任存在的竞合现象，如违约责任和侵权责任的竞合。

（三）双方责任与单方责任

根据承担责任者是否仅为一方当事人，民事责任分为双方责任与单方责任。双方责任，是指民事法律关系的当事人双方对损害后果均有过错，各自依其过错程度承担民事责任。《民法通则》第 113 条规定：“当事人双方都违反合同的，应当分别承担各自应负的民事责任。”单方责任，是指民事法律关系的一方当事人向对方承担的民事责任。

区分双方责任和单方责任的意义在于：双方责任通常为过错责任，责任的分配取决于双方的过错程度及其与损害后果之间的因果关系，其结果是侵权人损害赔偿责任的减轻。《民法通则》第 131 条规定：“受害人对于损害的发生也有过错的，可以减轻侵害人的民事责任。”

（四）共同责任与单独责任

根据承担责任者是一人还是多人，民事责任可以分为共同责任与单独责任。

单独责任，是指责任人仅有一个民事主体独立承担的民事责任。单独责任不同于单方责任。单独责任的民事主体只有一个，而单方责任的民事主体既可以是一个，也可以是多个。

共同责任，是指责任人为两人或者两人以上的民事责任。共同责任属于单方的多数人责任，根据共同责任人是否按一定的份额承担责任，共同责任又可以分为按份责任和连带责任。按份责任，是指依据法律规定或者当事人的约定，共同责任人按照特定的份额各自承担责任。在按份责任中，各自然人没有连带关系，实际上是各责任人将同一责任分割为各个独立的部分，由各责任人各自独立负责，所以又称为分割责任。连带责任，是指因违反当事人的约定或者法律的规定而产生的责任。《民法通则》第 67 条规定：“代理人知道被委托代理的事项违法仍然进行代理活动的，或者被代理人知道代理人的代理行为违法不表示反对的，由被代理人和代理人负连带责任。”在连带责任中，共同责任人不分份额地共同向权利人或者受害人承担民事责任，各个责任人之间具有连带关系。所谓连带关系，是指各个责任人对外都不分份额、不分先后次序地根据权利人的请求承担责任。当权利人提出偿还债务的请求时，各个责任人都有义务履行全部责任，然后再向其他的各个责任人追偿。虽然连带责任对外不分份额，但在共同责任人的内部，仍然存在份额的划分。

区分单独责任和共同责任的意义在于：单独责任的分配比较简单，共同责任的责任分配关系复杂。就按份共同责任而言，必须确定共同责任人各自应当承担的责任份额。就连带共同责任而言，受害人有权向连带责任人之一请求承担民事责任的全部；向受害人承担责任超过自己份额的责任人有权向其他责任人追偿。

（五）有限责任与无限责任

根据承担民事责任是否有财产限制，民事责任可以分为有限责任与无限责任。

有限责任，是指责任人以其一定范围内或限额的财产承担民事责任。例如，抵押人仅以抵押财产对所担保的债权承担的责任，有限责任公司的股东仅以其出资对公司债务所承担的责任。

无限责任，是指责任人以其所有的全部财产承担民事责任。例如，保证人的保证责任，个人合伙的合伙人对合伙组织债务所承担的责任。

区分有限责任和无限责任的意义在于：在民事活动中，债务人承担无限责任为原则，承担有限责任为例外，有限责任主要适用于法律有专门规定的场合。

（六）过错责任、无过错责任与公平责任

以民事责任的构成是否以当事人的过错为要件，民事责任可分为过错责任、无过错责任与公平责任。

过错责任是指行为人主观上有过错并给他人造成了损害从而应承担的责任。在一般侵权行为中，责任人承担责任的要件之一即是过错。

无过错责任，是指只要行为人给他人造成了损害，不管其主观上是否有过错，都应当承担的责任。

公平责任，是指当事人双方对损害的发生都没有过错，由人民法院根据实际情况，依公平原则判决由双方或多方分担损失的一种责任方式。

本章小结

民事法律关系是主体、客体、内容三个要素组成的有机整体，三者缺一不可，其中，主体为权利义务之所属，客体为权利义务之所附，内容为权利义务的具体化。民事法律关系主体，是指参加民事法律关系，享有民事权利和承担民事义务的人，简称民事主体或权利主体。民事法律关系的客体，又称为民事权利客体或权利客体，是指民事法律关系的主体享有的民事权利和负有的民事义务所指向的事物。民事法律关系的内容，是指民事法律关系的主体所享有的民事权利和负担的民事义务。

民事法律关系的变动，是指民事法律关系的发生、变更与消灭。民事法律关系的变动是有一定原因的，导致民事法律关系变动的原因称为民事法律事实。

民事权利有多种分类标准。对于民事权利的保护有公力救济和私力救济。

法律上的权利，有公权利与私权利之分，相应地，义务也有公义务与私义务之分。公法上所规定的义务均为公义务，例如纳税义务、服兵役义务等。私法，例如民法所规定的义务均为私义务。

民事责任是指民事主体违反民事义务而应承担的法律后果。民事责任有两个特征：民事责任的前提是民事主体违反了民事义务并侵害了他人的民事权益；民事责任的目的是加害人补偿受害人的损害。

重要概念

民事法律关系　　主体　　客体　　内容　　民事法律关系的变动　　民事责任　　公力救济　　私力救济

案例分析

【案情】

甲、乙签订一份借款合同，甲为借款人，乙为出借人，借款数额为500万元，借款期限为两年。丙、丁为该借款合同进行保证担保，担保条款约定，如甲不能如期还款，丙、丁承担保证责任。戊对甲、乙的借款合同进行了抵押担保，担保物为一批布匹（价值300万元），未约定担保范围。

【问题】

根据上述案情，回答下列问题：

（1）设甲、乙均为生产性企业，则丙、丁与乙之间的保证合同效力如何？为什么？

（2）设甲、乙均为商业银行，该借款合同效力如何？

（3）设甲、乙之间的合同有效，甲与乙决定推迟还款期限1年，并将推迟还款协议内容通知了丙、丁和戊，丙、丁、戊是否承担担保责任？

（4）设甲、乙决定放弃戊的抵押担保，且签订了协议，但未取得丙、丁的同意。丙、丁应否承担保证责任？

（5）设甲到期不能还款，乙申请法院对戊的布匹进行拍卖，拍卖价款为550万元，扣除费用后，得款520万元，足以偿还乙的本金、利息和费用。乙从戊处清偿了自己的全部债权后戊享有什么权利？

（6）设戊的布匹因不可抗力灭失；丙被宣告失踪，其财产已由庚代管。现甲不能偿还到期债务，丁偿还了乙的全部债权，丁的追偿权可向谁行使？

【评析】

（1）该保证合同无效。因为甲、乙之间的合同系违法拆借资金行为，无效。保证合同作为主合同的从合同，亦为无效。

（2）有效。此系金融同业拆借行为，合法有效。

（3）丙、丁可不再承担保证责任，戊仍应承担抵押担保责任。

（4）丙、丁对布匹抵押价值以外的债务承担保证责任。
（5）戊享有对甲的追偿权。
（6）可向甲、庚行使。

同步测练与解析

一、单项选择题

1. 导致民事法律关系变动的原因称为（　　）。
A. 事实行为　B. 人的行为　C. 自然事实　D. 民事法律事实
2. 所谓物权，是指权利人直接支配其标的物，并享受其利益的（　　）权利。
A. 利己性　B. 排他性　C. 利他性　D. 排己性
3. 物权是（　　）。
A. 对人权　B. 对世权　C. 财产权　D. 所有权
4. 权利人享有形成权，意味着依（　　）的意思表示就能使自己与他人之间的法律关系发生变更。
A. 单方面　B. 双方面　C. 多方面　D. 第三方
5. 债权是（　　）。
A. 请求权　B. 形成权　C. 期待权　D. 依赖权
6.《民法通则》第67条规定："代理人知道被委托代理的事项违法仍然进行代理活动的，或者被代理人知道代理人的代理行为违法不表示反对的，由被代理人和代理人负（　　）责任。"
A. 按分　B. 连带　C. 共有　D. 分别
7.（　　）是指行为人主观上有过错并给他人造成了损害从而应承担的责任。
A. 公平责任　B. 过错责任　C. 无过错责任　D. 单独责任
8. 根据承担民事责任是否有（　　）限制，民事责任可以分为有限责任和无限责任。
A. 份额　B. 身份　C. 人数　D. 财产

二、多项选择题

1. 下列属于知识产权的内容是（　　）。
A. 著作权　B. 商标权　C. 专利权　D. 肖像权
2. 自然事实分为（　　）。
A. 状态　B. 行为　C. 事件　D. 后果
3. 民事法律关系是由（　　）组成的。

A. 主体　B. 客体　C. 义务　D. 内容

4. 民事法律关系的客体通常包括（　　）。

A. 智力成果　B. 人身利益　C. 物　D. 行为

5. 下列属于财产权的是（　　）。

A. 采矿权　B. 渔猎权　C. 债权　D. 物权

6. 民事法律关系的变更包括（　　）。

A. 权利主体变更　B. 义务主体变更　C. 客体变更　D. 内容变更

7. 民事责任与刑事责任、行政责任的区别主要表现在（　　）。

A. 责任产生的根据不同　B. 责任的目的不同

C. 责任的法律强制程度不同　D. 责任的方式不同

8. 根据民事责任是否具有财产内容可以分为（　　）。

A. 财产责任　B. 有限责任　C. 无限责任　D. 非财产责任

9. 下列属于私力救济的是（　　）。

A. 正当防卫　B. 紧急避险　C. 自诉行为　D. 自助行为

10. 下面属于事实行为的是（　　）。

A. 纯粹物质性、技术性的无需私法意识的行为

B. 行为人将其对于事情的观念加以表示，而法律对之直接赋予一定法律效果的表示行为

C. 有占有意思的事实行为，指以占有取得或丧失为目的，而非以法律效果为目的的事实行为

D. 有独立的意思因素的事实行为

三、简答题

1. 简述民事法律关系变动的原因。
2. 为何说债权是请求权？
3. 简述正当防卫的构成要件。
4. 民事责任有哪些特征？

四、论述题

1. 试述民事责任和刑事责任及行政责任的区别。
2. 论述民事法律关系的变动及其原因。
3. 论述私力救济的种类及其适用条件。

五、案例题

甲、乙、丙于1999年8月8日各出资1万元买得一幅名画，约定由甲保管。同年10月，甲遇丁，丁愿购此画。甲即将画作价4.5万元卖给丁。事后，甲告知乙、丙。乙、丙要求分得卖画款项，甲即分别给乙、丙各1.5万元。

丁购该画后，于同年12月又将画以5万元卖给戊，戊亦先期支付价款4万元。戊友己亦爱该画。2000年3月，己以6万元价格自戊处买此画。己嫌该画装裱不够精美，遂将该画送庚装裱店装裱。因己未按期付庚装裱店费用，该画被庚装裱店留置。庚装裱店通知己应在30日内付其应付费用，但己仍未能按期支付。庚装裱店遂将画折价受偿，扣除费用，将差额补偿给己。己不同意庚装裱店这一做法。又，丁于1999年12月与戊签订合同后，因经营借款需要又于2000年2月将该画抵押给辛，辛以前即知丁有该画。后辛在庚装裱店见此画，方知丁在抵押该画之前已将其卖给戊。戊于2000年4月死亡，其财产已由其妻壬与其子癸继承。辛找丁评理。丁找己，要求己返还该画或支付戊尚未支付的1万元价款。

问题：（1）本案主要涉及哪些民事法律关系？

（2）甲是否有权出卖该画？甲与丁之间的买卖行为是否有效？

（3）丁与戊之间的买卖合同是否成立？该画的所有权何时转移？

（4）戊是否有权出卖该画？己能否取得该画的所有权？

参考答案

一、单项选择题

1. D　2. B　3. B　4. A　5. A　6. B　7. B　8. D

二、多项选择题

1. ABC　2. AC　3. ABD　4. ABCD　5. ABCD　6. ABCD　7. ABCD　8. AD　9. ABD　10. ACD

三、简答题（答案略）

四、论述题（答案略）

五、案例题

（1）本案涉及的主要民事法律关系有：① 甲、乙、丙的共有关系；② 甲、乙、丙与丁的买卖关系；③ 丁与戊的买卖关系；④ 戊与己的买卖关系；⑤ 己与庚装裱店间的承揽关系和留置关系；⑥ 丁与辛间的抵押关系，借贷关系；⑦ 戊死亡之后的财产继承关系；⑧ 丁与壬、癸的价款清偿关系。

（2）甲无权单独决定出卖该画。因为甲、乙、丙三人共同出资对该画共同享有所有权。甲向乙、丙说明卖画后，乙、丙未反对而只要求分得其应得款额，实际上是对甲的越权行为的追认，使效力未定行为有效。因而使甲、丁之间的买卖行为有效。

（3）丁与戊之间的买卖行为意思表示一致，故成立。该行为不存在无效、可撤销或效力未定事由，故该行为有效。丁与戊在合同中约定了所有权转移的条件，故丁虽交付该画但所有权未转移，只有在所附条件成立时，才能转移所有权。

（4）戊将该画卖给己属无权处分，又由于己未付清全款，不符合善意取得的要件，因此己不能取得该画的所有权。

第三章

CHAPTER THREE

民 事 主 体

学习目标

通过本章的学习，了解民事权利能力和民事行为能力的内涵及其分类；了解关于禁治产的概念和特征；掌握我国的监护制度；了解法人的概念和分类、法人的本质和设立；重点掌握法人的民事权利能力和民事行为能力。

重点难点提示

- 自然人的民事权利能力
- 对胎儿利益的特殊保护
- 宣告失踪和宣告死亡
- 自然人的民事行为能力
- 禁治产
- 法人的设立
- 法人的本质
- 法人的民事权利能力和民事行为能力

第一节　自　然　人

民法上的“人”区分为自然人和法人，自然人是指基于自然生理规律出生、依法享有民事权利和承担民事义务的人。自然人包括本国自然人、外国自然人和无国籍自然人。自然人在公法领域中，以本国公民、外国公民和无国籍人的面目出现。“公民”和“自然人”是两个近似、但并非同义语的概念。自然人的外延比公民的外延宽，应该说，在民法领域，使用自然人的概念不仅更确切，而且也反映了民法的私法性。

一、自然人的民事权利能力

民事权利能力，是指能够享有民事权利和承担民事义务的法律资格。我国《民法通则》第9条规定：“公民从出生时起到死亡时止，具有民事权利能力，依法享有民事权利，承担民事义务。”

（一）自然人民事权利能力的开始

关于自然人民事权利能力的开始，大部分国家的民法都规定为“从自然人出生时开始”。关于自然人“出生”的认定，学说上存在着“阵痛说”、“露出说”、“断脐说”、“初啼说”、“独立呼吸说”等各种观点。

鉴于出生的学说纷繁，很多国家都要求制作出生证书和身份证书，以证明出生。我国《最高人民法院关于贯彻执行〈中华人民共和国民法通则〉若干问题的意见（试行）》（简称《民通意见》）第1条规定：“公民的民事权利能力自出生时开始。出生的时间以户籍证明为准；没有户籍证明的，以医院出具的出生证明为准。没有医院证明的，参照其他有关证明认定。”

（二）对胎儿利益的特殊保护

大陆法系国家或地区法律的有关规定如下：

第一，概括规定，即关于胎儿利益的保护，视为已经出生。例如，《瑞士民法典》第31条第2项规定：出生前之胎儿，以活着出生为条件，有权利能力。我国台湾“民法”第7条规定，胎儿以将来非死产者为限，关于其个人利益之保护，视为即已出生。

第二，个别规定，即限定在特定事项，保护胎儿的利益，视为其已经出生。罗马法中，对胎儿的保护主要限定在继承的场合。我国《继承法》第28条规定了胎儿在继承领域的保护，即“遗产分割时，应当保留胎儿的继承份额。胎儿出生时是死体的，保留的份额按照法定继承办理”。

（三）自然人民事权利能力的终止

自然人民事权利能力终止的时间一般以自然人死亡的时间为准。自然人的死亡可以分为自然死亡和宣告死亡。

1. 自然死亡

自然死亡，是指基于自然生理规律而发生的生命的终结。虽然关于自然人死亡的时间界限，理论上形成了脉搏停止说、呼吸停止说、心跳停止说、大脑活动停止说，但一般以医学上确定的时间为准。

与出生登记一样，很多国家建立了死亡登记制度，以死亡证书或身份证书的记载作为判断死亡的证据。

数人在同一事件中遇难、死亡时间无法确定且相互有继承权的，各国民法一般对此都进行了规定。我国《最高人民法院关于贯彻执行〈中华人民共和国继承法〉若干问题的意见》中，摒弃了上述两种立法体例的不足，在第2条明确规定："相互有继承关系的几个人在同一事件中死亡，如不能确定死亡先后时间的，推定没有继承人的人先死亡。死亡人各自都有继承人的，如几个死亡人辈份不同，推定长辈先死亡；几个死亡人辈份相同，推定同时死亡，彼此不发生继承，由他们各自的继承人分别继承。"

2. 宣告失踪和宣告死亡

宣告失踪，是指自然人失踪达到法定期间，经其利害关系人申请，由法院宣告为失踪人，并为之设立财产管理人的制度。宣告死亡在很多国家民法典中又称作推定死亡、相对死亡，是指自然人离开住所或者最后居所而生死不明达到法定期间，经其利害关系人申请，由法定机关按法定程序和方式宣告其为死亡。

其他国家关于失踪人失踪后，其法律关系是否结束，有两种立法模式。一是法国的失踪宣告制度；二是德国的死亡宣告制度。关于死亡宣告的要件，一般分为实质要件和形式要件。其中，实质要件包括：（1）必须有失踪人失踪的事实；（2）必须经过一定期间。关于期间，又可分为普通期间和特别期间。对于通常失踪者，一般须经过10年或5年，利害关系人可以申请法院宣告其死亡；对于遭遇特别灾难而失踪者，失踪期间则短些，有规定1年的，有规定2年的，有规定3年的。形式要件则包括：（1）利害关系人的申请；（2）法院作出的死亡宣告。

英国法中既无宣告失踪，也无宣告死亡的制度。英国司法实践解决这类问题时采用诉讼推定原则。失踪满7年而无音讯的，推定为死亡。如果法院判断失踪的人不应该无音信（如故意逃避对妻子、子女的抚养义务），就不适用推定原则。

我国《民法通则》从第20条到第25条明确规定了失踪宣告和死亡宣告制度。《民法通则》第20条规定了失踪宣告制度："公民下落不明满二年的，利害关系人可以向人民法院申请宣告他为失踪人。战争期间下落不明的，下落不明的时间从战争结束之日起计算。"宣告失踪的法律效果是，失踪人的财产由他的配偶、父母、成年子女或者关系密切的其他亲属、朋友代管。代管有争议的，没有以上规定的人或者以上规定人无能力代管的，由人民法院指定的人代管。被宣告失踪的人重新出现或者确知他的下落，经本人或利害关系人的申请，人民法院应当撤销对他的失踪宣告。《民法通则》第23条规定了宣告死亡制度："公民有下列情形之一的，利害关系人可以向人民法院申请宣告他死亡：（一）下落不明满四年的；（二）因意外事故下落不明，从事故发生之日起满两年的。战争期间下落不明的，下落不明的时间从战争结束之日起计算。"被宣告死亡的人重新出现或者确知他没有死亡，经本人或利害关系人的申请，人民法院应当撤销对他的死亡宣告。有民事行为能力人在被宣告死亡期间实施的民事法律行为有效。被撤销死亡宣告的人有权请求返还财产。

二、自然人的民事行为能力

民事行为能力，是指自然人据以独立参加民事法律关系，以自己的民事法律行为取得民事权利或承担民事义务的法律资格。

自然人的民事行为能力与民事权利能力一样，都是由法律所确认，当事人不能转让和放弃。自然人民事行为能力受年龄、智力和精神状况的不同而分为完全民事行为能力、限制民事行为能力和无民事行为能力。

（一）完全民事行为能力

完全民事行为能力，是指法律赋予达到一定年龄、智力和精神健康状况正常的自然人通过自己的独立行为进行民事活动的资格和能力。完全民事行为能力一般以达到成年为标志。

1. 关于成年的年龄界限

各国根据其本国自然人的生理发育程度规定了各自成年的年龄界限。我国《民法通则》第11条第1款规定："十八周岁以上的公民是成年人，具有完全民事行为能力，可以独立进行民事活动，是完全民事行为能力人。"关于成年的年龄界限近年来有降低之趋势，例如，丹麦、西班牙、葡萄牙曾规定25周岁为成年；奥地利曾规定24周岁为成年；荷兰曾规定23周岁为成年。

2. 未成年之缓冲

如果仅以达到某一年龄界限作为成年的标准，则过于僵化，与实际生活不符。为弥补这一缺陷，很多国家的民法规定了在特殊情况下，对于原先未达到成年年龄的自然人，法律规定视为成年人，赋予其完全民事行为能力。这主要包括如下三种情形：第一种是未成年人因结婚而被视为成年人；第二种是未成年人因解除亲权而被视为成年人；第三种是未成年人因独立生活而被视为成年人。我国《民法通则》第11条第2款规定："十六周岁以上不满十八周岁的公民，以自己的劳动收入为主要生活来源的，视为完全民事行为能力人。"

这种宣告未成年人为成年人，从而使未成年人具有完全行为能力的制度也称为"自治产"制度，或解放未成年人制度。

（二）限制民事行为能力

限制民事行为能力，是指法律赋予那些已经达到一定年龄界限但尚未成年和虽已成年但精神不健全，不能完全辨认和控制自己行为的自然人所享有的与其年龄、智力和精神健康状况相适应的民事活动的能力。

限制民事行为能力人按年龄阶段及精神状况可以分为两类：（1）达到一定年龄的未成年人。例如，我国《民法通则》第 12 条第 1 款规定，“十周岁以上的未成年人是限制民事行为能力人”。（2）不能辨认自己行为的精神病人。此处的限制民事行为能力人不仅包括精神病人，还包括智力发育不全的人，如痴呆人。

限制民事行为能力人是介于完全民事行为能力人与无民事行为能力人之间的一类人，因此，限制民事行为能力人可以进行与他的年龄、智力和精神健康状况相适应的民事活动。关于限制民事行为能力人可以进行的民事活动，一般限于以下事项：（1）纯获法律上利益或依其年龄及身份，实施日常生活中的行为。例如，接受奖励、赠与和报酬等。我国《民通意见》第 6 条规定：“无民事行为能力人、限制民事行为能力人接受奖励、赠与、报酬，他人不得以行为人无民事行为能力、限制民事行为能力为由，主张以上行为无效。”（2）被允许独立营业时营业范围内的行为。（3）允许处分的财产。（4）订立雇佣合同的法律行为。（5）经父母或监护人同意订立婚约的行为。

（三）无民事行为能力

无民事行为能力，是指完全不具有以自己的行为参与民事法律关系的资格和能力。无民事行为能力人可以分为两类：（1）一定年龄之下的未成年人是无民事行为能力人。例如，我国《民法通则》规定 10 周岁以下的未成年人是无民事行为能力人。（2）完全不能认识和控制自己行为的精神病人或“禁治产人”是无民事行为能力人。

（四）禁治产

凡是成年人由于精神不健全而被限制其行为能力者就叫禁治产人（interdicted person）。禁治产一词是借用日本的法律术语。所谓禁治产，是指禁止处理自己的财产。为了保护禁治产人，以及与之交易的相对人，很多国家的民法对心神丧失或精神耗弱，不能处理自己事务的成年人，特设禁治产宣告制度。

“禁治产人”主要包括以下三种人：

第一，心神丧失的人，即缺乏合理的认识能力与预期能力，如白痴、疯癫等，他们是无行为能力人。

第二，精神耗弱的人，即指由于精神上的障碍，认识能力与预期能力远差于正常的人，如年老体弱的人，他们是限制行为能力人。

第三，浪费人。德国民法典把“因浪费致使自己或其家属有陷于穷迫危险者”，以及“因有酒癖以致不能处理自己事务、致使自己或其家属有陷于穷迫危险或危害他人安全者”，都可以宣告为禁治产者。但构成禁治产的浪费行为必须是习惯性的浪费，偶尔浪费的人不能称为浪费人。

宣告禁治产在程序上必须满足以下两个条件：（1）必须因本人、配偶、最近亲属的申请；（2）必须由法院进行禁治产宣告。

禁治产宣告的效力主要表现在以下方面：（1）受宣告之人成为无行为能力人或限制行为能力人；（2）为禁治产人设置监护人或保佐人。

如果禁治产人的心神丧失或精神耗弱等症状已完全消失，则可以撤销禁治产宣告，使其恢复到原来的行为能力。

三、监护

监护是对未成年人和精神病人的人身、财产和其他合法权益依法实行的监督和保护。其中，担任监督、保护职责的人为监护人，处于监督、保护之下的人为被监护人。

（一）法定监护

《民法通则》第16条规定：（1）未成年人的父母是未成年人的监护人。（2）未成年人的父母已经死亡或者没有监护能力的，由下列人员中有监护能力的人担任监护人：祖父母、外祖父母；兄、姐；关系密切的其他亲属、朋友愿意承担监护责任，经未成年人的父、母的所在单位或者未成年人住所地居民委员会、村民委员会同意的。（3）没有上述监护人的，由未成年人的父母所在单位或未成年人住所地的居民委员会、村民委员会或民政部门担任监护人。另外，未成年人的父母于不能履行监护职责时或死亡前，可为子女设立委托监护人或遗嘱监护人。关于如何认定监护人的“监护能力”，根据《民通意见》第11条的规定，应当根据监护人的身体健康状况、经济条件以及与被监护人在生活上的联系状况等因素确定。

《民法通则》第17条规定了对无民事行为能力和限制民事行为能力的精神病人的监护人包括：（1）配偶；（2）父母；（3）成年子女；（4）其他近亲属；（5）关系密切的其他亲属、朋友愿意承担监护责任，经精神病人的所在单位或者未成年人住所地居民委员会、村民委员会同意的。没有上述监护人的，由精神病人的所在单位或住所地的居民委员会、村民委员会或民政部门担任监护人。

（二）指定监护

对担任监护人有争议的，由特定机构依法指定监护人，此为指定监护。监护人被指定后，不得自行变更；擅自变更的，由原被指定的监护人和变更后的监护人承担监护责任。《民法通则》第16条第3款规定了对未成年人的指定监护，根据该款规定，对担任未成年人监护人有争议的，由未成年人父、母的所在单位或者未成年人住所地的居民委员会、村民委员会在近亲属中指定。第17条第2款规定，对担任精神病人的监护人有争议的，由精神病人的所在单位或者住所地的居民委员会、村民委员会在近亲属中指定；对指定不服提起诉讼的，由人民法院裁决。此处的近亲属，包括配偶、父母、子女、兄弟姐妹、祖父母、外祖父母、孙子女、外孙子女。

(三) 监护人的职责

根据《民通意见》第10条的规定，监护职责具体包括：保护被监护人的身体健康；照顾被监护人的生活；管理和保护被监护人的财产；代理被监护人进行民事活动；对被监护人进行管理和教育；在被监护人合法权益受到侵害或者与人发生争议时，代理其进行诉讼。监护人应当履行监护职责，保护被监护人的人身、财产及其他合法权益，除为被监护人的利益外，不得处理被监护人的财产。监护人不履行监护职责或者侵害被监护人的合法权益的，应当承担责任；给被监护人造成财产损失的，应当赔偿损失。人民法院可以根据有关人员或者有关单位的申请，撤销监护人的资格。

四、人格权的保护

人格权，是指存在于权利人自身人格上的权利。人格权因出生而取得，因死亡而消灭，不得转让与抛弃。从其性质而言：(1) 人格权以人格利益为标的，属于非财产性权利。(2) 人格权的权利人可以直接支配其人格利益，并排除他人的干涉，因此属于支配权。(3) 人格权的效力可以对一切人主张，任何人都不得侵犯他人的人格权，因此，人格权为绝对权。(4) 人格利益与主体不可分离，因此属于专属权。

(一) 生命健康权

生命健康权是自然人以其生命维持和安全利益，以及以其器官和整体的功能利益为内容的人格权。如果作更加细致的划分，生命健康权可以分为生命权、身体权和健康权。因此，侵害生命健康权的违法行为主要有：(1) 侵害生命权，致人死亡。(2) 侵害身体权，即侵害自然人的躯体，包括五官、四肢、毛发指甲等。(3) 侵害健康权。健康权所保护的是各个器官乃至身体的功能健全，包括器质健康、功能健康、生理健康、心理健康等方面。

我国《民法通则》第98条规定："公民享有生命健康权。"根据《民法通则》第119条的规定，侵害公民身体造成伤害的，应当赔偿医疗费、因误工减少的收入、残废者生活补助费等费用；造成死亡的，并应当支付丧葬费、死者生前扶养的人必要的生活费等费用。

(二) 姓名权

姓名，是姓与名的合称。姓名不仅包括身份证上所记载的姓名，还包括曾用名、笔名、艺名等。我国《民法通则》第99条第1款规定："公民享有姓名权，有权决定、使用和依照规定改变自己的姓名，禁止他人干涉、盗用、假冒。"因此，姓名权就是自然人对于自己姓名的设定、变更和专用的权利。

侵害姓名权的形式主要有：(1) 干涉他人使用姓名。我国《婚姻法》为保护妇女的权益，在其第14条明确规定，夫妻双方都有各用自己姓名的权利。(2) 盗用、假冒他人的姓名。例如，盗用、假冒他人的姓名实施违法行为。（3）不当使用他人姓名。例如，恶意使用他人姓名为动物命名。

自然人的姓名如果受到了侵害，根据《民法通则》第120条和第134条的规定，可以产生停止侵害请求权，也可以产生恢复原状请求权和金钱赔偿请求权。侵害他人的姓名而获利的，侵权人除应适当赔偿受害人的损失外，其非法所得应当予以收缴。

（三）肖像权

肖像，是指采用摄影艺术或者造型艺术手段反映自然人包括五官在内的形象作品。肖像权的内容包括制作权和专用权。其中，制作权主要是指肖像权人既可以自行制作肖像，也可以委托他人制作。为他人制作肖像，必须从肖像权人那里取得肖像制作权，但此项权利必须受到一些限制。例如，政治家、影视和体育明星以及其他著名人士，在公开露面时，不得反对他人拍照；参加游行、示威和公开演讲的人，因其活动目的具有公开性，不得反对他人拍照；有特殊新闻价值的人，不得反对记者的善意拍照；嫌疑犯不得反对司法人员为司法证据目的的拍照。

我国《民法通则》第100条规定："公民享有肖像权，未经本人同意，不得以营利为目的使用公民的肖像。"对自然人的肖像权的保护，主要是通过禁止营利性的侵害行为而实现的。如何认定侵害肖像权的行为，《民通意见》第139条解释为，以营利为目的，未经公民同意利用其肖像做广告、商标、装饰橱窗等，应当认定为侵犯公民肖像权的行为。对于侵犯肖像权的行为，根据《民法通则》第120条的规定，公民的肖像权受到侵害的，有权要求停止侵害，恢复名誉，消除影响，赔礼道歉，并可以要求赔偿损失。侵害他人肖像权而获利的，侵权人除应适当赔偿受害人的损失外，其非法所得还应当予以追缴。

（四）名誉权

自然人的名誉，是指自然人所受到的有关其品行、才能、功绩、职业、资历和身份等方面评价的总和。法人的名誉称为商誉，是指有关法人商业和职业道德、资信、商品质量或服务质量方面的评价。

构成名誉权，必须具备以下要件：（1）自然人的名誉权必须是对自然人道德品质方面的问题所作出的评价。道德品质以外的宗教信仰、财产状况、政治立场、文化程度等均不属于名誉权的范围。（2）此种评价必须由社会一般人作出。如果此种评价由专门组织作出并授予，则属于荣誉。

侵犯名誉权，必须是侵权人散布了有关自然人的道德品质方面的不真实的情况，而且所散布的不真实情况损害了该自然人的名誉。

（五）荣誉权

荣誉是特定人从特定组织获得的专门性和定型化的积极评价。关于荣誉的特征，有学者归纳为：（1）作出荣誉评价的，必须是社会组织，而不能是个人和公众舆论。（2）构成荣誉的评价必须是积极的、褒扬性的；而不能是消极的、批评性的。（3）构成荣誉的评价，必须具有专门性，其形式则须定型化。（4）荣誉授予之后，可以通过合法程序予以撤销或者剥夺。①

我国《民法通则》第102条规定："公民、法人享有荣誉权，禁止非法剥夺公民、法人的荣誉称号。"公民、法人的荣誉权受到侵害的，有权要求停止侵害，恢复名誉，消除影响，赔礼道歉，并可以要求赔偿损失。

（六）隐私权

隐私，又称个人秘密，是指个人生活中不愿为他人知悉的秘密，包括私生活、日记、照相簿、生活习惯、储蓄、财产状况、通讯秘密等。个人隐私可以分为三个领域：（1）绝对隐私范围，指对于亲近的人，个人也希望保持秘密的领域。（2）一般私人范围，享有不受公众谈论或不得违反本人意愿被公开的保障。（3）职业范围，与职业有关的个人范围，原则上也不得违反本人意愿加以公开或偷窥。

隐私权的内容一般包括以下四个方面：（1）个人生活安宁权，即权利主体按照自己的意志从事某种与社会公共利益无关的活动，并不受他人干涉的权利。（2）个人生活信息保密权，即个人有权禁止他人非法利用诸如个人健康状况、财产状况、婚姻状况、社会关系和心理特征等个人信息和资料。（3）个人通讯秘密权，即个人有权禁止他人非法窃取自己的信件、电报、电话、传真等秘密信息。（4）个人隐私利用权，即权利主体有权依法按自己的意志利用其隐私，以从事满足自身需要的活动，如利用个人生活信息资料撰写自传等。但是隐私权的利用不得违反法律，不得有悖于公序良俗。

侵害隐私权的方式主要有以下四种：（1）擅自公开他人的隐私；（2）窥探、录制他人的私生活；（3）捏造事实，使第三人对他人的私生活产生误解；（4）不法搜查他人身体。

我国《民法通则》虽然没有直接规定隐私权，但《民事诉讼法》、《民通意见》及最高人民法院的司法解释涉及名誉权保护的问题时，已经注意到了对隐私权的保护。例如，《民事诉讼法》第120条第1款规定："人民法院审理民事案件，除涉及国家秘密、个人隐私或者法律另有规定的以外，应当公开进行。"《民通意见》第140条第1款规定："以书面、口头等形式宣扬他人的隐私，或者捏造事实公然丑化他人人格，以及用侮辱、诽谤等方式损害他人名誉，造成一定影响的，应当认定为侵害公民名誉权的行为。"

（七）自由

自由是人格权的一种。关于公民的自由，我国民法未设明文规定。根据《宪法》第35－37条和第40条的规定，自由包括：（1）人身自由。《宪法》第37条第1款规定，"公民的人身自由不受侵犯"。禁止非法拘禁和以其他方法非法剥夺或者限制公民的人身自由，禁止非法搜查公民的身体。（2）宗教信仰自由。第36条第1、2款规定："中华人

① 张俊浩．民法学原理．北京：中国政法大学出版社，1997：146．

民共和国公民有宗教信仰自由。任何国家机关、社会团体和个人不得强制公民信仰宗教或者不信仰宗教，不得歧视信仰宗教的公民和不信仰宗教的公民。”（3）言论、出版等自由。《宪法》第35条规定：“中华人民共和国公民有言论、出版、集会、结社、游行、示威的自由。”（4）通信自由。《宪法》第40条规定，公民的通信自由和通信秘密受法律的保护；除因国家安全或者追查刑事犯罪的需要，由公安机关或者检察机关依照法律规定的程序对通信进行检查外，任何组织或者个人不得以任何理由侵犯公民的通信自由和通信秘密。

五、自然人的住所

住所，是指“一个人生活关系的中心所处的地方或者其空间上的重点所处的地方”①，亦即民事主体发生法律关系的中心区域。

确定住所时，一般要考虑两个因素，一是事实，二是意思。大陆法系比较强调事实因素，即实际上长期居住地就是住所。而英美法系则比较强调意思因素。

我国《民法通则》第15条规定：“公民以他的户籍所在地的居住地为住所，经常居住地与住所不一致的，经常居住地视为住所。”因此，根据以上法律规定可以看出，认定住所有两个要件：（1）久住之意思。该意思可以从户籍登记、居住情形、家属概况及是否在当地工作等一定事实认定出来。（2）居住的事实。

住所有意定住所和法定住所之分。由当事人所定的住所为意定住所，由法律所规定的住所为法定住所。例如，无民事行为能力人和限制民事行为能力人以其法定代理人的住所为其住所，即其适例。

住所在法律上具有重要意义：（1）决定宣告失踪的空间标准。根据《民通意见》第26条的规定，公民离开最后居住地后而下落不明，才可成立失踪。（2）决定监护组织以及单位监护人。（3）决定债务清偿地。（4）决定婚姻登记管辖地。（5）决定涉外案件的准据法。（6）决定诉讼管辖法院和司法文书的送达地。

第二节　法　　人

一、法人的概念及分类

法人作为法学术语，是12世纪至13世纪意大利注释法学派学者创造的。我国《民法通则》第36条第1款给“法人”这一概念明确地进行了定义：“法人是具有民事权利能

① ［德］迪特尔·梅迪库斯．德国民法总论．邵建东，译．北京：法律出版社，2001：792．

力和民事行为能力，依法独立享有民事权利和承担民事义务的组织。”

依目的事业不同，我国《民法通则》将法人分为两类：企业法人和非企业法人。

企业法人是指以营利为目的，从事生产、交换、劳务等经济活动的法人。依据所有制形式不同，我国企业法人又可再分为全民所有制企业法人、集体所有制企业法人、私营企业法人，中外合资企业法人、中外合作企业法人、外资企业法人。

非企业法人，是指从事非经济活动，不以营利为目的的法人。机关、事业单位、社会团体法人均为非企业法人。此处的机关法人，包括国家权力机关、行政机关、军事机关和司法机关。事业单位，根据1998年的《事业单位登记管理暂行条例》第2条第1款的规定，是指国家为了社会公益目的，由国家机关举办或者其他组织利用国有资产举办的，从事教育、科技、文化、卫生等活动的社会服务组织，例如学校、科研院所、医院、剧团、报社、电视台、广播电台等。社会团体，根据1998年的《社会团体登记管理条例》第2条第1款的规定，是指中国公民自愿组成，为实现会员共同意愿，按照其章程开展活动的非营利性社会组织，例如协会、学会、联合会、研究会、基金会、联谊会、促进会、商会等群众性人民团体。

二、法人的本质

（一）法人拟制说

法人拟制说的观点，在罗马法上就已经萌芽。德国历史法学家萨维尼是法人拟制说观点的集大成者，他认为：“法人为人工的单纯拟制之主体，即仅因法律上之目的而被承认之人格。”① 详言之，权利义务的主体，应以自然人为限。法人之所以能够成为权利主体，是用法律的力量把它拟制为自然人的结果。

根据法人拟制说，可以向前推出以下三个要点：

第一，法人仅仅是一种“观念上整体”。与自然人不同，法人不是一种社会现实中的实体，而是法律为了某种考虑将个人组合或财产组合视为具备整体性的一个实体而已。②

第二，法人不具有意思能力。博伊廷在其书中曾这样说道：“只有生物学意义上的人，才能作为人自负责任地从事行为；只有自然人的所欲和所为，才能归属于法人。”③由此推演，法人没有意思能力和行为能力，也没有侵权能力。

第三，法人参与法律活动，必须由根据组织法而任命的一个或数个自然人来代表，此即所谓的“法人代表机构”。法人代表机构的行为，“并非”法人自身的行为，而是为法

① 胡长清. 中国民法总论. 北京：中国政法大学出版社，1997：97.

② 凯尔森. 法与国家的一般理论. 北京：中国大百科全书出版社，1996：206，转引自龙卫球. 民法总论. 北京：中国法制出版社，2001：361.

③ 博伊廷. 德国公司法中的代表理论//梁慧星. 民商法论丛：第13卷. 北京：法律出版社，1999.

人从事行为机构的自身行为，仅仅“作为一种拟制的结果，作为法人自己的意思”，归属于法人。

（二）法人否认说

因法人拟制说不能说明法人之所以成为权利义务主体的根据，因此，学者们又创造了法人否认说。该说认为，法人并不存在，任何团体都是各个自然人的集合。在解释团体财产归属的根据时，该学说又分成三种观点：

1. 无主财产说或目的财产说

该观点为德国学者布林兹所倡，认为，法人的财产本为无主，它为特定人而存在的，称为属人财产；为特定目的而存在的，称为目的财产。这种观点从本质上否认了法人作为权利主体的存在。例如，18 世纪德国莱比锡法庭曾规定：“一个团体全体成员的姓名都必须写在汇票上。”这实际上是否认法人的人格，而以自然人的人格代替法人的人格。

2. 受益主体说

该观点为德国学者耶林所倡，认为，法人的财产不是属于法人本身，而是属于因法人而受益的个人。例如，社团的财产属于社员；财团的财产属于贫穷的人、病人或其他因财团而受利益的个人。

3. 管理人主体说

该观点为德国学者霍达所倡，认为，法人的财产不属于法人本身，而是属于管理财产的自然人。例如，学校的财产属于校长。

法人否认说与法人拟制说相比，已属进步，因为它已经触及到一个深层次的问题，即法人财产的归属问题。但遗憾的是，该学说在探究法人财产的主体归属时，只是从共同财产、利益归属、财产管理等不同侧面来否认法人的存在，而始终没有分清共同财产制度与法人财产制度的本质区别。

（三）法人实在说

19 世纪末期，德国的思想潮流由个人本位转向社会本位。此时的法律思想界格外重视国家和共同体的存在价值，主张团体和个人一样是社会的组成部分。于是，有学者又提出了法人实在说。该学说认为，法人是独立存在的实体，它与自然人一样，有自己独立的意思，有表达意思的机关，能够独立地享受权利和承担义务，是独立的权利主体。在关于法人性质的认识上，该学说又形成两种观点：

1. 有机体说

该观点为德国日耳曼法学者基尔克所倡，认为，人类生活中，自然人为自然的有机体，有其个人意思；团体为社会的有机体，有其团体意思。法律赋予团体以一定的人格，使其成为权利义务的主体，此即法人。

2. 组织体说

该观点为法国学者米休等人所倡，认为，法人不是社会的有机体，由于它是具有一定目的的社团或财团，因而是法律的组织体。

法人实在说承认法人是独立存在的主体，较前两种学说是一种进步。但有机体说仅以法人是社会的有机体来论证法人能够成为权利主体，未能从经济上和法律上找到法人能够成为权利主体的根据，从而未能真正揭示法人的本质。组织体说为现今之通说，成为大多数国家立法的理论基础。

三、法人的设立

（一）法人设立的原则

我国法人设立的原则主要包括以下两个：

1. 非营利法人设立所采取的原则

我国的非营利法人，是指机关法人、事业单位法人和社会团体法人。

《民法通则》第50条规定："有独立经费的机关从成立之日起，具有法人资格。具备法人条件的事业单位、社会团体，依法不需要办理法人登记的，从成立之日起，具有法人资格；依法需要办理法人登记的，经核准登记，取得法人资格。"

有独立经费的机关即机关法人，根据我国宪法和国家机关组织法的规定，各种机关的设立采取的是特许设立主义原则。对于不需要办理登记的事业单位和社会团体，它的设立应是特许设立主义原则。对于依法需要办理登记的事业单位和社会团体，它的设立应是许可主义原则。

2. 营利法人设立所采取的原则

我国的营利法人，主要是指企业法人。企业法人分为公司法人和非公司的企业法人。

（1）公司。根据我国2005年新《公司法》第30条、第65条的规定，一般有限责任公司的设立原则上采取准则主义，国有独资公司采准则制。《公司法》第93条第2款规定："以募集方式设立股份有限公司公开发行股票的，还应当向公司登记机关报送国务院证券监督管理机构的核准文件。"由此可见，以募集方式设立股份有限公司的采许可主义。

（2）非公司法人。根据1988年的《企业法人登记管理条例》第2条的规定，非公司的企业法人，包括国有企业和集体企业的设立均采许可主义。

（二）法人成立的一般程序

1. 设立

设立法人时，应完成设立行为。对社团而言，设立人应订立社团章程；财团的设立人应订立财团章程，并转移捐助财产。根据我国《公司法》第11条的规定，设立公司须制定公司章程。

设立法人必须具备法律所规定的条件。我国《民法通则》第37条规定了法人在我国成立必须具备的一般条件包括：

（1）依法成立。由于我国法人的设立不采自由主义，无论何种性质的法人，其成立须有法律依据。例如，公司的成立须依据公司法，机关法人须依据有关组织法的规定。

（2）有必要的财产或者经费。法人成立，一般须有完成法人目的事业所必需的财产。不同形态的法人，其必须具有的财产数额也不同。例如，我国《公司法》第26条、第81条规定了最低注册资本额，即有限责任公司的最低资本注册额为3万元；股份有限公司的最低资本注册额为500万元。

（3）有自己的名称、组织机构和场所。

（4）能够独立承担民事责任。

2. 申请人申报

完成筹备工作后，由法律规定的申请人向法人成立管理机构申报审查。例如，我国《公司法》第30条规定，“（在有限责任公司）股东的首次出资经依法设立的验资机构验资后，由全体股东指定的代表或者共同委托的代理人向公司登记机关……申请设立登记”；第93条规定了股份有限公司的申请设立登记，即董事会应于创立大会结束后30日内，向公司登记机关申请设立登记。

3. 完成必要的设立登记或审查手续

法人的成立，一般采要件主义，未经登记，法人不成立。但也有国家登记采对抗主义，未经登记仅不能对抗第三人，但不影响法人的成立。

对于采取准则主义或更严格的原则设立法人，还要经成立管理机构进行实质审查，如《公司法》第93条的规定。

四、法人的民事权利能力

法人的权利能力限于法人的存续期间，一般以法人成立为始期，以法人终止为终期。法人作为社会组织，其权利能力因其本身的性质和活动范围的影响而受到限制。

（一）法人权利能力目的事业的限制

目的事业对于法人而言，非常重要。法人必须在章程规定的目的事业范围内活动，当法人超出了目的事业范围而活动时，可否认为它逾越了权利能力呢？关于此问题，我国《民法通则》第42条规定：“企业法人应当在核准登记的经营范围内从事经营。”

（二）法人权利能力性质上的限制

自然人为有血有肉的生命体，而法人是社会组织体。因此，法人的权利能力自然受其性质限制。（1）法人的财产权。法人的财产能力范围基本上与自然人的相同。（2）法人的人格权。以自然人的身体存在为前提的权利，例如，生命健康权、自由权、肖像权，法人不得享有；不以自然人的身体存在为前提的权利，例如，名称权、名誉权、荣誉权，法人可以享有。

（三）法人权利能力法令上的限制

对法人的权利能力，各国或地区一般于公司法中进行了限制。例如，我国台湾“公司法”第16条规定：“公司除依其他法律或公司章程规定得为保证人外，不得为任何保证人。公司负责人违反前项规定时，应自负保证责任。”

五、法人的民事行为能力

我国《民法通则》第36条第1款规定：“法人是具有民事权利能力和民事行为能力，依法独立享有民事权利和承担民事义务的组织。”由此可见，我国民法承认法人具有行为能力。

法人的行为能力与自然人的行为能力相比，具有以下特点：（1）开始和终止的时间不同。我国《民法通则》第36条第2款规定：“法人的民事权利能力和民事行为能力，从法人成立时开始，到法人终止时消灭。”而自然人的行为能力开始时间即发生原因与终止时间均不同于法人。（2）法人的行为能力由法人机关来实现。法人机关根据法律和章程实施的行为，就是法人的行为，由法人来承担其法律后果。

法人的民事责任能力，也有学者称为法人的侵权行为能力，是指法人对自己所为的违法行为应当承担民事责任的能力或资格。我国《民法通则》第43条对此作出了类似的规定：“企业法人对它的法定代表人和其他工作人员的经营活动，承担民事责任。”

六、法人机关

法人机关的存在是法人维持其人格的条件，是法人得以完成其目的事业和实际承受法律关系的执行力量。法人机关有广狭二义，广义的法人机关，是指一切法人事务机构；狭义的法人机关，是指具有对外执行职能的法人事务机构。

（一）法人机关的性质

关于法人机关的性质，有代理说和机关说两种观点。

1. 代理说

代理说认为，法人机关是法人的法定代理人，法人机关对法人居代理人的地位，对外发生代理人与被代理人的关系。① 代理说的理论基础是法人拟制说。法人拟制说认为，法人不是有血有肉的自然人，本身不具有意思能力。法律要通过第一次拟制，拟制法人具有类似于自然人的主体资格，解决团体的独立性；然后，在法律构造上为其建立法定代理机关，根据代理规则将该代理机关的行为的法律效果归属于法人，完成第二次拟制，谓效果归属的拟制。所以法人取得权利和义务，法人进行法律行为，都必须依归属拟制而成。

---

① 郑玉波. 民法总则. 台北：三民书局，1979：129.

2. 机关说

机关说认为，法人机关是法人组织体的构成部分，法人机关与法人之间是部分与整体的关系，法人机关的执行行为，就是法人的行为。机关说的理论基础是法人实在说。法人实在说认为，法人是一个组织体或有机体，法人实体包括法人机关在内，法人通过自己的机关来形成自己的意思，因此，法人具有行为能力。就法人机关性质而言，法人机关在权利能力范围内的行为就是法人本身的行为。

（二）法人机关的种类

法人机关的种类，一般因法人种类的不同而有差异。例如，社团法人机关由权力机关、执行机关和监督机关三个职能部门构成。财团法人一般没有权力机关，而由执行管理机关、监督机关构成。权力机关是社员根据法律和章程组成的，就社团法人重大事务进行表决的机构。就我国的公司而言，权力机关是股东会。

七、法人的住所

法人的住所是法人发生法律关系的中心地域。法人的住所对于法人而言非常重要，它决定了债务履行地，决定登记管辖，决定诉讼管辖，决定法律文书送达之处所，决定涉外民事关系的准据法。

法人的主事务所的所在地为法人住所。例如，我国《民法通则》第39条规定："法人以它的主要办事机构所在地为住所。"法人住所变更，一般都必须登记。有些国家采取登记对抗主义，非经登记，不得对抗第三人。例如，根据《日本民法典》第46条的规定，当住所发生变更时，应于两周内在主事务所所在地、于三周内在其他事务所所在地进行登记。在登记前，不得以其变更对抗他人。有些国家，则采取登记要件主义，非经登记，一律视为没有发生。例如，我国《公司登记管理条例》第26条第1款规定："公司变更住所的，应当在迁入新住所前申请变更登记，并提交新住所使用证明。"

八、法人的终止

法人的终止又称法人的消灭，是指法人丧失民事主体资格，不再具有民事权利能力和民事行为能力。为了保护第三人的信赖利益，维护交易安全，各国都在相应的法律中，明确规定了法人终止的条件和程序。

（一）法人终止的原因

1. 自行解散

自行解散，即法人自己决定终止。法人自行解散的原因如下：（1）法人目的事业完成或不能完成。法人的成立一般都为了达到某个目的，如果该目的已经实现或根本不能实现，则法人就丧失了存在的意义，因此，各国民法都规定法人目的事业的完成或根本不能完成为法人解散的原因。（2）因社员大会的决议而解散。法人是基于成员的共同意思而成立的，当然可以基于成员的共同意思而解散。值得注意的是，各国对解散法人的决议比对一般事项的决议的要求更为严格，往往要由出席会议的法人成员的3/4或2/3多数同意才通过。（3）因法人章程规定的解散事由发生而解散。一般由章程预先设定解散事由，一旦这些事由出现，法人即可自行解散。（4）因社团法人的社员不足法定人数而解散。

2. 强制解散

当法人的目的、行为违反法律、公共秩序和善良风俗时，法院或有关行政机关可以依法强行解散法人。我国1988年《企业法人登记管理条例》第30条规定，企业法人擅自改变经济性质、超出登记的经营范围和经营方式，领取营业执照后不从事经营满法定期限，伪造、涂改、出租、出借、转让法人执照，抽逃资金，隐匿财产逃避债务等，登记主管机关可以依法吊销企业法人营业执照，强令其解散。

3. 破产解散

各国法律都规定了法人因破产而宣告解散。我国《民法通则》第45条规定的企业法人解散的原因之一就是依法宣告破产。

（二）清算

清算，指整理、结束被解散法人法律关系的程序。清算有两种：第一种是法人破产时，由破产管理人从法人外部，按照破产的规定，对法人实行清算；第二种是法人解散时，由法人机关实行清算。

清算人（清算组织）是清算法人的代表及执行机关。我国《民法通则》第47条规定："企业法人解散，应当成立清算组织，进行清算。企业法人被撤销、被宣告破产的，应当由主管机关或者人民法院组织有关机关和有关人员成立清算组织，进行清算。"

清算人的职责主要是了结现务、收取债权、清偿债务、移交剩余财产。根据我国《公司法》第185条的规定，公司法人清算组的职责是：清理公司财产并编制资产负债表和财产清单；通知或公告债权人；处理公司未了结的业务；清缴所欠税款；清理债权、债务；处理剩余财产；代表公司参加民事诉讼。另外，《公司法》第189条还规定了清算终结，公司清算结束后，清算组应当制作清算报告，报股东会、股东大会或人民法院确认，并报送公司登记机关，申请注销公司登记，公告公司终止。

本章小结

自然人的民事权利能力，是指能够享有民事权利和承担民事义务的法律资格。公民从出生时起到死亡时止，具有民事权利能力，依法享有民事权利，承担民事义务。自然人的民事权利能力终止的时间一般以自然人的死亡时间为准。自然人的死亡可以分为自然死亡和宣告死亡。

自然人的民事行为能力，是指自然人据以独立参加民事法律关系，以自己的民事法律行为取得民事权利或承担民事义务的法律资格。自然人的民事行为能力与民事权利能力一样，都是由法律所确认，当事人不能转让和放弃。自然人民事行为能力受年龄、智力和精神状况的不同而分为完全民事行为能力、限制民事行为能力和无民事行为能力。

监护是对未成年人和精神病人的人身、财产和其他合法权益依法实行的监督和保护。其中，担任监督、保护职责的人为监护人，处于监督、保护之下的人为被监护人。

人格权，是指存在于权利人自身人格上的权利。人格权因出生而取得，因死亡而消灭，不得转让与抛弃。

自然人的住所，是指"一个人生活关系的中心所处的地方或者其空间上的重点所处的地方"。

法人是具有民事权利能力和民事行为能力，依法独立享有民事权利和承担民事义务的组织。法人的民事权利能力和民事行为能力限于法人的存续期间，一般以法人成立为始期，以法人终止为终期。

法人的住所是法人发生法律关系的中心地域。法人的主事务所的所在地为法人住所。

清算，指整理、结束被解散法人法律关系的程序。清算有两种：第一种是法人破产时，由破产管理人从法人外部，按照破产的规定，对法人实行清算；第二种是法人解散时，由法人机关实行清算。

重要概念

民事权利能力　民事行为能力　禁治产　监护　人格权　特许主义　登记主义　清算　法人

案例分析

【案情】

甲自幼深得其外祖母乙的疼爱。1995年冬天，甲（8岁）在乙家里居住。乙对甲说，你好好学习，我给你1万元，将来上大学用。其后乙以甲的名义在银行为甲存上1万元，并告知甲，甲听后非常高兴，回家后即将此事告知其母丙。1999年6月乙去世。丙兄妹三人在分遗产时，丙提出其母乙为甲存入银行的1万元存款应当归甲所有，不能作为遗产；而丙的哥哥和妹妹都主张，该存款也为遗产，应当由他们兄妹三人共同继承。

【问题】

该存款是否为甲所有？

【评析】

本案考查的是自然人的民事行为能力问题。民事行为能力是权利能力者独立实施民事法律行为的资格。行为能力以权利能力为基础。自然人的行为能力状况，决定于其意思能力的状况。我国关于自然人行为能力的规定，采用年龄主义的原则：(1) 年满 18 周岁的公民有行为能力；但已满 16 周岁不满 18 周岁，以其劳动收入作为主要生活来源者，也视为完全行为能力人。(2) 不满 10 周岁的人无行为能力。(3) 其他有部分行为能力的人，为限制行为能力人。限制行为能力人，是只能独立实施法律限定的民事法律行为的资格。

根据《民通意见》第 6 条的规定，无民事行为能力人接受奖励、赠与、报酬，他人不得以行为人无民事行为能力为由主张以上行为无效。由此可见，甲作为无民事行为能力人，具有接受赠与的民事行为能力。本案，乙赠与甲金钱，尽管言明是为资助其上大学，但这不属于附条件的赠与，也不属于目的赠与。因为乙的意思仅在于鼓励甲好好学习，将来上大学，并非是以甲上大学为目的而为的赠与。因此，甲接受乙的赠与是有效的，其他人不得以甲为无民事行为能力人而主张该赠与无效。

存款单在乙手中而未交付甲，并不能否认赠与行为不成立。从本案的情况来看，乙在表示赠与甲 1 万元后，即以甲的名义存款 1 万元。尽管存款单并未交给甲，也应认定赠与的款项已经交付。因为，以甲的名义存款就是将款转到甲的名下，意味着乙将款交给甲。乙未将存款单交给甲，是其担心甲年幼易丢失，而代为保管，并不表示该存款为乙所有。综上所述，存款应为甲所有。

同步测练与解析

一、单项选择题

1. (　　) 是指采用摄影艺术或者造型艺术手段反映自然人包括五官在内的形象作品。
   A. 姓名　　B. 肖像　　C. 照片　　D. 名誉作品
2. 我国《民法通则》第 100 条规定："公民享有肖像权，未经本人同意，不得以(　　) 为目的使用公民的肖像。"
   A. 公开宣传　　B. 纪念收藏　　C. 营利　　D. 公共事业
3. 我国《民法通则》第 15 条规定："公民以他的户籍所在地的居住地为住所，经常居住地与住所不一致的，(　　) 视为住所。"
   A. 户籍所在地　　B. 经常居住地　　C. 办公地点　　D. 旅游地点
4. 我国《民法通则》第 9 条规定："公民从出生时起到 (　　) 时止，具有民事权利能力，依法享有民事权利，承担民事义务。"
   A. 成年　　B. 结婚　　C. 退休　　D. 死亡

5. 民事行为能力，是指（ ）据以独立参加民事法律关系，以自己的民事法律行为取得民事权利或承担民事义务的法律资格。

A. 法人 B. 未成年人 C. 自然人 D. 成年人

6. 人格权，是指存在于权利人自身（ ）上的权利。

A. 身份 B. 身体 C. 地位 D. 人格

7. 我国《公司登记管理条例》第26条规定："公司变更住所的，应当在迁入新住所前申请（ ），并提交新住所使用证明。"

A. 修改章程 B. 变更登记 C. 营业范围变化 D. 法人名称改变

二、多项选择题

1. 禁治产宣告的效力主要表现在（ ）。

A. 其财产由他人代管

B. 受宣告之人成为无行为能力人或限制行为能力人

C. 为禁治产人设置监护人或保佐人

D. 在没有监护人同意的情况下，不能处置自己的财产

2. 人格权的性质是（ ）。

A. 人格权以人格利益为标的，属于非财产性权利

B. 人格权的权利人可以直接支配其人格利益，并排除他人的干涉，因此属于支配权

C. 人格权的效力可以对一切人主张，任何人都不得侵犯他人的人格权，因此，人格权为绝对权

D. 人格利益与主体不可分离，因此属于专属权

3. 下列属于侵害生命健康权的违法行为的有（ ）。

A. 侵害生命权，致人死亡 B. 侵害身体权

C. 侵害健康权 D. 侵害肖像权

4. 侵害姓名权的形式主要有（ ）。

A. 干涉他人使用姓名 B. 强迫他人使用自己的姓名

C. 盗用、假冒他人的姓名 D. 不当使用他人姓名

5. 自然人的名誉，是指自然人所受到的有关其（ ）等方面评价的总和。

A. 品行和才能 B. 功绩 C. 资历 D. 职业和身份

6. 荣誉权的特征是（ ）。

A. 作出荣誉评价的，必须是社会组织，而不能是个人和公众舆论

B. 构成荣誉的评价必须是积极的、褒扬性的；而不能是消极的、批评性的

C. 构成荣誉的评价，必须具有专门性，其形式则须定型化

D. 荣誉授予之后，可以通过合法程序予以撤销或者剥夺

7. 公民、法人的荣誉权受到侵害的，有权要求（　　）。
A. 恢复名誉　B. 消除影响　C. 赔礼道歉　D. 赔偿损失

8.（　　）侵犯了他人的隐私权。
A. 非法干涉他人的私生活
B. 擅自公开他人的隐私
C. 窥探、录制他人的私生活
D. 捏造事实，使第三人对他人的私生活产生误解

9. 法人终止的原因有（　　）。
A. 自行解散　B. 强制解散　C. 破产解散　D. 成立新法人

10. 我国《民法通则》第 37 条规定了法人在我国成立必须具备的一般条件是：（　　）。
A. 依法成立　B. 有必要的财产或者经费
C. 有自己的名称、组织机构和场所　D. 能够独立承担民事责任

三、简答题

1. 简述宣告失踪的构成要件。
2. 简述宣告死亡的构成要件。
3. 简述住所在法律上的意义。
4. 简述在我国设立法人的条件。

四、论述题

1. 论述我国的监护制度及其适用范围。
2. 论述人格权的种类及其如何保护。
3. 论民事权利能力和民事行为能力的异同。

五、案例题

甲社团法人，社员甚众，颇具资产，共有董事 A、B、C、D 等七人，因发现若干董事滥用职权，乃修改章程，明定仅 A、B、C 三人有代表权，但未办理变更登记。又依社员总会决议，不动产买卖应由有代表权的董事共同为之。某次董事会决定兴建会馆，即由 A、B 及 C 三人与地主乙洽谈，因 A 与 B、C 意见不同，久未成交，乙有将该土地出售他人之意，D 董事知道后，认为该地点适中，价钱尚称合理，机不可失，即与 A 董事共同以甲社团法人名义与乙订立契约，乙不知章程规定及总会决议。

问题：试问乙能否向甲财团法人请求支付价金？

参考答案

一、单项选择题

1. B　2. C　3. B　4. D　5. C　6. D　7. B

二、多项选择题

1. BC　2. ABCD　3. ABC　4. ACD　5. ABCD　6. ABCD　7. ABCD　8. BCD　9. ABC　10. ABCD

三、简答题（答案略）

四、论述题（答案略）

五、案例题

甲财团法人的董事 A 及 D 二人以法人名义与乙订立土地买卖契约，A 董事的代表权虽依总会决议受有限制，D 董事的代表权虽经章程明定有代表权而被剥夺，但因未经登记，不得对抗善意第三人，故甲与乙之间的买卖契约有效成立。

第四章

CHAPTER FOUR

法律行为与代理

学习目标

本章主要介绍了民事法律行为和代理制度，目的在于了解民事权利的类型、法律行为的成立、生效与无效，以及代理的机制等民事主体参与民事活动的方式。

重点难点提示

- 法律行为的概念
- 法律行为的分类
- 法律行为的成立要件
- 意思表示的概念
- 意思表示的构成要素
- 民事行为的无效与撤销
- 附条件和附期限的法律行为

第一节　法律行为概述

一、法律行为的概念

法律行为是一种具有确立、变更或终止民事权利和民事义务关系的意思表示行为。

为了更好地了解法律行为这个概念，可以将法律行为与事实行为加以比较。事实行为是指行为人不具有设立、变更或消灭民事法律关系的意图，但依照法律规定客观上能引起民事法律后果的行为。法律行为和事实行为的区别如下：

第一，法律行为是一种意思表示行为，本质上是行为人设立法律关系意图的外在表示；事实行为是已经实施的、并引起了法律后果的客观行为，其本质是事实构成。前者的行为人在实施行为时，主观上具有引起某种法律后果的意图；而后者的行为人在实施行为时，主观上并不具有引起某种法律后果的意图，只不过依照法律的规定客观上发生了这种法律后果。

第二，意思表示是法律行为的构成要件，行为所造成的客观后果是事实行为的构成要件。事实行为是依照法律规定、客观上发生法律后果的行为，因此，行为所造成的客观后果必然成为事实行为的构成要件。

二、法律行为的分类

（一）单方行为与多方行为

单方行为，是指依当事人一方的意思表示而构成的法律行为。有的单方行为有相对人，如债务的免除、合同的解除，这类行为必须向相对人表示，才能构成单方行为。还有的单方行为不需要向相对人表示，就构成单方行为，如遗嘱、捐助。有相对人的单方行为不同于合同之处在于，行为人仅向相对人表示即可，而不需相对人的承诺。①

多方行为，是指由行为人双方或多方的意思表示构成的法律行为。多方行为又可分为合同和共同行为。合同，是指双方当事人意思表示一致而构成的法律行为。

（二）债权行为与物权行为

在财产行为中，按照法律行为内容的不同，分为债权行为与物权行为。债权行为，是指以债权债务的发生为内容的法律行为。物权行为，是指以物权的设定、转移为直接内容的法律行为。物权行为有单方行为，如所有权、地上权的抛弃；有合同，如抵押权、质权的设定。

---

① 胡长清．中国民法总论．北京：中国政法大学出版社，1997：187.

目前，关于在债权行为之外，是否承认独立于债权行为的物权行为有两种立法例。一种以德国为代表，承认物权行为。我国台湾也采纳物权行为无因性的理论。另一种以法国民法为代表，不承认独立于债权行为之外的物权行为，日本民法从之。

我国民法没有采纳德国民法物权行为无因性的理论，梁慧星教授等学者在受立法机关委托起草的中国物权法草案建议稿中，规定了物权变动与原因行为的区分原则。该草案第7条规定："以发生物权变动为目的的原因行为，自合法成立生效。在不能发生物权变动的结果时，有过错的当事人应当承担违约责任。"该条所称物权变动，是指物权变动的事实，非指发生物权变动的意思表示即所谓物权行为。所称原因行为是指发生物权变动的债权行为，例如买卖合同、赠与合同、土地使用权设立合同、抵押合同、质押合同、典权设立合同。①

（三）要式行为与不要式行为

按照法律行为是否必须依照一定形式为标准，分为要式行为与不要式行为。要式行为，是指必须按照一定方式才能成立的法律行为。由法律规定必须按照一定方式的，是法定要式行为，例如结婚和遗嘱。其中，法定形式包括：（1）书面形式；（2）书面形式以外的其他形式，如登记形式（《收养法》第15条第1款）和公证形式（《继承法》第17条）。由当事人约定必须按照一定方式的，是约定要式行为，例如，当事人约定以书面方式进行的不动产买卖行为。不要式行为，是指不必按照一定方式即可成立的法律行为。近代民法尊重方式自由原则，多数行为均为不要式行为。我国现行法中，财产行为以不要式为原则，要式为例外；身份行为以要式为原则。

（四）要物行为与不要物行为

按照法律行为是否以交付标的物为成立要件，分为要物行为与不要物行为。要物行为，又称实践行为，是指以意思表示之外，还须交付标的物才可成立的法律行为。例如保管合同。不要物行为，又称诺成行为，是指仅依意思表示就可成立的法律行为。法律行为，以不要物行为为原则，以要物行为为例外。区分二者的意义在于，要物行为在意思表示一致之外，还须标的物的实际交付，合同才成立。

（五）有偿行为与无偿行为

按照法律行为成立的给付关系与有无对价，分为有偿行为与无偿行为。有偿行为，是指以财产给付为标的的法律行为中，双方当事人各因给付而取得利益的法律行为，例如买卖、加工承揽。无偿行为，是指一方不给付而取得利益的法律行为，例如赠与。区分二者的意义在于，关于法律行为的解释，关于责任的轻重，关于瑕疵担保的责任，均按照行为是否有偿而有不同的规定。

---

① 梁慧星. 民法总论. 北京：法律出版社，2001：183.

（六）主行为与从行为

按照关联行为中，某一行为是否具有独立性，分为主行为与从行为。主行为，是指不以他行为为存在前提的行为。从行为，是指以他行为的存在为其存在前提的行为。例如，在不动产买卖的担保合同中，不动产买卖合同是主行为，担保合同是从行为。区分二者的意义在于，从行为的不成立、无效或消灭依附于主行为。

（七）独立行为与补助行为

按照法律行为是否有独立的实质内容为标准，分为独立行为与补助行为。独立行为，是指有独立实质内容的法律行为，大部分行为是独立行为。补助行为，是指没有独立实质内容，而仅为他行为发生效力条件的法律行为，例如允许、同意及承认。

（八）有因行为与无因行为

在以财产给付为标的的法律行为中，按照法律行为的成立或生效是否以原因存在或无瑕疵为要件，分为有因行为与无因行为。有因行为，是指行为与其原因在法律上相互结合而不可分离的法律行为，也即原因成立或有效决定自身成立或生效的法律行为。无因行为，是指行为与其原因可以分离的法律行为，也即不以原因存在或健全，为成立或生效要件的法律行为。例如，票据行为为无因行为。

区分二者的意义在于，无因行为的原因即使不存在，其行为仍然有效。有因行为的原因欠缺，导致法律行为不能成立；原因瑕疵，导致法律行为无效。

（九）财产行为与身份行为

按照法律行为产生的法律效果性质的不同，分为财产行为与身份行为。财产行为，是指创设或变动财产权法律关系的法律行为。身份行为，是指发生和变动身份法律关系的法律行为，包括亲属行为（如结婚、收养）和收养行为（如继承人的指定、继承的抛弃等）。区分的意义在于，二者发生的法律效果不同。

（十）完全行为与不完全行为

完全行为，是指发生完全有效的法律行为。不完全行为又分为：（1）无效的法律行为。无效法律行为又分为：绝对无效行为，例如，违反强制性或禁止规定的法律行为，违背公序良俗的行为等；相对无效行为，例如，表意人与相对人通谋而为虚伪意思表示的，其意思表示无效，但不得以其无效对抗善意第三人。（2）效力未定或不生效力的行为。例如，限制行为能力人未得法定代理人的允许实施的行为，必须经法定代理人的承认，才生效力。

三、民事法律行为的成立要件

民事法律行为的成立要件是指依照法律规定成立民事法律行为所必不可少的事实要素。按照大陆民法的通常分类，民事法律行为的成立要件包括一般成立要件与特别成立要件。

（一）民事法律行为的一般成立要件

有学者认为，由于民事法律行为的一般成立要件仅具有抽象的意义，它仅为判断某一具体表示行为是否包括民事法律行为的基本要素提供标准，因此，没有必要罗列许多事实要素，主张仅以意思表示为法律行为的一般成立要件。①

所谓意思表示，指向外部表明意欲发生一定私法上法律效果之意思的行为。② 持仅以意思表示为法律行为的一般成立要件观点的学者指出，作为法律行为一般成立要件的意思表示必须具备以下要素：

1. 效果意思

效果意思，又称内心真意，即行为人的意思表示中须含有设立、变更或终止民事法律关系的意图。因此，不具有设立法律关系意图的家庭协议、社交性约定、交易意向约定或者依国际商业惯例必须经确认书确认的商业协议不构成法律行为。

2. 内容明确

行为人的意思表示必须完整明确地指明了所欲设立的法律关系的必要内容。因此，意思表示不明确的行为、仅有法律行为外观而不具有内容要素的“合法行为”都不成立法律行为。

3. 表示行为

表示行为，指行为人通过书面或口头形式将内心真意外部化的行为。通过确定意思表示的内容，以确定法律行为。因此，实践中存在的一个问题便是：当效果意思与表示行为不一致时，究竟是采纳效果意思，还是表示行为呢？理论中，有三种观点：一是侧重于效果意思者，称为意思主义；二是侧重于表示行为者，称为表示主义；三是折衷主义，即对于仅表意者一方知其不一致（真意保留），以表示主义解决；对于表意者双方知其不一致（虚伪表示），以意思主义解决；对于表意者自身不知其不一致（错误），以意思主义解决。另外，对于意思不自由的场合（诈欺、胁迫），以意思主义解决。③

（二）民事法律行为的特别成立要件

民事法律行为的特别成立要件，要求成立某一具体法律行为，除须具备一般成立要件外，依法还须具备其他特殊事实要素。例如，在要物行为（又称实践行为）中，除了要求意思表示的一般要件外，还须物的交付这一特别要件。以要物为特别要件的民事法律行为主要表现为要物合同行为，如借贷合同、运输合同、保管合同等。在要式行为，民事法律行为成立的意思表示必须采取特定形式或履行特定程序。例如，票据行为、契据行为不

---

① 董安生．民事法律行为——合同、遗嘱和婚姻行为的一般法律．北京：中国人民大学出版社，1994：189．

② 梁慧星．民法总论．北京：法律出版社，1996：162．

③ 梁慧星．民法总论．北京：法律出版社，1996：164．

仅须履行书面形式，而且须符合特殊的书面规则或签署规则。

四、民事法律行为的生效要件

民事法律行为的生效要件包括以下几个方面：

（一）行为人有行为能力

第一，对公民（自然人）行为能力的要求：无行为能力人不能实施民事法律行为；限制行为能力人可以实施与他的年龄、智力相当的民事法律行为，其他民事法律行为应当由他的法定代理人代理或者征得法定代理人的同意；具有完全行为能力的人，依法可以实施各种民事法律行为。①

第二，法人的行为能力。由于法人是由法律规定具有民事权利能力的人合组织体和财合组织体，法人自身不能实施法律行为，而必须通过其法定代表人或代理人实施法律行为，并由法人承担法律效果，因此，法人不存在完全民事行为能力、无民事行为能力、限制民事行为能力的区分。法人是完全民事行为能力人，但法人的民事权利能力不同于自然人的民事权利能力，它只能“在核准登记的经营范围内从事经营”。

（二）意思表示真实

关于此点在民事法律行为的成立要件中已经论述，此不赘述。

（三）民事法律行为的内容不违反法律和社会公共利益

第一，内容必须合法。民事法律行为的内容合法，就是要求内容不违反法律要求，特别是不得违反法律的强行性和禁止性的规定。

第二，内容不违反社会公益。有学者将违反社会公益的行为归纳为以下几种：直接损害国家、社会利益的行为；违反社会正义与道德的行为；以剥削或非法限制他人的自由为内容的行为；图暴利的侥幸行为。②

（四）标的可能和确定

有学者将标的不能分为以下五种情况③：

第一，事实不能与法律不能。这是按标的不能的原因不同进行划分的。事实不能，指法律行为的标的在事实上不可能实现，例如购买天上的星星。法律不能，一般是违反法律的强行性规定，例如买卖毒品。法律不能属于法律行为内容违法，事实不能导致法律行为无效。因此，标的不能是指事实不能。

第二，自始不能与嗣后不能。这是按标的不能发生时间的不同进行划分的。标的不能的原因发生在民事法律行为之前的，属自始不能；标的不能的原因发生在法律行为成立之

① 杨振山．论民事法律行为．中国法学，1986（1）．

② 《法学研究》编辑部．新中国民法学研究综述．北京：中国社会科学出版社，1990：142．

③ 梁慧星．民法总论．北京：法律出版社，1996：161．

后，即法律行为成立之时属可能，只是法律行为成立以后才变为不能的，属嗣后不能。自始不能使法律行为无效。嗣后不能不影响法律行为的生效，但发生法律行为的解除问题。

第三，客观不能与主观不能。这是按标的不能的原因与当事人关系的不同进行划分的。标的不能的原因与当事人无关，属于客观不能；标的不能的原因归于当事人，属于主观不能。客观不能使法律行为无效。主观不能只有在相对人知其不能时，法律行为才无效。

第四，永久不能与一时不能。这是按标的不能原因是否超过法律行为的有效期间进行划分的。标的不能的原因存在于法律行为的整个有效期间，属于永久不能。标的不能的原因有可能消灭，亦即法律行为的标的有变成可能的希望，属于一时不能。标的不能指永久不能，而非一时不能。

第五，全部不能与一部不能。这是按标的不能的原因存在于法律行为标的的全部或一部进行划分的。民事法律行为标的全部不能实现，属于全部不能。法律行为标的仅一部不能实现，属于一部不能。全部不能使法律行为全部无效，一部不能原则上使法律行为部分无效，但该无效部分不影响其余部分有效者，其余部分仍为有效。

因此，法律行为的标的可能，就是指法律行为的标的可能实现，不存在事实不能、自始不能、客观不能、永久不能和全部不能等情况。

法律行为标的确定，指法律行为的标的必须自始确定，或者将来一定能确定。

第二节　意思表示概述

一、意思表示的概念

意思表示就是行为人把进行某一民事法律行为的内心意愿，以一定方式表达于外部的行为①；“所谓意思表示，指向外部表明意欲发生一定私法上法律效果之意思的行为”。②

二、意思表示的构成要素

意思表示的构成要素应当为效果意思、表示意思和表示行为。

效果意思，又称法效意思、效力意思，是指表意人内心企图发生法律效果的欲望。

表示意思，是指表意人欲将效果意思表示于外部的意思。

表示行为，是指表意人将效果意思表现于外部，并足以为外界所客观理解的行为。表

① 参见佟柔．中国民法学·民法总则．北京：中国人民公安大学出版社，1992：218．

② 梁慧星．民法总论．北京：法律出版社，1996：163．

示行为有明示和默示两种方式。所谓明示，指行为人以语言、文字等方式表示内在意思的表意形式。所谓默示，是指行为人以使人推知的方式间接表示其内在意思的表意形式。例如，在自助餐厅自取食物，在收费停车场停车等。默示又分为行为默示与特定的沉默两种。行为默示，指行为人以某种表明法律意图的行为间接表示其内在意思的默示。特定的沉默，指行为人以不作为间接表示其内在意思的默示。

三、意思表示的发出

意思表示的发出，是指表意人将其内心意思明确表示于外的行为。在没有相对人的意思表示的情况下，表意人完成了其意思表示过程，视为意思表示已经发出。例如，自书遗嘱人在书写完全文，载明年月日并签署姓名的，视为意思表示已发出。在意思表示有相对人的情况下，如果表意人是以口头方式发出意思表示的，必须对受领者表示，并让其客观上能够了解。如果表意人是以书面方式发出的，其发出时间是该意思表示进入到其能够到达受领者的过程的时候。①

四、意思表示的生效

意思表示有相对人的情况下，可分为对话的意思表示与非对话的意思表示。在对话的意思表示，表意人与相对人可以直接进行意思表示，如面对面交谈、打电话等。关于对话的意思表示的生效，台湾地区“民法”第94条规定：“对话人为意思表示者，其意思表示，以相对人了解时，发生效力。”

在非对话的意思表示，表意人与相对人仅能通过书信、电报、传真、电子邮件等方式作出意思表示。关于非对话的意思表示的生效，有发信主义和到达主义两种模式。其中英美法系国家多采发信主义模式，大陆法系国家或地区多采到达主义模式。以我国台湾地区立法例为例，根据台湾“民法”第95条之规定，以书信、电报、传真、电子邮件等到达相对人时，发生效力。此处的到达，指意思表示已进入相对人的支配范围，置于相对人可以了解的状态。

五、大陆法系关于意思表示瑕疵的规定

意思表示分为健全的意思表示与瑕疵的意思表示。《德国民法典》将意思表示瑕疵分为“戏谑表示”、“内心意思保留”、“虚伪表示”、“表示错误”、受诈欺的意思表示、受胁迫的意思表示和重要性质错误七种，前四种均具有意思和表示不一致的特点，其瑕疵发生在意思和表示的连接上；后三种则表现出意思不健全的特点，其瑕疵发生在意

① 王泽鉴．民法总则．北京：中国政法大学出版社，2001：342.

思形成阶段。①

（一）戏谑行为

戏谑行为，又称非诚意表示，是指表意人基于游戏的目的而作出表示，并预期他人可以认识其表示欠缺诚信②，如玩笑、吹嘘、不严肃的承诺等。由于游戏表示传达的并不是表意人内心的真实意思，因此，《德国民法典》第118条规定戏谑行为无效，但对于信赖其表示为有效而受损害之相对人或第三人，除其无效原因为其所明知或应知者外，应负担赔偿责任，但以不超过相对人或第三人因意思表示有效时所应得利益之数额为限。

（二）内心意思保留

内心意思保留，又称秘密保留、真意保留，是指表示人明知自己的表示非其所愿的情形而作的表示。在内心意思保留的情况下，表意人掩盖了自己的真正意图，具有欺骗性。

构成内心意思保留，必须具备以下要件：（1）表意人作出的意思表示不仅有法律价值，而且使人感觉到其愿意受意思表示的约束；（2）表意人的意思表示与其内心的效果意思不一致；（3）表意人知道其内心真意与表示意思不一致仍为意思表示。

关于内心意思保留的法律效力，从有关国家的民法规定来看，在整体上体现了表示主义为主，兼顾意思主义的立场，即在保护交易安全的前提下，兼顾表意人的利益。法律之所以作出这样规定，是因为虚假表意人故意作一种与其效果意思不一致的表示行为，他明知虚假意思表示会被对方接受而故意为之，所以应受到意思表示的拘束。

（三）虚伪表示

虚伪表示，是指表示人与相对人合谋以隐蔽他项法律行为的意思表示。构成虚伪表示，除要求表意人具备内心真意保留要件外，还要求有表意人与相对人的通谋行为。所谓通谋，是指表意人与相对人互相故意为非真意之表示，相对人不仅须知表意人非真意，并须就表意人非真意之表示相与为非真意之合意。③

关于虚伪表示的法律效力，虚伪表示涉及第三人利益的，其效力则视不同情形而定。对于恶意第三人，因其已知当事人为虚伪表示，因此应认定为法律行为无效。对于善意第三人，则应当认定法律行为有效，虚伪表意人要么继续履行合同，要么赔偿善意第三人的损失。当然，法律对善意第三人的保护也是有限度的，在以下两种情形下，将不考虑善意第三人的利益：一是为保障公众信用及交易安全而采用表示主义的行为，如认股行为，于公司成立后，不得以虚伪表示之理由主张无效。要求高度交易安全的票据行为亦是如此。二是关于身份上的行为，主要指婚姻的缔结。

上述三种情形的意思与表示不一致都是表意人故意的，但被利用的目的和基础不同。

---

① 龙卫球．民法总论．北京：中国法制出版社，2001：546．

② ［德］迪特尔·梅迪库斯．德国民法总论．邵建东，译．北京：法律出版社，2001：447．

③ 转引自刘守豹．意思表示瑕疵的比较研究//梁慧星．民商法论丛：第1卷．北京：法律出版社，1994：67．

戏谑行为是基于游戏、应酬的目的；真意保留是表意人基于欺骗的意图；而虚伪表示则是以隐蔽其他法律行为为目的。《德国民法典》认为这些情形对于表意人来说，存在内在意思的缺陷，应当原则上使法律行为无效。

（四）错误

错误，指表意人出于错误或不知道其意思表示与效果意思不一致的情形。错误不是表意人自己有意，或者与他人通谋所造成的，而是在无意中造成的。

构成错误，一般须具备以下要件：（1）有意思表示成立；（2）内心的效果意思与表示不一致；（3）表意人不知其内心效果意思与表示不一致；（4）错误必须严重，即足以影响表意人决定是否为意思表示；（5）错误是由表意人自己的原因所致；（6）错误的存在以意思表示成立之时为判断标准。

表意人的错误的意思表示有：第一是内容错误。所谓内容错误，是指表意人表示其所欲为的表示，但误认其表示的客观意义。其典型情形有：（1）关于当事人本身的错误，也称当事人同一性错误，如误认张三为李四。（2）关于标的物本身的错误。（3）关于法律行为性质的错误，如误认买卖为赠与。第二是表示行为错误，即表意人表示出来的意思与其内心所欲表示的意思不一致，即在表示过程中出现错误。例如误言（如欲买空调，误说成买彩电），误写（如某物价款1 750元，误写成1 570元）等。第三是关于当事人资格或物的性质错误。该错误在我国台湾地区“民法”中是由第88条第2项规定的，即“当事人之资格，或物之性质，若交易上认为重要者，其错误，视为意思表示内容之错误”。第四是传达错误。如果是传达人故意为错误之传达，则类推适用无权代理的规定，由传达人对善意相对人承担损害赔偿的责任。

关于上述四种错误的法律效果，有两种立法例。一是以德国、法国和我国台湾地区为代表，主张表意人享有撤销权，可以撤销该错误的意思表示，但该撤销权必须在法律规定的期限内行使，否则归于消灭。表意人撤销其意思表示，致善意相对人因信其意思表示而受损害的，应负赔偿责任。二是日本民法典的规定，根据《日本民法典》第95条的规定，错误将会导致合同无效，而非可撤销的原因。

（五）受诈欺而为的意思表示

诈欺是指当事人一方故意编造虚假或歪曲的事实，使表意人陷入错误，违背真实意思而作的意思表示。“诈欺”作为法律术语，与民间所使用的“欺骗”、“欺诈”还略有不同。前者强调行为人实施行为时所具有的、损害他人的有意心态，而后者均不表示行为人的主观状态和意欲状态。

构成诈欺，必须具备以下四个要件：（1）须有诈欺行为，指诈欺人通过语言、文字、活动有意隐瞒了事实而告知虚伪情况的行为。（2）须诈欺行为与表意人的意思表示具有因果关系，亦即表意人必须因诈欺而陷入错误，并为意思表示。如果表意人看穿了欺诈行为，他就不得进行撤销。（3）须有诈欺的故意，即诈欺人主观上有意使表意人陷入错误并为不真实的意思表示。(4) 须诈欺行为达到有悖于诚实信用的程度。

关于诈欺的法律效果，各国民法的规定大体一致，即因被诈欺而为意思表示者，表意人享有撤销权，可以撤销其意思表示。

（六）受胁迫而为意思表示

胁迫，是指以将来施以祸害相要挟，使表意人发生恐惧而为的不真实的意思表示。

现代民法学者认为，构成胁迫，一般须具备以下四个要件：(1) 有胁迫行为。值得注意的是，胁迫行为既可以对相对人实施，也可以对相对人的亲友实施。另外，用以要挟的对象既可以是人的生命、身体健康、自由，也可以是人的名誉、荣誉及财产。(2) 相对人因胁迫发生恐惧及为意思表示，此即要求胁迫人的行为与表意人的意思表示之间有因果关系。(3) 胁迫人有胁迫之故意。(4) 胁迫行为须具有不法性。胁迫行为的不法性有三种情形：一是手段不法，如以杀害相威胁，达到买卖的目的；二是目的不法，如"若不出资经营赌场，即告发漏税之事"，告发漏税，本属合法，但因其为达到法律所禁止的目的，而为非法；三是手段与目的关联非法，即手段与目的分开看均属合法，但合到一起，则属违法。这种情形多发生在告发犯罪上。例如，以告发犯罪为手段，胁迫相对人作担保。

关于胁迫行为的法律后果，各国民法的规定基本一致，即规定因不法胁迫而被诱使进行意思表示的人，可以撤销表示，但撤销的意思表示必须在法定期限内完成，超过法定期限不行使的，不得撤销。

六、我国民法关于意思表示瑕疵的规定

我国民法关于意思表示瑕疵的规定较简单，仅在《民法通则》第55条提到，意思表示真实是民事法律行为应当具备的条件，而不像发达国家民法那样，详细列举了意思表示瑕疵的情形，因此，我国民事立法中关于意思表示的规定很不完善。值得庆幸的是，我国民法理论却对意思表示理论进行了深入的研究，而且这种研究已经影响了我国的司法审判实践和立法。

我国《民法通则》第58条及第59条分别规定了无效和可变更或撤销的民事行为。其中，《民法通则》第58条第1款第3项关于"一方以欺诈、胁迫的手段或者乘人之危，使对方在违背真实意思的情况下所为的"行为无效和第59条第1款第1项关于"行为人对行为内容有重大误解的"行为可申请撤销的规定可以看作是对意思表示瑕疵的处理规则。但遗憾的是，我国《民法通则》只规定了意思表示不自愿行为（欺诈、胁迫和乘人之危）的处理规则，对虚伪表示（真意保留、虚假行为及假意表示）却未作规定。另外，《民法通则》关于"行为人对行为内容有重大误解的行为"不能涵盖错误表示的全部内容。因为，错误表示包括内容错误（误解）、表示错误、当事人资格或物的性质错误和传达错误四种，而我国《民法通则》仅规定了内容错误，这就产生了适用法律的困难问题。

第三节 民事行为的无效与撤销

《民法通则》所采用的“民事行为”，属于中性概念，是指民事主体实施的旨在发生一定法律后果的行为。民事行为是民事法律行为的上位概念，以此回避因“无效法律行为”这一不合逻辑用语所引起的无益争论。

民事行为有效不仅要具备成立要件，而且要具备生效要件。如果仅具备成立要件，而不具备生效要件，民法不一律规定无效，而基于立法政策的考虑，按所欠缺的生效要件的性质而区别对待。如果所欠缺的生效要件涉及公序良俗，则民事行为无效；如果所欠缺的生效要件仅涉及当事人间的利益，则民事行为可撤销；如仅属于程序上的欠缺，则民事行为的效力未定，当事人可以补正。

一、无效的民事行为

（一）民事行为无效的原因

我国《民法通则》第58条第1款规定，下列民事行为无效：（1）无民事行为能力人实施的；（2）限制民事行为能力人依法不能独立实施的；（3）一方以欺诈、胁迫的手段或者乘人之危，使对方在违背真实意思的情况下所为的；（4）恶意串通、损害国家、集体或者第三人利益的；（5）违反法律或者社会公共利益的；（6）经济合同违反国家指令性计划的；（7）以合法形式掩盖非法目的的。上述民事行为无效的原因可以归纳为民事主体不适格、意思表示瑕疵、民事行为违法三种类型。另外，未被追认的无权代理行为和无处分权的行为也无效。我国《合同法》第53条还规定了合同中的下列免责条款无效：（1）造成对方人身伤害的；（2）因故意或者重大过失造成对方财产损失的。

（二）民事行为无效的效果

民事行为无效，当然地、自始地、确定地不能产生预期的法律效果。民事行为当然无效，是指无效的民事行为无须任何人主张，当然不发生效力。自始无效，是指民事行为成立时，自始不发生当事人间所意欲发生的效力。确定无效，是指无效的民事行为在其成立时即不发生效力，且以后也没有再发生效力的可能，也不因情事变更或当事人的承认而发生效力。除了民事行为不生效力之外，对方当事人受有损失的，还因此享有赔偿请求权。

（三）民事行为无效的分类

1. 绝对无效与相对无效

绝对无效，又称无限制的无效，是指无论何人或对于无论何人都可主张无效的民事行为。相对无效，又称有限制的无效，是指特定之人或者对于特定之人主张无效的民事行为。民事行为无效以绝对无效为原则，相对无效为例外。

2. 自始无效与嗣后无效

自始无效，是指民事行为成立之时即有无效的原因。嗣后无效，是指民事行为的成立与其效力的发生并非同时，而于其间发生了无效的原因。

3. 全部无效与一部无效

法律行为的内容全部无效的，是全部无效，仅有一部分无效的，是一部无效。一部无效的情形有：(1) 民事行为标的的数量超过法律许可范围的。例如，借款合同的约定利息超过国家规定最高利率的部分无效。(2) 民事行为的标的由数项组成的，其中一项或数项无效，不影响其余部分的效力。

二、可撤销的民事行为

(一) 可撤销民事行为的概念

可撤销的民事行为，是指因意思表示有瑕疵，由撤销权人溯及地消灭法律行为效力的法律行为。可撤销的民事行为具有以下特征：(1) 可撤销的民事行为，其效力已经发生。例如，被胁迫而订立的合同，其合同已经具备法定要件，即发生法律上的效力，不过因其意思表示瑕疵，撤销权人可以撤销，使其效力归于消灭。(2) 可撤销行为的效力处于未确定的状态。可撤销行为的效力处于未确定的状态，如果撤销权人撤销，则其行为确定地自始无效，如果撤销权人承认或其除斥期间因经过而消灭，则民事行为即确定自始为有效。(3) 可撤销的民事行为因撤销而丧失效力。可撤销的行为，只有经过撤销权人的撤销才丧失效力，如果撤销权人未行使撤销权，则民事行为可因除斥期间的届满而为有效。(4) 撤销必须由撤销权人行使。民事行为无效，可以由任何人主张；而可撤销的民事行为，则必须由撤销权人行使。

(二) 撤销权的行使

撤销权从其性质而言为形成权，其行使为撤销权人单方的行为，无须相对人表示同意。根据我国《民法通则》第 59 条、《合同法》第 54 条的规定，撤销权的行使应由撤销权人向人民法院和仲裁机构提出。如果撤销权人仅向相对人发出撤销的意思表示，则不生撤销的法律效果。

(三) 撤销权的效力

撤销权的效力，在于溯及地使可撤销的民事行为归于无效。根据我国《民法通则》第 59 条、《合同法》第 54 条的规定，撤销权人既可以要求撤销该民事行为，也可以要求仅变更其内容。因此，我国民法撤销权不仅包括撤销的效力，还包括变更的效力。

(四) 撤销权的消灭

撤销权可因以下三种情形而消灭：一是行使。撤销权因行使而消灭，自无疑问。二是因除斥期间经过而消灭。例如，我国《合同法》第 55 条第 1 项规定，“具有撤销权的当事人自知道或者应当知道撤销事由之日起一年内没有行使撤销权”的，撤销权消灭。此1年期间，即属于除斥期间。三是因撤销权人抛弃而消灭。撤销权人在除斥期间抛弃权利，可撤销的民事行为即变为完全有效的民事行为。例如，《合同法》第55条第2项规定，“具有撤销权的当事人知道撤销事由后明确表示或者以自己的行为放弃撤销权”的，撤销权消灭。由此可见，抛弃撤销权的方式有两种：一是撤销权人以意思表示的方式进行；二是撤销权人以自己的行为表示。此处所谓以自己的行为，实际上即是除斥期间的经过，而撤销权人未行使撤销权。

三、效力未定的民事行为

（一）效力未定的民事行为的概念

效力未定的民事行为，指效力是否发生尚未确定，有待于其他行为使其确定的民事行为。效力未定的民事行为与无效的民事行为不同。无效的法律行为，自始就不发生效力，并且不因任何其他行为而生效力。效力未定的法律行为，其是否发生效力尚未确定，须等待其他行为而使其确定。效力未定的民事行为也不同于可撤销的民事行为。可撤销的民事行为，存在同时变为无效和变为有效的两种可能性，但不得认为可撤销的民事行为尚未发生效力。实际上，可撤销的民事行为已经发生了效力，只不过该效力仅能约束无撤销权的一方当事人，而不能约束有撤销权的一方当事人，因此属于效力不完全。

（二）效力未定的民事行为的种类

效力未定的民事行为主要有三类：

1. 限制行为能力人实施的事先未经允许的行为

我国《合同法》第47条第1款规定，“限制民事行为能力人订立的合同，经法定代理人追认后，该合同有效”。这类民事行为是否发生效力，取决于第三人是否追认，如追认则生效力，且溯及于成立之时；如不追认，则溯及于成立之时，成为无效的民事行为。

2. 无代理权的行为

我国《民法通则》第66条第1款规定：“没有代理权、超越代理权或者代理权终止后的行为，只有经过被代理人的追认，被代理人才承担民事责任。未经追认的行为，由行为人承担民事责任。本人知道他人以本人名义实施民事行为而不作否认表示的，视为同意。”实际上，未被追认的代理行为已经发生效力，即发生了对行为人的效力，而没有发生对被代理人的效力。

3. 无权处分的行为

此所谓处分，指直接使权利移转、变更、负担及废止等一切行为，例如债权的让与、抵押权的设定等。所谓无权处分的行为，是指无处分权人就他人的权利标的以自己的名义所进行的处分行为。法律为维护静态的财产安全，本应规定无权处分行为无效，在民法上应构成侵权行为，但为保护动态的交易安全，法律规定在特定情形下使其发生效力。例如，根据《德国民法典》第 185 条的规定，无权利人对标的物所为的处分，如经权利人事后追认、或处分人取得标的物的、或权利人成为处分人的继承人而对其遗产负无限责任时，为有效。我国《合同法》第 51 条规定："无处分权的人处分他人财产，经权利人追认或者无处分权的人订立合同后取得处分权的，该合同有效。"

第四节 附条件和附期限的法律行为

一、附条件的法律行为

当事人实施法律行为时，有时并不希望其立即发生效果，而希望于将来某一事实的发生或某一时刻的届至，而发生或消灭其效果，此即附条件与附期限的法律行为。条件、期限，是指法律行为的当事人依其意思表示以确定该法律行为效力的附款，亦即当事人对法律行为效果的发生与消灭所加的限制。附条件或附期限法律行为，为单一法律行为，其附加之限制，并非一种独立的意思表示，而是加入意思表示的个别事实，是意思表示内容的一部分，同时存在，并且同存于一目的。

（一）条件的意义

所谓条件，指当事人以将来客观上不确定的事实，作为决定法律行为效力的附款。条件本身并不构成独立的意思表示，而是法律行为的意思表示内容的一部分。条件作为决定法律行为效力的附款，必须以将来客观上不确定的事实为内容。条件的本质特征也就是，法律行为发生效力所依据的情况具有不确定性。不确定性也是区别条件和期限的特征。如果属于将来的事实，但已确定发生的，则属于期限。如果将来的事实是不确定，而且是客观上不确定的，则属于条件。例如，在一个每年都有降雨的地方，约定"天若降雨"则为期限；约定"天若在 10 日内降雨"则为条件。

（二）条件的分类

1. 停止条件与解除条件

停止条件与解除条件是以条件的效力为标准进行区分的。停止条件，是指决定法律行为效力发生的条件。附停止条件的法律行为，在条件成就前，其效力发生与否处于不确定状态，如果停止条件成就，则法律行为发生效力；如果停止条件不成就，则法律行为不发生效力。解除条件，是指决定法律行为效力消灭的条件。附解除条件的法律行为，在条件成就前，其效力丧失与否处于不确定状态，如果解除条件成就，则法律行为失去效力；如果解除条件不成就，则法律行为仍然发生效力。关于停止和解除条件，《德国民法典》第 158 条规定："（1）附停止条件实施法律行为的，取决于条件的效力，在条件成就时发生。（2）附解除条件实施法律行为的，法律行为的效力于条件成就时终止；自此时起，回复以前的法律状态。”

2. 积极条件与消极条件

积极条件与消极条件是以作为条件的事实的发生与不发生作为区分标准的。积极条件，是指以某事实的发生作为条件的成就。消极条件，是指以某事实的不发生作为条件的成就。例如，“你如果在今年结婚，我赠你1万元”，则以婚姻状态发生变化为条件的成就，因而属于积极条件；“你如果在今年不结婚，我赠你1万元”，则以婚姻状态不发生变化为条件的成就，因而属于消极条件。

3. 随意条件、偶成条件与混合条件

依以条件的成就是否受当事人意思所决定为标准，可以将条件分为随意条件、偶成条件与混合条件。随意条件，是指依当事人一方的意思决定条件是否成就的条件。随意条件又分为纯粹随意条件与非纯粹随意条件。条件是否成就，纯粹依当事人一方意思决定的，是纯粹随意条件。例如，“我如愿意，则如何”。条件的成就，依当事人一方意思表示的一定事实的发生为条件的，为非纯粹随意条件。例如，“我若出国，则如何”。偶成条件，是指条件是否成就，与当事人的意思无关，而由当事人以外的第三人的意思或自然事实决定的条件。例如，“如果我的父母同意，则如何”或“明天天若下雨，则如何”。混合条件，是指条件是否成就，取决于一方当事人与第三人意思的条件。例如，“您若与张三结婚，则如何”。

4. 非真正条件

具有条件的外观而不具有条件实质的条件，称为非真正条件，又称表见条件和假装条件。

（1）法定条件，是指以法律规定作为法律行为效力发生或消灭的条件。法定条件与当事人的意思无关，其虽具有条件的外观，但没有条件的实质，从而不影响法律行为的效力。

（2）确定条件，是指法律行为在成立之时，其事实就已确定地发生或不发生的条件。条件必须是客观上将来不确定的事实，已确定的事实不能作为条件。附此种条件的行为，其是否有效，应依下述原则决定：条件已确定成就者，如作为停止条件，则法律行为视为未附条件；如作为解除条件，则法律行为应无效。条件已确定不成就者，如作为停止条件，则法律行为无效；如作为解除条件，则法律行为视为未附条件。

（3）不能条件，是指以客观上不能实现的事项为内容的条件。以不能条件作为法律行为的条件，如为停止条件，则其法律行为无效；如为解除条件，其法律行为为无条件。如果现在条件成就虽为不能，若当事人预想将来为可能，而以之为条件者，应仍与真正附条件法律行为有同一效力。

（4）不法条件，是指以违反法律强制性或禁止性规定或公序良俗的事项为内容的条件。不法条件有三种：一是以违法行为作为条件；二是以违反公序良俗的内容作为条件；

三是以不实施违法行为作为条件。这三种条件均为无效。

（5）矛盾条件，是指因附条件致法律行为的内容互相矛盾。矛盾条件不是条件存在矛盾，而是条件与法律行为的内容矛盾。附矛盾条件的法律行为，无论是附停止条件，还是附解除条件，均为无效。

（三）附条件法律行为的效力

附停止条件的法律行为在条件成就与否未定之间，尚未发生法律行为上的效力。

1. 条件成就或不成就的拟制

附停止条件法律行为的当事人一方，因条件成就，取得权利或免除义务。附解除条件法律行为的当事人一方，因条件成就，回复权利或享受免除义务。对于附条件的法律行为，当事人双方都有尊重不确定状态的义务，如果因条件成就而受不利益的当事人，以不正当行为阻碍条件成就的；或因条件成就而受利益的当事人，违背诚信促成条件成就的，其效力如何？一般认为，因条件成就而受不利益的当事人，以不正当行为阻碍条件成就的，视为条件已成就；因条件成就而受利益的当事人，违背诚信促成条件成就的，视为条件未发生。

2. 条件成否未定

附条件的法律行为在条件成否未定之间，因条件的成就或不成就而受利益的一方当事人，对该利益产生期待权。期待权受到各国民法的保护。

3. 不许附条件的法律行为

不许附条件的法律行为主要有以下两类：

（1）依其性质不许附条件的法律行为。某些法律行为依其性质，不允许处于效力不确定的状态，因此不得附条件。例如，撤销、承认、解除及选择权的行使，如果附条件，则使本身不确定的法律行为更加不确定，因此不得附条件。

（2）附条件违背公序良俗的行为。身份关系上的行为或与身份密切相关的行为，例如，结婚、离婚、收养等法律行为，如果附条件则违背公序良俗，因此不得附条件。

二、附期限的法律行为

（一）期限的定义

期限，是指当事人以将来客观确定到来的事实，作为决定法律行为效力的附款。

期限作为法律行为的附款，必须是将来的、确定发生的合法事实。已经发生的事实、不可能发生的事实以及不法事实均不能被设定为期限。期限与条件的区分在于，期限是确定发生的将来事实，而条件则是将来发生与否并不确定的事实。期限的设定方式，既可以是某具体日期（如某年某月某日），也可以是周、月度或年度，还可以是起点日期后的若干时日。另外，某件将来事实的发生时点也可以作为期限的时点，例如下次下雨日等。

（二）期限的分类

1. 始期与终期

期限以效力为标准，划分为始期与终期。决定法律行为效力发生的是始期，始期的功能与停止条件相同；决定法律行为效力消灭的是终期，终期的功能与解除条件相同。

2. 确定期限与不确定期限

期限以其到来时间是否确定为标准，划分为确定期限与不确定期限。发生的时间确定的，是确定期限。例如，某月某日，则如何；发生的事实确定，但发生的时间不确定的，是不确定期限。例如，某死亡之日，则如何。

（三）期限的效力

1. 期限到来的认定

期限到来，是指作为期限内容的事实已经发生。始期到来，称为届至；终期到来，称为届满。期限到来的认定有三种：（1）以日历日设定期限的，以该日为期限到来的时点。（2）以期间设定期限的，以该期间末日的终止时为期限到来。例如，《民法通则》第154条第3、4款规定："期间的最后一天是星期日或者其他法定休假日的，以休假日的次日为期间的最后一天。期间的最后一天的截止时间为二十四点。有业务时间的，到停止业务活动的时间截止。"（3）以事实的发生设定期限的，以该事实发生的时点为期限的到来。

2. 期限到来的效力

附始期的法律行为，在始期届至时，发生效力；附终期的法律行为，在终期届满时，丧失效力。

3. 期限到来前的效力

附始期的法律行为，在期限未届至时，不发生效力；附终期的法律行为，在期限未届满时，其效力不终止。另外，因期限届至而受利益的当事人取得利益的期待权，此期待权的性质与条件利益当事人的期待权性质相同，同样受法律保护。

第五节　代　　理

一、代理的定义

代理，仅指代理人以被代理人的名义，代表被代理人实施法律行为，其法律效果直接归属于被代理人的行为。代理具有如下四个法律特征：（1）代理人根据代理权而实施代理行为。行为人不基于代理权而实施的代理行为，为无权代理，与有权代理不同。真正的代理仅指有权代理。（2）代理人为被代理人而实施代理行为。（3）代理的对象为意思表示，而非事实行为。意思表示为民事法律行为的要素之一。代理人为被代理人为意思表示的行为，构成积极代理；代理人为被代理人接受意思表示的行为，构成消极代理。（4）代理行为直接或间接对被代理人产生效力。在直接代理下，代理行为的效果直接由被代理人承受；而在间接代理下，代理行为的效果首先由代理人承受，再由代理人移转于被代理人。

法律禁止自己代理及双方代理。所谓自己代理，指代理人以被代理人的名义与代理人自己实施民事法律行为，既包括代理人以被代理人名义向代理人自己作出意思表示的情形，也包括以被代理人名义接受代理人自己所为意思表示的情形。所谓双方代理，指一个民事主体同时担任双方当事人代理人的情形。

二、代理的分类

（一）广义代理与狭义代理

所谓广义代理，是指代理人代被代理人实施法律行为，其所产生的法律效果直接或间接归属被代理人的行为，至于代理人以被代理人的名义，还是以自己的名义，均在所不问。狭义代理，仅指代理人以被代理人的名义，代表被代理人实施法律行为，其法律效果直接归属于被代理人的行为。

（二）直接代理和间接代理

所谓直接代理，指代理人在代理权限内，以被代理人名义所为之意思表示或者所受之意思表示，直接对被代理人发生效力的代理。所谓间接代理，指行为人以自己名义、为被代理人之计算而为法律行为；其法律效果首先对间接代理人发生，再依内部关系移转于被代理人。

（三）法定代理与意定代理

所谓法定代理，指代理权源于法律规定的代理；所谓意定代理，指代理权由于被代理人意思表示而产生的代理。

（四）有权代理与无权代理

大陆法系学说上还根据代理人代理权之有无，将代理区分为有权代理与无权代理。有权代理，乃基于代理权所实施的代理；无权代理，乃非基于代理权所实施的代理。真正之代理，仅限于有权代理，不包括无权代理。

三、代理的范围

有两类法律行为不得由他人代理：（1）依照法律规定应当由被代理人实施的民事法律行为。为了贯彻特定立法政策，立法者有权要求被代理人亲自实施某些民事法律行为，而不允许他人代理。此类行为包括但不限于人身性质较强的身份行为，如结婚、离婚、收养、遗嘱、遗赠和遗赠扶养协议等行为。（2）按照双方当事人约定，应当由被代理人实施的民事法律行为。立法者本来允许这类行为由他人代理实施，但民事法律行为的当事人根据私法自治原则排斥了这类行为的代理可能。

四、表见代理

大陆法系中的表见代理，指本来属于无权代理，但因被代理人与无权代理人之间的关系，具有授予代理权的外观即所谓外表授权，致相对人相信其有代理权而与其实施法律行为，法律使之发生与有权代理同样的法律效果。

据此，表见代理的构成须同时满足四个要件：

第一，代理人在实施代理行为时缺乏所必需的代理权。如果代理人实施代理行为时具有充分有效的代理权，则其行为属于有权代理行为，与表见代理无涉。

第二，无权代理人有被授予代理权的表象。这种表象包括四种情况：(1) 被代理人以语言或者行为明示或者默示地表示将代理权授予无权代理人，但嗣后并未授予其代理权的。(2) 被代理人明知无权代理人自称为其代理人后，未作否认或者澄清表示的。前两种情形可被统称为“授权表示型表象”。(3) 代理权被撤回或消灭后，代理人继续实施代理行为，但第三人非因过失而不知的。这种情形可被称为“权限延续型表象”。(4) 代理人虽有代理权，但其实施的代理行为超越代理权限的，但第三人非因过失而不知的。这种情形可被称为“权限逾越型表象”。

第三，第三人须善意且无过失地信赖无权代理人具有代理权。首先，第三人须信赖无权代理人具有代理权，不知无权代理人没有其实施代理行为所必需的代理权。即使客观上存在无权代理人被授予代理权的外表或者假象，但若引起了第三人的怀疑，甚至第三人识破了这一外表或者假象，则仅构成狭义无权代理，不构成表见代理。在这种情形下，如果被代理人对无权代理行为不予追认，只能由无权代理人承担狭义无权代理的后果。其次，第三人在信赖无权代理人具有代理权时须不存在过失。第三人明知无权代理人缺乏代理权，则不受表见代理制度的保护；第三人由于过失而不知无权代理人缺乏代理权，也不受表见代理制度的保护。至于第三人是否存在过失，应当根据客观标准，依据实施法律行为时的具体情形予以判断。

第四，第三人须基于此信赖同表见代理人实施民事法律行为。第三人虽善意且无过失地信赖无权代理人具有代理权，但倘若第三人没有与其实施民事法律行为，自然没有必要适用表见代理制度。

五、狭义无权代理

行为人没有代理权、超越代理权或者代理权终止后以被代理人的名义实施的民事法律行为，属于无权代理。此乃狭义的无权代理。广义的无权代理尚包括表见代理在内。

狭义无权代理的构成要件有两个：行为人实施了代理行为；行为人缺乏代理权限。缺乏代理权限的情形有四个：（1）行为人从未被授予代理权；（2）授权行为无效或者被撤销；（3）行为人超越了代理权限的范围；（4）代理权已经消灭。

无权代理行为并非当然无效的民事行为，而属于效力未定的民事行为，可以经被代理人追认演变为有权代理行为；也可以经相对人撤销而使代理行为归于消灭。被代理人的追认权服务于被代理人利益；而相对人的撤销权服务于相对人利益。至于被代理人拒绝追认、相对人又拒绝撤销的无权代理行为，只要具备民事法律行为的生效要件，就应当视为代理人为自己实施的民事法律行为，由无权代理人对相对人承担责任。

追认是有相对人的单方法律行为，可以以明示方式为之，也可以以默示方式为之；既可以向无权代理人为之，也可以向相对人为之。

行为人没有代理权、超越代理权或者代理权终止后以被代理人名义实施的法律行为，相对人有权催告被代理人在一个月内予以追认。被代理人应当向相对人作出追认或者拒绝追认的意思表示。被代理人自收到催告后一个月内未作表示的，视为拒绝追认。

对于无代理权人实施的民事行为，善意相对人在被代理人追认之前，可以行使撤销权。但是，只有善意相对人，即在实施民事行为时不知，而且非因自己过失而不知行为人无代理权的相对人，才能行使撤销权。

六、代理的终止

根据我国《民法通则》第69条的规定，有下列情形之一的，委托代理终止：（1）代理期间届满或者代理事务完成；（2）被代理人取消委托或者代理人辞去委托；（3）代理人死亡；（4）代理人丧失民事行为能力；（5）作为被代理人或者代理人的法人终止。

根据我国《民通意见》第82条的规定，被代理人死亡后有下列情况之一的，委托代理人实施的代理行为有效：（1）代理人不知道被代理人死亡的；（2）被代理人的继承人均予承认的；（3）被代理人与代理人约定到代理事项完成时代理权终止的；（4）在被代理人死亡前已经进行、而在被代理人死亡后为了被代理人的继承人的利益继续完成的。

根据我国《民法通则》第70条的规定，有下列情形之一的，法定代理或者指定代理终止：（1）被代理人取得或者恢复民事行为能力；（2）被代理人或者代理人死亡；（3）代理人丧失民事行为能力；（4）指定代理的人民法院或者指定单位撤销指定；（5）由其他原因引起的被代理人和代理人之间的监护关系消灭。

本章小结

法律行为是一种具有确立、变更或终止民事权利和民事义务关系的意思表示行为。民事法律行为的成立要件包括一般成立要件即意思表示与特别成立要件。意思表示的构成要素为效果意思、表示意思和表示行为。

民事行为是民事法律行为的上位概念。效力有瑕疵的民事行为有无效的民事行为、可撤销的民事行为和效力未定的民事行为。

附条件或附期限的法律行为，为单一法律行为，其附加之限制，并非一种独立的意思表示，而是加入意思表示的个别事实，是意思表示内容的一部分，同时存在，并且同存于一目的。

代理仅指代理人以被代理人的名义，代表被代理人实施法律行为，其法律效果直接归属于被代理人的行为。其中，大陆法系中的表见代理，指本来属于无权代理，但因被代理人与无权代理人之间的关系，具有授予代理权的外观即所谓外表授权，致相对人相信其有代理权而与其实施法律行为，法律使之发生与有权代理同样的法律效果。

重要概念

民事法律行为　效果意思　虚伪表示　无效的民事行为　可撤销的民事行为　效力未定的民事行为　附条件法律行为　无权代理　自己代理　双方代理　直接代理　表见代理

案例分析

【案情】

原告甲系被告北京顺风公司承建的某皮鞋厂围墙工程的承包人。被告乙受顺风公司的委派是建筑工程的负责人，主要负责工程的质量和进度。为确保工期，2003年1月，乙同意甲雇用丙到该工地带车运输水及灰料，双方口头商定，丙劳务报酬为每人日工资100元，工程竣工后，由顺风公司负责给付。此后，丙如约履行了相应的义务，顺风公司记工员将乙的工时记录在公司的记工表上，乙也在记工表上签字认可。记工表显示乙工作30天，合计款3 000元。工程结束后，顺风公司拒绝给付丙劳务报酬，故丙诉至法院，要求雇其施工的介绍人甲给付劳务报酬。经法院调解，双方达成协议：甲给付丙劳务报酬3 000元整。调解生效后，甲履行了给丙劳务报酬的义务。2003年6月，甲以合同约定丙的劳务报酬应由受益人顺风公司承担，自己只是中间介绍人，不应承担丙的劳务报酬为由，起诉要求乙及顺风公司共同给付其已垫付的劳务报酬3 000元。

【问题】

甲的请求能否得到支持？

【评析】

乙的行为属于职务行为，其法律后果由顺风公司承担。所谓职务行为是指行为人担任法人或其他组织的相关职务，在职务范围内代表法人或其他组织从事的经营管理活动，法人或其他组织对该行为后果要承担民事责任。《民法通则》第 43 条规定：“企业法人对它的法定代表人和其他工作人员的经营活动，承担民事责任。”也就是说，企业法人的法定代表人和其他工作人员，以法人名义从事的活动，给他人造成经济损失的，企业法人应当承担民事责任。本案中，顺风公司承建建筑工程，并委派公司的乙为该工程负责人。同时公司又将该工程中的围墙以承包的形式发包给甲。施工过程中，为如期竣工，甲依据乙的同意，雇用丙带车到工地施工，并与乙达成口头合同，约定工程量和丙的劳务报酬。按照合同约定，由顺风公司记工员记录丙出工天数，乙负责审核签字。由此证明，代表顺风公司工地负责人乙的上述行为系职务行为，其职务行为所产生的后果应按合同由顺风公司承担，即丙的劳务费，应依法由顺风公司给付。

综上，乙的行为系职务行为，构成表见代理，其行为所产生的法律后果应由顺风公司负担，甲的请求应当得到支持。

同步测练与解析

一、单项选择题

1. 法律行为是一种具有确立、变更或终止民事权利和民事义务关系的（　　）行为。
   A. 法律表示　　B. 效果表示　　C. 意思表示　　D. 主观表示
2. （　　）是指行为人不具有设立、变更或消灭民事法律关系的意图，但依照法律规定客观上能引起民事法律后果的行为。
   A. 法律行为　　B. 事实行为　　C. 意思表示行为　　D. 客观行为
3. 民事法律行为的一般成立要件是（　　）。
   A. 意思表示　　B. 行为表示　　C. 主观表示　　D. 客观行为
4. 下列不属于效力未定民事行为的是（　　）。
   A. 限制行为能力人实施的事先未经允许的行为
   B. 无代理权的行为
   C. 无权处分的行为
   D. 无民事行为能力人所实施的行为
5. 行为人没有代理权、超越代理权或者代理权终止后以被代理人的名义实施的民事法律行为，属于（　　）。
   A. 有权代理　　B. 表见代理　　C. 直接代理　　D. 无权代理
6. 行为人没有代理权、超越代理权或者代理权终止后以被代理人名义实施的法律行为，相对人有权催告被代理人在（　　）予以追认。
   A. 半个月　　B. 一个月内　　C. 两个月　　D. 一年

二、多项选择题

1. 下列属于双方法律行为的是（　　）。
   A. 订立买卖合同　　B. 银行借贷合同
   C. 订立遗嘱　　D. 捐赠
2. 民事法律行为的生效要件是（　　）。
   A. 当事人须有相应的行为能力　　B. 须意思表示真实
   C. 标的须合法　　D. 标的须可能和确定
3. 按照法律行为成立的给付关系，有无对价，分为（　　）。
   A. 要物行为　　B. 有偿行为　　C. 无偿行为　　D. 不要物行为
4. 作为法律行为一般成立要件的意思表示必须具备（　　）要素。
   A. 效果意思　　B. 内容明确　　C. 表示行为　　D. 事实行为
5. 构成内心意思保留，必须具备的要件有（　　）。
   A. 行为人必须以书面的方式写出来
   B. 表意人作出的意思表示不仅有法律价值，而且使人感觉到其愿意受意思表示的约束
   C. 表意人的意思表示与其内心的效果意思不一致
   D. 表意人知道其内心真意与表示意思不一致仍为意思表示
6. 构成诈欺，必须具备的要件有（　　）。
   A. 须有诈欺行为，指诈欺人通过语言、文字、活动有意隐瞒了事实而告知虚伪情况的行为
   B. 须诈欺行为与表意人的意思表示具有因果关系，亦即表意人必须因诈欺而陷入错误，并为意思表示
   C. 须有诈欺的故意，即诈欺人主观上有意使表意人陷入错误并为不真实的意思表示
   D. 须诈欺行为达到有悖于诚实信用的程度
7. 现代民法学者认为，构成胁迫，一般具备的要件有（　　）。
   A. 须有胁迫行为
   B. 须相对人因胁迫发生恐惧及为意思表示，此即要求胁迫人的行为与表意人的意思表示之间有因果关系
   C. 须胁迫人有胁迫之故意
   D. 胁迫行为须具有不法性
8. 我国《民法通则》规定（　　）为无效行为。
   A. 欺诈行为　　B. 胁迫行为　　C. 乘人之危　　D. 重大误解行为
9. 表见代理的构成须同时满足的要件有（　　）。

A. 代理人在实施代理行为时缺乏所必需的代理权

B. 无权代理人有被授予代理权的表象

C. 第三人须善意且无过失地信赖无权代理人具有代理权

D. 第三人须基于此信赖同表见代理人实施民事法律行为

三、简答题

1. 简述代理的定义及分类。
2. 表见代理及其构成要件。
3. 民事行为无效的原因。
4. 效力未定民事行为及其分类。
5. 附条件法律行为的效力。

四、论述题

1. 论述条件的分类及其意义。
2. 论述大陆法系关于意思表示瑕疵的规定。
3. 论述法律行为的分类及其成立要件。
4. 论述附条件和附期限的法律行为。

五、案例题

2000 年 1 月，A 市粮油进出口公司委托甲、乙前往吉林采购小麦，1 月 5 日，二人到达吉林市，与该市某粮油公司经理丙洽谈后，双方签订了 10 吨小麦的购销合同。次日甲独自前往拜访一位亲戚，乙一人在宾馆里接到丙的电话，称有一批质量优良的玉米待售，问乙所在的粮油进出口公司是否需要。乙想到甲确实曾经说过公司也需要上好的玉米，就立即前往看货，发现玉米质量确实不错，于是就以 A 市粮油进出口公司的名义与丙签订了 5 吨玉米的购销合同。因时间问题，甲和乙回到本公司后，未来得及向公司详细汇报就又前往海南出差。2 月底，吉林市某粮油公司将上述两批货物送到，并要求支付货款。A 市粮油进出口公司收货时发现有 5 吨玉米，经询问才知道实际情况，但之前 A 市粮油进出口公司已经与另一家公司签订了玉米的购销合同，不再需要玉米。因此 A 市粮油进出口公司要求退货，但某粮油公司不同意退货，并要求 A 市粮油进出口公司立即按照合同的约定支付全部货款。

问题：（1）甲、乙与某粮油公司签订的 10 吨小麦的合同是否有效？A 市粮油进出口公司是否应对其承担法律后果？

（2）乙与某粮油公司签订 5 吨玉米的购销合同是否有效？A 市粮油进出口公司是否应对其承担法律后果？

参考答案

一、单项选择题

1. C　2. B　3. A　4. D　5. D　6. B

二、多项选择题

1. AB 2. ABCD 3. BC 4. ABC 5. BCD 6. ABCD 7. ABCD 8. ABC 9. ABCD

三、简答题（答案略）

四、论述题（答案略）

五、案例题

（1）甲、乙与某粮油公司签订的10吨小麦的购销合同有效。甲、乙受A市粮油进出口公司的委托前往吉林采购小麦，有粮油公司的授权委托，是有权代理。我国《民法通则》第63条第2款规定："代理人在代理权限内，以被代理人的名义实施民事法律行为。被代理人对代理人的代理行为，承担民事责任。"因此，A市粮油进出口公司应当对该合同承担法律责任。

（2）乙与吉林某粮油公司签订的玉米购销合同对A市某粮油进出口公司不发生法律效力。因为乙与某粮油公司签订玉米购销合同的行为是超越代理权的行为，属于无权代理。所谓无权代理是指在没有代理权的情况下以他人的名义实施的民事行为。

根据我国《民法通则》第66条第1款的规定："没有代理权、超越代理权或者代理权终止后的行为，只有经过被代理人的追认，被代理人才承担民事责任。未经追认的行为，由行为人承担民事责任……"由此可知，无权代理主要包括未经授权的代理、超越代理权范围的无权代理和代理权消灭之后的无权代理。

第五章

CHAPTER FIVE

时　　效

学习目标

通过本章的学习了解取得时效的概念、取得时效的发展演变等；了解设立消灭时效的意义、消灭时效的客体及其期间和起算等。

重点难点提示

- 时效的概念
- 取得时效的概念
- 取得时效的构成要件
- 取得时效的中断
- 消灭时效的概念
- 消灭时效的期间

第一节　时效制度概述

一、时效制度的概念及历史沿革

时效指一定的事实状态经过一定期间而发生一定法律效果的法律事实。时效制度的要点有两个：一是某种事实状态，即权利行使或不行使的事实状态经过了法律所规定的期间；二是这种事实状态导致了某一权利的发生、变更或消灭。因此，一定的事实状态、一定的期间和一定的法律效果通称为时效的构成要素。

时效制度发端于罗马法。罗马法上，时效分为取得时效和消灭时效两种。

取得时效制度的萌芽一般认为出现在罗马社会由公有制向私有制过渡时期。当时为了调节财产所有人和需求者之间的矛盾，平衡双方利益关系，法律对那些需要而利用他人废弃不用的财产行为采取了容许态度，此即取得时效制度的萌芽。

消灭时效，是关于诉权的制度，一般认为起源于罗马诉讼法。在程式诉讼的各种分类中，有永久诉讼与有期诉讼之分。永久诉讼多适用于市民法诉讼，起诉权不受时间的限制。有期诉讼多适用于大法官诉讼，仅于规定期间内才可提起，否则不但丧失诉权，也丧失实体权利；有期诉讼以1年为期限，主要适用于有关债权的诉讼。因此，可以导致债权消灭的有期诉讼即为消灭时效的雏形。到了罗马帝政时期，狄奥多斯二世颁布法令，规定一切诉讼均有一定期限，永久诉讼也必须于30年内提出，遇特殊情况可延长至40年。但期满后权利人只是丧失诉讼上的救济，并不丧失实体的权利。此即消灭时效制度的确立。①

中世纪注释法学派对取得时效和消灭时效加以概括，创设了统一的时效制度。

英美法系国家的契约法也确立了消灭时效制度，如英国1832年的《时效法》和1939年的《起诉期限法》。英美财产法中的反占有制度则与大陆法系的时效取得制度相当。

二、时效制度的立法例

关于时效制度的立法例有两种：一是把取得时效与消灭时效统一规定于时效概念之下；二是将取得时效和消灭时效作为两种不同的法律制度分别予以规定，即在总则编规定消灭时效，在物权编规定取得时效。

采取统一规定的国家有法国、日本、奥地利、墨西哥等。《法国民法典》在第三编的最后一章规定了时效制度，其第2265条和第2267条分别规定："基于正当权利证书

---

① 李双元，温世杨．比较民法学．武汉：武汉大学出版社，1998：207.

及善意占有不动产的人，于真正所有人在不动产所在地国王法院（上诉法院）管辖区域内有住所的情形，经过10年时效而取得不动产所有权；于真正所有人在管辖区域以外有居住地的情形，其时效期间为20年”；“在真正所有人于不同的时间在管辖区域内并在管辖区域外有住所的情形，将居住于管辖区域内的年数以1年作为1年计算，加以居住于管辖区域外的年数，以2年作为1年计算”。虽然《法国民法典》未从概念上使用取得时效和消灭时效，但从内容上却将二者笼统地进行了规定，即取得时效的期间分别为30年、20年和10年，其中30年为一般的时效期间，10年和20年为短期的取得时效期间。①

采取分别规定的国家和地区有德国、瑞士及我国台湾地区。《德国民法典》于总则编第五章规定了时效制度，此时效即为消灭时效制度（第194－225条）；在第三编“物权法”的第二章规定了不动产的登记取得时效制度，在第三章规定了不动产的取得时效和动产的取得时效制度。瑞士、意大利和我国台湾地区的立法例基本上同德国相似。

在前苏联和东欧的公有制国家中，前苏联、蒙古和前捷克斯洛伐克在其民法中只规定了消灭时效（即诉讼时效），而没有规定取得时效。保加利亚、前民主德国和匈牙利则同时规定了取得时效和消灭时效。

我国民法受前苏联的民法影响较大，在制定《民法通则》之际，很多学者认为我国不宜设立取得时效制度，其主要观点有：（1）如果法律规定了取得时效，对那些行为不轨的人哄抢、私占公共财物，可能起到鼓励作用。这与我国“拾金不昧”、“公物还家”、“物归原主”的传统美德相矛盾。（2）在近现代民事立法中，由于财产关系和调整财产关系法律的变化，土地法的独立，民法不动产登记制度的发达和动产善意取得制度的确立，使取得时效变得没有必要了。（3）从民法理论上看，取得时效和消灭时效并行是不科学的，这样可能产生两种矛盾：第一，对一个权利客体来说，一方取得权利，就意味着对方丧失权利，但在两种时效并行的体制下，一方丧失权利，对方并不因此而取得权利，这就造成了权利和客体的脱节，有悖于时效制度的宗旨；第二，只要权利人在消灭时效期间内提出异议，就会阻止取得时效的完成，因此谈不上取得时效的适用，两种时效并行没有实际意义，只会增加问题的复杂性。②

尽管也有学者提出不同意见，主张我国应建立取得时效制度，但我国《民法通则》仅确认了诉讼时效制度，而未规定取得时效制度。

---

① 侯利宏．取得时效研究//梁慧星．民商法论丛：第14卷．北京：法律出版社，2000：3.

② 《法学研究》编辑部．新中国民法学研究综述．北京：中国社会科学出版社，1990：187.

第二节 取得时效

一、取得时效的概念

所谓取得时效，是指无权占有人以行使所有权或其他物权的意思公然、和平和继续占有他人的物达一定期间，而取得所占有物的所有权或其他权利的制度。法律承认取得时效的原因在于：(1) 一定的事实状态经过长期存在以后，社会常信赖其与真实的权利关系相符，且在此种事实状态上建立了各种法律关系，如为保护真正权利人，一旦将之推翻，势必将此等已建立的各种复杂的法律关系完全毁坏，造成社会的不安与混乱，这显然与法律维持共同生活的和平秩序的目的相违背。(2) 真正权利人长期消极不行使权利，而无权利人则积极行使权利，法律比较两者的利益及对权利的实质利害，与其保护真正权利人，不如保护无权利人，更符合公平的目的。(3) 长久存在的事实状态，通常与真实的权利关系相一致，如不一致，真正权利人因日久天长也难以搜集证据。因此，以长期的一定事实状态作为证据，更能符合社会的需求，达到定分止争的目的。①

取得时效按照法律规定而取得权利，仅以行使权利的一定事实状态并经过一定期间为要件，因此其性质上为法律事实，而非法律行为。因此，限制民事行为能力人、无民事行为能力人，只要具有事实上行为的意识，就可以依照取得时效制度取得财产的所有权或其他权利。

二、取得时效的构成要件

（一）动产所有权取得时效的构成要件

第一，必须占有。此处的占有必须：(1) 自主占有，即以所有之意思，抑或当作自己所有的物一样进行占有。占有人主张自主占有的，只须证明占有的事实，而不必证明以所有的意思进行占有。② (2) 和平占有，即占有人不是通过暴力或胁迫手段取得或维持占有。(3) 公然占有，即不是以隐藏秘密的方法进行占有，亦即不须向利害关系人隐藏其占有事实。

第二，必须经过一定期间。动产所有权的取得时效期间，德国规定为10年，日本为20年，瑞士规定为5年，我国台湾地区亦规定为5年。

第三，必须是他人的动产。对自己的财产，不存在取得时效的问题。无主的财产，可

---

① 谢在全. 民法物权论：上. 北京：中国政法大学出版社，1999：146.

② 谢在全. 民法物权论：上. 北京：中国政法大学出版社，1999：148.

依照先占的规定，取得财产所有权。唯他人的财产，才可发生取得时效问题。

（二）不动产所有权取得时效的构成要件

第一，占有，此与动产所有权的取得时效基本相同，兹不赘述。

第二，经过一定期间。根据该期间的长短，可分为一般的取得时效和短期的取得时效。凡以自主、和平、公然占有他人未登记的不动产经过一定期间为要件者，称为一般的取得时效；除具备上述要件外，如果占有人为善意且无过失，则适用期间较短的短期取得时效。按照这一标准，瑞士民法对不动产仅设有一般的取得时效，期间为30年。法国的不动产取得时效期间分别为10年和20年，日本的不动产取得时效期间为10年，因此，二者均为短期取得时效。对于一般的取得时效，不问其占有之始是否为善意，但对于短期取得时效，却要求其占有之始必须为善意且无过失。

第三，必须为他人未经登记的不动产。

三、取得时效的客体

罗马法规定取得时效的客体仅限于动产或不动产的所有权，《法国民法典》沿袭了罗马法的这一规定。根据《德国民法典》第900条的规定，取得时效的客体不以所有权为限，还包括所有权以外的以占有为要素的限制物权。① 日本的民法典及我国台湾地区“民法”则扩及到一切财产权。②虽然动产或不动产的所有权适用于时效取得，但时效取得的客体并非为一切动产和不动产，不融通物（公有物、公用物、禁止物、不得私有的物）不适用取得时效。③

四、取得时效的效力

取得时效的一定期间届满，即发生财产占有人取得对占有物的所有权或其他财产权的效力。就动产而言，这种效力因占有的继续而当然发生。就不动产而言，须经占有人的登记才能取得所行使的权利。依时效取得的所有权或其他财产权，为原始取得，原来存在于该标的物上的其他负担如质权或其他物权均归于消灭。④

五、取得时效的中断

取得时效的中断，是指取得时效进行中，有与取得时效基础或要件相反的事实发生，使已进行的期间全部丧失其效力。⑤ 取得时效中断的原因有两种：一是自然中断；二是法

---

① 参见《德国民法典》第900条、第1033条的规定。

② 参见《日本民法典》第163条与我国台湾地区“民法”第772条的规定。

③ 参见《法国民法典》第2226条与《瑞士民法典》第664条的规定。

④ 侯利宏．取得时效研究//梁慧星．民商法论丛：第14卷．北京：法律出版社，2000：13．

⑤ 谢在全．民法物权论：上．北京：中国政法大学出版社，1999：181．

定中断。

取得时效自然中断的事由包括：(1) 占有人自行中止占有，即占有人以自己的意思放弃对动产或不动产的占有。例如，占有人将占有物交还给所有人。(2) 占有人变为不以所有之意思而为占有。占有人虽继续占有，但已变更其占有意思状态。例如，占有人承认原所有人的所有权，自己变为受原所有人的指示占有的占有辅助人；或占有人承认原所有人的所有权，自己成为他物权人。(3) 占有被侵夺而不能回复。例如，占有物被抢、被盗，并且不能被取回。占有物被侵夺但在法定期间内能够回复，则不发生时效中断问题。另外，如果占有由公然变为隐秘，由和平变为强暴占有状态，也均属于时效自然中断的事由。

取得时效法定中断的事由包括：(1) 权利人向占有人主张权利，行使物权请求权、占有保护请求权或提出异议抗辩登记。[①] (2) 权利人起诉。但权利人撤回起诉，或因不合法而收到不予受理或驳回终局裁定的，视为不中断。(3) 因诉前调解而传唤占有人，以及诉讼中的权利人将诉讼告知与其诉讼结果有利害关系的占有人。(4) 权利人以事实情形之外的方式行使权利，影响占有人通过时效取得占有的。如在占有人占有期间，所有权人抛弃其所有权时，在不动产的情形，根据各国立法例[②]，被抛弃的不动产一旦成为无主物将归政府所有，因此取得时效也应中断。[③]

第三节　消灭时效

一、消灭时效的意义

消灭时效，是指因权利人不行使权利的事实状态经过法定期间而使其丧失某种权利的法律事实。前苏联等公有制国家的民事立法考虑到消灭时效完成后主要产生的是诉讼法的法律后果，因而改称“诉讼时效”，我国民法理论及《民法通则》接受了这一概念，因此，消灭时效在我国也称为诉讼时效。构成消灭时效，必须具备下述两个条件：(1) 须经过一定期间。消灭时效的成立必须经过一定期间为各国法律所明确规定。(2) 须继续不行使权利，即权利人必须在规定的一定期间内不行使权利。

消灭时效具有下述功能：(1) 敦促权利人行使权利。消灭时效给予权利人一定期间行使权利，权利人在此期间不行使权利，则其权利不再受到保护。(2) 避免举证的困难。随着时间的流逝，证明某种事实状态非常困难，法律特以时效作为证据，使原权利人因不

---

① 参见《德国民法典》第941条、《瑞士债务法典》第135条与我国《民法通则》第140条的规定。

② 参见《法国民法典》第539条与《德国民法典》第928条第2款的规定。

③ 侯利宏．取得时效研究//梁慧星．民商法论丛：第14卷．北京：法律出版社，2000：20－24．

行使权利而永远地丧失其权利。这样避免了当事人举证的困难。

二、消灭时效的客体

消灭时效究竟对何种权利发生，各国法律规定并不一致。[①] 德国民法和瑞士债务法规定为“请求权”；日本规定为“债权或所有权以外的财产权”。我国《民法通则》第135条规定：“向人民法院请求保护民事权利的诉讼时效期间为二年……”可见我国消灭时效的客体也为“诉权”。当然，此处的诉权是基于请求权而发生的诉权。

消灭时效的客体一般为请求权，不但支配权，例如物权、担保物权、人格权及身份权不能作为消灭时效的客体，即使是形成权，例如撤销权、解除权、催告权及承认权也不能作为消灭时效的客体。[②]

由于请求权的基础不同，请求权可以分为债权请求权、物上请求权、基于身份关系的请求权和基于人格关系的请求权。

第一，债权请求权。一般认为，债权请求权中可以成为消灭时效客体的有：合同履行请求权、合同不履行损害赔偿请求权、缔约过失损害赔偿请求权、违约金请求权、利息请求权；不当得利返还请求权；无因管理的必要费用请求权、损害赔偿请求权；侵权行为中的损害赔偿请求权；防卫过当赔偿请求权、避险过当请求权。但侵权行为中的停止侵害请求权、消除危险请求权和消除影响请求权不能成为消灭时效的客体。

第二，物上请求权。关于物上请求权是否可以为消灭时效的客体，有肯定说与否定说两种观点。肯定说认为，物权为支配权，其权利不因时效而消灭，但对于物权之侵害，或有侵害之虞时，却产生了一定的请求权，此种请求权以特定人一定之作为或不作为为内容，因此而有消灭时效的适用。[③]肯定说以德国和我国台湾地区的民法为代表。否定说认为，物上请求权有物权发生，专为保护物权的救济方法，其必附随于物权本身而存在，物权既不因时效而消灭，物上请求权亦不能因时效而消灭。否定说以瑞士民法为代表。[④]我国大陆学者梁慧星先生认为，物上请求权中可以适用于消灭时效的有返还财产请求权和恢复原状请求权，排除妨害请求权、消除危险请求权、所有权确认请求权不适用于消灭时效。[⑤]

第三，基于身份关系的请求权。请求权基于纯粹身份关系而发生的，不适用消灭时效。因此，抚养费请求权、赡养费请求权、离婚请求权、解除收养关系请求权均不得成为

---

① 参见《法国民法典》第2262条、《苏俄民法典》第144条、《德国民法典》第194条、《瑞士民法典》第663条和《瑞士债务法典》第127条的规定。

② 胡长清. 中国民法总论. 北京：中国政法大学出版社，1997：355.

③ 黄立. 民法总则. 北京：中国政法大学出版社，2002：456，457.

④ 黄立. 民法总则. 北京：中国政法大学出版社，2002：456.

⑤ 梁慧星. 民法总论. 北京：法律出版社，2001：273.

消灭时效的客体。但非纯粹的身份关系，如夫妻间的损害赔偿请求权，因具有财产权的性质，仍可适用消灭时效。

第四，基于人格关系的请求权。以人格权为内容的请求权，若不涉及财产性质，例如，除去侵害请求权不因时效而消灭。但若涉及财产性质，例如，因人格权被侵害而生的损害赔偿请求权，则适用消灭时效。

下列请求权因其性质也不得成为消灭时效的客体：（1）基于财产共有关系的请求权，如分割合伙财产请求权、分割家庭财产请求权。（2）基于相邻关系的请求权，如停止侵害请求权、排除妨害请求权、损害赔偿请求权。（3）基于合伙、合资关系的请求权，如收益分配请求权、股息支付请求权。（4）基于储蓄关系、债券关系的请求权，如存款和利息支取请求权、债券还本付息请求权。①

三、消灭时效的期间

消灭时效的期间有一般时效期间、特别时效期间、长期时效期间的规定。例如，《法国民法典》规定消灭时效的一般时效期间为20年和10年，长期时效期间为30年，特别时效期间为5年、1年及6个月。《德国民法典》规定长期时效期间为30年，特别时效期间为4年及2年。

我国《民法通则》规定了三种消灭时效期间，即一般时效期间为2年，特别时效期间为1年，长期时效期间为20年。根据《民法通则》第135条的规定，除非法律规定了更短促的时效，一律适用一般时效。第136条规定了以下四种情形，适用1年的特别时效期间：（1）身体受到伤害要求赔偿的；（2）出售质量不合格的商品未声明的；（3）延付或拒付租金的；（4）寄存财物被丢失或者损毁的。

另外，我国担保法还规定了一些请求权适用特别时效期间。《担保法》第25条规定："一般保证的保证人与债权人未约定保证期间的，保证期间为主债务履行期届满之日起六个月。在合同约定的保证期间和前款规定的保证期间，债权人未对债务人提起诉讼或者申请仲裁的，保证人免除保证责任；债权人已提起诉讼或者申请仲裁的，保证期间适用诉讼时效中断的规定。"第26条规定："连带责任保证的保证人与债权人未约定保证期间的，债权人有权自主债务履行期届满之日起六个月内要求保证人承担保证责任。在合同约定的保证期间和前款规定的保证期间，债权人未要求保证人承担保证责任的，保证人免除保证责任。"这两条关于保证期间的规定可以看作关于保证债权的特别时效期间的规定，即在当事人没有约定保证期间的情况下，适用6个月的特别时效期间。

---

① 梁慧星. 民法总论. 北京：法律出版社，2001：273－274.

四、消灭时效期间的起算

关于消灭时效的起算，有规定从请求权成立时起算，例如《德国民法典》第 198 条规定，“时效自请求权成立时起算，以不作为为目的的请求权，时效自发生违反行为之时起开始计算”；有规定从请求权可以行使起算，例如《日本民法典》第 166 条规定，“消灭时效自权利得以行使时起算”。我国台湾地区关于消灭时效的起算跟日本相近。学者认为，如果消灭时效自请求权成立时起算，则对权利人太苛刻，从权利可行使时起算，则有利于对权利人的保护。因为权利可行使之时，法律上的障碍已不存在。此法律上的障碍不同于事实上的障碍，例如权利人因疾病或不在等主观事由，虽然对于权利的行使有事实上的障碍，但亦属行使权利的状态，不影响时效期间的起算。①

我国《民法通则》第 137 条规定，“诉讼时效期间从知道或者应当知道权利被侵害时起计算”。因具体请求权的基础不同，因此决定着权利人对权利被侵害“应当知道”的时点也有所不同，具体而言：（1）附条件、附期限的请求权，从条件成就、期限到来起算。（2）有履行期的请求权，从履行期到来起算。（3）无履行期的请求权，从权利人可行使权利之时起算，但 20 年时效从权利成立时起算。（4）在物权请求权中，因非法占有财产的返还请求权和不当得利返还请求权，从该财产或利益被非法占有之时起算。抵押物、质物和留置物返还请求权，从所担保债务受清偿之时起算。租赁物的返还请求权，从租赁合同终止之时起算。合同无效或被撤销后的返还请求权，从合同被确认无效或被撤销之时起算。（5）标的为不作为的请求权，从义务人有违反行为之时起算。（6）因违约行为而发生的强制实际履行请求权、损害赔偿请求权和违约金请求权，从违约行为成立之时起算。（7）因侵权行为发生的请求权，从受害人知道有侵害行为及加害人之时起算，但 20 年时效期间从侵权行为发生之时起算。②

五、消灭时效的中断

（一）消灭时效中断的事由

消灭时效的中断，指时效期间进行中因有与消灭时效要素相反的事实发生，使已进行的时效期间全归无效，而于中断事由终止时，重新开始计算。通说认为，引起时效中断的事由主要有：

1. 请求

请求，是指权利人对于因时效受利益的当事人，而于诉讼外行使其权利的意思表

---

① 胡长清．中国民法总论．北京：中国政法大学出版社，1997：360．

② 梁慧星．民法总论．北京：法律出版社，2001：276－277．

示。[①] 请求能否成为时效中断的事由，各国立法并不一致。有的国家规定只有诉讼上的请求才能成为消灭时效中断的事由。例如，《德国民法典》第209条规定，“（1）权利人提起请求履行或者确认请求权之诉，或者请求发给执行证书或者执行判决之诉时，时效中断”。前苏联及泰国民法从之。有的国家规定，诉讼上及诉讼外的请求都可成为消灭时效中断的事由。例如，《日本民法典》第147条第1项规定，“时效因下列各项事由而中断：（1）请求”。瑞士债务法亦作出如此规定。我国台湾地区“民法”规定只有诉讼外的请求才能成为消灭时效中断的事由。

法律一般对请求没有要求特别形式，书面、口头形式均可，但一定要有债权人请求债务人履行债务的意思。另外，如果债权人作出请求后，债务人未加理睬，而债权人也未进一步采取行动，也不构成时效的中断。[②]

我国《民通意见》第173条第2款规定，权利人向债务保证人、债务人的代理人或者财产代管人主张权利的，也可以认定诉讼时效中断。由此可见，我国法律也认为请求作为诉讼时效中断的事由，且这种请求是诉讼外的请求。

2. 承认

承认，是指义务人向权利人表示，认同其请求权存在的观念通知。《法国民法典》第2248条、《德国民法典》第208条、《日本民法典》第147条第3款、《瑞士债务法典》第135条第1款与我国台湾地区“民法”第129条均规定承认为消灭时效中断的事由。

法律对承认没有形式上的要求，明示、默示皆可。默示的方式有一部分清偿、支付利息、提供担保、请求缓期清偿等。承认必须在时效进行中进行，在时效进行前，无所谓承认，时效完成后进行承认，则为时效利益的抛弃。

3. 起诉

起诉，是指权利人提起民事诉讼以行使其权利。起诉作为诉讼时效中断的事由，为各国民法所承认。此处所指的起诉，主要指民事诉讼，但解释上刑诉附带民事诉讼及行政诉讼附带请求损害赔偿亦包括在内。[③]

就起诉何时发生时效中断的效力，尽管有学者认为应当自诉状送达相对人时起发生时效中断的效力，但通说认为，自诉状提交于法院时起发生时效中断的效力。[④]

起诉作为时效中断的事由，是有条件的。根据《法国民法典》第2247条、《德国民法典》第212条第1项、《日本民法典》第149条的规定，时效因起诉而中断的，若权利人撤回其起诉，或起诉因不合法而被驳回的，视为时效不中断。

---

① 胡长清. 中国民法总论. 北京：中国政法大学出版社，1997：363.

② 参见我国台湾地区“民法”第130条的规定，时效因请求而中断者，若于请求后6个月内不起诉，视为不中断。

③ 黄立. 民法总则. 北京：中国政法大学出版社，2002：711.

④ 胡长清. 中国民法总论. 北京：中国政法大学出版社，1997：367.

4. 具有同一效力的事项

很多国家民法典在明确规定请求、承认、起诉作为时效中断的事由之外，还明确规定某些事项与起诉具有同等的效力，同样构成时效中断的事由。例如，《德国民法典》第209条第2项规定："下列情形与提起诉讼具有同等效力：(1) 在督促程序中送达支付令；因向调解处提出《民事诉讼法》第794条第1款第1项所列举种类的调解申请而行使请求权；(2) 在破产程序中或者在海商法规定的分配程序中申报债权；(3) 在诉讼中主张请求权的抵销；(4) 请求权取决于诉讼结果时，在诉讼中发布诉讼通告；(5) 开始执行行为，或者在已指定的法院或其他行政机关强制执行时，提出强制执行申请。"

我国《民法通则》第140条规定："诉讼时效因提起诉讼，当事人一方提出要求或者同意履行义务而中断。从中断时起，诉讼时效期间重新计算。"可见，我国未像别的国家那样明确列举诉讼时效中断的事由。但根据该规定，可以看出我国引起诉讼时效中断的事由主要有提起诉讼、权利人提出要求、义务人同意履行，这与起诉、请求、承认效果相同。

(二) 消灭时效中断的效力

消灭时效中断产生对期间计算和人两方面效力。

1. 对期间计算的效力

原已经过的期间不复考虑，时效重新开始计算。关于从何时开始计算，《德国民法典》第217条规定："时效中断后，在中断前已经过的时间不予计算；新的时效自中断终止后重新开始计算。"《日本民法典》第157条第1项、我国台湾地区"民法"第137条第1项都作出了类似的规定，因此，中断时效的重新起算，应该自中断事由终止时起。我国《民法通则》第140条规定，从中断时起，诉讼时效期间重新计算。根据该规定，时效重新计算，是从中断事由结束之时，还是中断事由发生之时，极易引起歧义，从规范目的及与其他国家民法接轨上看，应当理解为从中断事由结束时起算。

2. 对人的效力

由于消灭时效是因时效而受利益或受不利益的当事人的行为而引起的，因此，时效中断的效力应对时效的当事人发生效力。例如，我国台湾地区"民法"第138条规定："时效中断，以当事人、继承人、受让人之间为限，始有效力。"

六、消灭时效的中止

消灭时效的中止，又称消灭时效的不完成，是指在时效期间行将完成之际，有与权利人无关的事由而使权利人无法行使其请求权，法律为保护权利人而使时效期间暂停计算，待中止事由消灭后继续计算。①

---

① 梁慧星. 民法总论. 北京：法律出版社，2001：277.

关于消灭时效中止的事由，《德国民法典》第202条至第207条分别规定了以下五种情形：（1）时效因给付迟延或者义务人由于其他原因暂时有权拒绝给付而中止。但该规定不适用于留置权、合同不履行、担保欠缺和先诉抗辩权。（2）在时效的最后6个月内，时效因权利受到停止审判或受到不可抗力的妨害而中止。（3）时效因家庭的原因而中止。例如，婚姻关系存续期间，夫妻之间的请求权时效中止；子女未成年期间，父母子女之间的请求权时效中止；监护关系存续期间，监护人和被监护人的请求权时效中止。（4）对非完全行为能力人的时效中止。如果无行为能力人或限制行为能力人没有法定代理人，自其成为完全行为能力人或者没有法定代理人的情况终止后6个月内，时效视为未完成。时效期间少于6个月的，确定时效的时期延长为6个月。但如果限制行为能力人具备诉讼能力的，上述规定则不予以适用。（5）时效因继承遗产而中止。属于继承遗产的请求权或者对继承遗产的请求权，自继承人接受继承或者对遗产宣告破产，或者由代理人或者对代理人行使请求权之时起6个月内，时效视为未完成。时效期间少于6个月的，确定时效的时期延长为6个月。

日本民法典及我国台湾地区“民法”对消灭时效中止的事由也作了类似的规定。

七、消灭时效的效力

关于消灭时效的效力，亦即消灭时效的内容如何，学说及立法例形成了下列三种主义：（1）权利消灭主义。该观点为德国学者温特夏德所主张，认为消灭时效完成后，权利的本身归于消灭。（2）诉权消灭主义。该观点为德国学者萨维尼所主张，认为消灭时效完成后，诉讼上实行其权利的权能即诉权归于消灭，但实体权利本身仍然存在。采纳此主义的有《法国民法典》、《苏俄民法典》。（3）抗辩权发生主义。该观点为德国学者欧特曼所主张，认为消灭时效完成后，义务人取得拒绝履行的抗辩权；如义务人自动履行的，视为抛弃其抗辩权，该履行应为有效。德国民法采此主义。

我国《民法通则》第135条和第138条规定：“向人民法院请求保护民事权利的诉讼时效期间为二年，法律另有规定的除外”；“超过诉讼时效期间，当事人自愿履行的，不受诉讼时效限制”。由此可见，我国《民法通则》采取的是诉权消灭主义的立法体例。

关于消灭时效所及的效力范围，各国民法一般规定为，主权利的请求权因时效消灭的，其效力及于从权利的请求权。但消灭时效的效力不得及于担保权，因为担保权虽属于从权利，但具有相对的独立性。

请求权因时效而消灭后，债务人仍然履行债务的，是否有权请求返还呢？对此，大部分国家民法都规定，虽然诉讼时效期间届满，如债务人自愿履行的，其履行仍为有效。义务人自愿履行后，不得以不知时效期间经过为由要求返还。

本章小结

时效指一定的事实状态经过一定期间而发生一定法律效果的法律事实。一定的事实状态、一定的期间和一定的法律效果通称为时效的构成要素。

所谓取得时效，是指无权占有人以行使所有权或其他物权的意思公然、和平和继续占有他人的物达一定期间，而取得所占有物的所有权或其他权利的制度。取得时效的一定期间届满，即发生财产占有人取得对占有物的所有权或其他财产权的效力。就动产而言，这种效力因占有的继续而当然发生。就不动产而言，须经占有人的登记才能取得所行使的权利。依时效取得的所有权或其他财产权，为原始取得，原来存在于该标的物上的其他负担如质权或其他物权均归于消灭。

消灭时效，是指因权利人不行使权利的事实状态经过法定期间而使其丧失某种权利的法律事实。消灭时效中断，指时效期间进行中因有与消灭时效要素相反的事实发生，使已进行的时效期间全归无效，而于中断事由终止时，重新开始计算。消灭时效的中止，又称消灭时效的不完成，是指在时效期间行将完成之际，有与权利人无关的事由而使权利人无法行使其请求权，法律为保护权利人而使时效期间暂停计算，待中止事由消灭后继续计算。

重要概念

时效　取得时效　消灭时效　消灭时效的中断　消灭时效的中止

案例分析

【案情】

被告（某工程公司）在进行路面施工时，未设置警示标志及围栏。1999 年 8 月 13 日晚 23 时许，原告（李某）骑自行车行至被告施工路面时，不慎摔进被告施工所形成的土坑中。原告当即被送到医院治疗，一个月后出院，原告为此支付了 5 万元医疗费及其他相关费用，并被诊断为十级伤残。

2000 年 8 月 10 日，原告向人民法院起诉，要求被告承担其医疗费及其他相关费用 5 万元，并赔偿其精神损失费 10 万元。在案件审理过程中，原告撤回其诉讼请求。此后，原告又以身体不适为由住院治疗，并花费 1 万元。2001 年 8 月 7 日，原告再次向人民法院起诉，要求被告承担治疗费用 6 万元，精神损失费 12 万元。在案件审理过程中，原告再次撤诉。2002 年 3 月，原告再次对其伤残程度进行鉴定，该鉴定结果仍为十级伤残，原告为此支付鉴定费用 1 000 元。2002 年 8 月 5 日，原告第三次向法院起诉，要求被告承担治疗费用61 000元，并赔偿其精神损失费12万元。在案件审理过程中，原告第三次撤诉。2003年8月3日，原告第四次向人民法院起诉，并坚持第三次起诉的诉讼请求，即要求被告承担治疗费用61 000元，并赔偿其精神损失费12万元。

【问题】

试对本案的诉讼时效加以分析。

【评析】

原告的起诉已过诉讼时效。其理由是：原告起诉后又撤诉，应视为未起诉，不发生诉讼时效中断的法律后果，法院应依法驳回其诉讼请求。

需要注意的是，本案还可以原告滥用诉讼权利为由驳回其诉讼请求。任何权利行使必有一定界限，逾越这一正当界限而行使权利，即为权利之滥用。从各国民事诉讼立法来看，制约和防止诉讼权利滥用已成为一种普遍做法。我国《民事诉讼法》第50条第3款规定，“当事人必须依法行使诉讼权利”。可见，我国民事诉讼法也禁止当事人滥用诉讼权利。

本案原告在受到伤害后，应积极行使其诉讼权利，避免诉讼时效的过期。原告在诉讼时效届满前第一次起诉是可以的，但其撤诉行为否认了其起诉行为，此后又反复起诉和撤诉，已经构成对诉讼权利的滥用，违反了诚实信用的基本原则，理应承担相应的不利后果。

同步测练与解析

一、单项选择题

1. 消灭时效的客体一般为（　　）。

A. 物权　　B. 担保物权　　C. 请求权　　D. 人格权

2. 时效指一定的（　　）经过一定期间而发生一定法律效果的法律事实。

A. 行为状态　　B. 效果状态

C. 事件状态　　D. 事实状态

3. 取得时效的（　　），是指取得时效进行中，有与取得时效基础或要件相反的事实发生，使已进行的期间全部丧失其效力。

A. 中断　　B. 中止　　C. 终止　　D. 延长

4.（　　），是指因权利人不行使权利的事实状态经过法定期间而使其丧失某种权利的法律事实。

A. 取得时效　　B. 取得时效中断

C. 消灭时效　　D. 消灭时效中断

5. 我国《民法通则》第135条规定，向人民法院请求保护民事权利的诉讼时效期间为（　　）。

A. 1年　　B. 2年　　C. 3年　　D. 4年

6. 债权请求权中不可以成为消灭时效客体的有（　　）。

A. 合同履行请求权　　B. 不当得利返还请求权

C. 损害赔偿请求权　　D. 抚养费请求权

二、多项选择题

1. 取得时效法定中断事由包括（　　）。

A. 权利人向占有人主张权利，行使物权请求权、占有保护请求权或提出异议抗辩登记

B. 权利人起诉

C. 因诉前调解而传唤占有人，以及诉讼中的权利人将诉讼告知与其诉讼结果有利害关系的占有人

D. 权利人以事实情形之外的方式行使权利，影响占有人通过时效取得占有的

2. 时效的构成要件有（　　）。

A. 一定的事实状态　　B. 一定的行为

C. 一定的期间　　D. 一定的法律效果

3. 取得时效的客体是（　　）。

A. 动产　　B. 私有财产　　C. 不动产　　D. 共有财产

4. 不动产所有权的取得时效要件为（　　）。

A. 占有　　B. 必须为他人已经登记的不动产

C. 经过一定期间　　D. 必须为他人未经登记的不动产

5. 占有可以分为（　　）。

A. 私自占有　　B. 自主占有　　C. 和平占有　　D. 公然占有

6. （　　）不得适用取得时效。

A. 公有物　　B. 禁止物　　C. 公用物　　D. 不得私有的物

7. 下列不能成为消灭时效的客体的是（　　）。

A. 物权　　B. 请求权　　C. 撤销权　　D. 解除权

8. 根据请求权基础的不同，请求权可以分为（　　）。

A. 债权请求权　　B. 物上请求权

C. 基于身份关系的请求权　　D. 基于人格关系的请求权

三、简答题

1. 简述取得时效的客体。

2. 简述消灭时效的中断。

3. 简述消灭时效的中止。

四、论述题

1. 论述取得时效的概念、构成要件及其效力和意义。

2. 论述消灭时效中断和中止的异同。

五、案例题

小张于1997年将他的股票账户委托给一好朋友进行交易，但是证件没有给他，2004年3月份小张发现他朋友已在2002年1月份将他账户上的部分资金和股票转出，但是并没有告诉小张，证券公司也承认在此问题上有过失。

问题：小张可以用什么方法要求他的朋友归还？

参考答案

一、单项选择题

1. C　2. D　3. A　4. C　5. B　6. D

二、多项选择题

1. ABCD　2. ACD　3. AC　4. ACD　5. BCD　6. ABCD　7. ACD　8. ABCD

三、简答题（答案略）

四、论述题（答案略）

五、案例题

小张与其朋友之间已形成委托代理关系，并且其作为委托人的合法权益已受到其朋友的侵害。另外由于证券公司在交易过程中未尽到审慎审查的义务，因此，与该股民的朋友一起构成共同侵权，应当承担对该股民的连带赔偿责任。对该共同侵权行为，适用诉讼时效期间中的一般诉讼时效期间——2年。如能提供证据证明证券公司承认在此问题上存在过失并同意进行赔偿，则属于诉讼时效中断之情形，该股民的诉讼时效期间应当从证券公司承认其过失并同意进行赔偿之日的第二天开始计算。否则，小张则丧失了获得司法保护的权利。

第二编　物　权

第六章

CHAPTER SIX

物权法概述

学习目标

本章主要介绍了有关物权的特性、物权的基本原则以及物权的效力等物权法的基本知识，了解物权和债权作为两大基本的财产权利，二者的区别有哪些；同时掌握物的概念及其分类。

重点难点提示

- 物权的定义与特征
- 物权法的基本原则
- 物权法定原则
- 一物一权原则
- 公示、公信原则
- 物权法的主要内容
- 物权的种类
- 物的概念
- 物的分类

第一节　物权概述

物权是民事主体依法享有的直接支配特定的物并且能够对抗第三人的财产权利。

物权和债权尽管都属于财产权的范畴，但和债权相比较，物权具有自身的特点，表现在：

第一，物权与债权的内容不同。物权是支配权，而债权是请求权，债权人一般不是直接支配一定的物，而是请求债务人依照债的规定为一定行为或不为一定的行为。例如，买卖合同中规定，出卖人应于某年某月交货，在交货期到来之前，买受人只是享有请求出卖人在履行期到来后交付货物的权利，而不能实际支配出卖人的货物。也就是说，只享有债权而不享有物权。只有在交货期到来后出卖人实际向买受人交付了财产，买受人占有了财产，便能够对该物享受实际的物权。因此，物权无需借助他人的行为就可以对标的物直接支配以享受利益；而债权人必须借助他人的行为才能实现权利。

第二，在权利发生上，物权的发生实行法定主义，即物权的种类和内容受法律的限制，不允许当事人任意创设新的物权，也不允许当事人变更物权的内容。债权的发生实行任意主义，当事人只要不违反法律强行性规定和公序良俗，就可以通过合意创设债权。此处的创设债权，主要指契约之债，而不当得利债权、无因管理债权，侵权之债不允许随意创设，仍是根据法律规定发生。

第三，物权具有优先性，债权具有平等性。物权的优先性，首先表现在当物权与债权并存时，物权优先于债权，例如，某一债务人欠多个债权人的债务，在执行债务人的财产时，享有担保物权的人比普通债权人具有优先受偿的权利。物权的优先性还表现在，同一物上有数个物权并存时，先设立的物权优先于后设立的物权，这就是物权相互间的优先效力。而债权则有所不同。除法律另有规定外，债权相互之间不存在优先效力问题。在同一物上可以设立多个债权，各个债权不管设立时间的先后和数额的差别，都具有平等的效力，债权人在依法受偿时都是平等的。

第四，物权是绝对权，债权是相对权。物权权利人之外的一切人均为义务主体，均负有不得侵害其权利行使的义务。债权的权利人只能请求特定的债务人为给付。例如，甲将其自行车借给乙用，被丙盗走，甲作为所有人有权要求丙返还。而债权只能在合同当事人之间发生效力，债权原则上只具有相对性。因此合同一方当事人原则上只能向与其有合同关系的另一方当事人提出请求，而不能向第三人提出请求。

第五，物权和债权的保护方法不同。针对物权的保护，各国物权法都设立了专门的物权请求权制度，赋予物权人具有请求他人返还原物、排除妨碍、恢复原状的权利，以保障物权人对其物的支配权。而合同债权主要受合同法的保护，侵害合同债权也主要适用合同法规定的违约责任。

第二节　物权法的基本原则

一、物权法定原则

所谓物权法定，是指物权的种类、内容、效力和公示方法都应由法律明确规定，而不能由当事人通过合同任意设定。物权法之所以要贯彻这一原则，一方面是因为物权直接反映社会所有制关系，对社会经济关系影响重大，不能允许当事人随意创设物权。另一方面，物权是一种对物直接支配的权利，它具有强烈的排他性，直接关系到第三人的利益和交易安全，不能允许当事人通过合同方法自由创设物权。

物权法定原则包括以下内容：（1）当事人不得创设法律所不认可的新类型的物权，学说称为“类型强制”。例如，不能产生担保法所不认可的不动产质权。（2）当事人不得创设与物权法定内容相悖的物权，学说称为“类型固定”。

二、一物一权原则

一物一权原则是指一物之上不得设立两个和两个以上的在内容上相互冲突的物权，具体来说包括两方面：

第一，一物之上只能设定一个所有权。一物之上只能有一个主人，即一项财产不可能既属于某一人所有，又同时属于另一个人所有。即使是共有，也只是数人对共有财产享有一个所有权，而不是由数人对共有财产分别享有所有权。我国物权法也应当坚持这一规则，否则将会造成权属不清，不利于发挥物权法在定分止争方面的作用。

第二，一物之上不得设立两个和两个以上的在内容上相冲突的物权。物权法并不禁止一物之上设立数个物权，例如，土地出让以后，土地之上就形成了土地所有权和土地使用权，国有土地使用权人还可以将其通过出让合同而获得的土地使用权设定抵押以形成抵押权，这样在一块土地之上就形成了多项物权。但物权法不允许当事人设立在内容上相互矛盾的物权。

三、公示、公信原则

（一）公示原则

公示原则是指将物权设立、移转的事实通过一定的公示方法向社会公开，从而使第三人知道物权变动的情况。由于任何当事人设立、移转物权，都会涉及第三人的利益，因此，物权的设立、移转必须公开、透明，以利于保护第三人的利益，维护交易的安全和秩序。物权的公示方法必须要由法律明确规定，而不能由当事人随意创设。简单地说，关于公示方法原则上应当采用不动产登记、动产交付的规则。

物权法中完善公示制度，重点在于完善不动产登记制度。物权的登记目的在于将权利设立和变动的信息向社会公开，使第三人了解有关物权的信息，这对于建立市场经济秩序是十分重要的。因为，如果第三人能够通过登记了解权利的状况以及权利上是否存在负担等信息，就为不动产交易的当事人提供一种风险的警示，从而可决定是否与登记的权利人从事各种交易和投资，也能够避免上当受骗。登记既是物权设定的条件，又是物权有秩序移转的基础，物权的一些基本规则必须通过登记制度才能发挥其应有的效用。然而由于多年来我们一直将登记主要作为一种行政管理措施而不是作为一种公示制度来对待，登记完全成为一种行政职责，与部门利益密切结合在一起，以致造成了登记机关多头执政，且依据的法律各不相同的局面。例如，房屋、土地登记、林木登记等分别由不同的行政部门进行，这不仅给当事人从事登记和查询登记的信息造成不便，也给不法行为人从事欺诈行为提供了可乘之机，而且很容易造成不动产权利的重复登记。尤其是登记机关采取的是形式审查方法，对登记内容的真实性不承担任何责任，也造成了许多登记内容失真、可靠性欠缺的现象，从而给当事人从事的交易行为带来了妨害。目前，在上海、深圳等地采用了房屋权利和土地权利由同一机关进行登记的模式。因此，物权法中应当统一规定登记制度，改变登记多头的现象，完善登记程序，强化登记内容的公开和透明，建立登记的实质审查制度，加强登记机关的责任。

（二）公信原则

与公示联系在一起的是公信制度，公信的内容主要包括两个方面：一是登记记载的权利人在法律上只能推定其为真正的权利人；二是任何人因为相信登记记载的权利而与权利人从事了移转该权利的交易，该项交易应当受到保护。例如，甲进行了产权登记，即使事后发现登记有错误，但甲将该登记的产权出让给乙时，乙并不知道登记有错误，他信赖登记的内容是合法、真实的，因此与甲订立合同，买卖该房产，即使以后发现登记内容有错误，甲和乙之间的交易也应当是有效的，应当受到物权法的保护。乙也能够合法取得对该房屋的所有权。如果对登记所产生出来的效力不予以确认，登记制度将形同虚设，这就不利于交易安全的维护。

公信原则对于鼓励交易也具有重要作用。由于交易当事人不必因为过多的担心处分人是否为真正的权利人而对交易犹豫不决，特别是交易当事人不需要花费更多的时间和精力去调查了解标的物的权利状态，从而可以节省交易成本、迅速地达成交易。

第三节　物权法的主要内容

物权法分为五部分，即总则、所有权、用益物权、担保物权、占有。

一、总则

总则主要是对物权法的基本问题所作的一般性规定，大多数国家的物权法中都设有总则。总则部分可以将物权的共性规则抽象出来，也有利于物权法的体系化。一般认为，总则的内容主要包括一般原则、物、不动产登记、动产的占有与交付、物权请求权。

（一）关于物的分类制度

总则中应当区分动产和不动产、主物和从物、原物和孳息等物的种类，并赋予不同种类的物以不同的法律效力。规定物的分类制度的理由是：一方面确定物权法的调整范围，即明确哪些物可以成为物权的客体，从而由物权法调整；另一方面，在民法上，物的类型十分复杂，在交易中，各类物所应遵守的规则也不完全一样。例如，货币、有价证券与一般动产在权利的转移方式上是不同的。因此，根据交易实践的需要，对不同的物在物权法上应确定不同的交易规则。

当今世界正处于知识经济的时代，财富的概念已经发生本质的变化，财产已经不再是仅仅局限于有体物，而更主要表现为无形财产，无形财产已经成为财产的重要形式。但是从法律上来说，物权法主要还是调整因有体物设立和变动所发生的各种关系，而不应当确定和保障所有的无形财产。其原因在于，所谓无形财产是指不具备一定的形状，但具有一定财产价值的权利，如知识产权、有价证券的权利等。无形财产大都已经受到知识产权法等法律的调整，没有必要由物权法专门调整，至于对股票、债券的权利以及票据等有价证券，已经分别受到公司法、证券法、票据法等法律的调整。

（二）物权请求权

物权请求权是指物权人在其物被侵害或有可能遭受侵害时，有权请求侵害人返还原物、恢复原状、停止侵害、消除危险、排除妨害。物权请求权是保护物权的一项专门的制度，是民法上的一项独立请求权制度。它的特点在于，物权的请求权原则上不考虑相对人是否有过错。如果物权人在其物权受到侵害或妨害的情况下，行使物权的请求权，只须证明相对人已实施了侵害或妨害其物权的行为，便可以要求相对人排除妨害、返还原物、恢复原状。这些特点使得物权的请求权能够有效地保护物权。

二、所有权

所有权是物权法中的重要内容，所有权是指所有人依法可以对自己的物进行占有、使用、收益和处分的权利。它是物权中最完整、最充分的权利。相对于权利内容受到限制的其他物权而言（如土地使用权等），所有权是“完全物权”，而其他物权只在一定程度上具有所有权的权能，没有法律的依据和所有人的授权，其他物权人不能行使处分权。

在我国，所有权主要包括国家所有权、集体所有权、公民个人所有权等，这种分类方法主要是根据所有制来划分的。但在大陆法系传统的物权法中不存在根据所有制性质划分所有权类别的做法，物权法关于所有权的一般规定，已经足以调整各种财产的所有关系，那么在我国是应当继续沿用传统大陆法系物权法的规定，还是应当从中国的实际情况出发，对于国家所有权和集体所有权在物权法中作出规定呢？我国的物权法应当从我国社会主义公有制的现实需要出发，对国家所有权和集体所有权作出规定，这也有利于总结改革的成果，推进改革的深化，并完善有关财产方面的民事立法。物权法不仅要规范国家所有权，而且要重点解决关于国有企业财产权的问题。因为在建立现代企业制度的过程中，存在着国有企业经营机制转换缓慢、管理效益较差、亏损和资产流失严重等现象，这与国家和企业的财产关系没有根本理顺、国有资本有效运营的相应的产权关系没有实际建立起来、国有资本从根本上仍然没有解决无人负责的状况有直接的关系。为此，需要物权法从财产权角度对国有企业财产权作出规定。法学界大都认为，国有企业作为法人，应当享有必要的占有、使用权和一定程度的收益和处分的权利，即法人所有权。

在所有权制度中，还有一个比较特殊的问题，即建筑物区分所有权制度。在现代社会中，由于建筑物向多层、高空发展，商品房交易日益普遍，一栋住宅高楼常常不可能为一个人所有或数人共有，只能分割为不同部分而为众多的住户所有，这种现象就是建筑物的区分所有。例如，公民购买了商品房以后，一个大厦的若干个购买人，对其购买的单元就享有单独所有权，对其楼梯、走廊、屋顶等公用部分享有共有权，住户之间还形成相邻关系。这就出现了比较复杂的权利状态，既不能完全用普通所有权规则，也不能完全用共有权规则来解决，所以，各国物权法大都设立了专门的建筑物区分所有权制度，来解决商品房的交易、使用中所发生的复杂问题。在我国，由于城市居民的财产大多数就是建筑物区分所有权，实践中也出现了不少有关业主与开发商之间、业主与业主之间的产权纠纷，这些问题处理不好，也会影响社会的安定，因此需要通过区分所有权制度来加以解决。

此外，在所有权制度中，还存在着相邻关系制度，这一制度的主要功能是协调不动产的利用关系，防止出现一方不正当地行使不动产权利，损害相邻另一方利益的现象。例如，建造一栋大楼，应当注意到周围邻居的通风采光；建设工程，应当尽量减少对周围邻居的噪音污染。这些都是相邻关系所要解决的内容。物权法中规定相邻关系，对于建立和睦的人与人之间的关系，维护社会秩序的安定，具有重要意义。

三、用益物权

用益物权，是指非所有人所享有的对物的使用和收益的权利，它注重的是财产的使用价值。由于现代各国物权法贯彻效益原则，已经逐渐地放弃了传统的注重对物的实物支配和保护，转而注重财产的价值形态和利用，即从“占有”为中心而转为以“利用”为中心，因而用益物权制度在物权法中占有重要地位。传统的用益物权主要包括地上权、地役权、典权等制度。我国物权法在用益物权方面，可以主要规定土地使用权、农村土地承包经营权、宅基地使用权、地役权、典权、空间利用权等权利。

承包经营权是否应当作为物权进行规定呢？有学者认为它是债权，也有学者认为它应当是物权。大多数学者认为，承包经营权应当作为物权对待，理由是：第一，承包经营权的物权化当然要求物权法对承包经营权的内容、期限都作出明确规定，不能由发包人随意确定。物权法应当具体列举土地承包经营权人所享有的各项权利的内容，包括承包人享有的继承权、赠与权、转让权等，并严格禁止发包方通过土地承包经营合同加以剥夺。第二，承包经营权的物权化能够使土地承包经营权具有对抗第三人的效力，并获得物权法的保护。第三，承包经营权的物权化有利于稳定土地承包关系，充分调动广大农民的积极性，促使承包者对土地进行长期的投资，防止耕地的大量流失。

四、担保物权

担保物权主要包括抵押权、质押权、留置权等权利。例如甲公司为获得贷款，将其厂房抵押给银行，如不能按期归还贷款，银行有权将该厂房拍卖，从拍卖所得的价款中优先受偿，这就是所谓的抵押权。又如公民甲向公民乙借款，将其摩托车设定质押，双方签订质押合同以后，还必须将摩托车存放在乙处。抵押和质押的区别在于：抵押一般需要登记，而质押一般不需要登记；抵押的对象主要是不动产，而质押的对象包括动产和权利（如有价证券、公司的股份以及知识产权中的财产权等）。

五、占有

占有制度也是物权法中的一项重要内容，所谓占有，是指对物的事实上的控制状态。由于占有本身不是一种物权，因此，不宜规定在所有权和其他物权制度中，但由于占有本身可以成为物权的一项权能，也是动产物权移转的外在表现。例如，判断动产是否发生了所有权的移转，质押权是否已经设立等，就需要判断占有是否发生了移转。所以，物权法中又有必要规定占有制度。

第四节 物权的种类

一、物权的类型体系

（一）所有权与定限物权

按对标的物的支配范围进行划分，物权可以分为所有权与定限物权（用益物权、担保物权）。所有权，是指在法令限制范围内对于所有物为全面支配的物权。定限物权，是指所有权以外的仅得于一定界限内对物进行支配的物权。定限物权以其所支配的内容为标准，可分为用益物权和担保物权。用益物权，是以支配标的物的使用价值为内容的物权，如传统民法上的地上权、典权、永佃权、地役权等。担保物权，是指以支配标的物的交换价值为内容的物权，如抵押权、质权等。

用益物权和担保物权的区别如下：（1）用益物权以追求物的使用价值为目的；担保物权以追求标的物的交换价值为目的。（2）用益物权往往有明确的存续期间，在物权关系解除后，权利归于消灭；担保物权以债权的存在为前提，债权关系消灭，担保物权关系亦归于消灭。（3）用益物权除地役权之外，均为主权利；担保物权均为从权利。（4）用益物权的客体发生价值形态变化，如价值改变、减少等将对用益物权人的使用收益权产生直接影响；而担保物权的客体发生价值形态的变化，并不影响担保物权的存在。这一特点决定了担保物权具有物上代位性，即担保物权的标的物转化为其他价值形态时，担保物权以变形物为其客体。

（二）动产物权、不动产物权与权利物权

这是按照标的物的种类为标准进行的划分。以动产为标的物的物权为动产物权，包括动产所有权、动产质权、动产抵押权及留置权。以不动产为标的物的物权是不动产物权，如不动产所有权、地上权、地役权、不动产抵押权、永佃权及典权。以权利为客体的物权为权利物权，包括权利质权与权利抵押权两种。

法律区分动产物权、不动产物权与权利物权的目的在于，这些物权的成立要件、效力及得丧变更有所不同。

（三）主物权与从物权

这是按照物权是否具有独立性为标准进行的划分。主物权是指不以主体享有的其他民事权利为前提，能够独立存在的物权，如所有权及传统民法中的地上权、永佃权、典权等。从物权是指从属于其他权利而存在的物权，如抵押权、质权、留置权等。

区分二者的意义在于，主物权能够独立存在，从物权则从属于主权利而存在。

（四）意定物权与法定物权

这是按照是否基于当事人意思为标准进行的划分。意定物权，是指依当事人的意思而发生的物权，如质权、抵押权等。法定物权，是指非依当事人的意思，而基于法律的直接规定而发生的物权，如法定抵押权和留置权等。

（五）登记物权与非登记物权

这是按照物权的取得是否经过登记为标准进行的划分。登记物权，指物权的设定、变更和终止须经登记才能产生相应的效力。房屋的所有权、地上权、永佃权、地役权、采矿权、渔业权、抵押权等不动产物权均为登记物权。非登记物权，指物权的得丧变更无须登记就产生相应法律效力的物权。动产物权均属非登记物权。

（六）有期限物权与无期限物权

这是以物权的存续有无期限为标准进行的划分。有期限物权，指仅能于一定期限内存

续的物权。无期限物权，指未定存续期间，得永久存续的物权，如所有权。

二者区别的目的在于，有期限物权的存续期间届满时，即当然归于消灭；而无期限物权除抛弃、标的物灭失或其他原因外，永存不灭。

（七）普通物权与特别物权

这是以物权所依据的法律的不同为标准进行的划分。普通物权，是指民法典所规定的物权，在我国是由《民法通则》和《担保法》所规定的，又称为民法上的物权。特别物权，是指由特别法规定的具有物权性质的财产权。此处的特别法，是指兼有民法规范和行政规范的综合性法律，在我国如土地管理法、矿藏资源法、森林法、草原法、水法、渔业法等。特别法规定的物权具有下列特征：（1）它们依特别法规定的特许程序取得；（2）它们的行使受较强的行政干预；（3）在法律适用上，它们优先适用特别法的规定，只有对特别法没有规定的问题，才适用民法典的有关规定。

二、传统民法上的物权类型

传统民法上将物权划分为所有权与定限物权。其中定限物权（他物权）包括用益物权与担保物权。用益物权又包括地上权、地役权、永佃权和典权。担保物权包括抵押权、留置权和质权。

三、我国的物权类型

我国的物权可以划分为所有权与他物权两大类。其中，所有权包括国家所有权、劳动群众集体所有权和个人所有权。他物权包括全民私有制企业经营权、土地使用权、国有自然资源使用经营权、采矿权、农村承包经营权、宅基地使用权、地役权、空间利用权、担保物权、典权等。

第五节 物权的效力

物权的效力，是指合法行为发生物权法上效果的保障力。关于物权的效力有“二效力说”、“三效力说”和“四效力说”三种学说。本书采纳物权的三效力说，即物权的排他效力、物权的优先效力与物权的追及效力。至于物权的请求权效力应为物权的保护方法，而非物权的效力。

一、物权的排他效力

物权的排他效力，是指于同一标的的物上依法律行为成立一物权时，不容许于该标的物上再成立与之有同一内容的物权。物权的排他效力主要表现在以下四方面：（1）同一物上不得存在两个所有权，即一物不容二主。（2）某物之上虽存在法律上的所有权，但他人因占有时效或善意取得制度而取得对该物的所有权时，先前的所有权将因此而消灭，并不得对抗后一个所有权。（3）同一物上不得设立两个用益物权。例如，将某房屋出租给他人后，不得在该房屋上设立典权。因为二者都移转占有，所以，租赁权和典权是互相矛盾的。（4）不能在同一物上既设立抵押权，又设立质权。因为，抵押不需要移转占有，而质押需要移转占有，两者是互相矛盾的。

二、物权的优先效力

物权的优先效力，是指同一个标的物上有两个或两个以上不同内容或性质的物权存在，或者该标的物的物权也为债权给付的标的物时，成立在先的物权有优先于成立在后的物权的效力，物权则有优先于债权的效力。

（一）物权相互间的优先效力及例外

物权相互间的优先效力表现在：同一标的物上存在两个或两个以上不同内容或性质的物权时，成立在先的物权优先于成立在后的物权。

债权之间是否具有优先性呢？债权之间适用“债权人平等”的原则，所谓平等，是指债权人之间的债权除具有优先受偿权（如有担保物权或法定优先权）者外，不考虑其发生时间的先后、金额的多寡、债权的发生原因，债权人都应平等地受清偿。在债务人破产而其财产又不足以清偿全部债务时，应就债务人的财产总额，在数个债权人之间按各个债权数额的比例分配。

物权相互间优先效力的例外是：（1）定限物权优先于所有权。在同一标的物上，即使定限物权成立于所有权之后，但仍有优先于所有权的效力。（2）如果法律明确规定了特殊的顺位次序时，则排除先成立的物权优先于后成立的物权的原则。例如，根据我国《合同法》第286条的规定，法定抵押权有优先于一般抵押权的效力。（3）基于公益或社会政策的理由，发生在后的某些物权有优先于发生在前的某些物权的效力。例如，海商法上的优先权有优先于船舶抵押权的效力。

（二）物权优先于债权的效力及例外

物权优先于债权的效力，也指物权对外的优先效力，主要表现在：（1）所有权的优先性。（2）用益物权的优先性。当用益物权与债权并存时，用益物权先于债权。（3）担保物权的优先性。当担保物权与债权并存时，担保物权具有优先于债权的效力。

物权优先于债权的例外情形是：（1）买卖不破租赁。承租人的租赁权优先于受让人的租赁物所有权。（2）基于公益和社会政策的原因。

三、物权的追及效力

物权的追及效力，是指物权成立后，不论其标的物辗转于何人之手，物权的权利人均可追及物的所在，而直接支配物的效力。物权的追及效力经常会因第三人的善意取得而中断。这在所有权中将会涉及。

第六节　物

一、物的概念

物有广狭二义。广义的物，指世间一切物理上的物，包括动物、植物、矿物、人等。狭义的物，仅指法律上的物，亦可以作为权利客体的物。我国物权法草案建议稿将物定义为："物，指能够为人力控制并具有价值的有体物。"

（一）物须为有体

物必须为有体，指物必须占住一定空间，而不管其形状的大小及是否有一定的形状。因此，固体、液体、气体皆为物，而电、热等不是物。无体物，是指不能感觉到的物，如专利、商标、信息等。我国民法上的物指有体物，但电、热、声、光等作为物对待。

（二）物须为人力所能支配

物理上的物，如日月星辰，为人力所不能支配，不是法律上的物。法律上的物必须为人力所能支配。

（三）物必须独立为一体，能满足人类社会生活的需要

物的一部分，原则上不得独立成为权利的客体。例如，《瑞士民法典》第642条第1项规定："物的所有人，对该物的所有组成部分享有所有权。"

（四）物须有确定的界限和范围

物作为权利的客体，必须有确定的界限和范围，为人所能支配。因此，人所不能支配的漫无边际的空气、川流不息的流水只能成为物理上的物，而不是法律上的物。但其界限和范围一旦确定，为人力所能支配的，例如输气管输送的天然气、水库中的水，便成为法律上的物。

二、人的身体与物

（一）活人的身体不得为法律上的物

在古罗马，奴隶可以作为法律上的物，并成为买卖的标的。近代社会尊重人权，人成为权利主体，而不问其国籍、教育背景、财产状况、婚姻状况和政治信仰如何。因此，人身体的全部或一部分都不得为法律上的物，更不得成为权利的标的。

（二）活体器官移植

活人的器官原则上不得为法律上物，不得成为权利的标的。但随着医学技术的发展，

上述原则已受到挑战。例如，器官捐赠就是以人的活体器官为标的。对此，我国台湾地区的“人体器官移植条例”第8条规定：“医师自合同摘取器官施行移植手术，应合于下列规定：（1）捐赠器官者须为成年人，并应出具书面同意及其最近亲属两人以上之书面证明。（2）摘取器官须不危害捐赠者之生命安全，并移植于其三亲等以内之血亲或配偶为限。”因此，活体器官成为法律上的物仍是受到严格限制的。

（三）尸体的法律性质

关于尸体是否为物，有两种观点：一种观点认为，尸体不是物，不得为继承人所继承，应依法律习惯以定其处置；另一种观点认为，尸体为物，构成遗产，属于继承人共同共有。但尸体毕竟与其他物不同，不得自由使用、收益及处分。此种学说成为通说。因此，尸体的一部分的使用如不违背善良风俗，应认为有效。如果死者生前约定，或以遗嘱指定，以其器官供医学研究的行为有效。

（四）献血契约

血作为人体的一部分，以其作为标的的契约是否有效，应视其是否违背公序良俗而定。献血契约，虽有金钱上的对价，但因其目的在于医疗，不违背公序良俗，应认定其有效。但献血契约是实践合同还是诺成合同？换言之，献血者可否拒绝履行献血契约呢？由于血液属于人身体的一部分，为维护人的尊严，不得强制履行。因此，献血者即使签订了献血契约，但在其实际履行之前，可随时撤回。

三、物的分类

（一）单一物、结合物与集合物

单一物，指形态上独立成为一体的物，如一头牛、一匹马。结合物，指由数个独立物结合而成的一体物，如一辆汽车、一架飞机。结合物，视为单一物，以整体作权利的标的。集合物，指多数单一物或结合物而成的物，如一群羊、一屋书、一个商店的全部商品、一个企业的全部机器设备。

也有学者将集合物称为“聚合物”，并将聚合物分为两种：一种是事实上聚合物，即以数个独立之物，为共同的或经济的目的，在特定情形下聚合而成的一物，如图书馆、仓库等。另一种是法律上聚合物，指以物、权利或其他财产聚合而成的一个标的物，如公司的财产、被继承人的遗产等。法律上聚合物，实际上是标的物，而不是严格意义的物。对于事实上聚合物，如果要取得其物权，应该分别取得各独立物的物权。对于法律上聚合物，如果要取得其物权，原则上应分别取得各组成部分的权利，但法律认为在特殊情形下，可以概括承受的除外。[①] 例如，财团抵押就是将集合物作为一个抵押权的客体的。

① 梅仲协．民法要义．北京：中国政法大学出版社，1998：80．

（二）代替物与不代替物

代替物，指在交易上能以同品种、同质量的物交互代用的物，如金钱、米麦、书籍等。不代替物，指在交易上着重物的个性，不能以同品种、同质量的物交互代用的物，如牛马、土地、建筑物、特定的艺术品等。但即使是不代替物，有时也具有可代替的性质，例如，仅指购买10匹马，则任何品种的马均可。

区分代替物与不代替物的意义在于，只有代替物才能作为消费借贷的标的物；不代替物可以作为使用借贷和租赁的标的物，而不能作为消费借贷的标的物。① 另外，值得注意的是，代替物与不代替物的区别，一般仅就通常交易而言。至于当事人给付同品种的物，还是特定种类的物，应当依当事人的意思而定。

（三）融通物与不融通物

融通物，指可以作为交易标的的物。不融通物，指不可以作为交易标的的物。不融通物又分为性质的不融通物与法定的不融通物。

性质的不融通物包括两类：一是公共物。公共物是指在自然状态上供一般人使用，而不能为个人独占的物，如日月星辰、空气、流水等。但公共物的一部分如若为人力所能控制，则可以成为私权的标的，例如，自来水管里的水，天然气管道里的天然气。二是人的身体。

法定的不融通物包括三类：一是公有物，指政府及其他公共团体所有的物。二是公用物，指供公众一般使用的物，例如山川、道路、图书馆等。三是禁止物，指法律禁止其作为交易标的的物，例如伪币、黄色书籍等。

区分融通物与不融通物的意义在于，以不融通物作为交易标的的物无效。

（四）特定物与不特定物

特定物，指依当事人之意思或其他之事实具体指定的物。而仅以种类、品质、数量抽象指定的物是不特定物。例如，稻米是不特定物，而天津小站稻米则为特定物。代替物与不代替物，是一般交易客观上的区别，特定物与不特定物是当事人主观上决定的。

区分特定物与不特定物的意义在于，二者所有权转移及风险承担的法律效果不同。

（五）消费物与不消费物

消费物，指不能重复使用，一经使用就改变其原有性质、形态的物，如柴米油盐等。使用金钱，其物质状态虽未消费，但对于使用者来说，其结果同消费相同，所以金钱也是消费物。不消费物，指重复使用不改变其性质、形态的物，如家俱、衣服、房屋、汽车等。消费物与不消费物的区分是相对的，例如，从物对于使用人的经济关系而言，书籍在书店是消费物，而在读者手中则为不消费物。

---

① 梁慧星．民法总论．北京：法律出版社，2001：104.

区分消费物与不消费物的意义在于，不消费物可以作为租赁、使用借贷和通常保管合同的标的物；而消费物仅能作为消费借贷和消费保管合同的标的物。

（六）可分物与不可分物

可分物，指分割不毁损其性质和价值的物。不可分物，指一旦分割就毁损其性质和价值的物。例如，一斗米无论怎样分割，也不毁损其性质和价值，为可分物；而一头羊，一经分割，则活羊不存，为不可分物。

各国民法一般没有规定可分物与不可分物，但从民法解释上仍有区分的必要。区分二者的意义在于，可分物与不可分物在共有物的分割和多数人之债的法律处分上不同。例如，在共有物分割时，对于可分物，可以自然方法分割并分配；而不可分物，原则上必须以变卖的价金进行分配。

（七）主物与从物

各国法律关于主物与从物的规定，一般是先确定从物，从物之外的物皆为主物。

主物与从物的关系是：(1) 主物与从物必须是两个独立的物。从物有两种情形：一是物理上的从物，即指与主物物理上合为一体的物，如房屋的门窗；二是用法上的从物，指物的所有人，按照物的用法，而使其物附属于自己的所有物，如电灯的灯罩等。(2) 主物与从物有主从关系。是否有无主从关系，应依交易习惯认定，而与当事人的意思无关。(3) 从物须经常补足主物的效果。(4) 从物与主物须同属于一人。

区分主物与从物的意义在于，主物的处分及于从物。

（八）原物与孳息

孳息，指原物所生的收益。原物，指产生收益的物。孳息分天然孳息与法定孳息。天然孳息，指果实、动物的出产物以及其他依物的使用方法所收获的出产物。天然孳息既包括有机物的出产物，如植物的果实、动物产下的幼仔；也包括无机物的出产物，如矿物、沙石等。关于天然孳息的归属有日耳曼法和罗马法两种立法例。日耳曼法采生产主义，即对物施以生产手段的人有取得孳息的权利。罗马法采原物主义，即视天然孳息为原物的一部分，原物的所有人有取得其孳息的权利。采原物主义的国家有法国、德国、日本、瑞士等。根据原物主义立法例，对原物有所有权、租赁权、使用权等权利，都有权收取孳息。我国《民法通则》对天然孳息的归属未作规定，理论和实务上均采原物主义，即所有权人、土地使用权人、土地承租人均有权收取孳息。

法定孳息，指利息、租金及其他因法律关系所得的收益。收取法定孳息的权利人因情形而不同。例如，利息以债权人为收取权利人，租金以出租人为收取权利人。

区分原物与孳息的意义在于，决定物所产生的利益归属问题。

（九）动产与不动产

各国关于动产和不动产的分类，一般是先决定不动产，然后不动产之外的物均属于动产。关于不动产定义的立法例有两种：第一种是法国模式，将不动产界定为不可自力移动的“财产”，其范围包括土地、土地上的建筑物以及土地和建筑物所有权之外的其他的不动产用益物权；第二种是德国模式，将不动产界定为物，仅限制在法律关系的客体范围之内。

我国《民法通则》关于不动产未进行定义，但《担保法》第92条第1款将其规定为：“本法所称不动产是指土地以及房屋、林木等地上定着物”。我国物权法草案建议稿将不动产定义为，指依自然性质或者法律规定不可移动的物，包括土地、土地定着物、与土地尚未脱离的土地生成物、因自然或者人力添附于土地并且不能分离的其他物。[8]因此，我国民法中的不动产首先属于物，其次是特指依自然性质和法律规定不可移动的物。

关于土地和其上的建筑物的关系，有两种立法模式。第一种是结合主义模式，即将土地与其上的建筑物结合作为一个不动产，二者作为一个物对待。采结合主义模式的有德国民法。第二种是分别主义模式，即将土地和其上的建筑物分别作为独立的不动产，二者为不同的两个物。法国、日本采分别主义模式。根据我国宪法、土地管理法的规定，土地归国家或集体所有，因此我国采取的是分别主义模式，即土地与其上的建筑物是两个不同的物。

区分动产与不动产的主要意义在于：（1）所有权让与的方式不同。动产让与依交付而生效；不动产让与必须采取书面方式，且依登记而生效。（2）在设定用益物权上的不同。在不动产上可以设立用益物权，而动产则不能。（3）在设定质权、留置权上的不同。动产上可设立质权和留置权，而不动产则不能。（4）在设立抵押权时，生效要件不同。动产和不动产之上均可以设立抵押权，大部分不动产抵押权以登记为生效要件，而动产抵押权以登记为对抗要件。

本章小结

一物一权原则是指一物之上不得设立两个和两个以上的在内容上相互冲突的物权。

所谓物权法定，是指物权的种类、内容、效力和公示方法都应由法律明确规定，而不能由当事人通过合同任意设定。

公信的内容主要包括两个方面：一是登记记载的权利人在法律上只能推定其为真正的权利人；二是任何人因为相信登记记载的权利而与权利人从事了移转该权利的交易，该项交易应当受到保护。

物权的优先效力，是指同一个标的物上有两个或两个以上不同内容或性质的物权存在，或者该标的物的物权也为债权给付的标的物时，成立在先的物权有优先于成立在后的物权的效力，物权则有优先于债权的效力。

物权的追及效力，是指物权成立后，不论其标的物辗转于何人之手，物权的权利人均可追及物的所在，而直接支配物的效力。

重要概念

物权法定原则　一物一权原则　公示原则　公信原则　物权的优先效力　追及性　代替物与不代替物　融通物与不融通物　特定物与不特定物　可分物与不可分物　主物与从物　原物与孳息　动产与不动产

案例分析

【案情】

某甲经营电子工厂，拥有千亩土地，有A及B两栋厂房，D及C两部电脑。机器人1个，长期铺设的轻便轨道2条，使用E及F2辆台车运输器材。庭院有假山，并植有大树3棵，其右侧正兴建员工宿舍1栋，已完成结构体，可避风雨但未装设门窗及内部装潢。

【问题】

甲的工厂内：(1) 共有多少个物；(2) 多少不动产、动产；(3) 多少消费物、非消费物；(4) 多少代替物、不代替物；(5) 多少可分物、不可分物；(6) 多少单一物、合成物或集合物?

【评析】

甲的工厂内有如下之物：(1) 土地1笔，厂房2栋，电脑2部，机器人1个，轻便轨道2条，台车2辆，员工宿舍1栋。其不属于物者，为庭院内所植大树3棵，因树木与土地相连成为一体，是为土地的部分。假山、桥梁、堤防、沟渠、岩石等均为土地成分，而非独立之物。(2) 不动产：土地、厂房，轻便轨道，员工宿舍。动产：电脑、机器人、台车。(3) 均属消费物。(4) 均属不代替物。(5) 除土地外，均为不可分物。(6) 单一物：土地、房屋。合成物：厂房、电脑、机器人、轻便轨道、台车。集合物：整个企业。

同步测练与解析

一、单项选择题

1. 物权是民事主体依法享有的直接支配（　　）并且能够对抗第三人的财产权利。

A. 种类物　　B. 特定的物　　C. 共用物　　D. 私有物

2. 我国民法上的物指（　　）。

A. 无体物　　B. 有体物　　C. 有形物　　D. 无形物

3. 下列属于法律上的物的是（　　）。

A. 太阳　　B. 月亮　　C. 星星　　D. 房屋

4. 下列属于单一物的是（　　）。

A. 一只羊　　B. 一辆汽车　　C. 一架飞机　　D. 一家商店

5. 我国物权法草案建议稿将物定义为：“物，指能够为人力控制并具（　　）的有体物。”

A. 无价值　　B. 有价值　　C. 有适用价值　　D. 无适用价值

6. 下列不属于结合物的是（　　）。

A. 一屋书　　B. 一架飞机　　C. 一辆汽车　　D. 一台电脑

二、多项选择题

1. 孳息分为（　　）。

A. 天然孳息　　B. 自然孳息　　C. 法定孳息　　D. 人工孳息

2. 下列属于法律上的物的是（　　）。

A. 太阳　　B. 汽车　　C. 山泉　　D. 房屋

3. 下列关于物的描述正确的有（　　）。

A. 我国民法上的物指有体物，因此我国的电、热、声、光等，不是我国民法上的物

B. 物理上的物，如日月星辰，为人力所不能支配，不是法律上的物

C. 物必须独立为一体，能满足人类社会生活的需要

D. 物作为权利的客体，必须有确定的界限和范围，为人所能支配

4. 下列属于单一物的是（　　）。

A. 一匹马　　B. 一辆自行车　　C. 一包方便面　　D. 一只羊

5. 下列是代替物的有（　　）。

A. 人民币　　B. 小麦　　C. 美元　　D. 特别工艺品

6. 下列属于孳息的是（　　）。

A. 树上的苹果　　B. 母牛下的小牛　　C. 租金　　D. 阳光

7. 根据民法中物的分类标准，下列物中属于主物与从物的关系的是（　　）。

A. 锁和钥匙　　B. 上衣和裤子

C. 电视机和遥控器　　D. 房屋和窗户

8. 下列关于主物和从物的关系正确的是（　　）。

A. 主物与从物必须是两个独立的物　　B. 主物与从物有主从关系

C. 从物须经常补足主物的效果　　D. 从物与主物须同属于一人

三、简答题

1. 简述物权法的基本原则。

2. 简述物权的定义和特征。

3. 区分动产和不动产的意义是什么？

4. 区分主物和从物的意义是什么？

四、论述题

1. 你认为我国的物权法草案有哪些优缺点。

2. 论述物的分类及其意义。

五、案例题

个体户张某、王某二人于1999年1月从汽车交易中心购得一辆“东风”牌二手卡车，共同从事长途货物的运输业务。二人各出资人民币3万元。同年12月，张某驾驶这辆汽车外出联系业务时，遇到李某，并办理了过户手续，事后，张某把卖车一事告知王某，王某要求分得一半款项。李某买到此车后，于同年底又将这辆卡车以9万元卖给赵某。二人约定，买卖合同签订时，卡车即归赵某所有，赵某租车给李某使用，租期为1年，租金人民币1万元，二人签订协议后，到有关部门办理了登记过户手续。赵某把车租给李某使用期间，由于运输缺乏货源，于是李某准备自己备货，因缺乏资金遂向银行贷款人民币5万元，李某把那辆卡车作为抵押物，设定了抵押，双方签订了抵押协议，但没有进行抵押登记。次年11月赵某把该车以人民币10万元的价格卖给了钱某。12月赵某以租期届满为由，要求李某归还卡车，李某得知赵某把车卖给钱某，遂不愿归还卡车，主张以9万元买回此车，赵某不允，遂生纠纷。

问题：（1）张某、王某对卡车是什么关系？（2）张某、李某的汽车买卖合同是否有效？为什么？（3）李某、赵某约定买卖合同签订时，卡车即归赵某所有，该约定是否有效？为什么？（4）李某与银行的抵押合同能否生效？为什么？（5）李某买回卡车的主张能否得到支持？为什么？（6）截至纠纷发生时，该卡车所有权归谁享有？为什么？

参考答案

一、单项选择题

1. B　2. B　3. D　4. A　5. B　6. A

二、多项选择题

1. AC　2. BD　3. BCD　4. ACD　5. ABC　6. ABC　7. AC　8. ABCD

三、简答题（答案略）

四、论述题（答案略）

五、案例题

（1）张某、王某对卡车是按份共有关系。

（2）有效。因为张某擅自处分共有财产，该合同初为效力待定合同，后经王某默认而得到补正。

（3）有效。合同当事人可以自由约定买卖合同标的物所有权转移的时间。

（4）不能生效。一是因为李某无权以他人所有之物设立抵押，二是因为未办理抵押登记。

（5）不能。因为承租人行使优先购买权应以同等价格为条件。

（6）归赵某所有。因为赵某尚未将卡车交付给钱某，卡车所有权并未转移。

第七章

CHAPTER SEVEN

所有权制度

学习目标

通过本章学习，掌握所有权的概念和特征、所有权的内容与类型划分，了解我国现阶段所有权的形式；确定不动产所有权和动产所有权的概念及取得和丧失。

重点难点提示

- 所有权的概念与特征
- 所有权的内容与类型划分
- 不动产和动产的取得
- 相邻关系的适用范围问题
- 建筑物区分所有权
- 善意取得
- 先占
- 遗失物的拾得

第一节　所有权概述

一、所有权的概念与特征

所有权，是指在法律限制的范围内对所有物进行全面支配的物权。所有权具有全面性、支配性、弹力性与恒久性。

全面性，指所有权包括占有、使用、收益和处分四项权能。支配性，指如果所有人已经失去了占有、使用和处分权，并不导致所有权的丧失，所有人仍享有法律所赋予的支配权。弹力性，指与所有权的权能相反的债权约定不具有拘束力。恒久性，指所有权灭失的情形主要有标的物灭失、取得时效、所有人抛弃以及公用征收和没收等情形，除此之外，所有权均不灭失。

所有权不是毫无限制、绝对的权利。它的行使不得超过法律许可的范围，主要包括以下两方面的限制：

第一，私法上的限制。（1）权利行使的限制。例如，1804 年《法国民法典》第 552 条规定，“土地所有权并包含该地上空和地下的所有权”。该法将土地所有人对该地上空及地下的所有权称为添附。《德国民法典》对此也有限制，其第 905 条规定，“土地所有人的权利扩及于地面上的空间和地面下的地层，但所有人不得禁止他人在排除干涉与所有人无利害关系的高空和地层中所为的干涉”。此规定即是对土地所有权客体范围和效力范围的限制。另外，权利的限制还包括权利滥用禁止、诚实信用原则、私力救济等。（2）相邻关系的限制。对于正常的生活妨害，相邻各方当事人都必须加以忍受。《德国民法典》第 906 条规定：“以干涉不损害或仅轻微损害土地的使用为限，土地所有人不得禁止煤气、蒸气、臭气、烟气、煤烟、热气、噪声、震动和其他来自他人土地的类似干涉。”

第二，公法上的限制，如土地管理法、城市规划法、水法、环境保护法等法律对于所有权规定的限制。

上述私法和公法的限制被西方学者称之为所有权的社会化。

二、所有权的权能

所有权的权能，指所有人为实现其对所有物的独占利益，而于法律规定的界限内可以采取的各种措施和手段。所有权的权能可以分为积极权能与消极权能。

（一）积极权能

积极权能主要指占有、使用、收益、处分。

占有，指所有权人对标的物的管领事实。使用，指依物的使用方法，在不毁损物及变更其性质的前提下，对物加以利用，以供生活的需要。所有权的使用权能与他物权（国有土地使用权）的使用权能的区别在于，他物权的使用权能尚包括占有权能和收益权能。收益，即收取天然孳息和法定孳息的权利。处分权能，指依法对物进行处分，以决定物的命运的权能。处分包括事实上处分与法律上处分。事实上处分，指对物进行实质上的变形、改造或毁损等物理上的事实行为。法律上处分，指使标的物所有权发生移转、限制和消灭从而使所有权发生变动的法律行为。处分权能为所有权的核心。

（二）消极权能

所有权的消极权能，民法上称为排除他人干涉的权能，指对所有权的不法的直接侵夺、干扰或妨害，所有人得依法予以排除。

三、所有权的保护

（一）所有物返还请求权

1. 定义

所有物返还请求权，指所有人对于无权占有或侵夺其所有物者，可以请求返还的权利，又称所有人的回复请求权。

2. 构成要件

（1）请求权的主体须为所有人，具体而言，主要包括：① 房屋登记名义人；② 共有人；③ 其他请求权主体，如破产管理人、遗嘱执行人、失踪人的财产管理人；④ 合法的占有人，如承租人。

（2）相对人为无权占有人。

3. 法律效果

（1）占有物的返还与费用负担。

（2）对直接占有人、间接占有人为物的返还请求权。

（3）金钱的返还。

（二）所有权妨害除去请求权

1. 定义

所有权妨害除去请求权，指所有人于其所有权的圆满状态受占有以外的方法妨害时，对于妨害人得请求除去的权利。

2. 构成要件

（1）对所有权构成妨害。所谓妨害，指以占有以外的方法阻碍，或侵害所有权的支配可能性。其主要情形有以下六种：第一，对物的实体的侵害，如无权占有他人土地兴建房屋。第二，不可量物的侵入，如丢弃废料或垃圾于他人庭院。第三，无权使用他人之物，如在他人墙壁悬挂招牌。第四，妨害所有权的行使，如停车于他人车库。第五，否认他人对物的所有权。第六，房屋登记的错误、遗漏或不实。

（2）妨害的不法性。所有人有忍受义务时，不得请求除去妨害，情形有三：第一，基于法律规定，如民法关于紧急避险、正当防卫、相邻关系的规定；第二，基于用益物权；第三，基于债权，如所有人对承租人使用其物负有忍受义务。

妨害与损害的区别：对他人所有权加以妨害者，无论有无过失，均负排除妨害的义务。对他人所有权加以妨害，造成损害者，以具有故意或过失为要件，负损害赔偿责任。

四、取得时效

关于取得时效的内容请参见第五章第二节“取得时效”部分。

第二节 不动产所有权

一、相邻关系

（一）相邻关系的定义和功能

相邻关系，指不动产的相邻各方因行使所有权或使用权而发生的权利义务关系。相邻关系从权利主体角度则为相邻权。但鉴于相邻关系的目的在于谋求实现不动产相邻各方“冲突之际的利害的衡平调整”，因而舍弃相邻权的称谓而采“相邻关系”。民法为什么设相邻关系呢？民法中的物权，是权利人直接支配标的物并享受其利益的排他性权利。权利主体原则上均可对权利客体进行自由的使用、收益及处分。但在不动产相邻近时，如果不动产所有人或利用人（如租赁权人或地上权人）皆可绝对自由地排他性地使用其不动产，则相邻双方必发生冲突，其结果不仅不能使不动产本身发挥最大的经济效益，而且因冲突也必然害及不动产财产秩序的维持。因此，民法设相邻关系，其功能在于扩张一方所有权，限制他方的排除请求权，课以作为或不作为义务，并设补偿制度，以实现当事人双方利益关系的平衡。

（二）相邻关系的适用范围

相邻关系的适用范围，即什么样的不动产权利可以适用相邻关系的规定。换言之，是只有不动产所有权才可以适用相邻关系的规定，还是此外的其他不动产利用权，如不动产租赁权、基地使用权（地上权）乃至邻地利用权（地役权）等，也可以适用相邻关系的规定。

就此问题，近代初期的判例学说多采“否定主义”，认为不动产利用权不得适用相邻关系的规定。自20世纪以来，尤其二战结束以后，随着物尽其用社会思潮的勃兴，表现财物归属关系的法的所有权关系由“所有”为中心进到以“利用”为中心，社会财物大量流入可使财物得到最大限度增值的利用人手里，财物的所有权关系由此表现为所谓的

“空虚所有权”关系，所有权全面地表现为观念化与价值化。到了六七十年代，由于所有权观念化与价值化进程的加快，所有权已变迁为所有人将所有物交由他人占有、使用、收益，而自己仅收取其对价。在这种背景下，不仅邻近的不动产所有人之间发生相邻关系，邻近的不动产利用人间、不动产利用人与不动产所有人间也同样发生了大量的相邻关系，因此，立法追随这一趋势，规定相邻近的不动产利用人间（租赁权人、地上权人、地役权人）因不动产相邻近而发生的关系也须加以调整。

（三）相邻关系的特征

第一，相邻权的主体是相邻不动产的所有人或使用人。此处的不动产包括土地和建筑物。此处的使用人，包括享有合法的占有权或租赁权的人。

第二，相邻权的内容复杂。一是相邻一方有权要求他方提供必要的便利，他方应给予必要的便利；二是相邻一方在行使权利时，不得损害他方的合法权益。

第三，相邻权的客体不同于一般物权的客体。关于相邻权的客体有三种观点：一种观点认为，相邻权的客体是不动产本身；另一种观点认为，相邻权的客体是行使不动产权利所体现的利益；还有一种观点认为，相邻权的客体是相邻各方所实施的行为（作为或不作为）。由于相邻关系的内容比较复杂，因此其客体也各异。在因土地使用权权属不清而发生的相邻关系中，其客体是不动产本身。但大多数相邻权的客体是行使不动产的所有权或使用权所体现的财产权益和其他权益。

（四）相邻权的性质

有观点认为，相邻权属于不动产物权，是用益物权的一种，依法律规定直接发生。但通说认为，相邻权是由法律直接规定产生的，其实质是对所有权的限制和延伸。从这个意义上，相邻权并不是一种独立的物权，而是所有权的内容。

（五）相邻关系的种类

相邻关系的种类有：(1) 因土地、山岭、森林、草原等自然资源的使用或所有而产生的相邻关系。根据《民通意见》第96条的规定，就权属发生纠纷的，首先由有关行政部门处理，其次才能向人民法院提起诉讼；因侵权纠纷起诉的，人民法院可以直接受理。在此要处理的纠纷主要是：① 越界建筑；② 越界竹木根枝和果实落入林地的问题。(2) 因宅基地的使用而产生的相邻关系。(3) 因用水、排水而产生的相邻关系。(4) 因修建施工、防险发生的相邻关系。(5) 因排污产生的相邻关系。(6) 因通风、采光而产生的相邻关系。

（六）相邻权与地役权的关系

相邻权和地役权是有区别的，主要在以下几个方面：

第一个区别是，相邻权通常都是法定的，由法律直接规定；地役权一般是约定的。根本原因在于相邻权是法律为了维护相邻的不动产所有人和使用人之间一种正常的和睦的生活和生产关系而强迫一方必须向另一方提供必要的便利，如果不提供这种便利，另一方就不可能维持正常的、基本的生产和生活。换句话说，在相邻权的情况下提供的便利是相邻的另一方正常生产和生活所必需的一种便利。比如按照相邻关系，一方必须向另一方提供通风采光的便利，提供这种通风采光的便利是维持基本的生产和生活所必须的。而在设立地役权的情况下，当事人不是为了满足最基本的生产和生活的需要，而是为了获得一种在基本的生产和生活之外的更高的一种便利和需要，使要求提供便利的一方的不动产在价值上得到更大的增值，权利能得到更有效的利用，但并不是说如果不提供这种便利就不能维持正常的生产、生活。所以对于相邻权，法律上必须强迫提供这种便利，而地役权是为了价值更大增值，这个由当事人自己去约定，法律不作强制性规定。如果法律作出这个强制性限制就会侵害所有人的利益。这就是地役权和相邻权实质性的区别。

第二个区别是，相邻权属于所有权的范畴，是对所有权的限制和延伸；地役权是独立的物权，需要登记。相邻权实际上是对提供便利一方的不动产所有权的限制，使其占有、使用、收益、处分在内容上得到了限制。所以通常我们说相邻权不是一个独立的物权；对于另一方来说，尽管获得了便利，但没有形成一种独立的物权，也不需要登记。但对于地役权来说是创设一个独立的物权，原则上必须要登记。因此，相邻关系的成立及对抗第三人，无需登记即可当然发生，而地役权的成立，由物权的性质所决定，必须登记。

第三个区别是，地役权的取得一般是有偿的；而相邻关系中，当事人行使法律规定的权利只要不给相邻人造成损失，则通常是无偿的。

二、建筑物区分所有权

现代社会建筑物向高空的发展，商品房的交易日益普遍，从而产生了建筑物区分所有的状态，主要原因是：

第一，小业主就其买到的一个套间享有单独的所有权；同时，根据他单独的所有权，他对建筑物中的共用设施享有共有权，同时可能还对小区的一些设施享有共有权；而且各个区分所有人之间形成一种相邻权。此外，各个小业主根据专有部分的所有权还享有一种成员权，即区分所有的成员资格。由专有部分所有权、共有权、相邻权和成员权四种权利结合在一起的权利统称为区分所有。这种区分所有制度既不能用单独所有权来解决，也不能用共有来解决，更不能用相邻权来解决，它是这些制度结合的产物。这就是现代商品房住宅的特点。

区分所有的特点是单独所有和共有密切结合在一起，不可分割。共有权由专有权产生出来，同时，专有权转让，共有权也相应地转让。不能处分专有权而不处分共有权或者处分共有权而不处分专有权。

第二，共有的状态非常复杂，既有按份的共有，又有共同的共有。每个业主根据持有份来享有收益，并分担物业管理费、修缮费等。

第三，在区分所有中许多情况下都会发生相邻权。例如，开发商保留了所有权而和小业主形成的相邻关系，各个小业主之间的相邻关系，小业主对住宅小区的共有权与非业主之间的相邻关系。

第四，区分所有的状态下由于区分所有的人数众多，在涉及对整个建筑物，包括对住宅小区的管理、维护、使用方面，不可能每个人都参与管理，这就要求一个民主管理的办法来解决，从而就产生了成员权的问题。成员权是根据专有部分派生出来的。小区的业主应当对一些重大的事宜，比如聘请物业管理公司等，通过民主讨论最后由小业主来决定。

第三节　动产所有权

一、善意取得

（一）善意取得的定义

善意取得又称为即时取得，指无权处分人在不法将其受托占有的他人的财物（动产或者不动产）转让给第三人的，如受让人在取得该动产时系出于善意，则受让人取得该物的所有权，原权利人丧失所有权。善意取得制度起源于日耳曼法中的“以手护手”原则。根据这一原则，权利人将自己的财产让与他人占有的，只能向占有人请求返还占有物，如果占有人将财产转让给第三人时，权利人不得请求返还，而只能要求占有人（转让人）赔偿损失。

（二）善意取得的性质

一种观点认为，善意取得系直接基于法律规定，为原始取得；另一种观点认为动产所有权的取得系基于让与行为，与时效取得、先占或添附而取得所有权不同，是继受取得。这两种观点很难说孰是孰非，但通说认为是原始取得。

（三）善意取得的构成要件

第一，标的物须既可以为动产，也可以为不动产。但下列物品不可适用善意取得：（1）未分离的不动产出产物为该不动产的组成部分，不能成为善意取得的标的。（2）法律禁止流通的物品，例如毒品、枪械等。（3）依法查封的不动产。（4）遗失物与盗赃。关于赃物是否适用善意取得制度，在我国理论界有两种观点：一种观点认为，赃物是法律禁止流通的物，不适用善意取得制度；另一种观点认为，就赃物的物理属性与商品属性而言，仍是允许自由流通的一般商品，与其他商品之间没有什么区别，若不适用善意取得，则不利于保护交易安全。我国司法和立法实践历来采第一种观点，即赃物不适用善意取得制度，但此处的例外情形：一是赃物从合法的场所（如公共市场）出售的，即使是盗赃、遗失物，所有人也无权向第三人请求返还原物；二是赃物是金钱或无记名证券。

第二，让与人须为财产的占有人。

第三，让与人须无移转财产所有权的权利。财产权人为有权处分人，但下列非财产权人依法律规定仍享有处分权，如法定代理人、抵押权人和质权人依法拍卖抵押物或质物的、破产管理人。

第四，受让人须基于法律行为而受让财产的占有，此法律行为还须有“交易行为”的性质。此处的交易行为，指让与人和受让人在法律上和经济上非属同一主体。

第五，转让的不动产或者动产依照法律规定应当登记的已经登记，不需要登记的已经交付给受让人。

第六，受让人须为善意。

第七，须为有偿。如果第三人无偿地从无权转让该项财产的占有人那里取得财产（例如赠与），所有人在任何情况下都有权向该第三人请求返回原物。

（四）善意取得的法律效果

善意取得的法律效果有：（1）如果善意取得的财产上存在第三人权利的（如质权、留置权和动产抵押权），依原始取得，该第三人权利当然归于消灭；依继受取得说，为保护交易安全，该权利也归于消灭。（2）善意取得所有权的终局性。（3）受让人与原所有人之间不存在债权债务关系，受让人依据善意取得制度取得该动产的所有权。但原所有人对让与人可请求侵权行为损害赔偿，及已受价金的不当得利返还请求权。

二、先占

（一）先占的定义

先占，指以所有的意思占有无主动产，而取得其所有权的法律事实。通说认为，先占的性质为法律事实。

（二）先占的构成要件

第一，须为无主物。无主物可分为两种：一是自始无主；二是原为无主，后被抛弃。

第二，须为动产。下列动产不得作为先占的标的：（1）不融通物，如枪械、毒品；（2）文物与珍稀动物；（3）矿藏为国家所有；（4）他人享有排他的先占权的动产，如承包范围内的动植物。

第三，须以所有的意思进行占有。是否构成占有，应依客观情形及社会一般观念认定，即对动产具有实际控管能力。

第四，先占行为不得违反法律规定。

（三）先占的法律效果

先占人取得动产的所有权，先占的取得系直接基于法律规定，非基于他人既存的权利，故为原始取得。动产上原有的负担均归于消灭。

三、遗失物的拾得

（一）遗失物拾得的定义

遗失物的拾得，指发现他人的遗失物而占有的法律事实。遗失物的拾得为事实行为，拾得人有无行为能力，在所不问。

（二）遗失物拾得的构成要件

第一，须为遗失物。遗失物指无人占有，但为有主的动产。首先，遗失物限于动产，不动产纵经湮灭或风沙埋没，亦非属遗失物。除一般动产外，有价证券、存折及各种证书亦属动产的范畴。其次，须为有主。最后，须无人占有。

第二，遗失物的拾得。遗失物的拾得，指发现和占有，并且以占有为重要。

（三）遗失物拾得的法律效果

关于遗失物的立法体例有两种：一种为罗马法体例，即拾得人不能取得所有权；另一种为日耳曼法体例，即拾得人取得所有权。法国、德国、瑞士、日本及我国台湾地区均采日耳曼法体例，但稍有变更。我国《物权法》第109条规定："拾得遗失物，应当返还权利人。拾得人应当及时通知权利人领取，或者送交公安等有关部门。"可见，我国采罗马法立法体例。

（四）拾得人的权利义务

第一，义务：通知揭示义务、保管义务、报告交存义务、返还义务。当受领人有数人时，例如，甲有名表，设质于乙，被丙所盗，丙逃亡中掉落该表，由丁拾得，如何返还，法律无明文规定。解释上认为，乙的受领权优先于甲，甲的受领权优先于丙。此处的丙因系盗窃取得该表，若丁已尽善良管理人的义务，返还于丙，则免于对甲乙的返还义务。

第二，权利：费用偿还请求权、报酬请求权、拾得人取得遗失物的所有权（6个月）。

四、埋藏物的发现

埋藏物的发现，指发现埋藏物而加以占有的一种法律事实，性质为事实行为。

埋藏物发现的构成要件有：（1）须为埋藏物。埋藏物须为动产；须包藏于他物之中，至于埋藏的原因究为人为或天然，在所不问；须埋藏物不知属于何人。（2）须经发现而占有。

埋藏物发现的法律效果如下：根据我国台湾地区"民法"第808条的规定，发现埋藏物而占有者，取得其所有权，但埋藏物系在他人的动产或不动产中发现的，该动产或不动产的所有人与发现人各取得埋藏物的一半所有权。发现的埋藏物是供学术、艺术、考古或历史资料之用的，须依特别法的规定。所有人不明的埋藏物、隐藏物，归国家所有。接受单位应当对上缴的单位或个人予以表扬或物质奖励。

第四节　添　　附

附合、混合和加工统称为添附。添附为动产所有权得丧的原因。对于添附物所有权的归属，法律一般规定由一人取得添附物的所有权，或共有合成物。其目的在于不许恢复原状，使添附物能为社会经济利益而继续存在。

附合，指分别属于不同所有人的两个或两个以上的有体物相结合而成为一物。附合又分为动产与不动产的附合及动产与动产的附合两种情形。

混合，指不同所有人的动产，互相混合成为一物，不能识别或识别费用过于巨大。

加工，指就他人的动产加以制作或改造，使成新物，从而发生物权变动的法律事实。

本章小结

所有权，是指在法律限制的范围内对所有物进行全面支配的物权。所有权具有全面性、支配性、弹力性与恒久性。所有权的权能，指所有人为实现其对所有物的独占利益，而于法律规定的界限内可以采取的各种措施和手段。所有权的权能可以分为积极权能与消极权能。

相邻关系，指不动产的相邻各方因行使所有权或使用权而发生的权利义务关系。相邻关系从权利主体角度则为相邻权。

善意取得又称即时取得，指无权处分人在不法将其受托占有的他人的财物（动产或不动产）转让给第三人的，若买受人在取得该动产时系出于善意，则受让人取得该动产所有权，原权利人丧失所有权。

先占，指以所有的意思占有无主动产，而取得其所有权的法律事实。

遗失物的拾得，指发现他人的遗失物而占有的法律事实。遗失物的拾得为事实行为，拾得人有无行为能力，在所不问。

重要概念

所有权　所有权的权能　取得时效　相邻关系　建筑物区分所有权　善意取得　先占　遗失物的拾得　添附

案例分析

【案情】

原告 汪谷良，男，61岁，出纳员。

被告 汪维明，女，54 岁，家庭妇女。

被告 汪维林，女，52 岁，教师。

被告 汪谷悦，男，49 岁，职员。

原、被告之间是亲兄弟姐妹关系。其父汪和尚因长子汪谷良（本案原告）要结婚，于 1948 年 7 月 30 日出资买得某市河南路 728 号新式洋房一幢（大小共 21 间），并以汪谷良的名义领得某市地政局土地所有权状。房子买下后，汪和尚与汪谷良、汪维明、汪维林、汪谷悦一家均搬入居住。1953 年汪和尚将后边二间房屋出租给案外人冯培根居住，房租由汪和尚收取。1954 年汪维明结婚迁到夫家居住，后经汪和尚同意，汪维明夫妇又迁回该房屋的二楼西前间居住至今。汪维林和汪谷悦相继结婚，也都由汪和尚安排居住在该房内。“文革”期间，汪和尚的部分房屋被紧缩。1979 年国家落实私房政策后，汪和尚向房地产管理部门申请发还被紧缩的房屋。1982 年汪和尚死亡，原、被告仍然各自居住该房屋内，彼此相安无事。1986 年 8 月汪谷良与汪维明商量，要求汪维明把多占用的一间房屋让给他的儿子结婚使用。汪维明不同意，为此发生纠纷。汪谷良以房屋是解放前父亲给他买的，产权属他自己所有为由，要求三被告测估房租按月交付而起诉至人民法院。三被告认为房子是父亲的遗产，现在兄弟姐妹已经接受继承为共有财产，要求分割，以明确自己应得的份额。诉讼过程中，汪谷良变更了诉讼请求，要求确认房屋所有权，放弃了要求被告交付房租的请求。

一审法院调查后认定，汪和尚当时确是为儿子汪谷良结婚而购买此房，买卖契约和领得的土地权状均为汪谷良的户名。据此，确认讼争房屋是汪和尚于 1948 年买赠给汪谷良的，产权应归汪谷良所有。三被告不服一审判决，上诉至中级人民法院，要求确认讼争房屋为共有财产，并分割明确产权。二审审理后，认为河南路 728 号楼房一幢虽以汪谷良名义购买，但一直由汪和尚控制支配，房屋的所有权未转移给汪谷良，汪和尚死亡后应为汪和尚的遗产。现在原、被告四人已经合法继承，并已共同使用，应视为原、被告四人的共有财产。共有人要求分割共有财产应予准许。故撤销一审判决，并对房屋作了具体分割。

【问题】

本案讼争房屋纠纷的关键是什么？房屋产权的性质应如何认定？

【评析】

1. 一审法院认定讼争房屋是汪和尚生前赠与汪谷良的结论是错误的。因为财产赠与虽是财产所有权继受取得的一种合法方式，但是，赠与是实践性法律行为，即赠与人不仅要有赠与的意思表示，还必须在受赠人接受赠与后，将赠与的财产实际转交给受赠人，受赠人实际控制了赠与物，赠与行为才完成，赠与财产的所有权才实际转移，而本案讼争的房屋是汪和尚出资购买，当时虽有赠给汪谷良的意思表示，并以汪谷良的名义领取土地权状，但是房屋买下后，仍为汪和尚支配，供全家共同居住，以后还在汪和尚的支配下出租了部分房屋，并由他自己收取租金。之后，汪和尚又准许出嫁的女儿回来居住，显然，讼争房屋在汪和尚死亡前都由他行使所有权。因此，仅有赠与人的意思表示，没有转交赠与物的"赠与"是不能成立的。而一审法院认定汪谷良接受了赠与，取得了讼争房屋的所有权，是不符合法律规定的。

2. 二审法院正确认定本案赠与行为未完成，产权仍归汪和尚所有，讼争房屋为汪和尚的遗产。被继承人汪和尚死亡后，遗产未进行分割，几个继承人共同继承了遗产。这样，在几个继承人之间形成了财产共有关系。因此，二审认为讼争房屋现在是原、被告四人的共有财产，并根据共有人的请求对共有财产进行了分割，这样处理是完全合乎法律规定的。

同步测练与解析

一、单项选择题

1. 遗失物的拾得，指发现他人的遗失物而（　　）的法律事实。

A. 占有　　B. 非占有　　C. 转送　　D. 继承

2. 先占，指以所有的意思，占有（　　），而取得其所有权的法律事实。

A. 有主不动产　　B. 有主动产　　C. 无主动产　　D. 无主不动产

3. 下列关于善意取得说法错误的是（　　）。

A. 采登记对抗主义的动产不适用善意取得

B. 让与人须为动产的占有人

C. 受让人须为善意

D. 让与人须为不动产的占有人

4. 下列关于相邻权的说法错误的是（　　）。

A. 相邻权的主体是相邻不动产的所有人或使用人

B. 相邻权并不是一种独立的物权，而是所有权的内容

C. 相邻权通常不是法定的，而是由当事人协商而定

D. 相邻权通常都是法定的，直接由法律规定的

5. 甲将自行车借给乙，乙卖给丙，丙在不知情的情况下有偿获得该自行车，那么该自行车的所有权属于（　）。

A. 甲　　B. 乙　　C. 丙　　D. 乙和丙

二、多项选择题

1. 所有权的性质包括（　　）。

A. 全面性　　B. 支配性　　C. 弹力性　　D. 恒久性

2. 所有权的积极权能包括（　　）。

A. 占有　　B. 使用　　C. 收益　　D. 处分

3. 所有权的权能可以分为（　　）。

A. 积极权能　　B. 处分权能　　C. 占有权能　　D. 消极权能

4. 善意取得的条件是（　　）。

A. 受让人取得财产时出于善意

B. 取得的财产必须是依法可以流通的财产

C. 受让人必须是通过合法交换取得财产

D. 取得的财产价值不能远低于其本身的价值

5. 遗失物拾得的构成要件是（　　）。

A. 须为遗失物　　B. 须为动产　　C. 须为不动产　　D. 必须占有

6. 以下说法正确的是（　　）。

A. 善意取得适合不动产的取得　　B. 先占不适合不动产的取得

C. 赠与能取得不动产和动产的所有权　　D. 先占不能取得埋藏物的所有权

7. 添附包括（　　）。

A. 承揽　　B. 附合　　C. 混合　　D. 加工

8. 拾得遗失物的拾得人的义务有（　　）。

A. 揭示义务　　B. 保管义务　　C. 报告交存义务　　D. 返还义务

三、简答题

1. 所有权的类型划分。

2. 所有权的特征。

3. 不动产所有权的取得根据是什么?

4. 遗失物的拾得的构成要件。

5. 相邻关系的特征。

四、论述题

1. 动产所有权善意取得的法律效果。

2. 相邻关系的种类。

3. 不动产与动产的区别。

五、案例题

第三人陈甲在外县任教，准备在原籍某县小关村修建几间房。经申请，当地乡政府和村民委员会给陈甲批了三分宅基地。2000 年春，陈甲出资 3 500 元委托其弟陈乙在所批的宅基地上建房三间。同年 5 月，房屋建好后，本案原告王某、张某夫妇见无人居住，愿以 7 000 元高价买下这三间房屋。陈乙见有利可图，便背着陈甲和村委会，私下同王某、张某夫妇签订了房屋买卖合同，合同约定：此三间房屋以 7 000 元价格卖给王、张夫妇，买卖成立后，不得反悔，如果出了问题，由陈乙负责。同年 8 月，原告夫妇搬入此房居住，安装了水管，建了厕所，一间房搞了棚楼，安了两副门扇。房屋出卖后，被告陈乙始终未告知第三人。2001年春节，陈甲回原籍探亲时，发现自己的房屋被弟弟卖掉，很生气，责令其赶快追回。陈乙找原告夫妇协商多次未果，陈乙便找了几个人将东院墙拆毁。原告以房屋买卖契约为凭，诉至人民法院，要求依法保护所有权。法院受理后，通知第三人陈甲参加诉讼。第三人认为原告、被告之间的买卖行为是违法的，侵犯了她的所有权，要求宣告买卖行为无效，尽快追回房屋。

问题：（1）被告陈乙与原告王、张夫妇之间的房屋买卖合同是否成立？

（2）原告王、张夫妇能否取得房屋所有权？为什么？

（3）王、张夫妇安装水管、建厕所等行为在民法上属于何种性质的行为？

（4）陈乙拆毁东院墙的行为属于何种性质的行为？

（5）法院应如何处理该项房屋买卖纠纷？

（6）设陈甲回原籍探亲时追认了陈乙的行为，本案应如何处理？

参考答案

一、单项选择题

1. A　2. C　3. D　4. C　5. C

二、多项选择题

1. ABCD　2. ABCD　3. AD　4. ABC　5. ABD　6. AD　7. BCD　8. ABCD

三、简答题（答案略）

四、论述题（答案略）

五、案例题

（1）双方之间的合同成立。因为双方的意思表示已经达成一致，并签订了书面合同。

（2）原告王、张夫妇不能取得房屋所有权。因为虽然房屋买卖合同已告成立，但双方当事人并未办理房屋产权转让登记手续，因而该合同并不产生物权效力，王、张夫妇并未取得房屋所有权。

（3）属于添附行为。因为房屋并不属于王、张夫妇所有，其在他人所有的房屋之上进行的附合、加工行为，在民法上统称为添附。该添附行为是善意的。

（4）属于侵权行为。

（5）第一，原、被告之间的房屋买卖行为不生效，房屋应退还给第三人即所有人；第二，被告退还房款及利息给原告；第三，被告赔偿原告占有、使用期间因进行添附行为所造成的损失；第四，第三人对原告添附行为增加的房屋价值予以适当补偿。

（6）如果陈甲追认，该买卖合同转为有效，双方只要补办了房屋产权变更登记手续，房屋即归王、张夫妇所有。陈乙应将房款交付给陈甲。

第八章

CHAPTER EIGHT

用 益 物 权

学 习 目 标

通过本章学习，掌握用益物权的概念与特征；了解用益物权的体系发展；认识和理解各类用益物权的内容和不同法律特征。

重 点 难 点 提 示

- 用益物权的概念、特征与性质
- 用益物权的体系构建
- 土地承包经营权的取得、效力及消灭
- 建设用地使用权的设立、内容及变动方式
- 地役权的概念与法律特征

第一节　用益物权概述

一、用益物权的概念与特征

（一）用益物权的概念

在民法上，通常将他物权分为两类，即用益物权和担保物权。用益物权，是指非所有人对他人所有之物所享有的占有、使用和收益的权利。

用益物权制度肇始于古罗马法。基于所有权的绝对性和弹力性，古罗马法学家认为，所有人在其所有物上设定用益物权，将不动产的占有、使用和收益权让与他人行使，并不会使所有人丧失所有权。从某种意义上说，用益物权的设定正是所有人行使所有权的一种方式。由于用益物权着眼于不动产的使用价值，从而一定程度上克服了传统所有权制度因强调物的归属和物的实体支配而导致的对物的利用价值的相对漠视这一消极影响。基于此，用益物权制度为近代大陆法系国家民事立法普遍继受，并成为大陆法系各国物权法的重要制度。

（二）用益物权的特征

作为一种物权，用益物权除了具备物权的一般法律特征以外，又具有自己的一些独特特征。

1. 用益物权是一种他物权

用益物权表现为权利人对他人之物所享有的使用和收益的权利，因而必须以他人对该物享有所有权为前提。换句话说，用益物权是与所有权相对而言的，如果没有一个物的所有权的存在，用益物权就无从谈起。在这一特点上，用益物权与担保物权是相同的。在大陆法系的物权制度形成和发展过程中，所有权和用益物权是相辅相成的。

2. 用益物权是以使用和收益为内容的限制物权

顾名思义，用益物权的内容为对物的使用和收益，以取得物的使用价值。这一特点是用益物权与担保物权的重要区别之一，因为担保物权着眼于物的交换价值，而不强调担保物权人对担保物的占有、使用和收益。用益物权的内容决定用益物权存在的前提是对标的物的实际占有，丧失了对物的占有，将导致用益物权不能行使。

用益物权的主旨在于权利人对他人之物的使用价值进行支配，因此，在有关用益物权的立法中应当贯彻效益原则，鼓励权利人充分有效地利用和获取物的使用价值，以满足权利人的需要、促进社会财富的增长。

用益物权是依约定或法律规定设定的，因此，用益物权还是一种有期限的权利。在存续期限内，用益物权起着限制所有权的作用。如果允许设定永久无期限的用益物权，则会与所有权相冲突。

3. 用益物权为独立物权

用益物权虽然以所有权的存在为前提，但在法律上这种权利本身仍具有独立性。也就是说，用益物权一旦依当事人约定或法律直接规定设立，用益物权人便能独立地享有对标的物的使用和收益权，除了能有效地对抗第三人外，也能对抗所有权人。而担保物权则依附于主债权而存在，债权一旦消灭，则担保物权随之消灭。

4. 用益物权的客体限于不动产

用益物权的标的主要为不动产，这一点与所有权和担保物权也不相同，因为所有权和担保物权的标的包括不动产和动产。之所以用益物权的客体限于不动产，其原因在于，动产以占有为公示方法，这种公示方式很难形成稳定、复杂的用益物权关系。一般而言，如果客观上需要利用他人的动产，完全可以采取借用、租赁甚至购买的方式来满足此种目的，而不动产则因其固定性和价值较大的特性，只有通过设定用益物权，才能解决不动产他人利用的问题。另外，动产流通相对快捷，种类繁多，时限较短，采取用益物权的方式过于繁琐，不利于充分发挥用益物权应有的效率原则。

除此之外，用益物权作为一项物权，权利人不仅可以依用益物权的范围支配不动产，而且有权对抗包括所有权人在内的任何人对其权利行使的干涉。这使得在非所有人对他人之物的利用方面，用益物权制度具有债权制度无可比拟的优越性，这也是某些债权物权化的主要原因。

二、用益物权的体系

（一）用益物权体系的形成和发展

用益物权的体系设计经历了一个漫长的历史发展过程。古罗马法中的用益物权有役权（包括人役权和地役权）、永佃权和地上权三种主要类型，这种体系基本确立了大陆法系的用益物权体系模式，并为后世大陆法系国家民事立法所继承和发展。《法国民法典》规定了四种用益物权类型：用益权、使用权、居住权和地役权。《德国民法典》则规定了地上权、土地负担及役权。日本民法则充分借鉴了罗马法和德国法的经验，在立法上确立了地上权、永佃权、地役权和入会权四种用益物权。

我国近代民事立法借鉴日本立法规定了用益物权制度，如大清民律草案规定了地上权、永佃权和地役权，后来的民国民律草案规定了地上权、永佃权、地役权和典权，该民法典迄今仍在我国台湾地区使用。

（二）我国的用益物权体系

《物权法》颁布之前，我国用益物权制度的法律渊源包括《宪法》、《民法通则》、《土地管理法》、《农村土地承包法》、《城市房地产管理法》、《矿产资源法》、《水法》、《森林法》、《草原法》等法律，《城镇国有土地使用权出让和转让暂行条例》等行政法规，以及最高人民法院的相关司法解释。至于具体的用益物权类型，则体现为国有土地使用权、农村土地承包经营权、宅基地使用权、采矿权、水产养殖权、捕捞权、狩猎权、取水权等。

《物权法》第三编专编规定了用益物权，确认了四种用益物权类型，即土地承包经营权、建设用地使用权、宅基地使用权和地役权。

由于我国实行土地公有制，与作为传统用益物权基础的土地私有制不同，再加上物权法的固有性特点，在《物权法》确定的用益物权类型中，除地役权与传统民法较为一致外，其他用益物权与传统民法的用益物权不尽相同。

第二节　土地承包经营权

一、土地承包经营权的含义与特征

（一）土地承包经营权的含义

土地承包经营权是指自然人、法人或非法人组织对农村用于农业的土地，通过农业生产的方式加以利用的用益物权。

《物权法》首次将土地承包经营权规定为用益物权。该法第125条规定："土地承包经营权人依法对其承包经营的耕地、林地、草地等享有占有、使用和收益的权利，有权从事种植业、林业、畜牧业等农业生产。"该条规定了承包人对承包地享有占有、使用和收益这几项最基本、最重要的权利。这些权利都是具有物权性质的法定权利，即使在承包合同中没有约定，承包人也依法享有，任何组织和个人不得剥夺或侵害。

（二）土地承包经营权的特征

1. 主体具有特殊性

土地承包经营权的主体是从事农业生产的自然人、法人及非法人组织，其他非从事农业生产的自然人、法人及非法人组织不能成为农地承包权的主体。土地承包经营权的主体不仅包括农村集体经济组织成员，还包括农村集体经济组织成员之外的自然人、法人及非法人组织。土地承包经营权的主体在取得土地承包经营权后，必须从事农业生产。

2. 标的物具有特殊性

土地承包经营权的客体为土地，但范围具有特殊性，不含城市国有土地。《物权法》第124条第2款规定："农民集体所有和国家所有由农民集体使用的耕地、林地、草地以及其他用于农业的土地，依法实行土地承包经营制度。"

3. 产生方式具有特定性

土地承包经营权并不是直接依法律规定取得的，而是需要由发包人和承包人之间签订承包合同，并且土地承包经营合同生效的时间即为土地承包经营权设立的时间，登记造册只是对承包经营权予以确认的程序。此种模式符合我国农村的实际情况。

二、土地承包经营权的取得

土地承包经营权的取得有两种方式：一是基于法律行为取得；二是基于法律行为以外的原因取得。

（一）依法律行为取得

土地承包经营权的法律行为取得方式主要包括以家庭承包方式取得、其他承包方式取得以及以转让、互换等方式继受取得。

1. 以家庭承包方式设定土地承包经营权

以家庭承包方式设定土地承包经营权是指本集体经济组织成员以家庭为单位，与集体经济组织之间通过合同设定土地承包经营权的行为。家庭承包方式是取得土地承包经营权最主要的形式。

家庭承包中的发包方应当根据土地权利的归属来确定：农民集体所有的土地依法属于村农民集体所有的，由村集体经济组织或者村民委员会发包；国家所有依法由农民集体使用的农村土地，由使用该土地的农村集体经济组织、村民委员会或者村民小组发包。承包方都是本集体经济组织成员。对于新增的集体成员，按照《农村土地承包法》第 28 条的规定，只能通过集体经济组织依法预留的机动地、通过依法开垦等方式增加的土地以及承包方依法、自愿交回的土地，来满足其承包要求。如果已经没有此种土地，则鉴于客观上不能履行，集体经济组织无法与其签订承包合同。

承包方案应当由集体经济组织经本集体经济组织成员的村民会议 2/3 以上成员或者 2/3 以上村民代表的同意，方可通过。通过后，应当依法公开组织实施承包方案，与承包方签订承包合同。

土地承包经营权依据承包合同的生效而直接设立。《物权法》第 127 条明确规定："土地承包经营权自土地承包经营权合同生效时设立。县级以上地方人民政府应当向土地承包经营权人发放土地承包经营权证、林权证、草原使用权证，并登记造册，确认土地承包经营权。"

关于土地承包经营权的期限，《农村土地承包法》第 20 条规定："耕地的承包期为三十年。草地的承包期为三十年至五十年。林地的承包期为三十年至七十年；特殊林木的林地承包期，经国务院林业行政主管部门批准可以延长。"《物权法》第 126 条第 1 款作了与此一致的规定，并在第 2 款进一步规定："前款规定的承包期届满，由土地承包经营权人按照国家有关规定继续承包。"这一延期规定符合用益物权的基本特征，符合以家庭承包经营为基础、统分结合的双层经营体制必须长期坚持的要求，进一步体现了赋予农民长期而有保障的土地使用权的立法精神。

《农村土地承包法》第24条规定，承包合同生效后，发包方不得因承办人或者负责人的变动而变更或者解除承包合同。根据《物权法》第130条的规定，非因自然灾害严重毁损承包地等特殊情形，发包人在承包期内不得调整承包地。第131条规定，除非法律另有规定，发包人在承包期内不得收回承包地。这些规定有利于土地承包经营权的稳定，有利于维护承包方的合法权益。

2. 以其他承包方式设定土地承包经营权

对于不宜采取家庭承包方式的"四荒"（荒山、荒沟、荒丘、荒滩）土地，法律允许以其他方式进行承包。

（1）承包人

法律对"四荒"土地的承包设定了不同的规则，允许在经过集体经济组织民主程序决定之后，由集体经济组织成员之外的自然人、法人或非法人组织进行承包，取得土地承包经营权。

但是，为了维护本集体经济组织及其成员的利益，法律规定以其他方式承包农村土地时，在同等条件下，本集体经济组织成员享有优先承包权；本集体经济组织以外的单位或者个人承包，应当事先经本集体经济组织成员的村民会议2/3以上成员或者2/3以上村民代表的同意，并报乡（镇）人民政府批准；而且，承包合同签订之前，应当对承包方的资信情况和经营能力进行审查。

（2）发包程序

对于其他方式的承包，《农村土地承包法》规定了两种发包程序：一是直接通过招标、拍卖、公开协商等方式对外发包；二是将土地承包经营权折股分给本集体经济组织成员后，再实行承包经营或者股份合作经营。

（3）设定方式

依法律规定，以其他方式进行承包的，承包合同应当通过招标、拍卖、公开协商等方式订立。如采用招标、拍卖方式的，应当依照《拍卖法》和《招标投标法》，详细约定土地承包合同，确保招标、拍卖能够为有竞买意向者尤其是本集体经济组织成员所知悉。而所谓的公开协商，从实践来看，主要是强调承包的方法、程序、过程和结果，应当进行公开，尤其是向本集体经济组织成员公开，从而避免少数人操纵之下的私自承包。

在通过招标、拍卖及公开协商方式确定承包人之后，应当签订承包合同。承包合同生效时，土地承包经营权同时成立。

3. 以转让、互换等方式继受取得土地承包经营权

我国法律允许土地承包经营权流转，因此，该权利可以通过转让、互换等方式继受取得。根据《农村土地承包法》的规定，土地承包经营权根据承包方式不同，也具有流转方式上的差异。

（1）通过家庭承包取得的土地承包经营权的流转

《农村土地承包法》第 32 条规定："通过家庭承包取得的土地承包经营权可以依法采取转包、出租、互换、转让或者其他方式流转。"

土地承包经营权采取转包、出租、互换、转让或者其他方式流转的，当事人双方应当签订书面合同，流转的期限不得超过承包期的剩余期限。采取转让方式流转的，应当经发包方同意；采取转包、出租、互换或者其他方式流转的，应当报发包方备案。土地承包经营权人将土地承包经营权互换、转让，当事人要求登记的，应当向县级以上地方人民政府申请土地承包经营权变更登记；未经登记，不得对抗善意第三人。

（2）通过招标、拍卖、公开协商等方式取得的土地承包经营权的流转

通过招标、拍卖、公开协商等方式承包农村土地，经依法登记取得土地承包经营权证或者林权证等证书的，其土地承包经营权可以依法采取转让、出租、入股、抵押或者其他方式流转。相应地，这些土地承包经营权的取得方式，也是土地承包经营权的法律行为取得方式。

（二）基于法律行为以外的原因而取得

除法律行为外，继承为基于法律行为以外的原因而取得土地承包经营权的方式。

《农村土地承包法》第 31 条规定："承包人应得的承包收益，依照继承法的规定继承。林地承包的承包人死亡，其继承人可以在承包期内继续承包。"第 50 条规定："土地承包经营权通过招标、拍卖、公开协商等方式取得的，该承包人死亡，其应得的承包收益，依照继承法的规定继承；在承包期内，其继承人可以继续承包。"

三、土地承包经营权的效力

（一）承包方的权利与义务

1. 承包方的权利

（1）占有、使用与收益的权利

《物权法》第 125 条规定："土地承包经营权人依法对其承包经营的耕地、林地、草地等享有占有、使用和收益的权利，有权从事种植业、林业、畜牧业等农业生产。"土地承包经营权是在集体所有或国家所有但由集体使用的土地上使用、收益的权利，为实现其使用、收益的目的，必然以对土地的占有为前提。使用权是指承包方有权按照承包地的自然属性和承包合同的约定用途，对承包地进行使用。收益权是承包人获取承包地上产生的收益的权利。此处所谓的收益，不仅指天然孳息，还包括法定孳息，如将土地出租而收取的租金等。承包人还有权自由处置产品，例如可以自由决定农林牧产品是否出售、如何出售、出售给谁等，其他任何人包括发包人无权干涉。

（2）依法流转权

土地承包经营权属于用益物权，具备流转的法律基础。在稳定家庭承包经营的基础

上，允许土地承包经营权的合理流转，是农业发展的客观要求，是农村经济发展、农村劳动力转移的必然结果。《农村土地承包法》与《物权法》均对土地承包经营权的流转予以认可。因此，承包方可以依照法律的规定，对土地承包经营权采取法定的方式进行流转。

土地承包经营权流转的主体是承包方。承包方有权依法自主决定土地承包经营权是否流转以及流转的方式。具体而言，土地承包经营权的流转方式主要有转包、出租、互换、转让、入股、抵押和其他方式，但基于承包方式的不同，土地承包经营权的流转方式也是不同的。

2. 承包方的义务

（1）维持土地的农业用途，不得用于非农建设

土地承包经营权仅在农业用地上存在，应当为了发展农业目的而存续。因此，承包方应当维持土地的农业用途，不得私自将承包地用于非农建设，比如盖住宅楼、建厂房等。根据《农村土地承包法》第60条第1款的规定，承包方违法将承包地用于非农建设的，由县级以上地方人民政府有关行政主管部门依法予以处罚。

（2）依法保护和合理利用土地，不得给土地造成永久性损害

承包方在承包经营的过程中，应当保持承包地的土地生态及其环境的良好性能和质量，在利用土地、提高土地生产能力的同时，注意采取相应的措施，保护土地的质量和生态环境，防止水土流失和盐碱化等，保护和提高地力。

这项义务要求承包方应当严格执行《土地管理法》等法律、法规的规定，不得擅自在承包地上建房、建窑、采矿、采石、挖沙、取土、造砖和建坟等，不得在承包的基本农田上种植林木和挖塘养鱼，不得毁坏森林、草原开垦耕地，不得围湖造田、侵占江河滩地。如果承包方违反了这一义务，对承包地造成永久性损害的，发包方有权制止，并有权要求承包方赔偿由此造成的损失。

（3）法律、行政法规规定的其他义务

《农业法》、《草原法》等法律、行政法规中也规定了承包方的义务，此处不再详述。

（二）发包方的权利与义务

1. 发包方的权利

（1）发包本集体所有的或者国家所有但依法由本集体使用的农村土地

集体土地由集体经济组织享有所有权，而国家所有但依法由集体经济组织使用的农村土地，其使用、收益权归集体经济组织享有，这就决定了集体经济组织有权对这些农村土地进行发包。但土地发包只是使用、收益权的变动，并不改变村内集体经济组织农民集体所有土地的所有权，更不能改变国家所有土地的所有权。

（2）监督承包方依照承包合同约定的用途合理利用和保护土地

基于土地承包经营权的特殊性，承包方负有依照合同约定的用途合理利用和保护土地

的义务，发包方对此有监督权。发包方的监督应当合理，不能进行粗暴干涉，也不能借监督权干涉承包方的自主经营权，比如强行要求承包方种植何种作物等。

（3）制止承包方损害承包地和农业资源的行为

在承包方通过土地承包经营合同取得承包地的经营权后，某些承包方认为承包地可由自己支配，任意使用，因此对承包地进行杀鸡取卵式地经营。这种损害承包地的行为是不允许的，发包方有权对此进行制止。农业资源是指种植业、林业、畜牧业、渔业等可以利用的土地、草原、水、生物、气候等自然资源。

2. 发包方的义务

（1）维护承包方的土地承包经营权，非因特定情形，承包期内不得调整或收回承包地

承包方通过家庭承包取得的土地承包经营权是承包方依法享有的物权，任何组织和个人包括发包方均不得侵犯，并且发包方还须承担维护承包方土地承包经营权的义务，不得非法变更、解除土地承包合同，调整或收回承包地。

（2）尊重承包方的生产经营自主权，不得干涉承包方依法进行正常的生产经营活动

承包方享有使用、收益权，有权自主组织生产经营并对有关产品进行处置，对此，发包方不得进行干预。在一些农村中，土地承包经营后，发包方强行要求承包户种植某种作物或某一品种作物，严重侵害了承包方的经营自主权。发包方随意干涉承包方正常的生产经营活动的，属于违法行为，应当承担相应的法律责任。

（3）依照承包合同约定，为承包方提供生产、技术、信息等服务

我国土地承包经营权具有双层经营的特殊性，虽然承包方取得土地承包经营权后，有权进行自主生产经营，但如果合同中约定了发包方提供生产、技术、信息等服务的，发包方应当履行。在农村，作为发包方的集体经济组织具有自身的优势，可以聘请有关专家对承包方的生产经营进行指导，为承包方销售农产品提供信息等，这些都有利于承包方的生产经营。

（4）执行县、乡（镇）土地利用总体规划，组织本集体经济组织内的农业基础设施建设

土地利用总体规划是根据经济建设的需要和土地的适宜性，在较长的规划时期内，对土地资源在各部门的分配和土地开发、利用、整治、保护进行统筹协调、合理安排的战略性规划。土地利用总体规划是土地利用的基本依据，发包方在发包土地、依法调整承包地的过程中，必须认真执行县、乡（镇）土地利用总体规划，不得违反规划占用耕地或者开发利用其他土地资源。

农业基础设施主要是指乡村机耕道路、机井和灌溉排水等农田水利设施。农业基础设施建设通常涉及本集体经济组织全体成员的利益，而且依靠个别承包户的力量很难完成，必须由发包方统一组织进行，这也是双层经营的一项内容。

(5) 法律、行政法规规定的其他义务

如果法律、行政法规对发包方的其他义务作了规定，则从其规定。例如，《农村土地承包法》第63条规定："本法实施前已经预留机动地的，机动地面积不得超过本集体经济组织耕地总面积的百分之五。不足百分之五的，不得再增加机动地。本法实施前未留机动地的，本法实施后不得再留机动地。"

四、土地承包经营权的消灭

土地承包经营权既可基于物权消灭的一般事由而消灭，如承包地被征用、承包地灭失，也可基于特定事由而消灭，如承包方的提前交回、发包方的提前收回、承包期限届满。

（一）土地承包经营权的提前收回

土地承包经营权的提前收回是指在土地承包经营合同约定的承包期限届满之前，发包人在发生特定事由时将承包地提前收回，使土地承包经营权归于消灭的行为。例如，《农村土地承包法》第26条第3款规定："承包期内，承包方全家迁入设区的市，转为非农业户口的，应当将承包的耕地和草地交回发包方。承包方不交回的，发包方可以收回承包的耕地和草地。"

（二）土地承包经营权的提前交回

土地承包经营权的提前交回是指在土地承包经营合同约定的承包期限届满前，承包方将承包地交回发包方，其土地承包经营权归于消灭的行为。

根据《农村土地承包法》的规定，土地承包经营权的提前交回分为两种情形：一种是强制交回，即该法第26条第3款规定的交回。该种交回必须符合一定的要件，即在承包期内，承包方全家迁入设区的市，转为非农业户口的。另一种是自愿交回，即该法第29条规定的交回。土地承包经营权作为一种用益物权，作为权利人的承包方可以自愿交回承包地，发包方不应当对此予以限制。但承包方自愿交回承包地应当履行一定的程序，即应当提前半年以书面形式通知发包方，以便发包方做好准备。当然，承包方的自愿交回会发生一定的后果，承包方在承包期内交回承包地的，在承包期内不得再要求承包土地。

（三）土地承包经营权的期限届满

土地承包经营权是一种有期限的物权，在期限届满时归于消灭，但土地承包经营权人可按照国家有关规定继续承包。

（四）承包地被征收

国家基于社会公共利益的需要征收集体所有的土地时，在该土地上设立的承包经营权当然消灭，但国家应当给予承包经营权人充分的、合理的补偿。

（五）承包地灭失或使用价值丧失

土地承包经营权必须存在于一定的承包地上，否则便失去了存在的基础。承包地的灭失虽然非常罕见，但确实存在，比如靠近河流的耕地随着河床的冲刷而倒塌，土地因地下采矿被掏空而塌陷等。此时，存在于所消灭的承包地上的土地承包经营权消灭。

承包方签订承包合同，为了在所承包的土地上进行使用、收益，如果由于自然原因使得该承包地上的使用价值丧失，土地承包经营权也应随之消灭。如牧民承包草地进行放牧，但随着沙漠的推进，所承包的草地变成沙漠，土地承包经营权即无存在价值。

（六）承包方死亡无继承人或继承人放弃继承

土地承包经营权的存续必须以承包方的存在为前提，如果作为权利主体的承包方死亡且无继承人的，其所享有的土地承包经营权也随之消灭。值得注意的是，《农村土地承包法》允许土地承包经营权作为遗产进行继承，相应地，继承人放弃继承也会使土地承包经营权消灭。不过，继承人放弃继承仅限于对林地承包经营权与对通过招标、拍卖、公开协商等方式取得的土地承包经营权的放弃，对于以家庭承包方式取得的耕地、草地的承包经营权不存在继承，也不存在放弃继承的可能。

此外，根据《农村土地承包法》第41条的规定，承包方有稳定的非农职业或者有稳定的收入来源的，经发包方同意，可以将全部或者部分土地承包经营权转让给其他从事农业生产经营的农户，由该农户同发包方确立新的承包关系，原承包方与发包方在该土地上的承包关系即行终止。这实际上也是一种土地承包经营权的消灭方式，只不过在原承包方土地承包经营权消灭的同时，受让农户作为新的承包方取得新的土地承包经营权。

第三节 建设用地使用权

一、建设用地使用权的含义与特征

（一）建设用地使用权的含义

建设用地使用权是指自然人、法人或非法人组织依法享有的，利用国家或集体所有的土地建造建筑物、构筑物及其附属设施的用益物权。建筑物是指供人们进行生产、生活或其他活动的房屋或场所，如车间、住宅楼、仓库、花房。构筑物是指人们不直接在内进行生产和生活活动的场所，如水塔、烟囱、栈桥、堤坝、蓄水池等。附属设施是指附属于建筑物或构筑物的各类设施，如住宅楼旁的花坛。

（二）建设用地使用权的特征

建设用地使用权具有如下特征：

1. 建设用地使用权的客体既可以是国有土地，也可以是集体所有的土地

根据《物权法》第135条、第151条的规定，无论国有土地，还是集体所有的土地均可作为建设用地，在其上设立建设用地使用权。一般情况下，建设用地使用权应在国有

土地上设立，但根据《土地管理法》第43条的规定，兴办乡镇企业、乡（镇）村公共设施和公益事业建设可以使用集体所有的土地，设立建设用地使用权。为了叙述的方便，本节以在国有土地上设立的建设用地使用权为主要分析对象。

2. 建设用地使用权的内容是利用土地从事建设

建设用地使用权的标的土地具有用途上的特定性，即只能在标的土地上建造、保有建筑物、构筑物和附属设施。权利人虽可以在土地上种植竹木、花卉，但这种行为只能是建造、保有建筑物的附属行为，而不能在土地上以耕作为目的进行此种种植。此即建设用地使用权与土地承包经营权的重要区别。农民利用集体土地修建住宅应属宅基地使用权标的土地的用途范围，并不在建设用地使用权标的土地的用途范围之内。

3. 建设用地使用权既可在地表设立，亦可在地上或者地下设立

一般情况下，建设用地使用权设立于地表。但是，随着对土地的立体利用，无论地上还是地下均可设立建设用地使用权，如建设空中走廊、地铁车站。因此，同一块土地可能存在多个建设用地使用权。《物权法》第136条规定："建设用地使用权可以在土地的地表、地上或者地下分别设立。新设立的建设用地使用权，不得损害已设立的用益物权。"

4. 建设用地使用权的权能具有完备性

建设用地使用权的权能不仅包括对土地本身的占有、使用和收益权能，且权利人可对权利本身自由处分。因而建设用地使用权可以独立进入交易机制，成为市场流转的客体。① 根据《物权法》第143条的规定，权利人有权将建设用地使用权转让、互换、出资、赠与或者抵押，这是一种具有高度流转性的用益物权。

二、建设用地使用权的设立

建设用地使用权的设立即建设用地使用权的取得或发生。建设用地使用权的设立方式有两种：出让和划拨。

（一）建设用地使用权的出让

建设用地使用权的出让是指国家以土地所有人的身份，将建设用地使用权在一定年限内出让给土地使用者，由土地使用者向国家支付土地使用权出让金的行为。可见，建设用地使用权出让行为的当事人包括国家和土地使用者。建设用地使用权的出让是建设用地使用权的原始取得方式之一。国家在出让行为中的主要义务是将建设用地使用权在一定年限内出让给土地使用权人使用，主要权利是收取土地使用权出让金；土地使用者的主要义务是支付建设用地使用权出让金，主要权利是请求国家交付建设用地使用权。

建设用地使用权出让必须遵循两个法律要求：第一，建设用地使用权出让的客体是国有土地；第二，建设用地使用权出让应当采取法定的合同形式。为防止国有土地的流失，

① 孙宪忠．中国物权法总论．北京：法律出版社，2003：64．

保护土地使用权人的利益，建设用地使用权的出让一般应当采取拍卖或招标的形式。《物权法》第137条第2款规定：“工业、商业、旅游、娱乐和商品住宅等经营性用地以及同一土地有两个以上意向用地者的，应当采取招标、拍卖等公开竞价的方式出让。”关于拍卖和招标的具体程序，分别依照《拍卖法》和《招标投标法》的规定进行。当事人通过拍卖或招标方式达成土地使用权的出让协议，应当签订书面的建设用地使用权出让合同。建设用地使用权出让合同具有如下特征：（1）建设用地使用权出让合同属于民事合同；（2）建设用地使用权出让合同属于要式合同。根据我国法律规定，土地使用权出让合同应当采取书面形式，并包括以下内容：（1）双方当事人的姓名或名称、住所；（2）土地的位置、范围以及用途；（3）土地使用权的期限；（4）出让金的数额、支付方式；（5）当事人约定的其他内容。

（二）建设用地使用权的划拨

建设用地使用权的划拨也是建设用地使用权的原始取得方式之一。建设用地使用权划拨是经县级以上人民政府依法批准，在土地使用者缴纳补偿、安置等费用后，将国有土地交付其使用，或者将土地无偿交付给土地使用者使用的行为。因此，建设用地使用权的划拨有两种形式：一是县级以上人民政府依法批准，在土地使用者缴纳补偿、安置等费用后，将国有土地交付给土地使用者使用；二是经县级以上人民政府依法批准，将土地使用权无偿交付给土地使用者使用。

由于划拨是无偿取得建设用地使用权的方式，因此《物权法》严格限制该方式，并要求以此种方式获得的建设用地使用权应当遵守法律、行政法规关于土地用途的规定。

（三）建设用地使用权的设立时间

根据《物权法》第139条的规定，设立建设用地使用权的，应当向登记机构申请建设用地使用权登记，建设用地使用权自登记时设立；登记机构应当向建设用地使用权人发放建设用地使用权证书。

三、建设用地使用权的内容

（一）建设用地使用权人的权利

1. 利用土地进行建设

建设用地使用权作为一种用益物权，其核心内容就是利用土地建造建筑物、构筑物及其附属设施。由于建设用地使用权的取得方法不同，因此建设的内容亦不相同。通过出让方式取得的建设用地使用权，土地使用权人有权以开发利用、生产经营为目的进行建设。通过划拨方式取得的建设用地使用权，土地使用权人应当从事社会公益事业，不得以营利为目的进行建设。

2. 享有其建造的建筑物、构筑物及其附属设施的所有权

建设用地使用权人在土地之上建造的建筑物、构筑物及其附属设施的所有权应当归属

于建设用地使用权人，但有相反证据证明的除外。

（二）建设用地使用权人的义务

1. 支付建设用地使用权费用的义务

以出让方式取得建设用地使用权的，土地使用者应当以出让金的方式，向土地所有人缴纳费用。

2. 土地的使用与保护义务

首先，建设用地使用权人依法取得建设用地使用权后，应当按照建设用地使用权设立时所登记的用途使用土地，不得违反土地的登记用途，如不得将公共事业用地改为住宅用地或商业用地。需要改变土地用途的，应当依法经有关行政主管部门批准。其次，建设用地使用权人应当保护和合理利用土地：一方面，建设用地使用权人应当保护土地的完好，使其不受他人侵害；另一方面，建设用地使用权人应当按照土地的自然属性和法律属性合理使用土地，维护土地的经济价值和使用价值。

四、建设用地使用权的处分

所谓建设用地使用权的处分，是指权利人在权利存续期间内，将其建设用地使用权转让、互换、出资、赠与、出租、抵押的行为。要进行建设用地使用权的处分，当事人应当订立书面合同，使用期限由当事人约定，但不得超过建设用地使用权的剩余期限。建设用地使用权转让、互换、出资或者赠与的，应当向登记机构申请变更登记。

本书在此就建设用地使用权的转让、出租和抵押三种处分形式作一介绍。

（一）建设用地使用权的转让

建设用地使用权的转让是指土地使用权人将土地使用权以合同方式再行转移的行为。关于建设用地使用权的转让方式，《城市房地产管理法》第36条列举了买卖、赠与或者其他方式。但其他方式究竟包括哪些方式，法律并未作出明确规定。

建设用地使用权转让具有如下特点：

1. 转让行为发生在自然人、法人或非法人组织之间

与建设用地使用权有偿出让不同，国家不能充当建设用地使用权转让合同的当事人，因此，转让合同为纯粹的民事交易行为，不带有任何行政色彩。

2. 转让的标的是建设用地使用权

以出让方式取得的建设用地使用权，权利人有权转让。以划拨方式取得的建设用地使用权，建设用地使用权人只有在办理了出让手续并缴纳了出让金后，方可转让。

3. 必须订立书面合同

建设用地使用权的转让无论是买卖，还是赠与，都应当采取书面形式，故该转让合同为要式合同。建设用地使用权属于不动产物权，其变动应依法办理变更登记手续。建设用地使用权转让合同所约定的条件，不得违反建设用地使用权的用途。如果建设用地使用权

转让后，受让人需要改变用途的，不仅应当取得土地所有人即国家或集体的同意，还要办理变更登记；需调整出让金或使用费用的，应予以调整。

建设用地使用权转让时，土地上的建筑物或其他附着物应当随之转让，但当事人另有约定的除外。《城镇国有土地使用权出让和转让暂行条例》第23条规定："土地使用权转让时，其地上建筑物、其他附着物所有权随之转让。"

（二）建设用地使用权的出租

建设用地使用权的出租是指土地使用者作为出租人，将建设用地使用权随同地上建筑物、其他附着物租赁给承租人使用，由承租人向出租人交付租金的行为。

1. 建设用地使用权出租的客体

建设用地使用权出租的客体为建设用地使用权。从我国现行立法来看，对建设用地使用权出租的客体有一定限制。《城镇国有土地使用权出让和转让暂行条例》第28条第2款规定："未按土地使用权出让合同规定的期限和条件投资开发、利用土地的，土地使用权不得出租。"

2. 建设用地使用权租赁合同

建设用地使用权出租时，出租人与承租人应当签订书面租赁合同。租赁期限应由当事人协商确定，但不得超过建设用地使用权的剩余期限。建设用地使用权租赁期满，地上建筑物或者其他附着物的处理，准用建设用地使用权期满时的规定。

关于建设用地使用权出租是否及于地上物，《城镇国有土地使用权出让和转让暂行条例》第28条第1款规定："土地使用权出租是指土地使用者作为出租人将土地使用权随同地上建筑物、其他附着物租赁给承租人使用，由承租人向出租人支付租金的行为。"可见，建设用地使用权出租的效力及于地上物。建设用地使用权出租时，地上建筑物、其他附着物亦应一并出租给承租人使用。另外，建设用地使用权人在租赁期内，转让建设用地使用权的，承租人在同等条件下有优先受让的权利。

3. 建设用地使用权的出租人

根据我国法律的规定，建设用地使用权出租人不包括国家，而仅限于土地使用权人。土地使用权人主要是以出让合同取得建设用地使用权的人以及通过转让合同从他人手中获得建设用地使用权的受让人。在实践中，一些划拨土地的使用权人经过批准以后，也有将建设用地使用权出租的。

（三）建设用地使用权的抵押

建设用地使用权的抵押是指抵押人以其建设用地使用权向抵押权人提供债务履行担保的行为，债务人不履行债务时，抵押权人有权依法从抵押的建设用地使用权拍卖所得价款中优先受偿。建设用地使用权的抵押，为我国法律所允许。

建设用地使用权抵押的特点是：

1. 抵押的客体是建设用地使用权

建设用地使用权是一种独立的物权，因此建设用地使用权抵押具有权利抵押的性质。在债务人不履行债务时，建设用地使用权抵押权人可就建设用地使用权拍卖所得的价款优先受偿。在以建设用地使用权设定抵押时，根据取得方式的不同，法律的要求也有所不同。具体而言，以出让方式取得的建设用地使用权可以抵押，但以划拨方式取得的建设用地使用权只有在办理了出让手续后，方可设定抵押。

2. 建设用地使用权抵押必须订立书面合同

建设用地使用权抵押合同属于要式合同。此外，依照法律规定，抵押合同订立后，还须在土地登记部门进行抵押登记，抵押权才正式设立。抵押合同的内容必须符合出让合同的规定，不得与土地出让合同规定的年限、条件相冲突。

3. 建设用地使用权抵押时，其地上建筑物、其他附着物也随之抵押

依《城镇国有土地使用权出让和转让暂行条例》第 33 条的规定，土地使用权抵押时，其地上建筑物、其他附着物随之抵押；地上建筑物、其他附着物抵押时，其使用范围内的土地使用权也随之抵押。

五、建设用地使用权与房屋所有权的关系

我国法律要求建设用地使用权与建筑物所有权一并处分。例如《城市房地产管理法》第 31 条明确规定："房地产转让、抵押时，房屋的所有权和该房屋占有范围内的土地使用权同时转让、抵押。"《物权法》第 146 条、第 147 条也规定，建设用地使用权转让、互换、出资或者赠与的，附着于该土地上的建筑物、构筑物及其附属设施一并处分；建筑物、构筑物及其附属设施转让、互换、出资或者赠与的，该建筑物、构筑物及其附属设施占用范围内的建设用地使用权一并处分。也就是说，房屋和建设用地使用权在交易中必须共同作为交易的标的，而不能分别处分，即建设用地使用权及其地上建筑物所有权均不能单独转移、抵押或出租，必须同时发生变动。这就是"房随地走"和"地随房走"的规则。

六、城市私房用地使用权

城市私房特指我国房屋制度改革之前，在城市（包括直辖市、市、镇和未设镇建制的县城、工矿区）中，由自然人个人所有、数人共有的自用或出租的住宅和非住宅用房。参见《城市私有房屋管理条例》第 2 条。在我国 20 世纪 90 年代房屋制度改革之前，绝大多数房屋属于国家或者集体所有，只有历史遗留下来的少数房屋属个人所有。这些私有房屋中占用的土地，大致可以分为如下两种情况：一是城镇土地国有化之后，个人经批准而在国家土地上建造了私有房屋；另一种是城镇土地国有化之前，私人已经享有土地所有权，并在其上建造了房屋，在土地收归国家所有之后，其仍然享有对房屋的所有权，仍然

在使用房屋占用的国有土地。我国法律承认此种情况下私有房屋所有权人对该土地的使用权。《确定土地所有权和使用权的若干规定》第28条规定：“土地公有制之前，通过购买房屋或土地及租赁土地方式使用私有的土地，土地转为国有后迄今仍继续使用的，可确定现使用者国有土地使用权。”

七、建设用地使用权的消灭

根据法律的规定，建设用地使用权的消灭原因主要包括：

（一）土地灭失

在土地全部灭失的情况下，建设用地使用权的标的不复存在，权利也应当消灭；在土地部分灭失的情况下，建设用地使用权仅就剩余部分而存在。《城市房地产管理法》第20条规定：“土地使用权因土地灭失而终止。”

（二）使用期限届满

用益物权属定限物权，有期限限制。在期限届满时，建设用地使用权消灭。根据《城镇国有土地使用权出让和转让暂行条例》第12条的规定，出让建设用地使用权的最长存续期间因土地用途的不同而不同。为解决建设用地期限届满而其上建筑物依然存续的冲突，《物权法》第149条规定：“住宅建设用地使用权期间届满的，自动续期。非住宅建设用地使用权期间届满后的续期，依照法律规定办理。该土地上的房屋及其他不动产的归属，有约定的，按照约定；没有约定或者约定不明确的，依照法律、行政法规的规定办理。”

值得注意的是，划拨的建设用地使用权一般没有期限的限制。

（三）提前收回土地

基于公共利益的需要，国家有权在建设用地使用权期限尚未届满时提前收回土地，从而使该权利消灭。此时，应当按照《物权法》有关征收的规定对该土地上的房屋及其他不动产给予补偿，并退还相应的出让金。

（四）行政处罚

在建设用地使用权人闲置土地或是违反合同约定的开发条件时，有关行政机关可以提前无偿收回建设用地使用权，从而使该权利消灭。此种无偿收回，在性质上属于行政处罚。此情形具体包括：第一，违反《城市房地产管理法》第25条的规定，超过出让合同约定的动工开发日期满2年未动工开发的；第二，违反《城镇国有土地使用权出让和转让暂行条例》第17条的规定，土地使用者未按出让合同规定的期限和条件开发、利用土地的；第三，违反《基本农田保护条例》第18条的规定，经国务院批准的重点建设项目占用基本农田，连续2年未使用的；第四，违反《土地复垦规定》第17条的规定，根据规划设计企业不需要使用的土地或者未经当地土地管理部门同意，复垦后连续2年以上不使用的土地，因当地县级以上人民政府统筹安排需要收回土地使用权的。

（五）其他的消灭事由

建设用地使用权还可以因权利人的抛弃、国家受让建设用地使用权从而发生混同而消灭，但若此建设用地使用权为他人权利的标的，则该权利并不因此而消灭，如在该建设用地使用权上设定了抵押权。

建设用地使用权消灭时，出让人应当及时办理注销登记，登记机构应当收回建设用地使用权证书。

第四节　宅基地使用权

一、宅基地使用权的含义与特征

（一）宅基地使用权的含义

宅基地使用权是指农村居民及少数城镇居民在集体所有的土地上建造住宅及附属设施的用益物权。《物权法》第152条规定："宅基地使用权人依法对集体所有的土地享有占有和使用的权利，有权依法利用该土地建造住宅及其附属设施。"

（二）宅基地使用权的特征

宅基地使用权是我国特有的一种用益物权形式，其主要特征在于：

1. 权利主体的特定性

宅基地使用权的主体限于自然人，并且原则上限于农村居民。宅基地使用权是集体成员对集体所有的土地享有的权利，通常是与成员权联系在一起的。因此，该权利在设定时，其权利人只能是本集体经济组织的成员。除此之外，我国个别"农转非"的城镇居民或者因继承而获得宅基地的城镇居民，可以享有宅基地使用权。

2. 权利客体的特定性

宅基地使用权的客体限于集体所有的土地。《宪法》第10条第2款规定："……宅基地和自留地、自留山，也属于集体所有。"《物权法》第152条也明确规定，宅基地使用权是宅基地使用权人依法对集体所有的土地享有的权利。

3. 土地用途的特定性

法律规定宅基地只能用于农村村民建设住宅及其附属设施，例如住房、车库、厕所、沼气池、牛棚、猪圈等。比较而言，建设用地使用权土地用途更为多样，包括居住用地、工业用地、教育、科技、文化、卫生、体育用地、商业、旅游、娱乐用地等，而且权利人可以通过审批在以上范围内改变土地的具体用途。

4. 取得上的无偿性

宅基地使用权是一种带有社会福利性质的权利，是农民的安身之本，由集体成员无偿取得，无偿使用，用于解决农民的基本居住问题。

5. 没有期限限制

我国法律没有对宅基地使用权的期限作出限制性规定，宅基地使用权不因期限届满而消灭。宅基地上的建筑物或者其他附属物灭失时，不影响宅基地使用权的效力，权利人仍有权在宅基地上重建房屋，以供居住。根据《物权法》第154条的规定，对因自然灾害等原因失去宅基地的村民，应当重新分配宅基地。

6. 集体经济组织的成员每户只能申请一处宅基地

《土地管理法》第62条规定，农村村民一户只能拥有一处宅基地，其宅基地的面积不得超过省、自治区、直辖市规定的标准；农村村民建设住宅应当符合乡（镇）土地利用总体规划，并尽量使用原有的宅基地和村内空闲地；农村村民的住宅用地经乡（镇）人民政府审核，由县级人民政府批准；农村村民出卖、出租住房后，再申请宅基地的，不予批准。

二、宅基地使用权的取得

宅基地使用权的取得分为原始取得与继受取得两种方式。

（一）宅基地使用权的原始取得

1. 法律直接授予

改革开放之后，随着法律的健全，国家从法律上承认了农民对已有房屋宅基地的使用权，并通过登记等方式将之稳定下来，逐渐赋予了其物权的效力。根据当时的相关规定，“按土改时所确定的宅基地的所有权，改变为使用权的，该宅基地的使用权不变；凡是当地宅基地已经统一规划过的，按规划后确定的社员宅基地的使用权处理；凡是经过合法手续已进行调整的，按调整的决定处理。社员在宅基地上种植的果树和竹木等，均应归社员所有”。[①] 可见，在我国建立宅基地使用权制度之后，对当时的农村居民建房占用宅基地的情形，除有擅自占地、乱占耕地等违法情形之外，法律直接赋予了其宅基地使用权。

2. 集体经济组织依法无偿授予

在农村村民存在实际居住需求的情况下，集体经济组织负有义务设定宅基地使用权并转移给作为其成员的村民，供其建造并保有房屋及附属设施。但是，由于土地资源紧缺，为了避免土地浪费及滥批宅基地，法律对宅基地授予的条件和程序进行了严格的限制，并对宅基地的面积规定了上限。

（1）申请人的条件。根据《土地管理法》、《土地管理法实施条例》等法律、行政法

---

① 参见最高人民法院1979年2月2日发布的《关于贯彻执行民事政策法律的意见》。

规以及地方性法规的规定，宅基地使用权的申请人应当满足如下条件：一是申请人必须是集体经济组织的成员；二是申请人必须存在合理的住房需求；三是不存在法律规定的禁止申请事由。例如，《土地管理法》第62条第4款规定："农村村民出卖、出租住房后，再申请宅基地的，不予批准。"

（2）授予程序。申请人提出申请之后，农村集体经济组织依据法定程序按民主议事程序对申请进行审查。申请经农村集体经济组织审查通过后，报所在乡（镇）人民政府审核，再报县级人民政府批准。

（3）关于宅基地面积上限。按照《土地管理法》第62条第1款的规定，农村村民一户只能拥有一处宅基地，至于宅基地面积上限，则授权省、自治区、直辖市自行确定。在实践中，各省、自治区、直辖市主要根据土地的稀缺程度决定各地宅基地面积上限。

（二）宅基地使用权的继受取得

我国虽不允许宅基地使用权的单独流转，但是农村村民私有房屋的流转并不为法律所禁止。因此，宅基地使用权也可以通过房屋转让而一并取得。宅基地使用权随房屋转让后，原权利人不得再次申请宅基地。此外，我国法律承认私有房屋为继承的标的，宅基地使用权也可因房屋的继承而取得。

三、宅基地使用权的效力

（一）宅基地使用权人的权利

宅基地使用权人享有如下权利：

第一，权利人有权在宅基地上建造房屋和其他附属物。《物权法》第152条规定："宅基地使用权人依法对集体所有的土地享有占有和使用的权利，有权依法利用该土地建造住宅及其附属设施。"

第二，权利人有权处分宅基地使用权。不过，法律对宅基地使用权的处分进行了一定的限制，主要包括如下几个方面：

首先，我国法律不允许宅基地使用权单独处分。《土地管理法》第63条规定，农民集体所有的土地的使用权不得出让、转让或者出租用于非农业建设。《担保法》第37条第（2）项也明确禁止宅基地使用权的抵押，实际上也是禁止宅基地使用权的单独处分。但是，我国法律允许宅基地使用权连同房屋一并处分。

其次，宅基地经处分后，宅基地使用权人不能再申请宅基地使用权。《土地管理法》第62条第4款规定："农村村民出卖、出租住房后，再申请宅基地的，不予批准。"

再次，宅基地使用权的受让主体受到限制。《国务院办公厅关于加强土地转让管理严禁炒卖土地的通知》明确规定："农民的住宅不得向城市居民出售，也不得批准城市居民占用农民集体土地建住宅，有关部门不得为违法建造和购买的住宅发放土地使用证和房产证。"

最后，一户只能拥有一处宅基地及宅基地面积不得超过规定的上限。

（二）宅基地使用权人的义务

宅基地使用权人负有如下义务：

第一，权利人不得非法转让宅基地使用权。以馈赠钱款、索取物资、土地入股等方式变相买卖宅基地使用权的，不产生宅基地使用权转移的法律效力。因村民迁居并拆除房屋，腾出宅基地的，应由集体组织收回，以作统一安排。村民长期闲置或抛弃宅基地的，应由集体组织收回。

第二，接受政府统一规划的义务。因国家基本建设需要征用土地的，或因村镇规划需要改变土地用途的，或者居民个人的宅基地实际过多，远超当地平均水平的，经过法定程序，权利人应服从合理的调剂或重新安排。

第三，权利人负有正当使用宅基地的义务。权利人不得将宅基地作为生产资料使用，如盖厂房或用作鱼塘等。

四、宅基地使用权的消灭

宅基地使用权可因如下原因消灭：

（一）宅基地的收回与调整

土地所有权人根据城镇或农村的发展规则，可以收回或调整宅基地使用权。土地所有权人收回宅基地的，应当另行批准相应的宅基地使用权，以保证居民的生活需要。

（二）宅基地的征收

国家为了公共利益的需要，可以征收宅基地，并就宅基地上的建筑物给予相应的补偿。宅基地被征收的，经原宅基地使用权人申请，土地所有权人应当另行给予相当的宅基地。

（三）宅基地使用权的抛弃

宅基地使用权属于民事权利，权利人有权抛弃宅基地使用权。因此，权利人自愿交回宅基地的，权利消灭。该抛弃的意思表示，应当向集体经济组织为之。为防止权利人利用抛弃宅基地使用权而取得其他更为有利的宅基地使用权，法律规定，权利人抛弃宅基地使用权的，不得再申请新的宅基地使用权。

（四）长期闲置宅基地

在我国土地资源极为紧缺的情况下，不能允许宅基地长期闲置。为此，可对暂时不用的宅基地进行多种手段处理。例如，2001 年 3 月 30 日《国务院批转公安部关于推进小城镇户籍管理制度改革意见的通知》中规定，对进城农户的宅基地，要适时置换，防止闲置浪费。国家土地管理局 1995 年 4 月 9 日发布的《确定土地所有权和使用权的若干规定》第 52 条规定，空闲或房屋坍塌、拆除 2 年以上未恢复使用的宅基地，不确定土地使用权；已经确定使用权的，由集体报经县级人民政府批准，注销其土地登记，土地由集体收回。

（五）宅基地灭失

作为宅基地使用权客体的土地，如发生灭失，则宅基地使用权丧失了存在的基础，应归于消灭。原宅基地使用权人有权重新申请宅基地使用权。但是，如果只是宅基地上的建筑物或其他附属物灭失的，不影响宅基地使用权的效力。宅基地使用权人有权在宅基地上重新建造房屋，以供居住。

（六）宅基地面积超标

面积超标的宅基地，应当按当地政府规定的面积标准重新确定使用权，其超出部分退还集体。

（七）特殊情形下的房屋灭失

非农业户口居民（含华侨）原在农村的宅基地，房屋拆除后没有批准重建的，土地使用权由集体收回。

除上述原因外，依据《继承法》第32条的规定，无人继承又无人受遗赠的遗产，死者生前是集体所有制组织成员的，归所在集体所有制组织所有。故此种情况下，宅基地使用权也归于消灭。

根据《物权法》第155条的规定，已经登记的宅基地使用权转让或者消灭的，应当及时办理变更登记或者注销登记。

第五节　地　役　权

一、地役权的含义与特征

（一）地役权的含义

地役权是指不动产所有人或使用人为了自己不动产利用的便利，而利用他人不动产的用益物权。其中，为自己不动产的便利而使用他人不动产的一方称为地役权人，又称需役地人；将自己的不动产供他人使用的一方称为供役地人；因使用他人不动产而获便利的不动产为需役地；为他人不动产的便利而供使用的不动产为供役地。可见，地役权的产生必须有两个不同归属的不动产权利存在。《物权法》第156条第1款规定，地役权人有权按照合同约定，利用他人的不动产，以提高自己的不动产的效益。但是，土地上已设立土地承包经营权、建设用地使用权、宅基地使用权等权利的，未经用益物权人同意，土地所有权人不得设立地役权。

（二）地役权的特征

1. 地役权是存在于他人不动产之上的物权

地役权是在他人的不动产上设定的负担，这是地役权最基本的特点。这一特点包含两个具体内容：（1）地役权的标的是不动产，包括土地、房屋和其他附属物；（2）地役权是在他人的不动产之上设立的。这里所指“他人的不动产”，既包括他人所有的不动产，也包括他人享有用益物权的不动产。《物权法》第162条规定：“土地所有权人享有地役权或者负担地役权的，设立土地承包经营权、宅基地使用权时，该土地承包经营权人、宅基地使用权人继续享有或者负担已设立的地役权。”

2. 地役权是为需役地的便利而设定的物权

设定地役权的目的并不在于使用他人的不动产，而在于为自己不动产的使用提供便利，以增加其效用。需役地的便利包括在供役地上通行、取水、排水、铺设管线、眺望等，以及其他需要供役地人负容忍或者不作为义务的便利，包括不动产的将来便利。

3. 地役权不得以其他用益物权的内容为内容

地役权的内容可能是对他人不动产进行一定的使用，也可能是限制他人对其不动产的使用。至于地役权的具体内容，法律并无明确的限制，而由当事人以合同进行约定。但需注意的是，地役权的内容应当是需役地所有权或者使用权中本身不包含的内容，从而才使地役权人从供役地上获得一定的便利。另外，地役权的内容不得以其他各种独立的用益物权的内容为内容。

4. 地役权具有从属性

所谓地役权的从属性，是指需役地所有权或使用权与地役权具有主从关系，地役权应当依附于需役地所有权或者使用权而存在。地役权基于其特定的设立目的，其存在就是为便于需役地所有人或者使用人利用需役地，因此具有从属性。《物权法》第164—167条对地役权从属性的规定包括：（1）地役权不得单独转让。土地承包经营权、建设用地使用权等转让的，地役权一并转让，但合同另有约定的除外。（2）地役权不得单独抵押。土地承包经营权、建设用地使用权等抵押的，在实现抵押权时，地役权一并转让。（3）需役地以及需役地上的土地承包经营权、建设用地使用权部分转让时，转让部分涉及地役权的，受让人同时享有地役权。（4）供役地以及供役地上的土地承包经营权、建设用地使用权部分转让时，转让部分涉及地役权的，地役权对受让人具有约束力。

5. 地役权具有不可分性

所谓地役权的不可分性，是指地役权存在于需役地和供役地的全部，不能被分割为各个部分或仅仅以一部分单独存在。地役权的不可分性主要体现为：地役权发生和消灭上的不可分性；地役权权利和负担上的不可分性；地役权消灭的不可分性。

（三）地役权与相邻关系的区别

相邻关系和地役权在外观上有很大的相似之处，如它们都表现为以邻人的不动产为自己的不动产提供便利，但二者具有如下区别：

1. 取得方式不同

法律设定相邻关系是为了调和不动产最低限度利用中的冲突而设定的强制性规则，相邻的一方对另一方所提供的便利，是另一方维持正常的生产和生活所必须的，因此相邻关系必须由法律直接规定。而地役权则是在相邻关系存在的前提下，需役地人为了扩大自身不动产的便利，而对他人不动产设定某种额外负担。在这种情况下，地役权的设定自然需要双方约定方可设立。

2. 权利设定的公示要求不同

相邻关系的成立无须特定的公示方式，而地役权是一种独立的用益物权，它可能因相对人的意思而发生变动，而在变动过程中会产生对抗第三人的问题，若地役权不通过登记予以公示，可能会损害第三人的利益。因此，《物权法》第158条规定："地役权自地役权合同生效时设立。当事人要求登记的，可以向登记机构申请地役权登记；未经登记，不得对抗善意第三人。"

3. 权利内容不同

在相邻关系中，一方为了使自己的权利得到正常的行使，或者使自己能够维护正常的生活和生产，有权对相邻的另一方提出提供便利的最低要求。这是一种强制性规则，拒不提供便利的，不仅违反强行性规定，也违反了诚实信用原则。而地役权设定的目的并非为了满足不动产权利行使过程中的最低要求，而是为了使自己的权利更好地得到行使，而对对方提出了更高的提供便利的要求。

4. 对不动产是否相邻的要求不同

一般而言，相邻关系依法发生在相互毗邻的不动产合法占有人之间，而地役权则可以发生在相邻的两块不动产合法占有人之间，也可以发生在不相邻的不动产合法占有人之间，即不受不动产是否相互毗邻的限制。

5. 法律规范的性质不同

相邻关系一般在侵害事件发生后发挥作用，相邻关系规范在性质上属于裁判规范。地役权通常是事先通过订立合同的方式加以约定，为未来可能发生的纠纷事先作出安排，具有事先规范当事人行为的指导作用。

6. 在权利取得是否有偿及权利是否受期限限制方面不同

相邻关系一般是无偿、无固定期限的，只要不动产物权仍在存续，相邻关系便当然存地。地役权一般是有偿、有固定期限限制的。

二、地役权的分类

（一）积极地役权与消极地役权

这是根据地役权的内容而作的分类。积极地役权是指权利人有权为了需役地的便利而直接利用供役地，或者说有权在供役地上进行积极行为的地役权，例如取水地役权、通行地役权。消极地役权也称为不作为地役权，是指权利人为了需役地的便利而限制供役地所有人或使用人在供役地上进行一定方式的利用的地役权。

（二）持续地役权与非持续地役权

这是根据地役权的行使方法而作的分类。地役权的行使无须每次都依赖权利人的行为而能继续行使的，为持续地役权；地役权的行使每次都须有地役权人的行为存在的，为非持续地役权。持续地役权因具备了适当的状态，适于地役权的行使，因而不需要在行使权利时，每次都要求有地役权人的行为。一般而言，消极地役权大都属于持续地役权。非持续地役权在大多数情况下是因为缺乏固定的设施，因而需要地役权人的每次行为才能行使地役权。

（三）表见地役权与非表见地役权

这是根据地役权的行使状态所作的分类。依外部标志能够辨别的，为表见地役权，例如地面通行地役权、地面汲水地役权等。无外形标识而不能自外部加以辨别的，为非表见地役权，例如埋设地下水管的汲水地役权等。

三、地役权的取得

地役权的取得即地役权的发生。地役权的取得原因可以是法律行为，也可以是法律行为以外的事实。具体而言，地役权的取得有约定取得、时效取得和法定取得三种方式。

（一）地役权的约定取得

地役权的约定取得即当事人之间以地役权设定合同来设定地役权。

地役权的设定，应当以对供役地损害最小的方法为之，且不得违背公共秩序与善良风俗。《物权法》第157条规定："设立地役权，当事人应当采取书面形式订立地役权合同。地役权合同一般包括下列条款：（一）当事人的姓名或者名称和住所；（二）供役地和需役地的位置；（三）利用目的和方法；（四）利用期限；（五）费用及其支付方式；（六）解决争议的方法。"

地役权是用益物权，依据不动产物权成立对公示的要求，地役权的设定应当办理登记。只有通过登记，才能为第三人知晓，以维护第三人的利益，有效地保护交易安全。如果不经过登记程序，则于供役地人将其不动产的所有权或使用权转让给第三人时，第三人不知道该不动产上设定了地役权，最终必然导致第三人蒙受损害。根据《物权法》第158条的规定，地役权的登记不是成立要件，而是对抗要件。地役权自地役权合同生效时设立；但未经登记的，不得对抗善意第三人。

（二）地役权的时效取得

地役权是一种物权，且具有可转让性，理论上应当可以时效取得，这已为各国民法普遍承认。在我国司法实践中，事实上也在某种程度上承认时效取得地役权，《民通意见》第101条规定，"对于一方所有的或者使用的建筑物范围内历史形成的必经通道，所有权人或者使用权人不得堵塞……"。该规定虽然名义上是对相邻关系的规定，但是其显然超出了相邻关系中"相互毗邻"的范围，实际上是对地役权的规定。但是，《物权法》没有规定取得时效，因此取得时效不是取得地役权的普遍方式。

（三）地役权的法定取得

地役权可因某种法定事由的发生而取得。地役权的法定取得基于以下两种事由：

1. 因用益物权的设定而取得地役权

在国有或集体所有的土地上，已经存在供整宗土地使用的设施，如引水设施、道路设施等，如果就该土地的一部分设立土地使用权、土地承包经营权，而权利人又有继续使用这些设施的必要的，则视为权利人取得使用既存设施的地役权。

2. 因用益物权的分割转让而取得地役权

土地使用权人、土地承包经营权人将其权利分割转让，受让人对于既存的供整宗土地使用的设施有继续使用的必要时，取得以使用该设施为内容的地役权。

《物权法》就地役权的取得仅规定了约定取得一种方式，因此本书主要分析约定取得的地役权的相关内容。

四、地役权的内容

地役权的内容是指在地役权设定以后，有关当事人之间发生的权利义务关系，即地役权人的权利义务和供役地人的权利义务。

（一）地役权人的权利与义务

1. 利用供役地

地役权存在的目的在于以供役地供需役地的便利之用。所以，地役权人当然享有使用供役地的权利。这是地役权人设定地役权的基本目的。地役权人对供役地利用的方式，包括通过积极的行为对供役地加以使用，也包括以消极不作为的方式限制供役地所有人或使用人对供役地的利用，只要是为了需役地的便利即可。至于地役权的具体内容，即利用目的、方法和范围等，法律并不作具体限制，而由当事人自由约定。

2. 从事必要的附随行为、设置并保有必要的附属设施

地役权人在行使地役权时，不仅有权按照利用方式、范围行使权利，还有权从事必要的附随行为，即为达到地役权的目的，而不得不实施的行为，如为达到排水的目的而开挖沟渠等。但地役权人为必要的附随行为时，应采取对供役地损害最小的方式为之。地役权人还可以为实现利用目的而在供役地上设置并保有附属设施。

3. 物上请求权

地役权在性质上为物权，因此，地役权人享有物上请求权。地役权人在其权利受到妨害时，可以要求妨害人排除妨害、消除危险。

4. 支付费用的义务

地役权的设定，可以是有偿的，也可以是无偿的。如果地役权的设定是有偿的，则地

役权人负有支付费用的义务。

5. 维持附属设施的义务

地役权人对于其在权利行使的必要范围内所为的设施，负有维持的义务，以防止供役地因此而受到损害。因未尽保养维修义务致供役地人受有损害的，地役权人应负赔偿责任。如果地役权人与供役地人就附属设施的保养维修另有约定的，从其约定。

6. 合理使用供役地的义务

基于诚实信用原则，地役权人对供役地的使用应当选择损害最小的方式进行。地役权人因行使地役权而对供役地造成变动或损害的，应当在事后恢复原状并给予相应的补偿。《物权法》第160条规定，地役权人应当按照合同约定的利用目的和方法利用供役地，尽量减少对供役地权利人物权的限制。

（二）供役地所有人或使用人的权利与义务

1. 费用请求权

如果地役权的设定是有偿的，则供役地人依约享有请求地役权人支付费用的权利。若地役权人不按时支付费用，则应承担违约责任，地役权人长期拖欠费用的，供役地人可依法终止地役权设定合同。

2. 请求变更利用范围及方式的权利

在地役权设定之后，如果出现某种情事或者条件发生某种变化，能够在实现利用目的的前提下减轻供役地的负担，则供役地人可以请求变更利用范围和方式，以便发挥不动产的整体效益。

3. 使用附属设施的权利及费用分担的义务

对于地役权人于供役地上所为的设施，供役地人在不影响地役权行使的范围内，有权使用之，但应当按其收益的比例分担附属设施的保养维修费用。当事人另有约定的，从其约定。

4. 容忍义务

供役地权利人尚须负有一定程度上的容忍或不作为义务。此种义务在积极地役权中表现为供役地所有人或使用人负有容忍地役权人在其不动产上从事一定行为的义务，例如在引水地役权中，供役地所有人或使用人负有容许地役权人在自己土地上设置水渠或水管的义务。在消极地役权中，供役地所有人或使用人则负有不在其不动产上进行一定利用行为的义务，例如眺望地役权中，供役地所有人或使用人不得在供役地上建造超过一定高度的房屋。《物权法》第159条规定："供役地权利人应当按照合同约定，允许地役权人利用其土地，不得妨害地役权人行使权利。"

五、地役权的消灭

地役权消灭的原因主要包括期限届满、地役权合同的解除、目的不能、地役权的抛弃、土地征收、土地灭失、混同。如地役权已作登记，则地役权消灭时，应当及时办理注销登记。

（一）期限届满

地役权的期限由当事人约定，但不得约定为永久期限。如果需役地或者供役地上的权利本身有期限限制，则地役权不得超过该权利的剩余期限。例如，供役地的建设用地使用权人或土地承包经营权人设立地役权时，就不能超过建设用地使用权或土地承包经营权的剩余期限。在地役权期限届满而地役权人不续期时，地役权归于消灭。

（二）地役权合同的解除

根据《物权法》第168条的规定，地役权人有下列情形之一的，供役地权利人有权解除地役权合同：（1）违反法律规定或者合同约定，滥用地役权；（2）有偿利用供役地，约定的付款期间届满后在合理期限内经两次催告未支付费用。地役权合同被解除后，地役权消灭。

（三）目的不能

供役地因自然属性的变化而不能实现地役权的目的时，地役权已无存续的必要，地役权消灭。如地役权人不同意消灭地役权，供役地人可以申请法院为地役权消灭的宣告，以维护自己的合法权益。例如，引水地役权因其水源枯竭，而导致引水地役权的存在没有实际意义，引水地役权当然消灭。然而，地役权目的不能实现，与地役权设定当时是否具有必要性，没有必然联系。

（四）地役权的抛弃

地役权作为一种民事权利，可以由权利人予以处分，即权利人有权抛弃地役权。如果地役权是有偿取得的，地役权人必须在向供役地人支付地役权剩余期间的费用以后，才能抛弃；如属无偿取得，则地役权人可以随时抛弃。如果需役地上的地役权已与需役地一同抵押，因涉及抵押权人的利益，地役权人应于获得抵押权人的同意后，方可抛弃。地役权人抛弃地役权的，地役权消灭。

（五）土地征收

国家因公共利益的需要而征收需役地或者供役地，致使地役权成为不必要或者行使不能时，地役权消灭。地役权消灭以后，地役权人应当及时清除土地上的各种设施和附属物，恢复土地的原状。

（六）土地灭失

如果供役地或者需役地灭失，地役权已经丧失存在的物质基础，因此当然消灭。

（七）混同

如果因权利主体变更导致需役地权利人同时亦为供役地权利人，则地役权因混同而消灭。

本章小结

在民法上，通常将他物权分为两类，即用益物权和担保物权。用益物权，是指非所有人对他人所有之物所享有的占有、使用和收益的权利。结合我国目前的现状，立法上应确定的用益物权种类为：农村土地承包经营权、建设用地使用权、宅基地使用权、地役权。

土地承包经营权是指自然人、法人或非法人组织对农村用于农业的土地，通过农业生产的方式加以利用的用益物权。

建设用地使用权是指自然人、法人或非法人组织依法享有的，利用国家或集体所有的土地建造建筑物、构筑物及其附属设施的用益物权。

宅基地使用权是指农村居民及少数城镇居民在集体所有的土地上建造住宅及附属设施的用益物权。宅基地使用权与集体经济组织成员的资格和福利不可分离。宅基地使用权是特定主体在集体土地上设定的用益物权。集体经济组织的成员只能申请一处宅基地。

地役权是指不动产所有人或使用人为了自己不动产利用的便利，而利用他人不动产的用益物权。地役权与相邻权存在着区别和联系，虽然我国目前有相邻权的规定，但是地役权还是有设立的必要的。

重要概念

用益物权　　土地承包经营权　　建设用地使用权　　宅基地使用权　　地役权

案例分析

【案情】

2002 年 8 月，大明公司通过划拨形式获得一块土地使用权，经该市人民政府批准用于建设厂房。项目批准后，大明公司为了提高收益，自行更改图纸，将厂房改建成写字楼。后因资金不到位，大明公司与通达公司签订了合作建房协议，协议约定：大明公司负责写字楼的建设施工，通达公司提供建设资金 5 000 万元，写字楼建成后，双方分得该写字楼一半的面积。待写字楼建成后，大明公司拒绝按照协议分配楼房面积，只同意退还通达公司的建楼款 5 000 万元。通达公司诉至法院，要求大明公司履行协议。

【问题】

本案应当如何解决？

【评析】

国有土地使用权的设立方式有两种，即土地使用权的出让和划拨。土地使用权的划拨是土地使用权的原始取得方式之一。土地使用权划拨是县级以上人民政府依法批准，在土地使用者缴纳补偿、安置等费用后，将国有土地使用权交付其使用，或者将土地使用权无偿交付给土地使用者使用的行为。通过划拨出让方式取得土地使用权的，土地使用者应当从事社会公益事业，不得以营利为目的使用国有土地。在本案中，大明公司擅自将厂房建设用地改为以营利为目的的写字楼，而没有经过相关部门的批准，由此该写字楼不能成为建房协议的合法标的，从而该建房协议是无效的。大明公司应该正当使用该划拨土地，并返还通达公司建楼款5 000万元。

同步测练与解析

一、单项选择题

1. 根据我国法律规定，下列关于土地权利的表述，正确的是（　　）。

A. 城市市区的土地属于国家所有

B. 农村和城市郊区的土地属于集体所有

C. 宅基地属于农民个体所有

D. 自留地、自留山属于农民个体所有

2. 下列权利中不属于用益物权的是（　　）。

A. 土地承包经营权　　B. 抵押权

C. 土地使用权　　D. 典权

3. 我国《民法通则》所明确规定的用益物权是（　　）。

A. 典权　　B. 地上权　　C. 相邻权　　D. 承包经营权

4. 建设用地使用权的设立方式有（　　）。

A. 出让方式和赠与方式　　B. 转让方式和赠与方式

C. 赠与方式和划拨方式　　D. 划拨方式和出让方式

5. 下列主体中，可以成为宅基地使用权权利主体的是（　　）。

A. 法人　　B. 村委会　　C. 自然人　　D. 村办企业

二、多项选择题

1. 在地役权法律关系中，下列表述正确的有（　　）。

A. 地役权是为特定人设定的　　B. 地役权是为需役地设定的

C. 地役权可以是有偿取得的　　D. 地役权也可以是无偿取得的

2. 国有土地使用权出让合同是（　　）。

A. 要式合同　　B. 双务合同　　C. 有偿合同　　D. 实践性合同

3. 地役权的属性包括（　　）。

A. 从属性　　B. 可分性　　C. 不可分性　　D. 独立性

4. 地役权的消灭的原因包括（　　）。

A. 土地灭失　　B. 目的事实不能

C. 抛弃　　D. 存续期间的届满

三、简答题

1. 农村土地承包经营权的权利人有哪些权利?
2. 建设用地使用权的设立方式有哪些?
3. 地役权的不可分性有哪些内容?

四、论述题

1. 试述我国设立土地承包经营权的意义。
2. 试述相邻关系制度与地役权制度的区别与联系。

参考答案

一、单项选择题

1. A　2. B　3. D　4. D　5. C

二、多项选择题

1. BCD　2. ABC　3. AC　4. ABCD

三、简答题（答案略）

四、论述题（答案略）

第九章

CHAPTER NINE

担 保 物 权

学 习 目 标

通过本章学习，掌握担保物权的概念和特征；区别担保物权与用益物权、债权的关系；认识和理解各类担保物权的内容和法律特征。

重 点 难 点 提 示

- 担保物权的概念、特征、种类和性质
- 各类担保物权的属性
- 各类担保物权的效力
- 各类担保物权的设立、生效、实现与消灭
- 抵押权、质权与留置权的联系及区别

第一节　担保物权概述

一、担保物权的概念与特征

担保物权，是指为了确保债权的实现，债务人或者第三人以自己所有的物或者权利为标的而设定的限制物权。担保物权除具有物权的一般特征之外，还具有以下几项特征：(1) 担保物权以担保债权的实现为目的。(2) 担保物权是以债务人或第三人所有的特定动产、不动产以及其他财产权利为标的物而设定的物权。(3) 担保物权限制了债务人对担保标的物的处分权。(4) 债权人享有对担保标的物的换价权。(5) 负有担保物权的债权优先于无担保的债权而受清偿。

二、担保物权的属性

(一) 从属性

担保物权的从属性是指担保物权必须从属于债权而存在，其成立以债权的成立为前提，并因债权的移转而移转，因债权的消灭而消灭。

(二) 不可分性

担保物权的不可分性是指被担保的债权在未受全部清偿前，担保物权人可以就担保物的全部行使权利。换言之，被担保的债权即使经过分割、部分清偿或消灭，担保物权仍为了担保各部分的债权或剩余的债权而存在；担保物即使经过分割或一部分灭失，各部分或余存的担保物仍为担保全部债权而存在。

(三) 物上代位性

担保物权的物上代位性是指担保物因灭失、毁损而获得赔偿金、补偿金或保险金的，该赔偿金、补偿金或保险金成为担保物的代替物，权利人有权就其行使担保物权。担保物权之所以具有物上代位性是因为设立担保物权的宗旨即在通过对标的物的交换价值加以直接的支配以保障债权的安全实现，所以只要标的物的交换价值依然存在，无论其附着在何种载体之上，仍应继续为担保物权效力所及。

三、担保物权与用益物权的关系

用益物权与担保物权是他物权中的两大种类，具有相当程度上的共性，如皆为支配权、绝对权等。但是，作为两种不同的物权制度，用益物权与担保物权有着重要的区别：

(一) 内容不同

用益物权的目的在于取得他人之物的使用价值，权利人只有通过对他人之物加以实际

监管的财产；（6）法律、行政法规规定不得抵押的其他财产。

五、我国抵押权登记的效力

依据《物权法》第187条的规定，以建筑物和其他土地附着物、建设用地使用权、荒地等土地承包经营权，以及正在建造的建筑物抵押的，应当办理抵押登记。抵押权自登记时设立。

依据《物权法》第188条的规定，以生产设备、原材料、半成品、产品，正在建造的船舶、航空器；以及交通运输工具抵押的，抵押权自抵押合同生效时设立；未经登记，不得对抗善意第三人。

依据《物权法》第189条第1款的规定，企业、个体工商户、农业生产经营者以生产设备、原材料、半成品、产品抵押的，应当向抵押人住所地的工商行政管理部门办理登记。抵押权自抵押合同生效时设立；未经登记，不得对抗善意第三人。

六、抵押权的效力

如果当事人对于抵押权的担保范围有特别的规定，则从其约定。如果没有约定，抵押担保的范围一般包括主债权及利息、违约金、损害赔偿金和实现抵押权的费用。抵押合同另有约定的，按照约定。

第一，主债权。主债权即抵押权所担保的原本的债权，抵押权的存在就是为了以主债权的满足为其目的的，因此，主债权当然是抵押权所担保的主要对象。

第二，利息。利息就是指比照原本数额及其存续期间，依据一定比率计算，而以金钱或者其他代替物为给付的一种法定孳息。

第三，违约金与损害赔偿金。

第四，实现抵押权的费用。依据《物权法》的规定，实现抵押权的方式有拍卖、变卖以及折价三种方式。当事人可以依法自行协商决定抵押权的实现方式，也可以是通过诉讼的方式实现抵押权。无论使用哪一种方式，抵押权人因此而支付的费用就是实现抵押权的费用。

第三节 质 权

一、质权概述

（一）质权的概念和特征

1. 质权的概念

质权，是指债务人或第三人将特定的财产交由债权人占有，作为债权的担保，在债务人不履行债务时，债权人依法以该财产折价或以拍卖、变卖所得价款优先受偿的权利。债务人或者第三者交由债权人占有的特定财产，称为质物；债权人称为质权人，而提供特定财产出质的人称为出质人。

2. 质权的特征

质权具有如下特征：

（1）质权是为了担保债权的实现而产生的担保物权。质权以担保债权的实现为目的，因此与其所担保的债权之间具有从属关系，被担保的债权为主权利，而质权为从权力。这就是质权的从属性。换言之，质权以主债权的存在为前提，因主债权的转让而转让，因主债权的消灭而消灭。

（2）质权是在债务人或者第三人提供的特定财产上设定的担保权。质权只能在债务人或者第三人提供的特定的财产上设定，而不能在债权人自己的财产上设定，也不能在债权人已经占有的他人财产上当然设定。

（3）质权的标的物是动产。在我国，质权的标的物只能是动产或者是可以让与的权利，而不能是不动产。不动产只能作为抵押权的标的物。

（4）动产质权以债权人占有债权人或第三人提供的动产为生效要件。动产质权的设定须以质权人占有质物作为生效要件。换言之，当事人之间设定动产质权必须转移标的物的占有，即由质权人占有该标的物，这是质权与抵押权的重要区别。至于权利质权的设定，则需要交付权利凭证或者进行登记。

（5）质权人在债务人履行前对质物享有留置的权利。质权以移转标的物的占有为要件，质权人得占有标的物，因此，在质权担保的主债权受清偿前，质权人得留置质物而拒绝质物所有人的返回请求。

（6）质权是得就质物的价值优先受偿的担保物权。质权人虽然直接占有质物，但是其不能直接以质物抵偿其债权，而只能在债务人不履行债务时，以质物变价并就其价款享有优先受偿的权利。

（二）质权的种类

在我国民法中，对于质权主要有以下几种分类方式：

1. 动产质权与权利质权

依据《担保法》，质权可以分为动产质权与权利质权。动产质权，是指债务人或者第三人将其动产移交债权人占有，将该动产作为债权的担保，债务人不履行债务时，债权人依法以该动产折价或者拍卖、变卖该动产的价款优先受偿的权利。权利质权，是指以所有权以外的财产权如依法可转让的债权或者其他权利为标的物所设定的质权。

2. 意定质权与法定质权

依据质权产生依据的不同，可以将质权分为意定质权与法定质权。意定质权是指当事人通过法律行为所设定的质权，在我国《物权法》中就是指通过质押合同所设定的质权。

法定质权即指依据法律的规定而直接产生的质权，我国现行法中不存在法定质权。

（三）质权的属性

1. 从属性

质权的从属性是指作为旨在担保债权的实现而设定的一种担保物权，质权具有从属于主债权的特性。质权的产生、移转或者消灭均从属于主债权的产生、移转或者消灭。

2. 不可分性

质权不因质物的分割、部分灭失或让与而受影响，也不因被担保债权的分割、部分清偿或让与而受影响，质权人仍得以质物的全部担保债权的全部。

3. 物上代位性

质权的物上代位性，是指当质物因灭失、毁损而获得赔偿金时，该赔偿金成为质物的代替物，质权人有权对该项赔偿金行使质权。这里因质物灭失、毁损所获得的赔偿金被称为代位物或代偿物。质权因质物灭失而消灭。因灭失所得的赔偿金，应当作为出质财产。

二、动产质权

（一）动产质权的法律特征

1. 动产质权是以他人的动产为标的物所设定的担保物权

动产质权的标的物为动产且必须属于他人即债务人或者第三人所有。债权人不能在自己所有的动产上为担保自己的债权而设定动产质权。

2. 动产质权以质权人占有作为质物的动产为生效要件

动产质权以转移占有为生效要件的原因在于：与不动产物权变动所不同的是，动产物权的变动以占有为公示要件，且质权需通过留置效力实现其担保主债权实现的功能。如果不使债权人占有动产，则无法向外界展示动产上存在的质权，会使第三人蒙受不测的损害，也不能保全质权的效力，债权人在实现质权时会发生严重的困难。如果令债权人占有动产，就可以避免此种弊端。此外，须注意的是，质物的交付即其占有的移转不局限于现实的移转占有，也包括简易交付或指示交付。但是，出质人不得以占有改定的方式继续占有标的物。

3. 动产质权是以质物所卖得的价金优先受偿的权利

动产质权是以担保主债权的实现为目的的，因此，在主债权届期未受清偿之时，质权人可以与出质人协议以质物折价，也可以依法拍卖、变卖质物，以拍卖、变卖所得的价金优先实现其债权。

（二）动产质权的效力

1. 动产质权担保的债权范围

质权担保的范围包括主债权及利息、违约金、损害赔偿金、质物保管费用和实现质权的费用。质押合同另有约定的，按照约定。

2. 动产质权效力所及的标的物范围

作为质物的动产，首当其冲为质权的效力所及，此外，为了维护质物的经济效用与其交换价值，同时兼顾双方当事人的利益，质物以外的其他物或权利，在一定条件下，也应纳入质权效力所及的标的物范围。这些物或权利包括：

（1）从物。动产质权的效力及于质物的从物。但是，从物未随同质物移交质权人占有的，质权的效力不及于从物。

（2）孳息。质权人有权收取质物所生的孳息。质押合同另有约定的，按照约定。此处孳息不仅包括天然孳息，也包括法定孳息。

（3）添附物。因附合、混合或者加工使质物的所有权为第三人所有的，质权的效力及于补偿金；质物所有人为附合物、混合物或者加工物的所有人的，质权的效力及于附合物、混合物或者加工物；第三人与质物所有人为附合物、混合物或者加工物的共有人的，质权的效力及于出质人对共有物享有的份额。

（4）代位物质权因质物灭失而消灭。因灭失所得的赔偿金，应当作为出质财产。质物的代位物包括保险金、赔偿金或者补偿金。

（三）动产质权的善意取得

质权的设定属于物或者财产权利的处分行为，出质人对标的物应当具有处分权。当出质人无权处分他人财产而设定质押时，有些国家或地区的立法例均按照动产的善意取得制度对债权人予以保护而使其善意取得动产质权。我国民法尚无动产所有权善意取得之规定，但基于该制度维护交易安全这一重要功能，理论上与司法实践中都承认动产所有权的善意取得。并且《最高人民法院关于适用〈中华人民共和国担保法〉若干问题的解释》（简称《担保法解释》）第84条规定，出质人以其不具有所有权但合法占有的动产出质的，不知出质人无处分权的质权人行使质权后，因此给动产所有人造成损失的，由出质人承担赔偿责任。

三、权利质权

（一）权利质权的特征

1. 权利质权属于质权的一种

权利质权是与动产质权相并立的质权类型。二者均为以取得质押财产的交换价值为手段以担保债权实现为目的的价值权。因前者存在于权利上，故称权利质权。

2. 权利质权是以所有权以外的财产权为标的物的质权

作为权利质权标的物的权利须符合以下几项条件：（1）仅以财产权利为限。因此，公民、法人享有的人身权利（人格权与身份权）不得作为权利质权的标的。（2）必须是依法可以转让的财产权利。权利质权产生的目的在于担保债权的实现，因此，当被担保的债权届期未受清偿时，质权人有权就作为质物的财产权利的价值优先受偿。所以作为质物的财产权利必然具有可转让性，质权人的优先受偿权才能得以实现。（3）作为权利质权标的物的财产权利必须不违背现行法律的规定及权利质权的性质。

3. 权利质权的设定以登记或者权利凭证的交付作为生效要件

动产质权的设定只需以动产的交付作为生效要件，而权利质权的设定则须依据标的物的不同确定其生效要件。对于已经证券化的财产权，如汇票、支票、本票、债券、存款单、仓单、提单，由于其已经具有与动产相类似的法律地位，所以可以以交付作为权利质权的生效要件。但是，对于那些尚未证券化的权利，如依法可以转让的商标专用权，专利权、著作权中的财产权，由于其不具有实体，所以无法交付而必须通过登记加以公示，以表明权利质权的产生与消灭。

（二）权利质权的种类

1. 有价证券质权

能够作为权利质权标的物的有价证券包括三类：第一类，债权的有价证券，即汇票、本票、支票、存款单、债券；第二类，物权的有价证券，即提单、仓单；第三类，社员权的有价证券，即有限责任公司的股份、股份有限公司的股票。

2. 知识产权质权

知识产权质权包括商标专用权、著作权及专利权。商标专用权是法律赋予商标所有人对其注册商标（包括商品商标、服务商标和集体商标、证明商标）所享有的专有使用权。商标权是一种纯粹的财产权利，因此担保法允许以商标权进行质押。著作权是指基于文学、艺术和科学作品依法产生的权利。我国担保法允许著作权人在其著作权中的财产权利上设定质权。专利权是指国家专利主管机关依法授予专利申请人或其继受人在一定期限内实施其发明创造的独占性权利。

第四节　留　置　权

一、留置权的概念与特征

在我国民法中，留置权是指债权人按照合同约定占有债务人的动产，债务人不按照合同约定的期限履行债务的，债权人依法享有留置该财产，以该财产折价或者以拍卖、变卖该财产的价款优先受偿的权利。

留置权具有以下几项特征：

第一，留置权是以动产为标的物的法定担保物权。留置权是权利人控制标的物的交换价值、以担保债权实现为目的的他物权，而非以对标的物的使用、收益为目的的他物权，所以留置权是一种担保物权。留置权也是依法产生的担保物权，其产生必须符合法律规定的条件。在我国民法中，依据《物权法》及《合同法》第 395 条以及第 422 条的规定，只有在保管合同、运输合同、加工承揽合同、仓储合同、行纪合同中发生的债权，债务人不履行债务的，债权人才享有留置权。在其他的债权关系中，债权人都不享有留置权。并且，依据我国担保法的规定，留置权的标的物只能是动产。

第二，留置权是具有二次效力的担保物权。所谓留置权的二次效力，是指留置权人在其债权未受清偿前得留置标的物，留置权人就其所占有的物有继续占有的权利，可排除债务人的债权请求权或物权请求权的行使，这是第一次效力，称为留置效力。当债务履行期限届满，且经过一定的期限债务人仍不履行债务时，留置权人有权以标的物折价或拍卖、变卖并就所得价款优先受偿，这是留置权的第二次效力，即优先受偿效力。不过实践中，很少有发生第二次效力的情形，毕竟债务人绝不愿意仅仅为了一些保管费用或运输费用而导致自己的动产被拍卖、变卖或折价。

第三，留置权不具有追及效力。留置权首先是一种物权，但是其并不具有作为物权属性的追及效力，因为留置权是以占有为基础的担保物权，在丧失占有后就消灭了权利本身，留置权人只能基于占有行使返还请求权，而不能基于留置权行使作为物上请求权的返还请求权，所以留置权不具有追及效力。从这一点上说，留置权的物权性弱于其他担保物权，如抵押权、质权的物权性。

二、留置权与其他权利的区别

（一）留置权与动产质权

留置权与动产质权同属担保物权，具有很大的相似性，例如两者皆以动产为标的物，都以占有标的物作为生效要件之一，均有通过留置标的物而给债务人产生心里压迫的作用。但是，两者仍然存在一些差别：

1. 性质、功能不同

在我国现行立法中，留置权属于法定的担保物权，而动产质权仅属于约定的担保物权。留置权的功能仅仅在于担保债权的清偿，而质权不仅具有担保债权实现的功能，还具有融通资金的功能。

2. 物权性的强弱不同

留置权无追及效力，故而其物权性弱于动产质权的物权性。在传统民法中，留置权因占有的丧失而消灭，留置权人不能依据留置权请求返还，而只能提起占有物返还之诉。但是质权人在质物被他人侵夺之时，有权依据质权请求返还。

3. 权利实现上的不同

债权人在债权履行期限届满而债务人不履行债务时，虽有权留置债务人的动产，但是还必须给予债务人一定的期限履行债务（无论双方约定抑或留置权人确定，皆不得少于两个月），只有当这一期限届满债务人仍置若罔闻的，债权人方有权与债务人协议将留置物折价或依法拍卖、变卖留置物。然而，质权人在债务履行期限届满而债务人仍不履行债务之时即可将质物变价。

4. 权利消灭的原因不同

留置权因债务人另行提供担保并被债权人接受时而消灭，但是质权人即便接受了债务人另行提供的担保也不足以导致质权消灭。

（二）留置权与法定抵押权

法定抵押权是指依据法律规定而直接产生的抵押权，它与普通抵押权的最大差别就在于产生的依据不同。普通的抵押权是由当事人通过法律行为而设定的，因此，也称为意定抵押权或约定抵押权。

留置权与法定抵押权之间的相同点主要表现在：首先，两者都是因法律的规定而产生的，通属于法定的担保物权；其次，标的物都与被担保的债权债务有牵连关系。

法定抵押权与留置权的区别主要有：首先，法定抵押权的标的物主要是不动产，如土地、房屋等；而留置权的标的物为动产。其次，留置权的成立以债权人已经占有债务人的动产为前提；而法定抵押权的成立无须以抵押权人占有债务人的财产为前提。最后，留置权具有二重效力；法定抵押权则无所谓二次效力的问题，只要债务人不履行债务，债权人在符合法定条件的情形下就可以直接以抵押标的物折价或者以拍卖、变卖的价款优先受偿。

三、留置权的效力

（一）留置权担保的债权范围

1. 主债权

主债权也称原债权，它是指依当事人之间的主合同产生的不包括约定利息、违约金或损害赔偿金在内的初始债权。就留置权而言，其是指当事人之间因保管合同、运输合同、加工承揽合同、仓储合同、行纪合同而产生的初始债权。

2. 利息

利息就是指比照原本数额及其存续期间，依据一定比率计算，而以金钱或者其他代替物为给付的一种法定孳息。利息债权是以给付利息为标的的债权，其性质属于从权利，从属于主债权。

3. 违约金

违约金是指合同当事人约定的一方在违约时应当根据违约情况向对方支付的一定数额的金钱。

4. 损害赔偿金

损害赔偿金是指合同当事人一方不履行合同义务或者履行合同义务不符合约定，给对方造成损失时应当支付的赔偿金，损失赔偿金的数额应当相当于因违约所造成的损失，包括合同履行后可以获得的利益，但不得超过违反合同一方订立合同时预见到或者应当预见到的因违反合同可能造成的损失。

5. 留置物保管费用

留置权人负有妥善保管留置物的义务，由此而支出的保管费用应纳入留置权担保的债权范围，但是如果留置权人因保管不善致使留置物灭失或者毁损的，留置权人应当承担民事责任。

6. 实现留置权的费用

所谓实现留置权的费用，是指留置权人将留置物加以拍卖、变卖时所支出的费用，包括评估费、拍卖费、诉讼费等。

（二）留置权效力所及的标的物范围

留置权效力所及的标的物范围是指当留置权人实现留置权时可以就哪些东西进行折价、拍卖、变卖并优先受偿。留置权作为通过支配标的物交换价值确保债务清偿的价值权，其标的物的范围与所有权标的物的范围自应同一。换言之，所有权的标的物也就是留置权的标的物，但是，为了维护留置物的经济效用与交换价值，同时兼顾双方当事人的利益，标的物以外的其他物或权利，在一定条件下，也应纳入留置权效力所及的标的物的范围。在我国现行法中，这些物或权利主要包括：

1. 从物

留置权的效力及于留置物的从物。但是，从物未随同质物移交留置权人占有的，留置权的效力不及于从物。

2. 孳息

债务履行期届满，债务人不履行债务致使留置物被人民法院依法扣押的，自扣押之日起留置权人有权收取由留置物分离的天然孳息和法定孳息。

3. 代位物

在留置物灭失、毁损或者被征用的情况下，留置权人可以就该留置物的保险金、赔偿金或者补偿金优先受偿。在留置物灭失、毁损或者被征用的情况下，如果留置权所担保的债权未届清偿期的，留置权人可以请求人民法院对保险金、赔偿金或补偿金等采取保全措施。

（三）留置权人的权利与义务

1. 留置权人的权利

（1）占有留置物的权利。留置权人在债权未受清偿前，享有占有债务人的动产并留置的权利。留置权虽然具有不可分性，但是如果留置的财产为可分物的，留置物的价值应当相当于债务的金额，换言之，留置权人的债权即便未受到清偿，其也仅能留置价值与债权金额相当的那部分动产，而不能留置债务人的全部动产；只有当留置物为不可分物时，留置权人在其债权受到全部清偿之前可以就其留置物的全部行使留置权。

留置权人占有留置物的权利是基于留置权的物权属性，因此，不仅可以对抗债务人，也可以对抗第三人，除非第三人享有的物权或具有物权性质的权利成立于留置权之前。

（2）保管费用求偿权。留置权人占有留置物，其应对之加以妥善的保管，为此而支出必要的保管费用时，留置权人有权请求留置物所有权人返还。该项费用为留置权的效力所及，属于留置权担保的债权范围。

（3）收取孳息的权利。债务履行期届满，债务人不履行债务致使留置物被人民法院依法扣押的，自扣押之日起留置权人有权收取由留置物分离的天然孳息和法定孳息，该孳息应当按照下列顺序清偿：① 收取孳息的费用；② 主债权的利息；③ 主债权。

（4）实现留置权的权利。当债权人留置债务人的财产后，债务人在双方约定的或债权人确定的合理期限内仍不履行债务时，留置权人有权将留置物折价或依法拍卖、变卖并就所得价款优先受偿。

2. 留置权人的义务

（1）妥善保管留置物的义务。留置权人负有以善良管理人的注意对留置物加以保管的义务，因保管不善致使留置物灭失或者毁损的，留置权人应当承担民事责任。此外，依据《担保法解释》第 93 条和第 114 条的规定，留置权人在留置权存续期间，未经留置物所有人的同意，擅自使用、出租、处分留置物，因此给留置物所有人造成损失的，留置权人应当承担赔偿责任。

（2）返还留置物的义务。当留置权因债务人履行债务而消灭，或因债务人另行提供担保并被债权人接受而消灭时，留置权人负有将留置物返还给债务人或者其他受领权人的义务。

（四）留置物所有人的权利和义务

1. 留置物所有人的权利

（1）损害赔偿请求权。当留置权人未尽善良管理人的注意义务而致留置物毁损、灭失时，留置物所有权人有权请求留置权人承担赔偿责任。

（2）返还留置物请求权。在留置权消灭时，留置物所有权人有权请求留置权人返还留置物。

2. 留置物所有人的义务

（1）返还保管费用的义务。当留置权人因保管留置物而支付了必要的保管费用时，留置物所有人应当承担返还该费用的义务。

（2）损害赔偿义务。如果因留置物的隐匿瑕疵而致留置权人损害时，应当准用动产质权中关于因质物隐匿瑕疵而致质权人损害时的规定。

四、留置权的实现与消灭

（一）留置权的实现

债权人实现留置权的方法主要有三种：（1）债权人可以与债务人协议以留置物折价；（2）债权人可以依法拍卖留置物；（3）债权人可以依法变卖留置物。

（二）留置权的消灭

除物权共同具有的消灭原因之外，留置权还具有以下特别的消灭原因：（1）主债权消灭；（2）债务人另行提供担保并被债权人接受；（3）留置物占有的丧失。

本章小结

担保物权，是指为了确保债权的实现，债务人或者第三人以自己所有的物或者权利为标的而设定的限制物权。担保物权具有从属性、不可分性以及物上代位性，其与用益物权、债权之间既有相同点也存在很大的差别。

抵押权，是指债权人对于债务人或者第三人不转移占有而供担保的财产，于债务人不履行债务时，依法享有的就该财产变价并优先受偿的权利。抵押权的效力所及标的物的范围是指当抵押权人实现抵押权时可以就哪些东西进行折价，或拍卖、变卖并优先受偿。抵押权的实现是指债务履行期间届满债务人未履行债务，抵押权人通过依法处理抵押财产而使债权获得清偿。

质权，是指债务人或第三人将特定的财产由债权人占有，作为债权的担保，在债务人不履行债务时，债权人有权以该财产折价或以拍卖、变卖所得价款优先受偿的权利。依据《担保法》，质权可分为动产质权与权利质权。

留置权，是指债权人按照合同约定占有债务人的动产，债务人不按照合同约定的期限履行债务的，债权人依法享有留置该财产，以该财产折价或者以拍卖、变卖该财产的价款优先受偿的权利。

重要概念

担保物权　　抵押权　　质权　　留置权

案例分析

【案情】

甲将房屋一间作抵押向乙借款2万元。抵押期间，知情人丙向某甲表示愿以3万元购买甲的房屋，甲也想将抵押的房屋出卖。

【问题】

甲可以将其已作抵押的房屋出卖给丙吗？

【评析】

本案是关于抵押物转让的问题的。请参见《物权法》第191条的规定，抵押期间，抵押人经抵押权人同意转让抵押财产的，应当将转让所得的价款向抵押权人提前清偿债务或者提存；转让的价款超过债权数额的部分归抵押人所有，不足部分由债务人清偿；抵押期间，抵押人未经抵押权人同意，不得转让抵押财产，但受让人代为清偿债务消灭抵押权的除外。

同步测练与解析

一、单项选择题

1. 下列各项物权中，属于担保物权的是（　　）。

A. 典权　　B. 地役权　　C. 抵押权　　D. 相邻权

2. 下列担保方式中，既属于物的担保，又属于约定担保的是（　　）。

A. 保证、定金、抵押、质押　　B. 抵押、质押、留置、定金

C. 留置、抵押、质押　　D. 抵押、质押

3. 甲公司欠乙5万元债务，欠丙3万元债务。为了担保债务的履行，甲公司将自己价值15万元的汽车抵押给了乙，但没有办理抵押登记手续。其后，甲又将该汽车抵押给了丙，并办理了相应的登记手续。3个月后，甲公司破产，因甲公司没有其他有价值的财产，故它的债权人乙、丙、丁均要求以该汽车抵债。根据我国《担保法》的规定，（　　）可以就该汽车优先受偿。

A. 乙　　B. 丙　　C. 丁　　D. 乙与丙

4. 甲将一部汽车作价3.5万元抵押给乙，由甲继续使用，甲在开车时将汽车不慎撞坏，致严重损毁，应当（　　）。

A. 仍以已毁损的汽车作抵押物

B. 认定抵押关系中止

C. 认定抵押关系解除

D. 认定抵押关系仍存在，由甲以价值3.5万元的财产代替原汽车作抵押物

5. 权利质权的标的可以是（　　）。

A. 债权、汇票、存款单、股票

B. 支票、存款单、名誉权、专利权

C. 商标权、仓单、债券、荣誉权

D. 汇票、提单、本票、继承权

6. 质押合同生效之日为（　　）。

A. 权利确定之日　　B. 权利凭证交付之日

C. 合同签订之日　　D. 债务不能履行之日

7. 以下合同中，（　　）可以适用留置这一担保方式。

A. 保管合同、运输合同、赠与合同

B. 房屋租赁合同、加工承揽合同、运输合同

C. 保管合同、运输合同、加工承揽合同

D. 赠与合同、买卖合同、加工承揽合同

8. 甲在某服装店加工服装一套。取服装时，因带钱不够支付加工费，征得服装店同意将金戒指一枚留下，约定交清加工费后取回戒指，则服装店对该戒指享有（　　）。

A. 处分权　　B. 留置权　　C. 抵押权　　D. 质押权

二、多项选择题

1. 同一财产上两个以上债权人设定抵押的，就拍卖、变卖该抵押物所得价款的清偿顺序，下列正确的表述是（　　）。

A. 抵押合同以登记生效的，按照抵押物登记的先后顺序清偿；顺序相同的，按照债权比例清偿

B. 抵押合同自签订之日起生效，该抵押物已登记的，按照抵押物登记的先后顺序清偿；顺序相同的，按照债权比例清偿

C. 抵押合同自签订之日起生效的，未登记的，按照合同生效时间的先后顺序清偿，顺序相同的，按照债权比例清偿

D. 抵押合同自签订之日起生效的，抵押物已登记的先于未登记的受偿

2. 方某将一部卡车作价2.5万元抵押给仇某，卡车仍由方某使用。一次方某跑长途运输，途中不慎翻车，致使卡车报废。对此，应（　　）。

A. 认定抵押关系解除

B. 认定抵押关系继续存在

C. 由方某以价值2.5万元的其他财产代替卡车作抵押物

D. 认定抵押关系中止

3. 依据法律，留置权的消灭原因有（　　）。

A. 主债权的终止　　B. 留置权的实现

C. 留置权标的物灭失　　D. 债务人另行提供担保

4. 甲将自己的一批货物出质给乙，但乙将这批货物未放置在仓库里，而是放在露天，货物有毁坏灭失的可能，甲可以主张的权利有（　　）。
   A. 有权要求将该批货物收回
   B. 有权要求解除该质押关系
   C. 有权提前清偿债权而返还质物
   D. 有权要求乙承担保管不善致这批货物损失的民事后果
5. 留置权的设立和成立，必须具备的条件有（　　）。
   A. 当事人约定
   B. 债务已到清偿期
   C. 债务人未履行给付义务
   D. 当事人一方合法占有对方的相关财产

三、简答题

1. 什么是抵押权的物上代位性？
2. 留置权的构成要件有哪些？
3. 质权人的权利有哪些？
4. 担保物权的特征有哪些？
5. 留置权的担保范围有哪些？

四、论述题

1. 试述担保物权与用益物权的联系和区别。
2. 试比较抵押权与质权。
3. 试分析留置权与法定抵押权的区别。

五、案例题

某县水泥厂和服装厂达成一份联营协议，约定由服装厂向水泥厂注入资金200万元，水泥厂每年支付给服装厂利润20万元，两年后归还服装厂的出资，并且服装厂的利润分配不受水泥厂盈亏的影响。协议达成后，为保证水泥厂能正常履行协议，水泥厂请当地化肥厂以其自有厂房向服装厂提供抵押担保，并就抵押事宜到有关登记机构办理了抵押登记。

问题：（1）抵押权是否已成立？为什么？

（2）如果化肥厂明知联营协议有问题仍提供抵押担保，应承担什么责任？

参考答案

一、单项选择题

1. C　2. D　3. B　4. D　5. A　6. B　7. C　8. D

二、多项选择题

1. ABCD　2. BC　3. ABCD　4. CD　5. BCD

三、简答题（答案略）

四、论述题（答案略）

五、案例题

（1）抵押权并未成立。《担保法》第5条第1款规定，“担保合同是主合同的从合同，主合同无效，担保合同无效”。本案中，由于水泥厂与服装厂之间的协议明为联营，实际上是借贷合同。根据我国法律规定，企业之间借贷是非法的，属无效行为，因此主合同实际上是无效合同，抵押合同作为从合同自然也无效，抵押权不成立。

（2）化肥厂应承担过错赔偿责任。《担保法》第5条第2款规定：“担保合同被确认无效后，债务人、担保人、债权人有过错的，应当根据其过错各自承担相应的民事责任。”如果化肥厂明知主合同有问题仍提供担保，应认定其主观上有过错，并应根据其过错程度承担过错赔偿责任。

第三编　债　　权

第十章

CHAPTER TEN

债权概述

学习目标

通过本章学习，着重领会债是特定的民事主体之间请求为特定行为的民事法律关系；理解债的法律特征；了解债的种类与划分意义。

重点难点提示

- 债的含义
- 债权的特征
- 债务与责任的区别与联系
- 种类之债与特定之债的区别及其法律意义
- 简单之债与选择之债的不同及其法律后果的差异
- 单一之债与多数人之债的不同及其法律后果的差异
- 按份之债与连带之债的不同及其法律后果的差异

第一节　债的概念与特征

一、债的概念

民法上的债，是指特定当事人之间得请求为特定行为的法律关系。

我国《民法通则》第84条第1款规定："债是按照合同的约定或者依照法律的规定，在当事人之间产生的特定的权利和义务关系。享有权利的人是债权人，负有义务的人是债务人。"债权人有权请求债务人按照合同的约定或法律的规定履行其义务；债务人有义务按照合同的约定或者法律的规定为特定行为以满足债权人的请求。从我国《民法通则》的规定来看，可以从以下几个层面来理解债的含义：

（一）债是一种民事法律关系

债是民事主体之间以民事权利义务为内容的法律关系，因而是受国家法律保护的。不具有法律属性，或者不是以民事权利义务为内容的关系，不属于债。如所谓的"人情债"即不为法律上的债。

（二）债是特定当事人之间的法律关系

法律关系有发生在特定人与不特定人之间的，典型的如物权法律关系；也有发生在特定人与特定人之间的，而债就是这种法律关系的典型。债是发生于特定当事人之间的法律关系，即债的主体各方均须为特定人。债区别于其他法律关系的根本特征在于债是特定当事人间的关系，因而债为相对的法律关系。而与之相区别的物权法律关系，则为绝对的法律关系。

（三）债是特定当事人间得请求为特定行为的法律关系

债作为一种特定人间的法律关系，以当事人间得请求为特定行为为内容，因而债是以请求权为特征的一种法律关系。当事人间得请求为的特定行为是一种会给当事人带来财产利益的行为，又称为给付。可见，法律上的债不仅仅指给付金钱，其他诸如当事人间得请求提供劳务、交付货物、移转权利等的法律关系也为债。

（四）债是按照合同或者法律规定而发生的法律关系

法律上的债既可因合同发生，也可因法律规定而发生，因而其有极广的适用范围，而不单指基于当事人约定而发生的法律关系。

二、债的法律特征

债，作为一种法律关系，是民法调整财产关系的结果。但民法调整财产关系所形成的法律关系，并非都为债的关系。债的关系与其他财产法律关系相比较，具有以下特征：

（一）债是财产性的法律关系

民法调整平等主体之间的财产关系和人身关系。与婚姻、继承等人身关系对比而言，债的关系是建立在债权人和债务人之间的利益之上的，这种利益或直接或间接地都与财产有关，都是财产性质的。因此债属于财产性的法律关系。

（二）债反映财产流转关系

财产关系依其形态分为财产的归属利用关系和财产流转关系。前者为静态的财产关系，后者为动态的财产关系。物权关系、知识产权关系反映财产的归属和利用关系，其目的是保护财产的静态的安全；而债的关系反映的是财产利益从一个主体转移给另一主体的财产流转关系，其目的是保护财产的动态的安全。

（三）债的主体双方只能是特定的

如上所述，债是特定当事人间的民事法律关系，因此，债的主体不论是权利主体还是义务主体都只能是特定的，也就是说，债权人只能向特定的债务人主张权利。而物权关系、知识产权关系以及继承权关系中只有权利主体是特定的，义务主体则为不特定的人，也就是说权利主体得向一切人主张权利。因此债权是一种对人权，而物权是一种对世权。

（四）债以债务人应为的特定行为为客体

债的客体是给付，亦即债务人应为的特定行为，而给付又是与物、智力成果以及劳务等相联系的。也就是说，物、智力成果、劳务等是给付的标的。债的客体的这一特征使债与物权关系、知识产权关系相区分。因为物权的客体原则上为物，知识产权的客体则为智力成果。

（五）债须通过债务人的特定行为才能实现

债是当事人实现其特定利益的法律手段，债的目的是一方从另一方取得某种财产利益，而这一目的的实现，只能通过债务人的给付才能达到，没有债务人为其应为的特定行为也就不能实现债权人的权利。而物权关系、知识产权关系的权利人可以通过自己的行为实现其权利，以达到目的，而无须借助于义务人的行为。

（六）债的发生具有任意性、多样性

债可因合法行为而发生，也可因不法行为而发生。对于合法行为设定的债权，法律并不特别规定其种类，也就是说，当事人可依法自行任意设定债。而物权关系、知识产权关系都只能依合法行为取得，并且其类型具有法定性，即当事人只能设定法律上规定的类型，不能任意自行设定法律上没有规定的物权、知识产权。

（七）债具有平等性和相容性

物权具有优先性和排他性，按照一物一权的原则，在同一物上不能成立内容不相容的数个物权关系，同一物上有数个物权关系时，其效力有先后之分，即成立在先的物权优先于成立在后的物权得以实现。而债的关系却具有相容性和平等性，在同一标的物上不仅可成立内容相同的数个债，并且数个债相互间是平等的，即成立在同一标的物上的债权，无论成立的时间先后顺序如何，一律得以平等受偿。

第二节　债的法律关系的要素

法律研究的一个特点就是把纷繁的社会关系反映成法律关系，并在此基础上对具体的社会关系加以研究。说到法律关系，就要说到主体、客体、内容三大要素。债作为一种法律关系，自然应包括主体、内容与客体三要素。

一、债的主体

债的主体即债的当事人，包括债权人与债务人。债权人是指在债的关系中享有权利的一方当事人；债务人是指在债务关系中负担义务的一方当事人。

债的主体区别于其他民事法律关系主体的一大特点就是，债的主体必须是特定的。在同一债的关系下，权利主体和义务主体均可以是两个以上的人（含自然人和法人等民事主体）。同一债的关系涉及的主体可能有多个，但无论债的主体有多少，他们都是特定的。只有与债权人有约定的或法定的债权债务关系的特定人才能成为向债权人履行义务的债务人。而诸如物权关系、人身权关系、知识产权关系等，权利主体为特定的人，而义务主体则是不特定的任何人。

一般而言，凡民事主体均可为债的主体。但有的债，法律对其主体资格设有限制，只有法律允许其为主体的民事主体才可为其主体。例如，公债的债务人只能是国家。

二、债的内容

通说认为，债的内容为债的主体双方间的权利与义务，即债权人享有的权利和债务人负担的义务。

（一）债权

债权为债权人享有的请求债务人为特定行为的权利。我们研究债权的特性，目的在于认识债权与其他财产权的不同。所以，对于债权的特性，可以从以下方面说明：

1. 债权为请求权

债为特定当事人间得请求为特定行为的关系，债权即为债权人得向债务人请求其为特定行为的权利。债务人为特定行为称为给付。债权者，乃将债务人之给付归属于债权人，使其得受领债务人之给付，债权人亦因而得向债务人请求给付。债权人取得其利益，只能通过请求债务人给付来完成。因而，债权为请求权，而不属于支配权。债权人既不能直接支配债务人应给付的特定物，也不能直接支配债务人的给付行为，更不能直接支配债务人的人身。

债权是请求权，但债权与请求权并不是一回事，二者是有区别的。请求权是与支配权相对应的，而债权是与物权、知识产权、继承权、人身权等权利相对应的。债权与请求权的区别主要有二：其一，请求权不仅包括债权请求权，也包括其他请求权，如物上请求权等；其二，就债权请求权而言，它只是债权权能之一，除请求权外，债权还包括受领权、抵销权、代位权等权能。

2. 债权为相对权

债的特点之一是主体的特定性，债权债务仅存在于特定人之间。因而债权人只能向特定的债务人主张权利，即请求特定债务人为给付。正是就此意义上说，债权为相对权。对于债务人以外的第三人，因其与债权人间并不存在债权债务，债权人不能向其主张权利。

正是债权的这一特点，使得债权不像物权那样必须为一切不特定的相对人尊重。举例来说，在一物二卖的情形下，物的所有权人把物卖了两次，在这一组买卖合同关系中，物的所有权人充当了两个债的关系中的债务人，两个买受人分别在各自的债的关系中充当债权人，但一般情况下，前一个买受人就无权以后一个买受人侵害其发生在前的债权为由对之提起诉讼。

3. 债权的设立具有任意性

债依其发生的原因有意定之债与法定之债之分。意定之债是由当事人的意思决定的，并且法律不会因当事人自行设定的债的关系因法律上没有明确规定而不承认其效力。这也是由契约自由原则所决定的。

4. 债权具有平等性

如前所述，债具有平等性和相容性的特点。数个债权人对于同一债务人先后发生数个债权时，各个债权具有同等的效力。也正因为债权具有平等性，在债务人破产时，债务人的各个债权人不论其债权发生先后只能按其比例参加破产财产的分配。

5. 债权具有相容性

相容性是与排他性相对应的。排他性指在同一标的物上不允许有两个以上不相容的权利同时存在。而相容性指针对同一标的物可以成立两个内容相同的数个债权。各债权之间是相容的而非互相排斥，即每个债权都不具有排他性。最典型的例子是一物二卖。在一物二卖的情形下，两个债权债务关系都有效成立。虽然最终只有一个债权能够得到实现，但另一个债权并不因此而无效，只是转化为违约损害赔偿请求权。

（二）债务

债务为债务人承担的为特定行为的义务。债务既为一种义务，当然具有义务的一般特性；同时债务又具有不同于其他义务的一些特性。

1. 债务具有特定性

债务的特定性一方面表现为义务人是特定的，另一方面表现为义务的内容是特定的。

在任何债中，债务人总是特定的，债务人应为的行为的内容也是特定的。例如，债务人应交付货物的，其所应交付的货物的数量、质量等都是明确的。

2. 债务具有积极性

债务为特定债务人应为的特定行为。关于债务人的特定行为是否包括作为与不作为，有不同的观点。有的人认为，债务人的行为可以是作为，也可以是不作为；有的人认为，债务人的行为只能是作为。尽管通说认为，债务为债务人负担的应为作为或不作为的特定行为，但实质上，债务一般只能是债务人应为的特定的积极行为即作为，而不能是消极行为，消极行为只能是债务的附随义务。

3. 债务与责任的关系密切

债务与其他义务一样具有强制性，是由法律的强制力约束的，因此，债务与责任的关系极为密切。没有责任，债务的法律约束力也就不存在。

在当代，责任和债务是有明确的区分的。债务是一种债务人向债权人应当履行的状态；而责任是债务得不到履行时产生的一种法律上的强制。责任为担保债务存在。二者的相互关系有以下情形：其一，无责任的债务。此种债务因缺乏强行性，故为不完全债务。例如，已罹时效的债权。其二，无债务的责任。例如，于债务关系成立前，预为设定责任关系（如对于将来的债务、附条件的债务先行设定质权或保证），其债务关系将来也可能竟不发生，但保证等责任关系属于完全成立。其三，负债务而自己不负责任。例如，对于自己的债务，由他人提供担保。其四，负责任而自己不负债务的。例如，家长因其家属的侵权行为而负有责任，至于其债务则仅属于其家属（加害人）。其五，债务与责任同时存在，而其范围则不尽相同。例如，所谓的有限责任，有限责任公司的股东仅以出资额为限对公司的债务负责，债务超出其出资额的，股东也不负责任。其六，债务的内容与责任的内容多不相同。债务的内容种类不一，而责任的内容，系于债务不履行时，以损害赔偿为之。

4. 自然债务

自然债务，也称不完全债务，指失去法律强制力保护不得强制执行的债务。

自然债务这一概念源自罗马法。罗马法上把具有诉权的债权相对应的债务称为法定债务，把与无诉权的债权相对应的债务称为自然债务。这一概念在当代民法中得到了沿袭。我国《民法通则》第138条规定："超过诉讼时效期间，当事人自愿履行的，不受诉讼时效限制。"这一规定就体现了自然之债的概念。此时债务并没有消灭，只是已得不到诉讼上的支持，债权人丧失了胜诉权。但债务人自愿履行的，法律予以认可，债务人履行后不得以诉讼时效已过为由请求撤回其履行行为。

三、债的客体

债的客体是指债权债务共同指向的对象。没有客体，债权债务就会落空，也就不能构成债。就债的客体意指何物，学者们有不同看法，争议主要集中于客体和标的是否有区别、何谓标的、何谓客体等问题。我国原《经济合同法》关于经济合同的条款中规定，标的指的是货物、劳务、工程项目等。《合同法》中未说明标的指的是何事物，在解释上有的认为标的包括有形财产、无形财产、劳务、工作成果等。由于债权人设立债的目的是为满足自己的某种利益需要的，但对这种利益的载体（如货物、劳务等），债权人自己并不能直接支配，须通过债务人为特定行为才能达到满足自己利益需要的目的，因此，债权债务共同指向的是债务人应为的特定行为。也就是说，债的客体为债务人应为的特定行为即给付。

第三节 债的分类

在现实生活中，债的形式多种多样，为了方便学习研究，我们把债按不同标准分成了不同种类。

一、单一之债与多数人之债

根据债的主体上的特征，债可分为单一之债与多数人之债。

单一之债，是指债权主体一方和债务主体一方都仅为一人的债。多数人之债，是指债权主体和债务主体至少有一方为二人以上的债。所以，在单一之债中，只有两个当事人；而在多数人之债中，则至少有三个当事人。

区分单一之债与多数人之债的意义就在于这两类债的复杂程度不同。在单一之债中，因为债权主体和债务主体都仅为一人，当事人之间的关系简单明了。而在多数人之债中，因为至少有一方主体为二人以上，所以当事人之间不仅有债权主体与债务主体双方之间的债权债务关系，而且在多数一方当事人之间还有相互间的权利义务关系，当事人之间关系比较复杂。对于多数人之债，只有正确地确定多数人一方当事人之间关系的性质，才能正确地确定当事人之间的权利义务和责任。

二、按份之债与连带之债

对于多数人之债，根据多数人一方当事人相互之间的权利义务关系，可分为按份之债与连带之债。

（一）按份之债

1. 按份之债的概念

按份之债，是指债的多数人一方的当事人各自按照确定的份额分享权利或者分担义务的债。

按份之债包括按份债权和按份债务。《民法通则》第86条规定：“债权人为二人以上的，按照确定的份额分享权利。债务人为二人以上的，按照确定的份额分担义务。”二人以上的债权人按照确定份额分享权利的，即为按份债权；债务人二人以上，各自按照确定份额分担义务的，则为按份债务。

2. 按份之债成立的条件

（1）债权人和债务人一方或者双方为二人以上。在单一之债中不可能发生一方当事人之间的权利或义务的份额问题，所以只有在债的当事人一方或双方为多数人时，才会成立按份之债。

（2）债的标的是可分的。所谓债的标的可分，是指该债的标的经分割后并不损害其性质或价值。因此，按份之债的标的物只能是可分物。如果债的标的是不可分的，则当事人之间不可能按一定份额分享权利或分担义务。

（3）债权或债务由数个债权人分享或由数个债务人分担。多数人主体一方的当事人分享权利或者分担义务，是按份之债的根本特征。债的标的虽为可分的，但法律另有规定或者当事人另有约定时，也不能成立按份之债。

（4）按份之债的数个债权人或者数个债务人分享权利或者分担债务的份额，是自当事人加入债的关系时就确定的，而不是事后确定的。一般说来，按份之债的多数人一方当事人的债权债务份额是基于同一原因成立的，但不能仅以此为限。在债成立后，其他人基于另外的原因加入债的关系的，也可发生按份之债。按份之债多数人一方的各自份额虽不必基于同一原因成立，但按份之债的给付原因须为同一的。如果债的当事人之间的给付义务不是基于同一原因发生的，则不能成立按份之债。

3. 按份之债的效力

（1）按份债权人只能就自己享有的债权份额请求债务人履行债务，而无权请求债务人向自己清偿全部债务；按份债务人仅就自己所负担的债务份额向债权人履行债务，对其他债务人负担的债务份额无清偿的义务。

（2）就某一债权人或债务人发生的事项，例如履行迟延、受领迟延、履行不能或者其他关于履行的过失，对其他债权人或者债务人不发生影响。某一债权人或债务人所为的免除债务、提存、无效、撤销或抵销，以及某一债务人因不可抗力或时效完成而消灭债务等事项，对其他债权人或债务人也不发生影响。

（3）由于按份之债是基于同一原因发生的，就按份之债发生争议的，全体债权人和全体债务人应作为共同诉讼人参加诉讼。

（二）连带之债

1. 连带之债的概念

连带之债，是指债的当事人一方为多数，且多数人一方的各当事人都有权请求对方履行全部债务或者都负有向对方履行全部债务的义务，全部债权债务关系因债务一次性的全部履行而消灭的债。

连带之债包括连带债权和连带债务两种情况。但在连带债权中，由于每个债权人都有权请求债务人履行义务，债务人得向任一个债权人清偿全部债务，债务人一旦向任一债权人清偿了全部债务，债务人的债务即归于消灭。这样一来，如果请求和接受债务人履行的债权人没有资力或者不讲诚实信用，则其他债权人就会难以受偿。所以，连带债权对债权人来说并不有利，在实践中连带债权也少见。连带之债的真正作用是体现在连带债务上。因为，连带债务人的每个债务人都负有清偿全部债务的义务，任一债务人在全部债务清偿前都不能免除清偿的责任。这也就是说，连带债务的各债务人的全部财产担保着债权人的债权，因此连带债务具有确保债权实现的目的和作用。我国法律上虽规定了连带债权，但常见的和有意义的连带之债是连带债务。

2. 连带之债成立的条件

（1）须有多数债权人或多数债务人。这是多数人之债的根本特征，也是连带之债成立的先决条件。

（2）须为同一标的。如标的不同，不能成立连带之债。

（3）须当事人之间的债权债务有同一的目的。连带之债的标的不仅须是同一的，而且债的目的也须是同一的。所谓债的目的是同一的，是指各债权人享受的债权或者各债务人负担的债务的目的是一个。各债权人中即使某人受偿全部债权或各债务人中即使某人清偿了全部债务，债即消灭。如虽债的标的同一，但债的目的不同一，也不能发生连带之债。

（4）须多数当事人一方之间有连带关系。这是连带之债的根本特征，也是由连带之债有同一的目的所决定的。所谓连带关系，是指就多数债权人或者多数债务人中一人发生效力的事项，对于其他债权人或者债务人也发生同样的效力。

3. 连带之债的效力

在连带债权中，每个债权人都有权要求债务人承担全部债务；债务人也有权向任何一个债权人履行债务。当一个债权人受领了债务人的全部给付时，其他债权人的对债务人的债权就消灭了。此时，原有的债务人与连带债权人的债权债务关系转化为了连带债权人之间的债权债务关系，其他债权人有权向受领了债务的债权人要求给付。

在连带债务中，每一个债务人都负有履行全部债务的义务。债权人有权向任何一个债务人要求承担全部债务，也可以向某几个特定的债务人要求承担全部或部分责任。当一个债务人履行了全部债务时，其他债务人对债权人负有的债务就消灭了。此时，原有的债权人与连带债务人的债权债务关系转化为了连带债务人之间的债权债务关系，履行了全部债务的债务人有权向其他债务人要求承担债务。

4. 连带之债发生的原因

连带之债的发生可以基于法定也可以基于约定。约定承担连带之债的，一般要求采用明示的方式，因为连带之债的债务人会承担较重的责任，法律不宜认可默示的方式，而应由当事人自愿明示承担连带债务，以免过分加重债务人的负担。这里重点介绍法定连带之债的情形。

（1）个人合伙债务。我国《民法通则》第35条第2款规定："合伙人对合伙的债务承担连带责任，法律另有规定的除外……"各国一般都规定合伙人对合伙的债务承担连带责任，这也是合伙这一制度设计的特点。从法律的规定看，合伙人对合伙债务承担连带责任是原则，不承担连带责任是例外，这种例外需要法律另有明确规定方可。

（2）代理上的连带之债。《民法通则》规定，委托代理授权不明时，被代理人与代理人对第三人承担连带责任；代理人与第三人串通损害被代理人利益时，代理人与第三人对被代理人承担连带责任；第三人明知行为人无权代理仍与其实施民事行为给他人造成损害的，第三人与无权代理人对他人承担连带责任；代理人与被代理人相互知道对方违法而不表示反对时，代理人与被代理人承担连带责任。

（3）共同侵权行为人的责任。《民法通则》第130条规定："二人以上共同侵权造成他人损害的，应当承担连带责任。"

（三）区分按份之债与连带之债的意义

按份之债与连带之债同属于多数人之债的类型，区分二者的意义主要在于二者的效力不同。

1. 按份之债的效力

（1）各债权人的债权或各债务人的债务各自独立，对某一债权人或某一债务人发生效力的事项，对于其他债权人或债务人原则上不发生影响。

（2）各债权人或债务人的债权债务是基于同一原因（例如同一合同）产生的，相互之间在一定情形下，也有一定关联。如在诉讼中，各按份债权人或债务人可作为共同诉讼人起诉或应诉。在因合同产生的按份之债中，当事人解除合同的，须由一方当事人全体向另一方当事人全体为之，多数人一方的某一当事人不得单独向另一方主张解除合同。

2. 连带之债的效力

连带之债的效力分为外部效力与内部效力两个方面。外部效力是指有连带关系的一方与对方当事人之间的关系。内部效力是指有连带关系的一方当事人间的关系。

从连带之债的外部效力上说，在连带债权中，各债权人均有权请求和接受债务人的全部给付，债务人也得向任一债权人履行债务。任一债权人接受债务人的全部履行后，其他债权人的债权也就同时消灭。在连带债务中，各债务人均负有清偿全部债务的义务。债权人得同时或者先后请求债务人全体或部分或一人履行全部或部分债务。只要债务没有全部清偿完毕，每个债务人不论其是否应债权人的请求履行过债务，对没有清偿的部分，都有清偿的义务；债务只要全部清偿，不论为债务人中一人或数人清偿，还是为债务人全体清偿，各债务人的债务均消灭，均不再对债权人负清偿义务。

从连带之债的内部效力上说，连带债权的各个债权人都有权请求和接受债务人的债务履行，但在各个债权人之间，因各个债权人只能享受自己得享受的权利份额，所以，接受债务人的履行超过自己得享受的权利份额的债权人，应当按债权人之间的权利比例返还给其他债权人。连带债务的各债务人都有清偿全部债务的义务，但在各债务人之间，各债务人是按照一定份额分担债务的，所以，清偿债务超过自己应分担的份额的，债务人有权向其他债务人追偿。履行了义务的债务人享有的请求其他债务人偿还其应承担份额的权利，即为债务人的求偿权。

三、简单之债与选择之债

根据债的履行是否可以选择，债可分为简单之债与选择之债。

简单之债，有的称为单纯之债，通说是指债的履行标的只有一种，当事人只能按照该种标的履行的债。当事人不仅不能选择其他的标的履行，而且在履行时间、方式、地点等方面都无选择的余地。因为简单之债的当事人在债的履行上并无选择性，所以简单之债又称为不可选择之债。

选择之债，是指债的履行标的有数种，当事人在履行时可从中选择一种来履行的债。因为选择之债的当事人须从数种标的中选择一种履行，因此选择之债须具备以下两个条件：(1) 在债的履行上有可选择性，这种选择可以是标的种类上的不同，如债务人给付金钱或提供劳务；可以是标的物的不同，或劳务的内容不同；也可以是履行时间上的不同，履行方式的不同，履行地点的不同。凡在债的给付标的、履行时间、方式、地点等诸方面可供选择的债，都为选择之债。(2) 须于债的履行标的特定后才能履行。选择之债的履行标的虽有数种，但当事人只能从中确定一种履行，也只有在履行标的确定后当事人才能履行债。如无须确定债的履行标的就可以履行，则该债不为选择之债。

区分简单之债与选择之债的意义在于，选择之债的当事人须于数种给付中选定一种履行，而简单之债不发生选择。选择之债给付的选定亦即选择之债的特定化。选择之债的特定方法主要有三种：一是履行时由当事人合意选定；二是一方行使选择；三是履行不能。

第一种，双方当事人合意从几种给付中选择一种给付作为债的标的。这是一种合同行为，严格说来可以算作合同的变更，但也是选择之债特定化的一种方法。

第二种，给付的选择，是指当事人就选择之债的数种给付中选择一种履行的意思表示。选择权的归属依法律的规定或合同的约定而定，或归于债权人，或归于债务人，或归于第三人，均无不可。但在法律没有明确规定、当事人也无明确约定时，选择权一般归债务人一方享有。

第三种，履行不能的特定方法，是指选择之债的数种给付只有一种可以履行而其他均发生履行不能时，则当事人并无选择的余地，只能按可以履行的标的履行。当数种给付其余都不可行，只有一种可以履行的情况方为选择之债的特定化方法之一，此时，选择之债也就成为简单之债。

四、特定之债与种类之债

根据债的标的物的性质，债可分为特定之债与种类之债。

（一）特定之债

特定之债有广义与狭义之分。广义的特定之债是指各种特定给付的债，既包括给付特定的物，也包括给付特定的劳务、权利等。狭义的特定之债仅指债务人应给付特定的物的债，即以特定物为标的物的债。我们这里所说的特定之债是指狭义的特定之债。

特定之债的根本特征在于，债的标的物于债成立之时即已特定，具有不可替代性。特定的标的物既可以是独一无二的物，如某一幅字画，也可以是以当事人的主观意志选定的特定物，如某一台电视机。因此，特定之债的意义在于：第一，债务人只能以给付特定的标的物履行义务，债权人也只能要求债务人交付特定的标的物。原则上，当事人不能以其他标的物代替约定的标的物给付。第二，在特定的标的物灭失时，发生债的履行不能，债务人不负履行责任。但如标的物的灭失是因可归责于债务人的事由发生的，则债务人应负损害赔偿责任。第三，转移标的物所有权的特定之债，当事人可以约定标的物所有权的转移时间和风险转移时间。

（二）种类之债

广义的种类之债，是指各种种类给付的债，如给付某类种类物、提供某类劳务、转移某类权利等。狭义的种类之债，仅指以种类物为标的物的债。我们这里所说的种类之债即指狭义的种类之债。

种类之债的根本特征在于其标的物为种类物，于债成立之时当事人仅以一定的数量和质量确定标的物。种类之债的法律意义在于：第一，债的标的物是不特定的，具有可替代性。因此，于债成立之时，当事人需要确定标的物的数量和质量。如标的物的数量和质量不确定或不能确定，则债不为成立。第二，在约定的标的物发生毁损灭失时，一般不发生履行不能。因种类之债的标的物具有可替代性，因而债务人在其标的物部分灭失时，仍可以余下的标的物履行债务，而不发生债的履行不能。一般说来，只有在债务人所有的该种类物全部灭失时，才发生债的履行不能。第三，转移所有权的种类之债，标的物所有权的转移时间不能在标的物特定之前，在法律没有另外规定或当事人无另外约定时，标的物的所有权自交付时起转移，标的物的风险也自交付时转移给债权人负担。

五、财物之债与劳务之债

根据债务人履行债务的内容，债可分为财物之债与劳务之债。

财物之债，是指债务人应以给付一定财物履行债务的债。财物之债的特点在于，债务人履行债务是向债权人交付一定的财物，移转一定的财产权利给债权人。因为，在财物之债中，债权人所关心的是所取得的财物的性质，至于该财物由何人给付，对债权人的利益一般并无影响。所以财物之债一般可由第三人代替履行，在债务人不履行债务时，可以以强制的方法直接强制债务人履行。

劳务之债，是指债务人须以提供一定劳务履行债务的债。劳务之债的债务人须向债权人提供一定的劳务。这种劳务可以是有物化结果的，也可以是没有一定物化结果的行为。有物化结果的劳务之债与财物之债相似，但二者并不相同。在前者，债权人需要的是体现特定债务人劳务的工作成果，而不是一般的财物。劳务之债因债权人所需要的是特定债务人的劳务或体现债务人劳务的工作成果，因此，除法律另有规定或者当事人另有约定外，债务人不得让第三人代替履行债务；在债务人不履行债务时，债权人一般也不能请求强制债务人履行，而只能请求债务人赔偿损害。

本章小结

债是按照合同或者法律规定在特定当事人之间发生的请求为特定行为的法律关系。债权为债权人享有的请求债务人为特定行为的权利。债务为债务人承担的为特定行为的义务。

根据不同的标准，可以对债进行不同的分类，主要包括：第一，以债的主体构成为标准，债分为单一之债与多数人之债。第二，以债的主体相互间权利义务关系为标准，多数人之债又可以分为按份之债与连带之债。第三，以债的履行是否可以选择为标准，债可以分为简单之债与选择之债。第四，以债的标的物的性质为标准，债可以分为特定之债与种类之债。第五，以债务的内容为标准，债可以分为财物之债与劳务之债。

重要概念

债　债权　债务　债的发生原因　单一之债与多数人之债　按份之债与连带之债　简单之债与选择之债　特定之债与种类之债　财物之债与劳务之债

案例分析

【案情】

甲、乙、丙的共同侵权行为造成了丁 9 000 元的财产损失。丁和甲、乙达成协议，甲、乙各向丁支付 2 000 元后，丁就不再追究甲、乙的责任。

【问题】

在此情况下，丁如何追索？

【评析】

余下的5 000元向丙请求赔偿。

此案中，首先明确甲、乙、丙基于共同侵权行为应当向丁承担连带责任，丁有权向甲、乙、丙中任何一人要求承担全部责任。其次，丁部分免除了甲、乙二人的责任，虽然在连带之债中因一债务人的清偿、提存、抵销、混同等原因而使债消灭的，其效力也及于其他债务人，但是，债权人对于一债务人债务的免除，而对其他债务人的债务无免除的意思的，该债务免除的事项，仅于该债务人应分担的债务部分，使其他债务人免负清偿责任，其他债务人不能就全部债务免除清偿责任。因此作为丁，仍有权要求丙承担其余的全部债务。最后，丙在承担完毕债务后，该连带之债转为甲、乙、丙三人内部之债，丙可以向甲、乙追偿其多承担的那部分债务，三人之间的债务比例如何划分，应看具体情形而定。

同步测练与解析

一、不定项选择题

1. 下列不属于债权的法律特征的是（　　）。

A. 债权为请求权　　B. 债权为相对权

C. 债权具有平等性　　D. 债权具有排他性

2. 下列不属于债权与物权存在的区别的是（　　）。

A. 债权反映财产流转关系，物权反映财产归属关系

B. 债权关系的主体双方不特定的，物权关系的主体双方是特定的

C. 债的发生具有多样性、任意性，物权关系的建立具有法定性

D. 债权具有平等性和相容性，物权具有排他性

3. 按份之债与连带之债的区别在于（　　）。

A. 按份之债一方为多数人，连带之债双方都为多数人

B. 按份之债的债权人可以选择任何一个债务人承担全部债务，连带之债债权人不可以

C. 连带之债债权人可以选择任何一个债务人承担全部债务，按份之债债权人不可以

D. 连带之债的债务人有义务对债权人的债务全部清偿，按份之债债务人无此义务

4. 甲、乙分别出资1万元合伙经营，后因经营不善，负债10万元，甲、乙约定由甲承担8万元，乙承担2万元。这种约定对债权人（　　）。

A. 无效。债权人可以要求甲、乙任何一方承担全部债务
B. 有效。债权人只能按照约定要求甲、乙承担各自的债务
C. 无效。债务人只能要求甲、乙平均承担债务
D. 有效。债权人要求任何一方承担全部债权是没有法律依据的

5. 根据债的发生原因及债的内容是否以当事人的意志决定，债可分为（　　）。
A. 法定之债与意定之债　　B. 按份之债与连带之债
C. 主债与从债　　D. 财物之债与劳务之债

二、简答题

1. 债权具有哪些法律特征？
2. 简述连带之债的外部效力。
3. 把选择之债特定化的方法有哪些？
4. 连带之债发生的原因有哪些？

三、论述题

1. 试比较债权与物权的区别。
2. 试分析连带之债与按份之债的联系与区别。

参考答案

一、不定项选择题

1. D　2. B　3. CD　4. A　5. A

二、简答题（答案略）

三、论述题（答案略）

第十一章

CHAPTER ELEVEN

债的原因

学习目标

通过本章的学习，应当明确债的发生原因包括合同、侵权行为、无因管理、不当得利和单方行为所生之债，并掌握它们各自的特点、联系和区别。

重点难点提示

- 合同之债的特点
- 合同的类型
- 侵权之债的特点
- 无因管理之债的特点及其法律效果
- 不当得利之债的特点及其法律效果

债的发生原因，又称债的发生根据。因为任何法律关系的发生、变更和终止都是以一定的法律事实为根据的，所以债的发生原因也就是引起债的关系产生的法律事实。债的关系是依一定的法律事实（法律要件）所发生的。

依照《民法通则》第84条第1款的规定，债是按照合同的约定或者法律的规定而发生的。依此，债的发生原因可分为两类：一是基于合同；二是基于法律规定。但这一规定似有不妥。因为除合同外，其他的法律行为也可以发生债。例如，遗嘱就可引起债的发生。基于遗嘱而发生的债就不是按照法律规定发生的。因此，债的发生原因依其是否依当事人自己的意思而发生，可分为法律行为和法律规定。基于法律行为发生的债通常称为意定之债，基于法律规定而发生的债通常称为法定之债。

在各国法上，可发生债的法律事实主要有合同、不当得利、无因管理、侵权行为这四大种类，当然还有其他债的发生原因。

第一节　合　　同

一、合同之债的概念

合同是平等主体的自然人、法人、其他组织之间设立、变更、终止民事权利义务关系的合意。合同依法成立后，即在当事人间产生债权债务关系，因此合同是债的发生根据。基于合同所产生的债即为合同之债。因合同是双方或多方的民事法律行为，只有各方的意思表示一致才能成立，所以合同之债又称为合意之债。合同之债是当事人根据其利益依其意思自行设定的，因此合同之债属于意定之债。但合同之债不等同于意定之债，意定之债还包括基于单方法律行为而发生的债。

二、合同之债的特点

只有依法成立的合同才能产生合同之债。合同之债在社会经济生活中占有重要的地位，合同是最常见的、最主要的债的发生原因。

合同之债的特点：

第一，它由双方当事人的法律行为引起。单方法律行为虽然也可以成为债的发生原因，但不能够引起合同之债。而双方的法律行为必须建立在合法的基础上，双方当事人中若任何一方有违法行为，合同就会无效，也就无从引起合同之债。

第二，合同之债中双方当事人的意思表示一致。合同之债强调的是当事人双方地位平等，意思表示自由，并且意思表示真实。一方以欺诈、胁迫等手段，使对方在违背真实意思的情况下订立的合同，是可以被受欺诈、受胁迫一方撤销的。

第三，合同之债具有任意性。只要不违反法律的强行性规定，合同的内容完全可以由当事人自由协商确定，这是民法上意思表示自由的体现，也是合同法最大的特点之一。合同法上关于合同的成立、合同的形式及内容的规定，多属于任意性规定，而非强制性规定，当事人可以约定排除适用合同法上的任意性规定。

三、合同的种类

（一）双务合同与单务合同

所谓双务合同，是指当事人双方互负对待给付义务的合同，即一方当事人愿意负担履行义务，旨在使他方当事人因此负有对待给付的义务。或者说，一方当事人所享有的权利，即为他方当事人所负有的义务，例如买卖、互易、租赁合同等均为双务合同。所谓单务合同，是指合同当事人仅有一方负担给付义务的合同。换言之，是指合同当事人双方并不互相享有权利和义务，而主要由一方负担义务，另一方并不负有相对义务的合同。在法律上区分单务合同和双务合同的意义有以下几点：

1. 在是否适用同时履行抗辩权上不同

双务合同成立以后，当事人各基于合同负履行义务，一方负担的义务是以他方负担义务为前提的。只有在双方均同时履行了自己的义务之后，才能达到当事人订约的目的。而在单务合同中，因为只有一方负担义务或者另一方虽然负有义务但其所负有的义务并不是主要的义务，不存在双方权利义务的相互对应和牵连关系，不负有履行义务的一方向负有义务的一方提出履行请求的时候，对方无权要求同时履行。因此，单务合同不适用同时履行抗辩权原则。

2. 在风险负担上不同

由于双务合同中，双方的权利义务互相依存、互为条件，如果非因一方当事人（如因不可抗力的发生）导致其不能履行合同义务，其合同债务应被免除，其享有的合同权利也应归于消灭。在此情况下，一方应不再负有合同义务，因此也无权要求对方履行；如果对方已经作出履行的，则应将其所得返还给对方。而在单务合同中，如果一方因不可抗力而导致不能履行义务，不会发生双务合同中的风险负担问题。

3. 因一方的过错所致合同不履行的后果不同

在双务合同中，如果非违约方已履行合同的，可以要求违约方履行合同或承担其他违约责任；如果违约方要求解除合同，则对其已经履行的部分有权要求未履行给付义务的一方返还其已取得的财产。但在单务合同中，则一般不存在上述情况。

（二）有偿合同与无偿合同

根据当事人是否可以从合同中获取某种利益，可以将合同分为有偿合同与无偿合同。有偿合同，是指一方通过履行合同规定的义务而给对方某种利益，对方要得到该利益必须为此支付相应代价的合同。无偿合同，是指一方给付某种利益，对方取得该利益时并不支付任何报酬的合同。无偿合同并不是反映交易关系的典型形式，但由于是根据双方的合意而产生的，因此，无偿合同也是一种合同类型，并应受到合同法调整。

有偿合同与无偿合同的区分意义：

1. 确定某些合同的性质

在债权合同中，许多合同只能是有偿的，不可能是无偿的。例如买卖合同是有偿的，如果变为无偿合同，则变成了赠与关系。当然，也有一些合同既可以是有偿，也可以为无偿，如自然人之间的保管合同大多为无偿，而法人之间的保管则多为有偿。

2. 义务的内容不同

由于合同是对交易关系的反映，合同的义务内容常常受到当事人之间利益关系的影响。在无偿合同中，利益的出让人原则上只应承担较低的注意义务，如无偿保管合同中，保管人因过失造成保管物毁损灭失时，虽不能被免除全部责任，但应酌情减轻责任；而在有偿合同中，当事人所承担的注意义务显然要较无偿合同中之注意义务为重，例如，有偿保管合同的保管人因其过失造成保管物毁损灭失时，应负全部赔偿责任。

3. 主体要求不同

订立有偿合同的当事人原则上应具备完全行为能力，而限制行为能力人非经其法定代理人的同意，不能订立一些较为重大的有偿合同；但对于一些纯获法律上利益的无偿合同，如接受赠与等，限制行为能力人和无行为能力人即使未取得法定代表人的同意也可以订立该合同。

（三）有名合同与无名合同

根据法律上是否规定了一定合同的名称，可以将合同分为有名合同与无名合同。有名合同，又称为典型合同，是指法律上已经确定了一定的名称及规则的合同。如我国合同法所详细规定的15类合同，都属于有名合同。所谓无名合同，又称为非典型合同，是指法律上尚未确定一定的名称与规则的合同。根据合同自由原则，合同当事人可以自由决定合同的内容，因此即使当事人订立的合同不属于有名合同的范围，只要不违背法律的禁止性规定和社会公共利益，就是有效的。可见，当事人可以自由订立无名合同。

法律关于有名合同内容的规定，主要是要规范合同的内容，并非要代替当事人订立合同。从合同法的发展趋势来看，为规范合同关系，保护当事人利益，各国合同立法都扩大了有名合同的范围，但这种发展趋势并非意味着对当事人合同自由的干预大大加强，而是为了进一步规范合同关系，促使当事人正确订约。

区分有名合同与无名合同的意义，主要在于两者适用的法律规则不同。对于有名合同应当直接适用合同法的规定，但在确定无名合同的适用法律时，首先应当考虑适用合同法的一般规则。对于无名合同来说，因其内容可能涉及有名合同的某些规则，因此，应当比照类似的有名合同的规则，参照合同的经济目的及当事人的意思等进行处理。例如对于旅行合同来说，其中包含了运输合同、服务合同、房屋租赁合同等多项有名合同的内容，因此可以类推适用这些有名合同的规则。

（四）诺成合同与实践合同

所谓诺成合同，是指当事人一方的意思表示一旦经对方同意即能产生法律效果的合同，即"一诺即成"的合同。此种合同的特点在于当事人双方意思表示一致，合同即告成立。

所谓实践合同，是指除当事人双方意思表示一致以外尚须交付标的物才能成立的合同。在这种合同中，仅凭双方当事人的意思表示一致，还不能产生一定的权利义务关系，还必须有一方实际交付标的物的行为，才能产生法律效果。例如小件寄存合同，必须要寄存人将寄存的物品交保管人，合同才能成立并生效。

诺成合同与实践合同的主要区别在于，二者成立与生效的时间不同。诺成合同自双方当事人意思表示一致（即达成合意）时起即告成立；而实践合同则在当事人达成合意之后，还必须由当事人交付标的物以后，合同才能成立。诺成合同与实践合同的确定，通常应根据法律的规定及交易而定。例如根据传统民法，买卖租赁、雇佣承揽、委托等属于诺成合同，而使用借贷、保管、运送等都属于实践合同。然而此种分类并非绝对不变。

（五）要式合同与不要式合同

根据合同是否应采取一定的形式，可将合同分为要式合同与不要式合同。所谓要式合同，是指根据法律规定应当采取特定方式订立的合同。对于一些重要的交易，法律常要求当事人应当采取特定的方式订立合同。例如，中外合资经营企业合同，属于应当由国家批准的合同。

所谓不要式合同，是指当事人订立的合同依法并不需要采取特定的形式，当事人可以采取口头方式，也可以采取书面形式。根据合同自由原则当事人有权选择合同形式，但对于法律有特别的形式要件规定的，当事人应当遵循法律规定。

要式与不要式合同的区别在于，某些法律和行政法规对合同的形式要求会影响合同的生效。

（六）主合同与从合同

根据合同相互间的主从关系，可以将合同分为主合同与从合同。所谓主合同，是指不需要其他合同的存在即可独立存在的合同。例如，对于保证合同而言，设立主债务的合同就是主合同。所谓从合同，就是以其他合同的存在而为存在前提的合同。例如，保证合同相对于主债务合同而言为从合同。由于从合同要依赖主合同的存在而存在，所以从合同又被称为附属合同。从合同的主要特点在于其附属性，即它不能独立存在，必须以主合同的存在并生效为前提。

主合同与从合同的区别在于，主合同不能成立，从合同就不能有效成立；主合同转让，从合同也不能单独存在；主合同被宣告无效或被撤销，从合同也将失去效力；主合同终止，从合同亦随之终止。因为主合同并不依附于从合同，相反它是可以独立存在的，因此从合同不成立或失效，一般并不影响到主合同的效力。

第二节 侵权行为

一、侵权行为之债的概念

侵权行为是指不法地侵害他人的合法权益应负民事责任的行为。在民事活动中，民事主体的合法权益受法律的保护，任何人都负有不得非法侵害的义务。受侵害的当事人一方有权请求侵害人赔偿损失，侵害人则负有赔偿损失的义务。因此，因侵权行为的实施在受害人与侵害人间形成债权债务关系，侵权行为也是债的发生原因。

我国《民法通则》中未将侵权行为规定于债权中，而是在民事责任一章中规定了侵权的民事责任。而侵权行为人正是通过侵权行为之债来承担其侵权的民事责任的，所以，《民法通则》在民事责任中规定侵权行为，并不是否认侵权行为也为债的发生原因。

二、侵权行为之债的特点

债权行为虽也为行为，但其与合同、无因管理不同。合同是双方或多方的法律行为，无因管理是合法的事实行为，而侵权行为是单方实施的不法的事实行为。侵权行为之债当然也就不同于合同之债、无因管理之债。侵权行为因其为不法行为，所以也不同于不当得利，尽管侵权行为人有时会从侵权行为中得到不当利益，但侵权行为的性质不在于发生不当得利。侵权行为是法律所禁止的不法行为，但基于侵权行为所产生的侵权行为之债却是合法的，是受法律保护的。侵权行为之债不是侵权行为人所愿意发生的法律后果，法律确认侵权行为之债的目的在于通过债的手段使侵权行为人承担其不法行为所造成的不利后果，给受害人以救济，从而保护民事主体的合法民事权益。

具体来说，侵权行为之债具有以下特点：

第一，侵权行为之债由不法行为引起。这一点与合同之债由合法行为引起有很大的区别。法律为了维护社会秩序的稳定和社会生活的平和，赋予社会上各主体的利益以不可侵犯的权利，同时规定各主体对他人利益予以尊重和不得侵犯的义务。这些利益包括财产、人身和人格等。侵权行为是侵权行为人违反了自己负有的义务，侵害了他人的权益，因而是一种不法行为。

第二，侵权行为之债由侵权行为人也就是加害人的单方法律行为引起，与受害人的意思和行为无关。这也是侵权行为之债与合同之债的区别之一。前者为单方法律行为，后者为双方法律行为。

第三，侵权行为之债是法定之债。侵权行为是加害人的加害行为发生后，依照法律的直接规定，此时加害人就对受害人负有债务。因此，侵权行为之债的发生是基于法律的直接规定，当事人的意思如何法律并不考虑。如果受害人对加害人的行为不予追究，那是受害人免除了加害人的债务，而债务在加害人的加害行为实施之时就已经成立了。这一点与合同之债也是有区别的，合同之债是典型的意定之债。

第四，侵权行为之债的内容主要是赔偿损害，其目的在于补偿受害人的损失。然而侵权行为之债又一大特点是，其损害赔偿的范围不仅仅以财产性损失为限，其赔偿的方式也不以财产性补偿为限。具体来说，侵权行为往往涉及对他人人身权和人格权的侵害，此时赔偿范围不仅包括医药费等财产性损失，还包括精神损害赔偿这样的非财产性损失。而赔偿方式也不仅仅限于金钱的补偿，还包括赔礼道歉、恢复名誉、消除影响等非财产性补偿方式。而与之相反，合同之债的内容仅仅是债务人的金钱物质给付行为，不涉及精神损害赔偿，一般也不涉及非财产性补偿方式。

民法中的侵权行为依客观上有损害、加害人又有过失（包括故意）为必要，这就是过失责任原则。但是在现代社会的某些特殊生活关系中，贯彻过失责任原则会发生不公平，于是在一些特殊情况下承认了无过失责任（危险责任、严格责任）。现在在交通事故方面、公害（环境保护法）方面、大企业的危险作业方面都规定有无过失责任。

但是在现实社会里，即使采用无过失责任，如果加害人没有资力不能赔偿，被害人仍然不能得到救济，因此就产生了保险制度。保险制度一方面是使受到损害的人得到一定的补偿，另一方面是使损害分散到多数人，这就是现代侵权行为之债的一种补充。另外，各国还逐渐加强了国家工作人员对他人造成损害是国家应负的责任的法律规定。

关于侵权行为之债，将在民事责任一编中进一步详细阐述。

第三节　无因管理

一、无因管理的概念

无因管理，是指没有法定的或约定的义务，为避免他人利益受损失而对他人的事务进行管理或者服务的行为。因无因管理行为虽违反禁止干预他人事务的原则，但却是一种有利于本人、有利于社会的互助行为，所以法律为鼓励这一行为而赋予其合法的效力。无因管理一经成立，管理人与本人间也就发生债权债务关系，管理人有权请求本人偿还管理所支出的必要费用，本人也有义务偿还。无因管理为法律规定的债的发生原因。因无因管理所产生的债称为无因管理之债。在现实生活中，无因管理的情形很多，小到为他人收取果实、照看房屋，大到如救人性命，都可成立无因管理，受益人因无因管理向管理人负有债务。这也是现实生活中的需要，因为希望每一个人乐于助人不求回报是不切实际的，而无因管理是非常符合商品经济下的需求的。

各国除在民法中就一般的无因管理加以规定外，还有对各种特殊情形所作的规定。例如关于遗失物的规定、关于海难救助的规定、关于火灾抢险的规定，也属于广义的无因管理。

二、无因管理的特点

（一）无因管理之债是基于合法行为发生的

这一点是无因管理之债与侵权行为之债的区别。侵权行为是加害人违反了向他人负有的尊重他人权益、不侵害他人权益的义务，因此说加害人的侵权行为是一种不法行为；而无因管理人并不负有照管他人权益的义务，其这样做非但没有违反什么义务，反而是主动为他人分担了义务，在法律上是一种值得鼓励的合法行为。

（二）无因管理之债是法定之债

无因管理之债与合同之债的相同之处在于都是因合法行为发生的，二者的根本区别在于合同之债为意定之债，而无因管理之债为法定之债。无因管理之债并不是基于当事人的意愿而设定的，因为无因管理是合法的事实行为而非法律行为，管理人管理本人的事务是为避免本人的利益受损失，而不是与本人发生债权债务关系，但无因管理一经成立，则基于法律的规定即在当事人间产生债。无因管理之债的目的在于保护管理人的积极性，从而达到维护本人利益之目的，而不是以调动当事人进行民事活动、进行交易的主动性和积极性为目的。

（三）无因管理之债的范围仅限于管理人在管理中所发生的必要费用

也就是说，无因管理人仅就其在无因管理中所支出的必要费用要求本人偿还，而无权要求本人向其支付报酬。无因管理之债这一制度设立的目的并不是满足谋取利益的愿望，而是出于一种公平的理念，无因管理人在管理过程中必要的支出理应由本人承担。

三、无因管理与其他相关制度的比较

无因管理是一种代为他人管理事务的情形，在民法上，代为他人管理事务的情形很多，如代理、对侵害公共利益或他人人身财产利益所实施的正当防卫、紧急避险等。下面将就这些制度与无因管理作一番比较。

（一）无因管理与代理

二者类似之处在于，都是为他人管理事务。二者区别如下：

第一，无因管理中，管理人没有法定义务也没有约定义务为本人的事务实施管理；而代理行为是在代理人负有法定义务或约定义务的情况下实施的。

第二，无因管理是一种事实行为，事实行为不要求管理人具有完全的行为能力，无民事行为能力人和限制行为能力人的无因管理行为也是有效的；而代理行为是法律行为，要求代理人有完全民事行为能力，无民事行为能力人和限制行为能力人不能成为代理人。

第三，无因管理的管理人仅需具有管理意思，这种意思无需表示出来，只要行为反映了这种意思即可；而代理人在与相对人的关系中须有意思表示，表明代理人行为的法律效果归于被代理人，而且这种意思表示必须为相对人所知。

第四，无因管理人在管理过程中可以为自己的利益而为管理，为自己的利益而实施管理顺带为本人管理，这并不影响无因管理的效力；但代理人在实施代理行为时不得同时谋取自己的利益。

（二）无因管理与正当防卫、紧急避险

正当防卫是指使用暴力手段制止正在进行的侵害公共利益、本人或者他人的财产、人身权益的行为。如果为公共利益或他人的人身财产利益实施正当防卫，而导致自己受到损害的，按照我国《民法通则》第109条的规定，“因防止、制止国家的、集体的财产或者他人的财产、人身遭受侵害而使自己受到损害的，由侵害人承担赔偿责任，受益人也可以给予适当的补偿”。一般认为，受益人给予的适当补偿，就属于无因管理之债。

紧急避险是在急迫危险的情况下，避险人采取的为保护此种利益而牺牲他种利益的行为。紧急避险中受到损害的人并非管理人，因而不能以无因管理制度求得补偿。

四、无因管理的构成要件

（一）管理他人的事务

这是无因管理成立的客观要件。

管理他人事务的种类很多，但有一个共性，就是这样的管理行为必须是积极的行为，单纯的不作为是无法构成无因管理的。无因管理的行为可以是法律行为，也可以是事实行为；不仅包括单纯的管理行为，如保存、维护等；还包括处分行为，如为避免他人财产毁损而将财产处分、在必要时替本人解除合同等。由于无因管理没有本人的特定意思指示，因此管理人管理的事务也就不以本人的特定意思为限。无因管理人只要是为本人的利益所为的管理即可。这一点与委托合同上受委托人必须在委托人的意思范围内行事有所不同。

无因管理的事务也必须有诸多限制。首先，管理的事务必须为合法事务，非法事务不得作为无因管理上的事务。其次，须非本人专属的事务，如果该事务必须由本人亲自办理，他人不得代办，则不能成为无因管理上的事务，如结婚。再次，须不属于非经本人授权不得办理的事务，如果本人已经通过法律程序约定某些事项由管理人办理，那么这类事项就谈不上无因管理，而是“有因管理”了。最后，必须是私法上的事务，只有私法上的事务方可构成无因管理之债，而如政府的公务行为不可构成无因管理之债。

（二）为他人管理的意思

这是无因管理的主观要件。

为他人管理的意思，指管理人在管理事务时有为他人谋利益的意思，将管理而生的利益归属于本人。所谓的利益，既包括积极的利益，使本人原有的利益有所增加，也包括消极的利益，使本人的现有利益不受减损。

这种管理的意思是事实上的意思，故无需表示。无因管理的效力，并非基于管理人的意思表示，而是基于法律的直接规定，因此管理人只要具有一般的意思能力即可，不要求其为完全行为能力人。

管理意思的判断标准是以客观标准为主，主观标准为辅。先从其行为来判断管理人是否具有为他人管理事务的意思，只要管理行为成立，则法律上会推定管理人有管理他人事务的意思；如果要推翻这一推定，则须有另外的证据来证明管理人的行为不是为本人而是为自己。

（三）无法定或约定的义务

无因管理之所以名为“无因”，就是指管理人对本人的事务没有法定或约定的义务。这种“无因”应放到具体事务中去看。如管理人对本人的某一事项有管理的义务，但其超出管理义务的范围所实施的管理同样可以成为无因管理。

管理人对本人的事务有无法定义务或约定义务，应用客观标准来判断。尽管管理人出于主观认为自己对本人的事务有管理的义务，但实际上并没有这种义务，则管理人的管理仍然为无因管理。

（四）不违反本人的意思

一般而言，人们不得干涉他人的事务，应尊重他人对自己事务的处理。无因管理作为一种处理他人事务的行为，之所以被法律认为是合法有效的，是因为无因管理不仅反映了社会生活的要求，符合社会的道德要求，而且这种管理他人事务的行为是为本人的利益着想，也符合正常情况下本人亲自处理自己事务时的意愿。因此，管理人在管理他人事务时，原则上不得违反本人的意思，如果违反了本人的意思，就难以构成无因管理。

然而对于本人意思的确定，在现实操作中是会存在难度的。一般要求本人的意思须为明示或者可以通过推定得知。若本人的意思违反法律或违反公序良俗时，管理人出于维护公益的目的，违反本人的意思而为管理，则出于公序良俗的考虑，仍应认可管理人的行为属于无因管理。由于现实生活中发生的事例很多，对于本人意思的确定，还需要具体情形具体分析。

五、无因管理的效力

（一）管理人负担的义务

管理人自管理发生之时起，就负担一定的义务。具体说来这些义务有：

第一，适当管理的义务。一般而言，管理是否适当的判断标准是看管理人是否尽到了善良管理人的注意。而现实中的情形很多，仍应根据具体情况作客观的判断。

第二，持续管理的义务。管理人一旦开始管理本人的事务，就负有继续管理的义务。因为，开始管理事务之后，又在中途放弃管理行为相当于没有进行管理，有时甚至会给本人带来更大的损失。因此，法律让管理人负有持续管理的义务是合情合理的。

第三，管理发生之时通知本人的义务。若有条件，管理人应当在管理发生之时通知本人。若无急迫的情形，应停止管理，等待本人的指示。若无法通知则不受此义务的限制。

第四，报告及计算的义务。管理人应当向本人报告事务管理的进行情况及其管理结果。在管理过程中本人的事务所产生的收益，如所收的果实、变卖物品得到的金钱以及孳息，都应交付给本人。管理过程中使用本人金钱的，应支付利息。

（二）本人负担的义务

无因管理中，本人受益，从而对管理人负有了偿还债务的义务。具体说来这种义务包括：

第一，偿还必要费用。管理人为管理本人事务而支出的必要费用，本人应予以偿还，还应一并偿还必要费用自支出时产生的利息。必要费用如何判断，应采用客观标准，不以管理人或本人的主观认识为准，并且以管理事务作出时的情形为判断依据，如果支出的费用在当时看来必要，事后情况变化又为不必要时，仍应视为必要费用。必要费用以管理人的支出为准，不以本人受益范围为限。

第二，清偿必要债务。管理人因为本人管理事务而以自己的名义向第三人负担的必要债务，应由本人予以清偿。

第三，赔偿损害。管理人在管理事务过程中所遭受的损害，应由本人对之赔偿。至于本人应对何种损害承担赔偿责任，采用客观标准，无论本人主观上是否有过失，只要管理人的损害与管理本人事务有相当因果关系，本人就应当对管理人承担赔偿责任。至于相当因果关系如何断定，则应在具体案件中视案情不同具体判断。

第四节　不当得利

一、不当得利的概念

不当得利是指没有合法根据而获利以致使他人利益受到损害的事实。因为不当得利是社会经济生活中出现的一种不正常现象，在社会生活中任何人不得无合法根据地取得利益而致他人损害，因此，依法律规定，取得不当利益的一方当事人应将其所取得的利益返还给受损失的一方，受损失一方当事人有权请求取得利益的一方返还其不当得到的利益。因此，不当得利也是债的发生原因，基于不当得利而产生的债称为不当得利之债。

我国《民法通则》第92条规定："没有合法根据，取得不当利益，造成他人损失的，应当将取得的不当利益返还受损失的人。"这一条就是我国法律对不当得利的唯一规定。在《最高人民法院关于贯彻执行〈中华人民共和国民法通则〉若干问题的意见（修改稿）》第150条规定了不当得利返还的范围："返还的不当利益，应当包括原物和原物所生的孳息。利用不当得利所取得的其他利益，扣除劳务费用后，应当收缴。"

不当得利是一种法律事实，而非法律行为。因此在考量某一情形是否不当得利时，并不考虑导致不当得利的行为是否有效、行为人是否具有行为能力这一类问题，仅依据事实的发生，从后果判断不当得利这一事实能否成立。

二、不当得利与其他相关制度的比较

（一）不当得利之债与合同之债

不当得利之债与合同之债虽同属于债的发生原因，但二者差异非常大。合同之债的当事人恰恰是正当得利。二者区别的前提就在于合同之债是基于双方自由意志而设立的债，当事人利益的变动是基于合同；而不当得利之债却是当事人的利益变动缺乏合法的依据，从而导致双方之间按照法律规定发生了债的关系。

在合同之债中，合同一方从另一方处获益或者受损，都是有合法的原因，即合同；一方当事人从对方处获得利益却不履行自己的义务导致对方受损时，对方当事人可基于合同约定，请求其履行相关义务，而不是通过不当得利之诉来实现自己的利益。

但合同之债中有多种情形都需要适用不当得利：在合同缔结过程中，因一方当事人缔约上的过失而导致合同无法成立时，有过失的一方应向受害方就因缔约失败造成的损害负赔偿责任，已取得对方财产所有权的，应依不当得利的规定予以返还；在合同被解除的场合，若一方当事人已取得了对方的财产所有权，则对方无法采用物上请求权请求其返还财产，因而采用不当得利请求返还财产。

（二）不当得利之债与无因管理之债

这两种制度都反映了公平的理念：无因管理反映了法律在平衡禁止干涉他人事务与鼓励互助行为之间所作的价值取向，使未经授权但为他人利益行事的行为合法有效，并在管理人与本人之间发生以事务管理和费用补偿等为内容的债权债务关系；不当得利反映了法律对公平的追求，使因无法律原因取得利益致使他人受损而造成的当事人间的利益不平衡的事实状态，通过受益人返还不当得利而恢复平衡。

但二者的根据和构成要件不同，当事人所负担的义务的性质也不同。

三、不当得利的构成要件

（一）一方取得了财产上的利益

当事人一方是否从另一方处获得了财产利益，在实践中表现形式很多，因此需要细加判断。值得注意的是，这种利益一定是财产利益，虽然不须具有金钱或物的形态，但必须是可以用于返还、可以计算出经济价值的财产利益。

具体来看，一方从另一方处获益分为两类：

1. 财产或利益的积极增加

首先，当事人一方从另一方处取得了财产权或其他财产利益，如所有权、用益物权、知识产权以及债权等，就是财产或利益积极增加的最典型的表现形式，值得注意的是，这种财产权的取得须为纯权利，若还附有相等代价的义务，则就构不成财产或利益的积极增加了；其次，财产权的扩大或财产权的效力增强也是财产或利益积极增加的表现，如获得所有权的物价值增大，或因添附导致所有权的范围扩大；最后，财产权或其他财产利益上的负担消灭，同样会引起财产或利益的积极增加，如因获益一方获得的所有权上负有的担保物权消灭，此时该物的价值会被提高。

2. 财产或利益的消极增加

所谓消极增加，是指应减少的财产或利益没有减少，从而变相地导致财产或利益的增加。其具体表现在：第一，债务消灭或缩小。负债会使当事人现有的财产打折扣，然而负债的消灭或缩小，是变相地增加当事人的财产或利益。第二，本应设立的负担没有设立。如当事人约定为他人作担保，在自己的房产上设立抵押，但因后来没有办理登记手续而导致抵押不成立，此时财产就是消极增加了。

（二）致使他方受到了损失

这一要件要注意两点，一是对损失的判断，二是对因果关系的判断。具体来说，他方是否遭受了损失，要看是否其现有的财产或利益受到了损害，或者其应当得到的利益没有得到。而因果关系的判断更为复杂，受损一方所受到的损失是否由受益一方造成，受益一方的获益是否建立在受损一方的损失之上，受损一方的损失是否与受益一方的受益有因果关系，无论是在典型的侵权行为中，还是在不当得利中，都是一个需要结合案情、看情形而定的难题。

（三）无合法的依据

所谓无合法依据，在我国指一方从另一方处得到的受益既不是基于合法的约定，也不是基于法律的规定。

四、不当得利的法律效果

简单地说，不当得利的法律效果就是受益人与受损人之间成立了债权债务关系，受益人是债务人，受损人是债权人。然而债务的范围即不当得利的返还形式和范围，仍需要详细地阐述。

（一）不当得利返还的形式

受益人返还不当得利时，除应返还其最初从原权利人处获得的利益，还应一并返还基于原利益而发生的新的利益。不当得利的返还，以原物的返还为原则，以折价返还为例外。只有在原物无法返还时，方可采用折价返还的方式。

1. 返还原物

返还原物，指的是将受益人受领的物或者权利按照受领时的状态返还给原所有人或原权利人。返还原物时，若受益人已在原物上设定了其他权利，如抵押权等限制，则应撤销其他权利，使原物恢复成原状再返还。而原物所生的利益，也应一并返还。具体包括：第一，原物所得的孳息。如果树的果实、金钱的法定利息；原物为受益人所使用而节省的费用。第二，基于原权利之所得。如原物为债权，其所受的清偿；原物为彩票时，因彩票中奖获得的金钱。第三，原物的代偿。如原物被毁损，由第三人处取得的赔偿金；原物被征收时从政府获得的补偿金。

2. 折价金返还

受益人受领的利益，如果依其性质或其他原因不能返还的，受益人应折价返还其价金。依性质不能返还，如所受利益为劳务或使用收益，或原物与受益人之物已不可分割，而受益人之物又是主物；依其他原因不能返还，例如受益人已将原物出卖、消耗，原物已经毁损、灭失。

关于价额的计算方法，当受益人受领劳务时，价额应为劳务的通常报酬；原物因附合而无法返还时，应以因附合对受益人而生的利益为标准；原物因他人的侵权行为灭失的，以受益人所得的赔偿额为标准；原物被消耗的，其价额以消耗时的市场价格为标准。

依各国关于不当得利返还范围的通说，如果原物人的损失大于受益人的收益，那么返还的范围应以受益人的收益为准；如果收益的数额大于损失的，应以损失为准。

（二）不当得利返还的范围

视受益人的主观意图善意与否，不当得利返还的范围也有所不同。

1. 善意受益人返还的范围

善意受益人指受益人在受益时不知其受益无法律上的原因。善意受益人对其不当得利的返还范围，以现存利益为限，即在其受到返还请求时尚存的利益。利益是否存在，应依受益人整个财产是否较受益前有所增加来判断。

利益若已消灭，则不问消灭原因为何，受益人均不必返还原物或偿还其价额。但现存利益并非指其所受领的物质形态现仍存在，受益人因消灭其受领的利益而取得对价的，无论其对价是否低于原物的通常价格，其利益也为存在。受益人主张所受利益已不存在的，应由其举证证明。对此，法官应根据具体情况加以判断。

受领的利益不存在，包括受领的标的物已不存在，且未获得如损害赔偿金、保险金的补偿，也包括应当从中扣除的受益人其他财产的损害，例如应予扣除的费用（如受领费用、保存或改良利益的费用等）、基于信赖而失去的利益（相信其所受利益日后不致返还而将自己的财产给予他人）、因标的物的瑕疵而造成的损害等。

2. 恶意受益人返还的范围

恶意受益人指受益人在受益时明知无法律上的依据。这种明知即是一种恶意。基于过失而不知的情形不为明知，故不构成恶意。

受益人于受领时不知其受益无法律上的原因，而之后又知晓的，自其知晓之日起，构成恶意受益（嗣后恶意）。受益人于成立恶意前，仍适用关于善意受益人返还责任的规定。

恶意受益人返还的范围要大于善意受益人的返还范围。其应当返还的不当得利不仅包括受领时所得的利益，还包括本来应当由该利益所生的利益。就其所受领的利益，应当附加利息；如期返还仍不能弥补受损人的损失，则还应赔偿损失。其所受领的利益消灭的，恶意受益人不能主张所受利益灭失而免于返还。对因受领利益所支出的费用等，恶意受益人不得主张扣除。但为保持或增加标的物价值而支出的必要费用及有益费用，受损人在现存的增加额度内应予以返还。

第五节　其他原因

合同、无因管理、不当得利、侵权行为是债的发生的主要原因，除此以外，其他的法律事实也会引起债的发生。例如，拾得遗失物会在拾得人与遗失物的所有人之间产生债权债务关系；因防止、制止他人合法权益受侵害而实施救助行为，会在因实施行为受损害的受损人与受益人间产生债权债务关系；因遗赠，会在受赠人与遗嘱执行人间产生债权债务关系；因缔约过失，会在缔约当事人间产生债权债务关系。

一、缔约上的过失

缔约过失，是指在合同订立过程中，合同一方因违背其依据诚实信用原则所应负的义务，致使另一方的利益受损，从而对订约的另一方负有赔偿损失的义务。缔约过失之所以成为债的发生原因之一，是因为缔约方违反了其在缔约过程中所应承担的义务，这种义务是发生在缔约过程中的法定义务，是一种“先合同义务”，而非合同义务。关于缔约过失的论述，将在民事责任一编中详细展开。

二、单方允诺

（一）单方允诺之债的概念和构成要件

单方允诺也称单独行为或单务约束，是指表意人向相对人作出的为自己设定某种义务，使对方取得某种权利的意思的表示。依意思自治原则，民事主体可基于某种物质上或精神上的需要为自己设定单方义务，同时放弃对于他方当事人的对价请求。因此，单方允诺能够引起债的发生。在社会生活中较为常见的单方允诺有悬赏广告、设立幸运奖和遗赠等。

单方允诺之债的构成要件是：(1) 单方允诺是表意人单方的意思表示，不需要相对人对其作出承诺即可成立。(2) 单方允诺的内容是为自己设定某种义务，使相对人取得某种权利，不得对相对人附加义务。(3) 单方允诺一般是向社会上不特定的人发出。

（二）单方允诺之债的主要类型

1. 悬赏广告

悬赏广告是指以广告的方式公开表示对于完成一定行为的人，给予报酬的意思表示。悬赏广告一经发布，不特定的相对人只要完成了广告中要求的事项，即可成为债权人，向广告人要求履行债务。为保护相对人的利益，一般要求悬赏广告的撤销必须在广告中指定的行为完成前以与悬赏广告的同样方式撤销。

2. 遗赠

赠与是一种双方法律行为，属于合同的范畴，双方当事人一方表示赠与，一方表示接受。但遗赠是单方法律行为，属于单方允诺的范畴。只要遗赠人单方作出意思表示，遗赠即可成立。

本章小结

债的关系由下列原因发生：

1. 合同。合同是平等主体的自然人、法人、其他组织之间设立、变更、终止民事权利义务关系的合意。合同依法成立后，即在当事人之间产生债权债务关系，因此合同是债的发生根据。

2. 侵权行为。侵权行为是指不法侵害他人的合法权益应负民事责任的行为。依法律规定，侵权行为发生后，加害人负有赔偿受害人损失的义务，受害人享有请求加害人赔偿损失的权利。这种特定主体之间的权利义务关系，即侵权行为之债。侵权行为之债是除合同之债以外的另一类较为常见的债，它由非法行为引起，依法律规定而产生，以损害赔偿为主要内容。

3. 无因管理。无因管理是指没有法定的或约定的义务，为避免他人利益受损失而对他人的事务进行管理或者服务的行为。无因管理一经成立，在管理人和本人之间即发生债权债务关系，管理人有权请求本人偿还其因管理而支出的必要费用，本人有义务偿还，此即无因管理之债。无因管理之债与合同之债一样，都是因合法行为而发生的，二者的根本区别在于合同之债为意定之债，无因管理之债为法定之债。

4. 不当得利。不当得利是指没有合法根据而获得利益并使他人利益遭受损失的事实。

依法律规定，取得不当利益的一方应将所获利益返还于受损失的一方，双方因此形成债权债务关系，即不当得利之债。不当得利之债与侵权行为之债、无因管理之债同属法定之债，其特点在于，它既不是像合同之债那样基于当事人的合意而成立，也不是像侵权行为之债那样因不法行为而发生，更不是像无因管理之债那样因合法的事实行为而发生，而是基于当事人之间的利益发生不当变动的法律事实（事件）而发生。

5. 其他原因。除上述发生原因外，债的关系还可因其他法律事实而产生，如因缔约过失、单方允诺等发生的债的关系。

重要概念

合同之债　　侵权行为之债　　无因管理之债　　不当得利之债

案例分析

【案情】

甲、乙二人结伴在商城购物，二人各自选定商品，甲将自己那部分钱交给乙，由乙一起付账，由于售货员疏忽多找给乙10元钱，两人遂约定，多找的10元钱由两人均分。由于当时两人都没有零钱，说好在乙回家后再分。两人在回家的路上，看到一个福利彩票销售点在发售福利彩票。乙即用多找的10元钱买了5注，甲在一旁观看，没有阻止。在开奖后，乙所买的福利彩票中了5 000元的奖金，甲要求均分奖金，遭乙拒绝，两人发生争吵。福利彩票工作人员得知原委后，以购买奖券的10元钱是非法所得为由拒付奖金。乙便以福彩中心为被告，向人民法院起诉要求福彩中心给付奖金。甲则以有独立请求权的第三人请求均分奖金。

【问题】

（1）甲、乙和商城之间存在哪些民事法律关系？乙对多找的10元钱是否具有所有权？

（2）乙对甲许诺均分多找的10元钱是一种什么行为？是否对乙产生约束力？

（3）乙和福彩中心之间是一种什么法律关系？福彩中心拒付奖金是否有理？

（4）本案应如何处理？

【评析】

（1）乙与商城之间存在买卖合同关系以及不当得利之债。乙对多找的10元钱具有所有权。因为金钱是特殊商品，是种类物中的一般等价物，因此一经交付即转移所有权。甲与商城之间仅具有买卖关系，并无不当得利之债的关系。

（2）乙对甲许诺均分多找的10元钱属于赠与行为。该赠与行为对乙具有拘束力，但乙作为赠与人可以在赠与财产的权利转移之前撤销赠与。

（3）乙和福彩中心之间是彩票买卖关系；福彩中心拒付奖金没有理由，因为购买彩票的10元钱的来源是否合法不能影响买卖彩票合同的效力，货币作为一般等价物的特点意味着谁持有谁就拥有所有权，乙作为该10元钱的所有人，其购买彩票的行为属于有效民事行为，因此福彩中心应当支付奖金。

（4）法院应当判令：① 福彩中心支付乙5 000元奖金；② 驳回甲的诉讼请求；③ 关于乙向商场返还不当得利一案另案处理。

同步测练与解析

一、单项选择题

1. 下列属于无因管理的是（　　）。

A. 在加工合同中，承揽人管理定作人提供的原材料

B. 买方无正当理由拒收卖方交付的货物，卖方对该货物进行管理

C. 甲拾得乙丢失的牛，在积极寻找失主的同时，对该牛进行管理

D. 超市对进入超市的顾客的皮包进行保管

2. 悬赏广告属于（　　）。

A. 合同　　B. 无因管理　　C. 侵权　　D. 单方允诺

3. 从性质上说，无因管理属于（　　）。

A. 侵权行为　　B. 委托行为　　C. 事件　　D. 合法的事实行为

4. 下列事实中能发生不当得利之债的是（　　）。

A. 债务人清偿未到期的债务

B. 给付因赌博而欠的钱

C. 养子女给付其生父母的赡养费

D. 顾客多付售货员的货款

5. 下列关于诺成合同与实践合同的说法正确的是（　　）。

A. 诺成合同用口头表示即可

B. 实践合同比诺成合同成立得晚

C. 保管合同一般属于诺成合同

D. 二者区分的意义在于合同成立的时间不同

6. 下列属于侵权行为之债的特点的有（　　）。

A. 侵权行为是法律行为　　B. 侵权行为是不法行为

C. 侵权行为是合法行为　　D. 侵权行为是双方行为

7. 善意的不当得利人应当返还不当得利的范围是（　　）。

A. 以现存利益为限　　B. 不以现存利益为限

C. 原物丧失则不返还　　D. 不扣除相关费用

二、多项选择题

1. 下列情形不构成无因管理的是（　　）。

A. 下大雪清扫路面，避免行人跌伤

B. 路遇受伤者，主动送至医院治疗，并支付车费

C. 将自己的牛误认为他人的牛而进行饲养

D. 旅客运输合同中，司乘人员代管旅客物品

2. 下列情形不构成不当得利的是（　　）。

A. 甲将乙丢弃的病牛拾回家，经精心治疗病牛痊愈

B. 甲研究所从乙工厂堆放在厂外的废料中提取贵重物品而获利

C. 甲捡到乙的一块手表，而拿回家自己用

D. 甲鱼塘的鱼跳入乙鱼塘

3. 债权产生的法律依据有（　　）。

A. 合同之债　　B. 无因管理之债

C. 侵权之债　　D. 不当得利之债

E. 公平责任之债

4. 合同之债的特点在于（　　）。

A. 合意性　　B. 自愿性　　C. 法定性　　D. 合法性

5. 下列关于侵权行为之债的说法，不正确的是（　　）。

A. 侵权行为之债是基于合法行为发生的

B. 侵权行为之债是法定之债

C. 侵权行为人不要求具有完全民事行为能力

D. 侵权行为人要求具有完全民事行为能力

6. 下列属于单方允诺的是（　　）。

A. 赠与　　B. 设定幸运奖　　C. 悬赏广告　　D. 遗赠

三、简答题

1. 区分有偿合同与无偿合同的意义何在？

2. 从合同与主合同有何区别？

3. 无因管理有何法律特点？

4. 侵权行为有何法律特点？

四、论述题

1. 试述不当得利返还的范围。

2. 债的发生原因有哪些？

五、案例题

甲发现一头走失的牛，遂牵回家中饲养，并向四邻打听丢牛人。后牛生病，甲请兽医来看，确诊患上传染病，须尽快屠宰，花去诊疗费20元。甲将牛送至屠宰厂，花去屠宰费50元，得牛皮核算款200元。屠宰工人在屠宰过程中发现牛黄50克，交给厂里。后牛主乙寻至，要求甲返还牛皮款，要求屠宰厂返还牛黄。甲饲养牛共花费20元。

问题：（1）甲与乙之间存在何种法律关系？

（2）乙与屠宰厂之间存在何种法律关系？

（3）甲应返还给乙多少钱？

参考答案

一、单项选择题

1. C　2. D　3. D　4. D　5. D　6. B　7. A

二、多项选择题

1. ACD　2. AB　3. ABCD　4. ABD　5. AD　6. CD

三、简答题（答案略）

四、论述题（答案略）

五、案例题

（1）甲与乙之间存在无因管理之债的法律关系。

（2）乙与屠宰厂之间存在不当得利之债的法律关系。

（3）甲应返给乙：200－50－20－20＝110元。

第十二章

CHAPTER TWELVE

债的履行

学习目标

通过本章的学习，对债的履行有一个基本的认识；掌握债的履行有哪些义务，什么是适当履行，不适当履行有哪些形态以及双务合同履行中的抗辩权。

重点难点提示

- 债的履行过程中存在的义务
- 债的适当履行
- 不适当履行的形态：履行迟延、加害给付、受领迟延
- 双务合同履行中的抗辩权

第一节　债的履行概述

一、债的履行的概念

债的履行是指债务人按照合同的约定或者法律的规定履行其义务。《民法通则》第84条第2款规定："债权人有权要求债务人按照合同的约定或者依照法律的规定履行义务。"债的履行从债权人方面说是债权的实现。债的履行有以下含义：

（一）债的履行是债务人所为的特定行为

债务是债务人应为的特定行为，履行债务也就是债务人为其应为的特定行为，这种义务就是给付义务。

债务人的给付义务可分为主给付义务与从给付义务、原给付义务与次给付义务。

主给付义务，是指债的关系所固有的、必备的，并以之决定债的类型的基本义务。在双务合同中，此类给付义务构成所谓的对待给付义务。从给付义务，是指债务人负担的主给付义务以外的给付义务。从给付义务虽不能决定债的类型，却是完全满足给付上利益需要所必需的，债权人可以独立诉请债务人履行的义务。

原给付义务，又称为第一次给付义务，是指债之关系原定的给付义务。次给付义务，又称为第二次给付义务，是指在原给付义务的履行中因特殊事由而发生的义务。我们认为，所谓第二次给付义务，实质上是债务人应承担的责任，与第一次给付义务在性质上是不同的。

（二）债的履行是债务人履行其全部义务的行为

债的履行须由债务人履行全部义务，即其不仅须履行给付义务，而且还要履行附随义务。在现代债法上，债务人仅履行给付义务，并不能完全满足债权人的利益需要。

附随义务，有的称为附从义务，是指给付义务以外的，随债的关系发展依诚实信用原则而产生的义务。附随义务与主给付义务的区别主要有三个：其一，主给付义务是自始就确定的，决定着债的类型；而附随义务是随着债的关系的发展，于个别情况下要求当事人一方有所作为或不作为，以维持相对人的利益，于任何债的关系均可发生，不受特定债的关系类型的限制。其二，主给付义务构成双务合同的对待给付，而附随义务原则上不属于对待给付，不能发生同时履行的抗辩权。其三，主给付义务的不履行，债权人得解除合同；而附随义务的不履行原则上债权人不能解除合同，而仅得请求赔偿。附随义务与从给付义务的区别，通说认为，附随义务为不得独立诉请履行的义务，而从给付义务为得独立诉请履行的义务。

附随义务的种类甚多，大致包括注意义务、告知义务、照顾义务、说明义务、保密义务、忠实义务及不作为义务等。就其功能而言，附随义务可分为两类：一为有辅助功能的，即促进实现主给付义务，使债权人的给付利益获得最大可能的满足，如出卖人应对出卖的物品为相应的包装，以便于买受人安全携带；二为有保护功能的，即维护对方当事人人身或财产上的利益，例如，出卖车辆的，应当告知车辆不良状况的义务。

（三）债的履行要求债权人予以协助

债的履行虽是债务人履行其全部义务的行为，但因债权与债务是相互对应的，债的履行也是实现债权的手段。这就要求债务人的履行行为与债权人的受领行为相结合。如果只有债务人履行债务，而没有债权人的接受履行，则债的履行目的仍难以实现。所以，债的履行须有债权人的协助，债务人与债权人均为债的履行主体，只不过债务人在债的履行中处于主要的、主动的地位。

（四）债的履行是债消灭的主要原因

债务人全面正确地履行了义务，债权也就全部实现，债即因目的达到而实现，从经济上说，交易完成。因此，债的履行是债消灭的原因，并且是最常见、最正常的债的消灭原因。

二、债的履行的分类

债的履行从债务人履行的情况上，可分为以下几种情形：

（一）完全正确的履行

完全正确的履行，又称为适当履行，是指债务人按照合同的约定或者法律的规定全面地履行了自己的义务。完全履行，亦即全面履行，是指债务人履行了其全部义务；正确履行是指债务人的履行符合合同的约定或者法律的规定。

完全正确的履行，须是当事人按照合同的约定或者法律的规定由适当的主体，在适当的时间、适当的地点，以适当的方式履行全部债务，也就是履行主体、标的、数量、质量、履行期限、履行方式、履行地点等都符合合同的约定或者法律的规定。

（二）不适当履行

债的不适当履行，是指当事人虽有履行行为，但其履行不符合合同的约定或者法律规定。这里主要介绍履行迟延、加害履行、受领迟延三种不适当履行债的形态。

1. 履行迟延

履行迟延，是指在债务履行期限届满后，债务人能履行债务而未履行债务。

履行迟延是一种在期限上履行不适当的情形。债务人在期限上的履行不适当包括提前履行与迟延履行。提前履行，是指在履行期未届至前履行。法律规定或者合同约定债务人不得提前履行债务，而债务人提前履行的，债权人有权拒绝受领。法律或合同虽未规定当事人不得提前履行，但履行期限是为债权人利益而设定的或者履行期限关系到双方的利益，则债务人未经债权人同意而提前履行时，债权人也有权拒绝受领。但若期限利益是为债务人一方利益而设定，而债务人提前履行的，则债权人应当受领，因为不能不许当事人放弃自己的期限利益。迟延履行则与提前履行相反，是指债务人于履行期限届满后才履行债务。若债务人于履行期限届满时，仍未履行全部债务，则为履行迟延。履行迟延的构成须具备以下条件：（1）债务人有有效债务存在；（2）债务的履行期限届满；（3）债务人能够履行债务，如果债务不能履行，则发生履行不能而不发生履行迟延；（4）须因可归责于债务人的事由而未履行；（5）须债务人无法律上的正当理由。

履行迟延发生以下法律后果：第一，债权人有权要求债务人继续履行；第二，债权人得请求赔偿因履行迟延而受到的损失；第三，债务人的履行对债权人无利益的，债权人得解除合同而请求损害赔偿；第四，债务人承担标的物意外灭失的风险。

2. 加害履行

加害履行，又称为加害给付，是指债务人的履行有瑕疵且因其瑕疵而致债权人受履行利益以外的损害的情形。

但在一般情形下，债务人的瑕疵履行给债权人仅造成履行利益的损害，但如果因债务人的履行有瑕疵而给债权人造成其他损害的，则为加害给付。加害给付须具备以下条件：第一，须债务人有履行行为。如债务人没有履行行为，则为履行不能或拒绝履行或履行迟延。第二，须债务人的履行不合法律的规定或者合同的约定，即有瑕疵。因为加害给付是履行不当的一种特殊情形，因此只有在债务人的履行有瑕疵的情形下才能构成加害给付。第三，须因债务人的瑕疵履行而造成债权人遭受履行利益以外的损失。第四，须债务人有过错。如果债务人能够证明自己没有过错，也不能构成加害给付。

依《合同法》第122条的规定，在加害给付时，债权人有权选择请求债务人承担违约责任或侵权的民事责任。当然，在受害人所受到的损害不能依违约责任获得赔偿时，受害人有权请求加害给付的行为人负侵权损害赔偿责任。

3. 受领迟延

受领迟延，是指债权人未及时接受债务人的适当给付。

在一般情况下，债权人的受领虽不是其义务，但是因债务的履行须有赖于债权人的受领才能实现，故依诚实信用原则，债权人应当协助债务人履行，及时接受债务人的给付。所以，受领给付虽不为债权人的债务，但也为债权人的一项协助义务。债权人受领迟延的，为协助义务的违反。

受领迟延须由以下条件构成：第一，须债权人依诚实信用原则有协助债务人履行的义务；第二，须债务人向债权人为适当的履行，若债务人的履行不适当，债权人有权拒绝受领，不能构成迟延受领；第三，须债权人不为受领或不能受领。

（三）债的不履行

债的不履行，是指债务人根本就没有履行债务，包括履行不能与拒绝履行两种情形。

1. 履行不能

履行不能，是指债务人不能履行其义务，依其情况可分为原始不能与嗣后不能、客观不能与主观不能、永久不能与一时不能等。

如果债的标的自始就不可能履行，则为标的的自始不能。民事行为的标的自始不能的，属于无效民事行为。因此，履行不能仅指嗣后不能。

永久不能是指债务人不仅在履行期限内而且在逾期后也不能履行；一时不能则是指债务人因暂时障碍一时不能履行，但其后可以履行。这里所说的履行不能仅指永久不能。

至于客观不能与主观不能，主要取决于是否因债务人的原因而发生履行不能。(1) 履行不能因可归责于债务人的事由造成的，发生以下后果：第一，债务人免除履行原债务的义务。但在部分履行不能时，债务人仅能就不能履行部分免除履行义务。若仅部分履行对债权人无利益时，债权人得拒绝受领该部分履行。第二，若债务系合同之债的债务，债务人有权解除合同。第三，债务人应就履行不能而对债权人负赔偿责任。(2) 因不可归责于债务人的事由而履行不能的，发生以下三种法律后果：第一，免除债务人的履行义务。全部履行不能的，免除债务人的全部履行义务；部分履行不能的，免除债务人的部分履行义务。第二，在因履行不能的事由，债务人对第三人有损害赔偿请求权或对保险人有保险金给付请求权时，债权人得请求债务人让与该损害赔偿请求权或保险金给付请求权。如债务人已从第三人取得赔偿物，则债权人有权请求债务人交付其所受领之赔偿物。第三，若当事人之间的债为双务合同之债，则债权人因此免除对待给付的义务。

2. 拒绝履行

拒绝履行，是指债务人能够履行而拒不履行义务。其构成须具备以下条件：第一，须债务人负有债务而且能够履行债务。第二，须债务人表示不履行。至于债务人不履行的意思表示为明示还是默示，则在所不问。第三，须债务人的不履行为违法。如果债务人对于债务的履行有权拒绝，则其表示不履行为合法的，不能构成拒绝履行。

债务人于债务履行期届至而表示不履行的，债权人有权请求人民法院强制债务人履行，并得请求赔偿损失。

债务人于债务履行期未届至前而表示拒绝履行的，债权人有权解除合同，并请求债务人承担不履行的赔偿责任。依《合同法》第 108 条的规定，当事人一方明确表示或者以自己的行为表明不履行合同义务的，对方可以在履行期限届满之前要求其承担违约责任。如系票据债务经拒绝的，持票人即可行使追索权。但是，在债务人表示拒绝履行后，债权人应当采取适当的措施，以避免或扩大损失。

三、债的履行原则

债的履行原则，是当事人在债的履行过程中所应遵循的基本原则。在合同履行过程中，如诚实信用原则、公平原则等民法基本原则同样适用，但这里只介绍专属于债的履行原则。

（一）适当履行原则

适当履行原则，是指当事人按照债规定的标的及其质量、数量，由适当的主体在适当的履行期限、履行地点，以适当的方式全面完成债务的履行原则。

（二）协作履行原则

协作履行原则，是指不仅要求当事人适当履行自己的债务，而且基于诚实信用原则要求对方当事人协助其履行债务的履行原则。《合同法》第60条第2款规定，当事人应当遵循诚实信用原则，根据合同的性质、目的和交易习惯履行通知、协助、保密等义务。其中体现了协作履行原则。

其主要内容有：（1）债务人履行债务，债权人应适当受领给付；（2）债务人履行债务，时常要求债权人创造必要的条件，提供方便；（3）因故不能履行或不能完全履行时，应积极采取措施，避免或减少损失，否则还要就扩大的损失自负其责；（4）发生合同纠纷时，各自应主动承担责任，不得推诿。

（三）经济合理原则

经济合理原则要求履行债务时，讲求经济效益，付最小的成本，取得最佳的效益。在债的履行中贯彻经济合理原则，表现在许多方面：（1）债务人选择最经济合理的运输方式；（2）选择履行期体现经济合理原则；（3）履行合同债务体现经济合理原则；（4）变更合同体现经济合理原则；（5）对违约进行补救体现经济合理原则。

（四）情事变更原则

情事变更原则，是指合同依法成立后，因不可归责于双方当事人的原因发生了不可预见的情事变更，致使合同的基础丧失或动摇，若继续维持合同原有效力则显失公平，因而允许当事人变更或解除合同的原则。

情事变更原则的适用条件有以下几项：（1）须有情事变更的事实，即作为合同成立基础或环境的客观情况发生了异常的变动；（2）情事变更须发生在合同成立之后，履行完毕之前；（3）须情事变更的发生不可归责于当事人，即由不可抗力及其他意外事故引起，若可归责于当事人，则应由其承担风险或违约责任，而不适用情事变更原则；（4）情事变更是当事人在缔约时所不可预见的；（5）须情事变更使履行原合同显失公平。

情事变更原则的效力体现在两个方面：第一，变更合同，使合同的履行公平合理；第二，解除合同，如果变更合同仍不能消除显失公平的结果，应允许当事人解除合同。

第二节 债的适当履行

一、债的履行的规则

（一）履行主体

履行主体即债务人。债务人履行时是否须有行为能力，依履行行为的性质决定。履行行为系事实行为时，不要求债务人有行为能力；是法律行为时，需要债务人有行为能力。此外，如果债务人通过移转财产权利来履行时，还需要有对财产的处分权。

除法律规定、当事人约定或性质上必须由债务人本人履行的债务以外，履行可由债务人的代理人进行。但代理只有在履行行为为法律行为时方可适用。

债权人的代理人可以代为受领履行。债权的准占有人有足以使人认其为真实债权人的表征时，也可以受领履行。

基于合同自由原则，当事人可以约定由债务人向第三人履行，但此种约定不得违反法律、行政法规的强行规定。第三人在表示接受后，有权向债务人请求履行。债务人未向第三人履行或者履行不符合约定的，应当向债权人承担违约责任。债务人对债权人得行使的一切抗辩权，对该第三人均可行使。因向第三人履行债务增加的费用，除当事人另有约定者外，由债权人承担。

当事人也可以约定由第三人向债权人履行，但此种约定不得违反法律、行政法规的强行规定。依此约定，债权人有权向第三人请求履行。第三人未履行或者履行不符合约定的，债务人应当向债权人承担违约责任。债务人对债权人得行使的一切抗辩权，该第三人均可行使。由于第三人履行债务增加的费用，除当事人另有约定者外，由债务人承担。

（二）履行标的

履行标的，是指债务人应当履行的内容。它因债的关系的不同而呈现出差异，如交付财物、移转权利、提供劳务、完成工作等。

一般情况下，当事人也可以他种给付履行，即代物清偿。代物清偿具有消灭债的关系的效力。连带债务人、不可分债务人一人所为的代物清偿，使其他债务人的债务消灭。

给付的标的物的质量要求不明确的，依次按照国家标准、行业标准、通常标准或者符合合同目的的特定标准履行。价款或者报酬不明确的，按照订立合同时履行地的市场价格履行，依法执行政府定价或政府指导价的，按照规定履行。

（三）履行期限

履行期限，有约定时，依其约定。当事人可以约定一宗债务划分为各个部分，每个部分各有一履行期限；还可以约定数个履行期限，届时可以选择确定；在双方合同中可分别约定两个对立债务的履行期限。无此约定的，事后可以由双方当事人协议补充。履行期限，法律、法规有规定时，依其规定。履行期限还可由债务的性质确定。

依上述规则不能确定履行期限的，应按照《合同法》第62条第4款关于履行期限不明确的，债务人可以随时履行，债权人也可以随时要求履行，但应当给对方必要的准备时间的规定处理。

（四）履行地点

履行地点，是指债务人应为履行行为的地点。履行地点在法律上有特别规定时，依其规定。履行地点可由习惯确定。如果有关于履行地点的交易习惯时，应遵从习惯，除非当事人之间另有约定。履行地点也可由债的性质确定。例如，不作为债务的履行地点应在债权人所在地。

在按上述规则仍不能确定履行地点时，应按照《合同法》第62条第3款关于“履行地点不明确，给付货币的，在接受货币一方所在地履行；交付不动产的，在不动产所在地履行；其他标的，在履行义务一方所在地履行”的规定解决。

（五）履行方式

履行方式，是完成债务的方法。履行方式与当事人的权益有密切关系，履行方式不符合要求，有可能造成标的物缺陷、费用增加、迟延履行等后果。

当事人有关于履行方式的约定时，依其约定；无此约定时，按照有利于实现合同目的的方式履行，债权人可以拒绝债务人部分履行债务，除非部分履行不损害债权人的利益。

（六）履行费用

在债务履行过程中所发生的费用，当事人有约定时按约定负担。如果履行费用负担不明确的，由债务人负担。

二、双务合同履行中的抗辩权

（一）双务合同履行中的抗辩权概述

双务合同履行中的抗辩权，是在符合法定条件时，当事人一方对抗对方当事人的履行请求权，暂时拒绝履行其债务的权利。它包括同时履行抗辩权、不安抗辩权和先履行抗辩权。

双务合同履行中的抗辩权，是合同效力的表现。它们的行使，只是在一定期限内中止履行债务，并不消灭债的履行效力。产生抗辩权的原因消失后，债务人仍应履行其债务。所以，双务合同履行中的抗辩权为一时的抗辩权、延缓的抗辩权。

双务合同履行中的抗辩权，对于抗辩权人是一种保护手段，免去自己履行后得不到对方履行的风险；使对方当事人产生及时履行、提供担保等压力，所以它们是债权保障的法律制度。就其防患于未然这点来讲，作用较违约责任还积极，比债的担保亦不逊色。

当事人行使同时履行抗辩权、不安抗辩权和先履行抗辩权，是行使自己的合法权利，而非违约，故应受法律保护，而不得令权利人承担违约责任。

（二）同时履行抗辩权

1. 同时履行抗辩权概述

同时履行抗辩权，是指双务合同的当事人在无先后履行顺序时，一方在对方未为对待给付以前，可拒绝履行自己的债务之权。

同时履行抗辩权的存在基础在于双务合同的牵连性。所谓双务合同的牵连性，是指给付与对待给付具有不可分离的关系，分为发生上的牵连性、存续上的牵连性和功能上的牵连性。所谓发生上的牵连性，是指一方的给付于对方的对待给付在发生上互相牵连，即一方的给付义务不发生时，对方的对待给付义务也不发生。所谓存续上的牵连性，是指双务合同的一方当事人的债务因不可归责于双方当事人事由致不能履行时，债务人免给付义务，债权人亦免对待义务。所谓功能上的牵连性，又称履行上的牵连性，是指双务合同的当事人一方所负给付与对方当事人所负对待给付互为前提，一方不履行其义务，对方原则上亦可不履行。只有如此，才能维持双方当事人之间的利益平衡。同时履行抗辩权正是这种功能上的牵连性的反映。

上述思想正是诚实信用原则的应有之义，所以，同时履行抗辩权也是诚实信用原则所要求的。当然，诚实信用原则同时也限制了同时履行抗辩权的适用。在当事人一方已为部分给付时，对方当事人若拒绝其给付有违诚实信用原则，则不得拒绝自己的给付。

2. 同时履行抗辩权的构成要件

（1）须由同一双务合同互负债务。同时履行抗辩权的根据在于双务合同功能上的牵连性，因而它适用于双务合同，而不适用于单务合同和不真正的双务合同。可主张同时履行抗辩的，系基于同一双务合同而生的对待给付。如果双方当事人的债务不是基于同一双务合同而发生，即使在事实上有密切关系，也不得主张同时履行抗辩权。因此，成立同时履行抗辩权，必须有双方当事人基于同一双务合同互负债务这一要件。

（2）须双方互负的债务均已届清偿期。同时履行抗辩权制度，旨在使双方当事人所负的债务同时履行，所以，只有双方债务同时届期时，才能行使同时履行抗辩权。如果一方当事人负有先履行的义务，就不由同时履行抗辩权制度管辖，而让位于先履行抗辩权。

（3）须对方未履行债务或未提出履行债务。原告向被告请求履行债务时，须自己已为履行或提出履行，否则，被告可行使同时履行抗辩权，拒绝履行自己的债务。不过，原告未履行的债务或未提出履行的债务，与被告所负的债务无对价关系时，被告仍不得主张同时履行抗辩权。原告的履行不适当时，被告可行使同时履行抗辩权，但在原告已为部分履行，依其情形，被告若拒绝履行自己的债务违背诚实信用原则时，不得主张同时履行抗辩权。

（4）须对方的对待给付是可能履行的。同时履行抗辩权制度旨在促使双方当事人同时履行其债务。对方当事人的对待给付已不可能时，因同时履行的目的已不可能达到，故不发生同时履行抗辩权问题，而由合同解除制度解决。

3. 同时履行抗辩制度的适用范围

同时履行抗辩制度主要用于双务合同，如买卖、互易、租赁、承揽、有偿委托、保险、雇佣、劳动等合同。同时履行抗辩权在为第三人利益合同中有适用余地。在债权让与的情况下，可成立同时履行抗辩权。在债务承担的情况下，同时履行抗辩权可以适用。在可分之债中，各债务对各债权各自独立，从而其发生原因即使为一个合同，除非其一方的对待给付为不可分，也应各得就自己的部分独立为同时履行抗辩。同时履行抗辩权也可以适用于连带之债。当事人因合同不成立、无效、被撤销或解除而产生的相互义务，若存在对价关系，可主张同时履行抗辩权。

（三）不安抗辩权

1. 不安抗辩权的概念

我国《合同法》上的不安抗辩权，是指先给付义务人在有证据证明后给付义务人的经营状况严重恶化，或者转移财产、抽逃资金以逃避债务，或者谎称有履行能力的欺诈行为，以及其他丧失或者可能丧失履行债务能力的情况时，可中止自己的履行；后给付义务人接收到中止履行的通知后，在合理的期限内未恢复履行能力或者未提供适当担保的，先给付义务人可以解除合同。

2. 不安抗辩权成立的条件

（1）双方当事人因同一双务合同而互负债务。不安抗辩权为双务合同的效力表现，其成立须双方当事人因同一双务合同而互负债务，并且该两项债务存在对价关系。

（2）后给付义务人的履行能力明显降低，有不能为对待给付的现实危险。不安抗辩权制度保护先给付义务人是有条件的，不允许其在后给付义务人有履行能力的情况下行使不安抗辩权，只能在有不能为对待给付的现实危险，害及先给付义务人的债权实现时，才能行使不安抗辩权。履行能力明显降低，有不能为对待给付的现实危险，须发生在合同成立以后。如果在订立合同时即已经存在，先给付义务人若明知此情却仍然缔约，法律则无必要对其特别保护；若不知此情，还可以通过合同无效等制度解决。

3. 不安抗辩权的行使

为了兼顾后给付义务人的利益，也便于他能及时提供适当担保，先给付义务人行使不安抗辩权的，应及时通知后给付义务人，该通知的内容包括中止履行的意思表示和指出后义务人提供适当担保的合理期限。行使不安抗辩权的先给付义务人并负有举证证明后给付义务人的履行能力明显降低，有不能为对待给付的现实危险的义务。

先给付义务人及时通知后给付义务人，可使后给付义务人尽量减少损害，及时地恢复履行能力或提供适当的担保以消除不安抗辩权，使先给付义务人履行其义务。

令先给付义务人负上述举证义务，可防止他滥用不安抗辩权，不允许他借口后给付义务人丧失或可能丧失履行能力而随意拒绝履行自己的债务。如果先给付义务人没有确切证据而中止履行，应当承担违约责任。

4. 不安抗辩权的效力

（1）先给付义务人中止履行。按照《合同法》第68条的规定，先给付义务人有确切证据证明后给付义务人的履行能力明显降低，有不能为对待给付的现实危险的，有权中止履行。所谓中止履行，就是暂停履行或者延期履行，履行义务仍然存在。在后给付义务人提供适当担保时，应当恢复履行。此处所谓适当担保，既指设定担保的时间适当，更指设定的担保能保障先给付义务人的债权得以实现。至于担保的类型，可以是保证，也可以是抵押权、质权，在理论上还可以有定金。

（2）先给付义务人解除合同。按合同法的规定，先给付义务人中止履行后，后给付义务人在合理期限内未恢复履行能力并且未提供适当担保的，先给付义务人可以解除合同，该解除的方式，由先给付义务人通知后给付义务人，通知到达时发生合同解除效力；但后给付义务人有异议时，可以请求人民法院或仲裁机构确认合同解除效力。

（四）先履行抗辩权

先履行抗辩权，是指当事人互负债务，有先后履行顺序的，先履行一方未履行之前，后履行一方有权拒绝其履行请求。先履行一方履行债务不符合债的本旨的，后履行一方有权拒绝其相应的履行请求。

在传统民法上，有同时履行抗辩权和不安抗辩权的理论，却无先履行抗辩权的概念，我国合同法首次明确规定了这一抗辩权。先履行抗辩权发生于有先后履行顺序的双务合同中，基本上适用于先履行一方违约的场合，这些都是它不同于同时履行抗辩权之处。

1. 先履行抗辩权的成立要件

按照《合同法》第67条的规定，构成先履行抗辩权须符合以下要件：（1）须双方当事人互负债务。（2）两个债务须有先后履行顺序，至于该顺序是当事人约定的，还是法律直接规定的，在所不问。如果两个对立的债务无先后履行顺序，就适用同时履行抗辩权，而不成立先履行抗辩权。（3）先履行一方未履行或其履行不符合债的本旨。先履行一方未履行，既包括先履行一方在履行期限届至或届满前未予履行的状态，又包含先履行一方于履行期限届满时尚未履行的现象。先履行一方的履行不符合债的本旨，在这里指迟延履行、不完全履行（包括加害给付）、部分履行和不能履行等形态。

2. 先履行抗辩权的行使

先履行抗辩权的行使是否需要明示，应区分情况而定。在先履行一方未构成违约时，先履行抗辩权的行使不需要明示。在先履行一方已构成违约并请求后履行一方履行时，先履行抗辩权的行使需要明示。在先履行一方构成不能履行、拒绝履行、迟延履行、不完全履行但未请求后履行一方履行时，先履行抗辩权的行使不需要明示。

3. 先履行抗辩权的效力

先履行抗辩权的成立并行使，产生后履行一方可一时中止履行自己债务的效力，对抗先履行一方的履行请求，以此保护自己的期限利益、顺序利益，在先履行一方采取了补救措施、变违约为适当履行的情况下，先履行抗辩权消失，后履行一方须履行其债务。可见，先履行抗辩权亦属一时的抗辩权。先履行抗辩权的行使不影响后履行一方主张违约责任。

本章小结

债的履行是指债务人应当按照法律规定或合同约定全部履行自己的义务。债的履行可分为完全正确的履行、不适当履行与债的不履行三种情况。债的履行原则有适当履行、协作履行、经济合理、情事变更等原则。

债的适当履行包括履行主体、履行标的、履行期限、履行地点、履行方式、履行费用等方面具有适当性。

双务合同履行中的抗辩权是指符合法定条件时，当事人一方对抗对方当事人的履行请求权，暂时拒绝履行其债务的权利。它包括同时履行抗辩权、不安抗辩权和先履行抗辩权。

重要概念

债的履行　给付义务　附随义务　适当履行　不适当履行　不履行　履行迟延　加害给付　受领迟延　履行不能　拒绝履行　同时履行抗辩权　不安抗辩权　先履行抗辩权

案例分析

【案情】

甲企业与乙企业订立了一买卖合同，约定由乙企业向甲企业提供一设备，甲应于收货后付款20万元。后甲企业原厂长因经营不善被撤换。新厂长上任后改变了企业的生产计划，原订的设备不再需要。因此，在乙企业按合同交货时，甲企业的新任厂长指令拒收，并提出这是原厂长订的合同，现要对以前的合同进行清理，原订的买卖合同无效。

【问题】

试分析甲企业拒收乙企业提供的设备是否合法？

【评析】

甲企业拒收不合法，属于一种违约行为。因为企业的法定代表人与法人的关系是同一人格的关系，法定代表人以法人名义实施的行为就是法人的行为。法定代表人是法人的组成部分，法定代表人的更换虽属于法人的变更，但法定代表人的职责未变，法人的主体资格未变。因此，甲企业厂长的更换不能改变其法人的主体资格，原订立的合同仍然有效。

同步测练与解析

一、单项选择题

1. 债务人按债的标的履行未作任意改变，这体现了（　　）。

A. 诚实信用原则　　B. 适当履行原则

C. 经济合理原则　　D. 实际履行原则

2. 甲、乙签订了一份合同，约定由丙向甲履行债务，现丙履行债务的行为不符合合同约定，甲有权请求（　　）承担违约责任 。

A. 请求丙承担违约责任　　B. 请求乙承担违约责任

C. 请求乙和丙共同承担违约责任　　D. 请求乙或者丙承担违约责任

3. 甲与花店约定，于其友 6 月 1 日生日时，由花店将 99 朵玫瑰送至乙处。花店由于雇员的疏忽，于 6 月 3 日才履行合同，甲乙拒收，并且拒付价款。因此，（　　）。

A. 甲因没有催告，不得拒收

B. 花店迟延履行使合同目的不能实现，故甲可以拒收

C. 花店本身无过错，故花店未违约，甲不得拒收

D. 甲未给花店合理期限，故不得解除合同

4. 甲与乙约定，由丙为乙刻制一枚藏书章。后乙与甲交恶，未为乙刻制印章。那么甲对乙（　　）。

A. 承担赔偿责任　　B. 承担履行责任

C. 不承担责任　　D. 与丙承担连带责任

5. 下列关于同时履行抗辩权的说法不正确的是（　　）。

A. 须因同一双务合同互负债务　　B. 须对方未履行债务

C. 须对方的对待给付是可能履行的　　D. 无须双方互负的债务均已届清偿期

6. 应当先履行合同债务的当事人，得行使不安履行抗辩权的情形是有确切证据证明对方（　　）。

A. 经营状况恶化　　B. 丧失商业信誉

C. 转移财产　　D. 更换法定代表人

7. 出售产品时向买方开发票的行为属于卖方履行（　　）。
A. 主给付义务　B. 次给付义务
C. 从给付义务　D. 二次给付义务
8. 下列情形属于合同履行中的附随义务的是（　　）。
A. 出售马匹，将辔头一起交付
B. 向买受人告知产品的注意事项
C. 向买受人交付产品符合某种要求的证明书
D. 产品给买受人造成损害时，出售人对损害进行赔偿

二、多项选择题

1. 下列属于加害给付的构成要件的是（　　）。
A. 须债务人有履行行为
B. 须债务人的履行不合法律的规定或者合同的约定
C. 须因债务人的瑕疵履行而造成债权人遭受履行利益以外的损失
D. 须债务人有过错
2. 下列关于债的履行地点的说法是错误的有（　　）。
A. 履行地点在法律上有特别规定时，依其规定
B. 履行地点可由习惯确定
C. 当事人之间即使有约定，仍应按照习惯确定履行地点
D. 履行地点不明确，给付货币的，在给付货币一方所在地履行
E. 交付不动产的，在不动产所在地履行
3. 下列情形属于适当履行债务应当符合的条件的是（　　）。
A. 履行债务的主体必须有完全民事行为能力
B. 不能确定履行期限的，债务人可以随时履行，债权人也可以随时要求履行，但应当给对方必要的准备时间
C. 履行地点在无特殊要求时，一般在履行义务一方所在地履行
D. 履行费用负担不明确的，由债权人负担
4. 不安抗辩权的成立条件是（　　）。
A. 须于缔约后对方财产状况严重恶化
B. 对方财产明显减少，有难为对待给付之虞
C. 应先请求对方履行或提供担保
D. 无需先行请求对方履行或提供担保
5. 同时履行抗辩权在性质上属于（　　）。
A. 法定权利　B. 约定权利
C. 延期抗辩权　D. 永久抗辩权

三、简答题

1. 从给付义务与次给付义务有何区别？
2. 我国法律关于履行地点有何规定？
3. 不安抗辩权有哪些构成要件？
4. 简述经济合理履行原则的内容。

四、论述题

1. 试述加害给付的构成要件及法律后果。
2. 债的履行需履行哪些主要义务？
3. 债的适当履行包括哪些方面的内容？

五、案例题

甲公司与乙公司签订了一份供货合同，约定由乙公司在一个月内向甲公司提供一级精铝锭100吨，价值130万元，双方约定如果乙公司不能按期供货，每逾期一天须向甲公司支付货款价值0.1%的违约金。由于组织货源的原因，乙公司在两个月后才给甲公司交付了100吨精铝锭，甲公司验货时发现不是一级精铝锭，而是二级精铝锭，就以对方违约为由拒绝付款，要求乙公司支付一个月的违约金39 000元，并且要求乙公司重新提供100吨一级精铝锭。但是乙公司称逾期供货不是自己的过错，而是国家的产业政策调整所致，不应该支付违约金，而且所提供的精铝锭是经过质量检验机构检验合格的产品，甲公司不应当小题大做，现在精铝锭供应比较紧张，根本不可能重新提供精铝锭。甲公司坚持乙公司应当支付违约金和按照合同约定的质量标准履行合同。双方为此发生争议，甲公司起诉至法院，要求乙公司支付违约金和重新履行合同。乙公司在答辩状中称，逾期供货不是自己的本意，也不是自己所能控制得了的，不应当支付违约金，即使支付违约金，也不应当支付39 000元之多，这个请求不公平。

问题：（1）甲公司与乙公司之间签订的合同是否有效？
（2）乙公司没有在约定的时间内交付货物是客观原因还是市场原因？
（3）甲公司要求乙公司支付违约金和重新提供一级品标准的说法有无依据？
（4）乙公司主张不能按时供应货物有无依据？
（5）乙公司主张违约金的数额太高了，自己不应当承担这么多的违约金的说法有无依据？

参考答案

一、单项选择题

1. B　2. B　3. B　4. C　5. D　6. B　7. C　8. B

二、多项选择题

1. ABCD　2. CD　3. BC　4. ABC　5. AC

三、简答题（答案略）

四、论述题（答案略）

五、案例题

（1）甲公司与乙公司之间签订的合同是有效合同。

（2）乙公司没有在约定的时间内交付货物是违反了合同的义务，应当承担相应的违约责任。

（3）甲公司要求乙公司支付违约金和重新提供一级品标准的说法是有合同依据的。

（4）乙公司主张不能按时供应货物是由于组织货源的原因造成的，不应当由自己负责的说法没有法律依据，也没有合同依据。因为不能组织货源是正常的市场风险，应当由当事人自己承担责任。

（5）乙公司主张违约金的数额太高了，自己不应当承担这么多的违约金的说法也是没有法律依据的，39 000元违约金相当于合同金额的3%，并不是很高。根据合同法的规定，当事人对约定过高或者过低的违约金可以请求法院或者仲裁机构予以调整，但是本合同争议中的违约金金额仅占合同金额的3%，不能适用前述合同法的规定。

第十三章

CHAPTER THIRTEEN

债的保全和担保

学习目标

通过本章的学习，把握债权人代位权和债权人撤销权这两项债的保全制度的基本法律规则；了解债的担保的主要形式；掌握保证和定金这两种债的担保方式。

重点难点提示

- 债权人的代位权与撤销权
- 债的担保的形式
- 保证担保
- 定金担保

第一节　债的保全

一、债的保全的概念

债的保全，是债权人为防止债务人的财产不当减少而危害其债权，对债的关系以外的第三人所采取的保护债权的法律措施。

债的保全是债对于第三人发生的效力，亦债的对外效力的表现。债的关系原则上不对第三人发生效力，但为确保债权人的权利实现，在某些情况下，债对第三人也发生效力，其典型的情形即为债的保全制度。

债的保全，是债权人为确保其债权的实现，而防止债务人财产不当减少的一种手段。由于债务人以其全部财产担保全部债的履行，债务人财产的减少，关系到债权人的债权能否实现，因此，为保障债权的实现，法律赋予债权人以保全的权利，以保障能以债务人的全部财产清偿其全部债权，维持债务人的责任财产不致因其不当减少而影响债权的实现。债权人保全债权的权利有代位权与撤销权两项。

二、债权人的代位权

（一）债权人代位权的概念

债权人代位权，是指债权人为了保全其债权，而于债务人怠于行使自己的权利而害及债权人债权实现时，得以自己的名义代位行使属于债务人权利的权利。简言之，债权人的代位权就是债权人代债务人之位以自己名义行使债务人权利的权利。可见，债权人的代位权有以下含义：

第一，债权人代位权为债权人以自己名义行使债务人的权利。代位权是以行使债务人权利为内容的，而不是行使自己权利的权利。因为债务人的权利是对于第三人的权利，债权人行使代位权就会涉及第三人，也就表现为对第三人行使权利。

第二，债权人代位权是于债务人怠于行使权利而害及债权人权利时得行使的权利。债权人的代位权是为保全债权的，行使的目的是使债务人得增加的财产能够增加，从而保障债权人利益的实现。因此，若债务人自己积极行使了自己的权利，则债权人不能有代位权。

第三，债权人代位权是债权人以自己的名义对债务人的义务人行使权利的权利。债权人代位权是债权人代债务人的地位对债务人的义务人行使权利的权利，因而债权人的代位权是债权人以自己名义行使他人的权利，债权人行使代位权为行使自己的权利，而不是作为债务人的代理人行使债务人的权利。所以，债权人代位权不同于债务人代理人的代理权。

我国《合同法》第 73 条对代位权作了规定："因债务人怠于行使其到期债权，对债权人造成损害的，债权人可以向人民法院请求以自己的名义代位行使债务人的债权，但该债权专属于债务人自身的除外。代位权的行使范围以债权人的债权为限。债权人行使代位权的必要费用，由债务人负担。"

（二）债权人代位权成立的要件

债权人的代位权虽为债权人固有的权利，但也须具备一定的条件才能成立。债权人代位权的成立条件有以下几项：

1. 须债务人对第三人享有权利并怠于行使其权利

债务人对第三人享有权利，为债权人代位权成立的条件。债务人对于第三人享有的权利为债权人代位权的标的。正因为债权人代位权是以债务人对第三人享有的权利为标的的，而代位权又为债权人固有的权利，因此代位权是涉及第三人的权利，为债的关系对第三人的一种效力。

债权人代位权是为保障债务人的责任财产的增加而设的，因而其标的须为已存在的债务人对第三人享有的财产权，将来存在的、非财产权均不能为代位权的标的。

债务人虽对第三人享有财产权利，但其积极行使权利时，债权人的代位权不能成立。只有在债务人有权利能行使而怠于行使时，债权人的代位权才能成立。所谓能行使，是指债务人客观上可以对第三人行使权利。若债务人客观上不能行使，则债权人也不得代位行使。例如，债务人已受破产宣告，其对第三人的权利由清算人行使，债权人不得代位行使，也就不成立债权人的代位权。所谓债务人怠于行使，是指债务人应行使权利而不行使。至于债务人不行使权利是否有过错，有无其他原因，是否经债权人催告，均在所不问。

2. 须债务人履行债务迟延

所谓债务人履行债务迟延，是指债务人于履行债务的期限届满而未履行债务。但是若债权人的代位权是专为保全债务人权利的保存行为，其目的在于防止债务人权利的变更或消灭的，虽债务人的债务清偿期未届至，债权人也得行使代位权。例如，时效的中断，保存登记，第三人破产时的债权申报等，因此类行为对于债务人并无不利，所以债权人得于债务人履行迟延前行使代位权。

3. 须债权人有保全债权的必要

所谓有保全债权的必要，是指债务人怠于行使权利害及债权，使债权人的债权有不能实现的危险。因为代位权是以保全债权为目的的，若无保全债权的必要，也就无成立代位权的必要。例如，债务人虽怠于行使对第三人的权利，但债务人有足够的财产清偿债务，债务人不为清偿时，债权人请求法院强制执行，自可保障其债权的实现。于此情形下，债权人自无保全债权的必要，也就不成立债权人代位权。

（三）债权人代位权的行使

债权人的代位权，应由债权人以自己的名义行使；并且凡债务人的债权人，只要符合债权人代位权的成立条件，均享有代位权。但若某一债权人已行使代位权时，其他债权人不得再就债务人的同一权利行使代位权。

债权人代位权行使的范围，应以保全债权人债权的必要为限度，即以债权人的债权为限。因此，若债务人享有数项权利时，债权人就某一项权利行使代位权已可满足清偿其债权的需要，则不得再对债务人的其他权利行使代位权。债权人行使代位权，应以善良管理人的注意为之，不得处分债务人的权利。债权人行使代位权，应依诉讼的方式为之。

（四）债权人代位权行使的效力

1. 对于债务人的效力

债权人代位权行使的效果直接归属于债务人。尽管第三人向债务人给付时，若债务人不受领，债权人得代受领，但债权人于受领后，应将其取得的利益归还债务人，债务人也得请求债权人交付其受领的财产。因为代位权行使的是债务人的权利，其所得利益为债务人的财产。

2. 对于第三人的效力

债权人代位权的行使系代债务人行使对第三人的权利，于此情形下第三人的地位不能较债务人自己行使权利时不利。因此，第三人对于债务人所有的于代位权行使前发生的抗辩，均得以之对抗债权人。

3. 对于债权人的效力

债权人行使代位权是代债务人行使权利，因行使代位权所得的财产为债务人的一般财产，所以债权人不能优先受偿，非经债务人同意也不能直接以代受领的财产受偿。

三、债权人的撤销权

（一）债权人撤销权的概念

债权人撤销权，又称废罢诉权，是指当债务人所为的减少其财产的行为危害债权实现时，债权人为保全债权得请求法院予以撤销该行为的权利。债权人撤销权也为债权的保全方式之一，是为防止因债务人的责任财产减少而致债权不能实现的现象出现。因债权人撤销权的行使是撤销债务人与第三人间的行为，从而使债务人与第三人间已成立的法律关系被破坏，当然地涉及第三人。因此，债权人的撤销权也为债的关系对第三人效力的表现之一。

我国《民法通则》中未规定债权人的撤销权。《民通意见》第130条规定：“赠与人为了逃避应履行的法定义务，将自己的财产赠与他人，如果利害关系人主张权利的，应当认定赠与无效。”《合同法》则进一步明确规定了债权人的撤销权。该法第74条规定：“因债务人放弃其到期债权或者无偿转让财产，对债权人造成损害的，债权人可以请求人民法院撤销债务人的行为。债务人以明显不合理的低价转让财产，对债权人造成损害，并且受让人知道该情形的，债权人也可以请求人民法院撤销债务人的行为。撤销权的行使范围以债权人的债权为限。债权人行使撤销权的必要费用，由债务人负担。”

（二）债权人撤销权的成立条件

债权人撤销权的成立要件可分为客观要件与主观要件，并且依债务人所为的行为是否有偿而有所不同。

1. 客观要件

撤销权成立的客观要件为债务人实施了危害债权的行为。该要件包含以下意思：

首先，债务人须于债权成立后实施法律行为。债务人的行为是合同行为还是单方法律行为，是有偿还是无偿，在所不问。

其次，债务人的行为须为使其财产减少的财产行为。债务人所为的不以财产为标的的行为，或者虽以财产为标的，但不为使其财产减少的行为（如放弃受遗赠），不得撤销。

最后，须债务人的行为有害债权。所谓有害债权，是指债务人的行为足以减少其一般财产而使债权不能完全受清偿。若债务人为其行为虽使其财产减少但仍不影响其对债权的清偿时，债权人自不能干涉债务人的行为。债务人的行为是否害及债权，应从两方面考察：一方面债务人因其行为而使其无资力清偿债权。一般说来，于债务人为行为时，债务人的其他资产不足以满足一般债权人的要求，即为无资力。债务人有无资力应以客观上存在不能支付的事实为标准，而不能以债权人的主观认识为标准。另一方面，债权人的债权因债务人的行为不能受完全清偿。

2. 主观要件

债权人撤销权成立的主观要件，是债务人与第三人主观上有恶意。对于撤销权的主观要件，依债务人所为的行为是有偿或无偿而有所不同。若为有偿行为，则须债务人为恶意，债权人的撤销权才成立。而对于无偿行为，则不以债务人和第三人的恶意为要件。因债务人无资力而为无偿行为，其有害债权，至为明显，况且无偿行为的撤销，仅使受益人失去无偿所得的利益，并未受其他损害，法律理应先考虑保护债权受危害的债权人利益而不应先保护无偿取得利益的第三人。

债务人有无恶意，一般应实行推定原则，即只要债务人实施行为而使其无资力，就推定为有恶意。至于受益人的恶意，则应由债权人证明。受益人的恶意以其知道其所为有偿行为会害及债权为已足，而不须对债务人有害及债权的串通。

（三）债权人撤销权的行使

债权人的撤销权由债权人行使。凡于债务人为有害债权行为前有效成立的债权，债权人均可行使撤销权。因撤销权的行使与第三人有重大利害关系，因此，债权人的撤销权，须由债权人以自己的名义依诉讼方式为之。

债权人行使撤销权应以何人为被告，依对撤销权性质的认识不同而有不同。一般而言，债权人行使撤销权自应以债务人、与债务人为行为的相对人以及利益转得人为共同被告。因为行使撤销权既要求撤销债务人与相对人所为的行为，又要求受益人返还其所得利益。债权人行使撤销权的范围以债权人的债权额为限，因为行使撤销权的目的是为了保全债权。

债权人的撤销权如同其他撤销权一样，应有除斥期间。债权人自应于权利行使期间内行使，否则，除斥期间届满后，债权人的撤销权即消灭。依《合同法》第75条的规定，撤销权自债权人知道或者应当知道撤销事由之日起1年内行使；自债务人的行为发生之日起5年内没有行使撤销权的，该撤销权消灭。

（四）债权人撤销权行使的效力

债权人撤销权的行使，其撤销的效力依判决撤销而发生。其效力及于债务人、受益人及债权人。

对于债务人，债务人的行为一经被撤销，视为自始无效。例如，为财产赠与的，视为未赠与；为放弃债权的，视为未放弃。

对于受益人，已受领债务人的财产的，应当返还之。原物不能返还的，应当折价返还其利益。受益人已向债务人支付对价的，得向债务人主张返还不当得利。

对于债权人，行使撤销权的债权人得请求受益人将所得利益返还给债务人，也得请求直接返还给自己。但是撤销权的行使，其效力及于全体债权人。由受益人返还的财产为债务人的所有债权的一般担保。因此，行使撤销权的债权人不得从受领的给付物中优先受偿。如该债权人依强制执行程序请求受偿时，全体债权人得申请参与按比例分配。但若行使撤销权的债权人的债权与返还的财产发生抵销状态时，债权人得依抵销方式受偿。

第二节　债的担保

一、债的担保概述

（一）债的担保的含义

债的担保，是指法律为保证特定债权人利益的实现而特别规定的以第三人的信用或者以特定财产保障债务人履行义务、债权人实现权利的制度。债的担保的概念具有以下三方面的含义：

第一，债的担保是保障特定债权人债权实现的法律制度。债的担保不同于债的保全。债的保全是担保全体债权人利益的，是债的一般担保；而债的担保是一种特殊担保，是担保特定债权人利益的，其目的也正是为了强化债务人的清偿能力和打破债权人平等的原则，使特定债权人能够从第三人那里受偿或者优先于其他债权人受偿。

第二，债的担保是以第三人的信用或者特定财产来保障债权人债权实现的制度。在一般情况下，债以债务人的信用为基础，也就是说，债务人以自己的全部财产担保着债权的实现，债务人的全部财产是其清偿全部债权的责任财产。而债的担保是以第三人的信用或者特定的财产来担保特定的债权实现，因此债的担保的标的可以是第三人的信用，也可以是第三人或者债务人的特定财产，但不能是债务人的一般财产。以债务人的一般财产作担保则不属于债的担保，而属于债的保全。

第三，债的担保是对债的效力的一种加强和补充，是对债务人信用的一种保证措施。债的效力之一，是债务人须以其全部财产承担债不履行的责任，但对于特定债权人来说，由于债务人责任的有限性和债权人地位的平等性，其债权并不就有完全的保障。担保的设定，则使特定的债权人或得以第三人的财产受偿，或得从特定的财产价值中优先于其他债权人受偿，因此，债权的实现更有保障，使债的效力得到加强。债的担保是在债务人不履行债务时保障债权人利益的措施，从而是对债的效力的一种补充。也正因为如此，债权人所享有的担保上的权利为一种从权利，债权人的债权为主权利。

（二）债的担保的特征

债的担保因是担保债权实现的措施，因而，债的担保一般具有平等性、自愿性及从属性的特点。

所谓平等性，是指债的担保关系的当事人的法律地位是平等的，各方平等地协商确定相互间的权利义务，平等地受法律保护。设定债的担保是一种民事法律行为，任何一方都不能享有超越他人的特权，都不能将自己的意志强加给对方，各方之间也不存在管理和服从的关系。

所谓自愿性，是指担保一般是由当事人自愿设定的。就担保的发生原因而言，担保有法定担保与约定担保之分。法定担保是指由法律直接规定的担保，约定担保是指由当事人自行设定的担保。约定担保是最主要的、最常见的担保。因此，在一般情况下，当事人完全按照自己的意愿依法自主地决定和选择担保。是否设定担保，采用何种担保方式，担保多大的债务范围，等等，完全由当事人自行决定，任何人不得代替当事人作出决定。任何人不能强迫他人作担保，也不能以不正当手段让他人作担保。

所谓从属性，是指担保之债与被担保的债为主从关系，担保之债从属于被担保的债。担保之债为从债，其效力决定于所担保的债，被担保的债为主债。主债不成立或者无效，担保之债也就不能发生效力；主债消灭，担保之债也就随之消灭。

二、债的担保的形式

债的担保的形式，也就是担保的方式、方法，是指当事人用以担保债权的手段。

债的担保方式是随着社会经济关系的发展，随着债权法的发展而不断发展的。当事人可采用何种担保方式也是由法律规定的。在现代各国法上，债的担保方式一般都包括人的担保和物的担保两类。

（一）人的担保

人的担保，是指以第三人的信用保证债的履行的担保方式。人的担保即保证担保，是由保证人以自己的信用担保债务人履行债务的担保。保证也是一种债的关系，在债务人不履行债务时，债权人得请求保证人履行。可见，保证是通过保证人对债务人债务的清偿来保障债权人的权利实现的。保证的成立等于实际上扩大了债务人清偿债务的责任财产的范围。因此，保证担保对于债权人行使权利以保障其利益是十分方便的。但是，在保证担保中，债权人的利益是否能够确保还取决于第三人即保证人的信用，而保证人的信用具有浮动性，其财产也是处于不断地变动之中的。这是保证担保的不足之处。

（二）物的担保

物的担保，是指直接以一定的财物来作债权担保的担保方式。我国《民法通则》中规定的担保物权包括抵押权和留置权。而《担保法》中区分了抵押权与质权，规定了抵押权、质权和留置权三种担保物权。抵押权、质权一般是由当事人自行设定的，所以称为约定担保物权。留置权是直接基于法律规定的条件而发生的，因此称为法定担保物权。

由于担保物权为物权中的问题，我们已在物权法中论述了。因此，这里仅说明保证和定金两种担保方式。

三、保证

（一）保证的概念和特征

1. 保证的概念

（1）保证是一种双方的民事行为。保证是一种由债权人与保证人双方实施的民事行为，须有保证人与债权人双方意思表示的一致才能成立。仅有一方的意思表示只可成立保证的单方民事行为，不为债权法上的保证担保。例如票据法上的保证，则不属于此处所说的保证，而是一种特别法上的担保。

（2）保证是担保债务人履行债务的行为。保证是保证人以自己的信用担保债务人履行债务的，因而保证人只能是债务人以外的第三人，而不能是债务人本身。债务人对自己履行债务的担保，不为保证。如债务人对自己产品的质量所作出的保证，并不是债的担保的保证。第三人对他人所作出的不属于担保其履行债务的担保，也不属于保证。例如，人事保证等都不是债的担保上的保证。

（3）保证是约定于债务人不履行债务时由保证人承担保证责任的行为。保证人承担的保证责任，也就是保证人向债权人承担的保证债务。保证债务是于债务人不履行债务时才生效的，在债务人履行债务时，保证债务也就不能生效。

2. 保证的特征

（1）保证具有从属性。保证的从属性在于保证合同是主合同的从合同，保证债务是主债务的从债务。保证的从属性主要表现在以下几个方面：

第一，保证合同以主合同的有效存在为存在前提。保证债务以主债务的存在为前提，并于主债务存续中从属于主债务。无主债务也就无从债务。因此，债权人要求保证人承担保证责任的，不仅须证明保证债务的存在，而且还须证明主债务的存在。

第二，保证的范围与强度从属于主债务，不得大于或者强于主债务。保证担保，保证人可以与债权人协商保证担保的范围，但保证债务的范围和强度不得大于主债务，当事人约定的保证债务的范围与强度大于主债务的，应减到主债务的限度。

第三，保证债权随主债权的转移而转移。在保证期间，债权人转让债权给第三人的，债权人对保证人的保证债权原则上也随同转移，保证人仍在原担保的范围内承担保证责任。但当事人在保证合同中约定债权人不得让与债权的，则于债权人转让债权时保证人的保证责任即消灭。

第四，保证人的保证债务于保证期限内存在。保证是对特定债务人履行债务的信用担保，因而保证债务原则上只能随特定债务人债务的存在而存在。因此，主债务人转移主债务的，除保证人明确表示对债务转移承担保证责任外，保证人的保证债务消灭。

第五，保证债务随主债务的消灭而消灭。主债务因清偿等原因消灭的，保证债务当然也就消灭。主债务因合同解除而消灭的，保证债务也应当消灭。主债务因合同更新而更改的，除当事人另有约定外，保证债务也消灭。

（2）保证具有独立性。保证人的保证债务虽与主债务之间形成主从关系，依主债务的存在而存在，但保证债务并不是主债务的一部分，而是独立于主债务的单独债务。保证的这一特性也是保证区别于债务承担的重要标志。

因为保证债务具有独立性，并不是主债务的一部分，所以，保证债务虽因其从属性的要求，在范围上或强度上不得大于或强于主债务，却可以与主债务不同。主债务不附条件的，保证债务可以附条件。主债务人与债权人之间诉讼的判决，其效力也不能当然地及于保证人。基于保证合同而发生的抗辩权，债务人不得享有，保证人得单独行使其抗辩权。主债务人受败诉的判决时，保证人也得于另一诉讼中，以自己的证据证明主债务的不存在、已消灭或者其他事由。债权人免除保证人保证债务的，主债务人的债务仍然存在。保证合同无效的，主债务的效力不受影响。

（3）保证具有无偿性。保证合同是无偿合同，保证人的保证债务不以从债权人取得一定财产权利为代价，债权人也不须支付任何代价即对保证人享有保证债权。

（4）保证具有补充性。保证债务是对主债务的补充和加强，因而具有补充性。保证的补充性的表现主要在于，只有在主债务人不履行债务时，保证人才负履行保证债务的责任。因此，债权人请求保证人履行保证债务时，应当证明主债务人未履行债务的事实。保证债务原则上应债权人的请求始届清偿期。也就是说，除保证合同中有主债务人不履行债务保证人即应履行的特别约定外，虽主债务的履行期届满，债权人未向保证人请求履行的，保证债务也不届清偿期，不能发生保证人迟延履行的责任。

(5) 保证具有单务性。保证合同为单务合同。在保证的当事人双方之间没有相互对待给付的义务，因而不发生义务履行的顺序问题。

（二）保证合同的成立

保证由保证人与债权人订立保证合同。保证人与债权人可以就单个主合同分别订立保证合同，也可以协议在最高债权额限度内就一定期间连续发生的借款合同或者某项商品交易合同订立一个保证合同。保证合同应当采用书面形式。

保证人是为主债务人担保债务履行的人，保证债务具有无偿性。因而，保证人为自然人的，应当具有完全民事行为能力，无完全民事行为能力人不能订立保证合同。依据我国法律规定，法人或者其他经济组织可以担任保证人。但是，按照公司法的规定，董事、经理不得以公司资产为本公司的股东或者其他个人债务提供担保。国家机关一般不得担任保证人。依我国《担保法》第8条的规定，“国家机关不得为保证人，但经国务院批准为使用外国政府或者国际经济组织贷款进行转贷的除外”。所以，除法律特别规定外，以国家机关为保证人的保证合同应为无效。因为保证债务是为债务人代清偿债务，因此，保证人原则上应当具有代偿能力。保证人自始没有代偿能力并且其后也不能具有代偿能力的，保证合同为自始不能履行的合同，也应当无效。

保证是保证人以自己的信用为债务人作担保的，因此保证人须有明确承担保证责任的意思表示。如果第三人仅向债权人提供债务人能够履行债务的信息，或者向债权人表示债务人能够履行债务，而没有明确表示自己愿意承担保证责任，则该第三人不为保证人，保证合同不能成立。但是若第三人在主合同上以保证人的名义签字盖章而又无其他的约定，则推定该第三人有担任保证人的意思表示，保证合同成立。

保证合同当事人双方关于保证的意思表示不仅应当一致，而且当事人关于保证的意思表示必须真实，否则保证合同也不能有效。保证合同有可撤销的事由的，当事人可以撤销，但重大误解是因保证人自己的过错造成的，保证人不得撤销。保证合同被撤销的，保证不能成立。

保证合同应当包括以下内容：(1) 被保证的主债权种类、数额；(2) 债务人履行债务的期限；(3) 保证的方式；(4) 保证担保的范围；(5) 保证的期间；(6) 双方认为需要约定的其他事项。保证合同不完全具备以上内容的，可以补正。

（三）保证的方式

保证合同当事人双方应当约定保证的方式。保证方式分为一般保证与连带责任保证两种。

1. 一般保证

一般保证，是指保证人仅对债务人不履行债务负补充责任的保证。《担保法》第17条第1、2款规定：“当事人在保证合同中约定，债务人不能履行债务时，由保证人承担保证责任的，为一般保证。一般保证的保证人在主合同纠纷未经审判或者仲裁，并就债务人财产依法强制执行仍不能履行债务前，对债权人可以拒绝承担保证责任。”这是一种补充责任，即只有在主债务人无力清偿时，保证人才承担责任。在学理上，保证人的这种权利又称先诉抗辩权。因此，一般保证是保证人享有先诉抗辩权的保证方式。但有下列情形之一的，保证人不得行使先诉抗辩权：（1）债务人住所变更，致使债权人要求其履行债务发生重大困难的；（2）人民法院受理债务人破产案件，中止执行程序的；（3）保证人以书面形式放弃前述规定的权利的。

2. 连带责任保证

连带责任保证是指保证人在债务人不履行债务时与债务人负连带责任的保证。《担保法》第 18 条规定：“当事人在保证合同中约定保证人与债务人对债务承担连带责任的，为连带责任保证。连带责任保证的债务人在主合同规定的债务履行期届满没有履行债务的，债权人可以要求债务人履行债务，也可以要求保证人在其保证范围内承担保证责任。”可见，连带责任保证保证人的责任重于一般保证保证人的责任。一般保证的保证人只在债务人不能履行债务时才承担保证责任；而连带责任保证的保证人不论债务人能否履行债务，只要债务人未履行债务，就有义务承担保证责任，保证人并不享有先诉抗辩权。

（四）保证担保的效力

1. 保证债务的范围

保证债务的范围，也就是保证人保证担保的范围，是指保证担保效力所及的范围。保证效力所及的范围分为有限保证和无限保证两种不同的情况。

（1）有限保证。有限保证是保证人与债权人在保证合同中明确约定保证债务范围的保证。在有限保证中，保证人仅于当事人约定的范围内承担保证债务，对于超过约定范围的债务，保证人不负担保责任。

（2）无限保证。无限保证是指当事人未明确约定保证债务范围的保证。我国《担保法》第 21 条第 2 款规定，“当事人对保证担保的范围没有约定或者约定不明确的，保证人应当对全部债务承担责任。”这里的全部债务包括主债务的全部、利息债务、违约金、损害赔偿金和实现债权的费用。实现债权的费用，不能当然地成为主债务的内容，但属于从属于主债务的必要负担，是保证人设定保证担保时应当和可以预见的，因此也应在保证债务范围内。

2. 保证人与主债权人之间的关系

保证人与债权人之间的关系，是保证效力的主要表现。保证成立后，债权人对保证人享有权利而不负担义务，保证人也享有一定的防御性权利。

（1）债权人的权利。债权人的权利是在主债务人不履行债务时，得请求保证人履行保证债务即承担保证责任。债权人请求保证人履行保证债务的，除应向保证人主张外，须证明债务人的债务清偿期届满而自己未受债务的完全清偿。债权人仅向债务人请求履行债务而未向保证人主张权利的，对保证人不发生效力。

债权人请求保证人履行保证债务的权利的行使，依保证方式的不同而不同。在一般保证中，债权人只有在就主债务人的财产强制执行而仍不能完全受偿时，才得请求保证人承担保证责任，否则保证人得行使先诉抗辩权；并且，在保证人享有先诉抗辩权期间，债权人不得以自己对保证人的债务与保证人的保证债务相抵销。在连带责任保证中，只要主债务人于债务履行期限届满时未完全履行债务，债权人即得请求保证人承担保证责任。

（2）保证人的权利。保证人的权利包括以下三方面：

其一，主债务人享有的抗辩权。我国《担保法》第20条规定："一般保证和连带责任保证的保证人享有债务人的抗辩权。债务人放弃对债务的抗辩权的，保证人仍有权抗辩。抗辩权是指债权人行使债权时，债务人根据法定事由，对抗债权人行使请求权的权利。"

其二，一般债务人应享有的权利。如保证人得主张保证合同无效的抗辩，保证债务履行期未到的抗辩，保证债务消灭的抗辩。保证合同有得撤销的事由的，保证人得主张撤销；保证人对债权人享有同种类债权的，得以其债权与债权人的债权抵销。

其三，一般保证的保证人特别享有的权利。一般保证的保证人特有的权利主要是先诉抗辩权。先诉抗辩权，又称检索抗辩权，是指保证人于债权人未就主债务人的财产强制执行而无效果前，对于债权人得拒绝清偿保证债务的权利。连带责任保证的保证人不享有先诉抗辩权。依《担保法》第17条的规定，一般保证的保证人在有下列情形之一时，也不得行使先诉抗辩权：第一，债务人住所变更，致使债权人要求其履行债务发生重大困难的。债务人住所虽变更，但并不会使债权人要求债务人履行债务发生重大困难时，保证人仍得行使先诉抗辩权。第二，人民法院受理债务人破产案件，中止执行程序的。第三，保证人以书面形式放弃先诉抗辩权的。保证人不是以书面形式，而只是口头向债权人表示放弃先诉抗辩权的，保证人仍得行使先诉抗辩权。

3. 保证人与主债务人之间的关系

保证虽为债权人与保证人之间的关系，但保证的成立也在主债务人与保证人之间发生效力。在保证人与主债务人之间，保证人于一定条件下也享有一定的权利。保证人的权利主要是追偿权。追偿权，又称求偿权，是指保证人在履行保证债务后，得请求主债务人偿还的权利。

保证人追偿权的成立须具备以下三个条件：第一，保证人向债权人履行了保证债务。第二，因保证人的履行而使债务人免责。所谓使主债务人免责，是指主债务人对债权人的债务因保证人的履行而消灭，并非指债权债务消灭。债务人非因保证人的保证债务的履行而免责的，保证人不享有求偿权。第三，保证人履行保证债务无过错。保证人在承担保证责任上有过错的，保证人丧失求偿权。

保证人追偿权的范围一般应当包括两部分：一部分是保证人为主债务人向债权人清偿

的债务额，但以主债务人因其清偿受免责的数额为限。另一部分是保证人履行保证债务所支出的必要费用，但因保证人的过错而多付出的费用不在此列。

保证人的求偿权一般只能在保证人承担保证责任后才能发生和行使，但为保证保证人在履行保证债务后能够实现追偿的权利，法律规定了保证人得事前行使追偿权的情况。我国《担保法》第32条规定："人民法院受理债务人破产案件后，债权人未申报债权的，保证人可以参加破产财产分配，预先行使追偿权。"

（五）共同保证

共同保证，是指数人共同担保同一债务人的同一债务履行而为的保证。共同保证的特点在于保证人不是一人而是二人以上。因此，在共同保证中发生保证人之间如何承担保证责任的问题。《担保法》第12条规定："同一债务有两个以上保证人的，保证人应当按照保证合同约定的保证份额，承担保证责任。没有约定保证份额的，保证人承担连带责任，债权人可以要求任何一个保证人承担全部保证责任，保证人都负有担保全部债权实现的义务。已经承担保证责任的保证人，有权向债务人追偿，或者要求承担连带责任的其他保证人清偿其应当承担的份额。"

共同保证可分为按份保证和连带保证。共同保证的保证人与债权人约定保证份额的，为按份保证。按份保证的每个保证人仅就其约定的份额向债权人承担保证责任，保证人在承担保证责任后，也只能就其清偿的债务份额向主债务人追偿。共同保证的保证人未与债权人约定保证份额或者约定不明确的，为连带保证。连带保证的各个保证人向债权人承担连带保证债务，每个保证人都有义务承担全部保证责任，在保证债务未全部清偿前，各保证人的保证责任都不能免除。连带保证的各保证人虽向债权人负连带保证责任，但在保证人内部之间仍依一定的份额承担保证责任。所以，连带保证人向债权人承担保证责任后，可以向主债务人追偿，也可以要求其他保证人清偿其应当承担的份额。各保证人应当承担的保证份额，依共同保证人之间的约定而定；保证人之间没有约定或者约定不明确的，应当视为各保证人平均分担保证责任。

（六）无效保证及其法律后果

保证无效的具体情形有：(1) 企业法人的分支机构未经法人书面授权或者超出授权范围与债权人订立保证合同的，保证合同无效或者超出授权范围的部分无效。(2) 企业法人的职能部门提供保证的，保证合同无效。(3) 国家机关和以公益为目的的事业单位、社会团体违反法律规定提供保证的，保证合同无效。(4) 董事、经理违反《公司法》的规定，以公司名义为本公司的股东或者其他个人债务提供保证的，保证合同无效。(5) 违反有关法规对外提供保证担保的，保证合同无效。这具体包括以下情形：未经国家有关主管部门批准或者登记对外担保的；未经国家有关主管部门批准或者登记，为境外机构向境内债权人提供担保的；为外商投资企业注册资本、外商投资企业中的外方投资部分的对外债务提供担保的；无权经营外汇担保业务的金融机构、无外汇收入的非金融性质的企业法人提供外汇担保的；主合同变更或者债权人将对外担保合同项下的权利转让，未经担保人同意和国家有关主管部门批准的，担保人不再承担担保责任。但法律、法规另有规定的除外。(6) 保证合同因主合同无效而无效。

由上可见，保证合同的无效可区分为两种情形：一是保证合同自身无效而主合同仍属有效；二是保证合同因主合同无效而无效。对于保证合同自身无效而主合同仍属有效情况下保证人的民事责任，《担保法解释》第7条作了如下规定：债权人无过错的，担保人与债务人对主合同债权人的经济损失承担连带赔偿责任；债权人、担保人有过错的，担保人承担民事责任的部分，不应超过债务人不能清偿部分的1/2。对于保证合同因主合同无效而无效情况下保证人的民事责任，该解释第8条规定：担保人有过错的，担保人承担民事责任的部分，不应超过债务人不能清偿部分的1/3。

（七）保证责任的免除和消灭

保证人的保证责任免除和消灭的事由主要有以下几种：

第一，保证期限届满而债权人未为请求时，保证责任免除。

一般保证，因保证人享有先诉抗辩权，债权人应当先对主债务人提起诉讼或申请仲裁并对债务人的财产强制执行后，才能请求保证人承担保证责任。因此，在保证期间内，债权人未对债务人提起诉讼或者申请仲裁的，保证人免除责任。如在保证期间内，债权人向债务人提起诉讼或者申请仲裁，则保证期间适用诉讼时效中断的规定。保证期间，保证人与债权人有约定的，依其约定；保证人与债权人未约定保证期间的，保证期间为主债务履行期届满之日起6个月。

连带责任保证，保证人无先诉抗辩权，债权人得不经请求债务人履行债务而直接请求保证人承担保证责任。但保证人也仅于保证期限内承担保证责任。在保证期限内，债权人未请求保证人履行保证债务时，保证人的保证责任即免除。保证合同中未明确约定保证期限的，保证期间为自主债务履行期届满之日起6个月，债权人有权在这6个月内要求保证人承担保证责任。

第二，主合同当事人双方恶意串通，骗取保证人提供保证的，保证人不承担保证责任。主合同债权人采取欺诈、胁迫等手段，使保证人违背真实意思的情况下提供保证的，保证人不承担保证责任。

第三，保证期间，债权人依法将主债权转让给第三人，而保证人与债权人事先约定仅对特定的债权人承担保证责任或者禁止债权转让的，保证人不再承担保证责任。

第四，保证期间，债权人许可债务人转让债务，但未经保证人同意的，保证人对未经其同意转让部分的债务不再承担保证责任。

第五，债权人与债务人协议变更主合同，但未经保证人同意，如果加重债务人债务的，保证人对加重的部分不承担保证责任。

第六，一般保证的保证人在主债权履行期间届满后，向债权人提供了债务人可供执行财产的真实情况，债权人放弃或者怠于行使权利致使该财产不能被执行的，保证人可以请求人民法院在其可供执行财产的实际价值范围内负保证责任。

第七，在同一债权既有保证又有物的担保的情况下，债权人放弃物的担保时，保证人在债权人放弃权利的范围内免除保证责任。

第八，主合同双方当事人协议以新贷偿还旧贷，除保证人知道或者应当知道的外，保证人不承担民事责任。

第九，保证合同解除或终止时，保证人的保证责任消灭。保证合同在有可解除的事由而解除时，保证责任自然消灭。在保证合同终止时，保证人的保证责任消灭。

第十，主债务消灭，保证债务消灭。主债务因履行、抵销、混同、免除等原因而消灭时，保证债务随之消灭，保证人的保证责任当然消灭。

此外，《担保法》第28条第1款规定："同一债权既有保证又有物的担保的，保证人对物的担保以外的债权承担保证责任。"对此，《担保法解释》第38条第1、2款规定："同一债权既有保证又有第三人提供物的担保的，债权人可以请求保证人或者物的担保人承担担保责任。当事人对保证担保的范围或者物的担保的范围没有约定或者约定不明的，承担了担保责任的担保人，可以向债务人追偿，也可以要求其他担保人清偿其应分担的份额。同一债权既有保证又有物的担保的，物的担保合同被确认无效或者被撤销，或者担保物因不可抗力的原因灭失而没有代位物的，保证人仍应当按照合同的约定或者法律的规定承担保证责任。"

四、定金

（一）定金的概念和性质

定金，是指合同当事人约定的，为确保合同的履行，由一方当事人预先支付给另一方的一定款项。我国《民法通则》第89条第3项规定："当事人一方在法律规定的范围内可以向对方给付定金。债务人履行债务后，定金应当抵作价款或者收回。给付定金的一方不履行债务的，无权要求返还定金；接受定金的一方不履行债务的，应当双倍返还定金。"《担保法》第89条也规定，"当事人可以约定一方向对方给付定金作为债权的担保"。可见，定金也是债权担保的一种方式。

定金是在合同履行前由一方向对方支付的款项，因此具有预先给付的性质。但定金与预先给付的预付款不同。这主要体现在：第一，作用不同。定金的主要作用为担保合同债务的履行，是担保方式；而预付款的主要作用是为一方当事人履行合同提供资金上的帮助，即为其履行合同债务创造条件，是合同履行的一部分。第二，地位不同。交付定金的协议是从合同，依约定应交付定金而未交付的，并不构成对主合同的违反；而交付预付款的协议为主合同的一部分，依约定应交付预付款而未交付时，构成对主合同义务的违反。

第三，法律后果不同。交付定金和收受定金的双方当事人不履行合同债务时，适用定金罚则，即交付定金的一方不履行债务的丧失定金，收受定金的一方不履行债务的则双倍返还定金；而交付和收受预付款的当事人一方不履行合同债务时，不发生丧失或双倍返还预付款的后果，于此情况下预付款仅可抵作损害赔偿金。第四，交付的方式不同。定金一般为一次性交付，而预付款可以分期交付。

（二）定金合同的成立

定金应当由当事人双方约定，双方约定定金的协议称为定金合同。定金合同应当采用书面形式。定金合同除应当具备合同有效成立的一般条件外，还须具备以下条件：

1. 应交付定金的一方向对方交付定金

定金合同为实践合同，通说认为，定金自交付时起成立。我国《担保法》第90条明确规定，“定金合同从交付定金之日起生效”。所以，虽当事人有关于定金的约定，但未实际交付的，定金担保尚不能成立。从交付定金来说，当事人应当按照约定的时间交付，当事人未在规定的时间交付或者交付的数额不足约定数额的，而另一方当事人又接受的，可以视为当事人双方对定金合同的变更，定金仍从实际交付之日起于交付的实际数额上成立。但若当事人一方于合同履行后才依定金的约定数额向对方交付款项的，则不能认定为定金。

2. 须主合同有效

定金合同是从合同，定金所担保的合同为主合同。从合同的效力决定于主合同。因此，在主合同无效或者被撤销时，定金合同也就不能发生效力，即使一方已交付定金，定金担保也不成立。

3. 定金数额须在法定的数额内

关于定金的数额，应由当事人自由约定，但当事人对于定金的约定不能超过法律规定的最高限额。我国《担保法》第91条规定：“定金的数额由当事人约定，但不得超过主合同标的额的百分之二十。”当事人交付的定金超过法律规定最高限额的，超过的部分应为无效，即不能作为定金，但不能认定为定金全部无效。

（三）定金的效力

1. 定金具有证约的效力

因为定金是为担保主合同的履行而设立的，定金合同一般采用书面形式，又是实践合同，因此交付和收受定金的事实，是当事人之间合同关系存在的有力证据。特别是对于口头合同在当事人之间是否存在，在合同发生争议时，交付定金的事实就可以证明合同的存在。

2. 预先给付和抵销的效力

定金于合同履行后，应当返还或者抵作价款。因为定金并不是合同的给付内容，因此在合同履行后应当返还，但定金也可以抵作价款。从抵作价款的效力上说，定金具有预先给付和抵销的效力。

3. 担保的效力

这是定金的主要效力和基本效力。定金的担保效力表现在定金罚则上，即交付定金的一方不履行合同时，丧失定金；收受定金的一方不履行合同时，应当双倍返还定金。

定金担保发生效力须具备两个基本条件：其一，须有一方当事人违约的事实；其二，须违约的当事人有可归责的事由。如果违约的一方能够证明其违约是因不可抗力造成的，则该当事人不承担丧失定金或者双倍返还定金的法律后果。依《合同法》第 116 条的规定，当事人既约定违约金，又约定定金的，一方违约时，对方可以选择适用违约金或者定金条款。

本章小结

代位权，是指当债务人怠于行使其对第三人的权利而有害于债权人的债权实现时，债权人为保全自己的债权，可以自己的名义代位行使债务人的权利。债权人行使代位权时必须具备如下要件：(1) 须债务人对第三人享有权利并怠于行使其权利；(2) 须债务人履行债务迟延；(3) 须债权人有保全债权的必要。

撤销权，是指当债务人放弃对第三人的债权、实施无偿或低价处分财产的行为而有害于债权人的债权时，债权人可依法请求法院撤销债务人所实施的行为。债权人撤销权的成立，从客观上，必须是债务人实施了一定的有害于债权人债权的行为，才能使债权人行使撤销权；从主观上说，债权人行使撤销权须以债务人实施处分行为或债务人与第三人实施民事行为时具有主观恶意。

保证，是指保证人和债权人约定，当债务人不履行债务时，保证人按照约定履行债务或者承担责任的行为。保证合同应当以书面形式订立。保证分为一般保证和连带保证，二者成立要件、法律后果都不尽相同。

定金，是指合同当事人约定的，为确保合同的履行，由一方当事人预先支付给另一方的一定款项。债务人履行债务后，定金应当抵作价款或者收回。给付定金的一方不履行债务的，无权要求返还定金；收受定金的一方不履行债务的，应当双倍返还定金。

重要概念

债的保全　代位权　撤销权　债的担保　人的担保与物的担保　保证
一般保证　连带责任保证　共同保证　先诉抗辩权　保证人追偿权　定金

案例分析

【案情】

工商银行台州分行与台州机械厂签订一份贷款合同，台州机械厂为借款人，工商银行台州分行为出借人，借款数额为1 000万元，借款期限为2年。台州服装厂、台州陶瓷厂为该借款合同进行保证担保，担保条款约定，如台州机械厂不能如期还款，台州服装厂、台州陶瓷厂承担保证责任，合同中未约定保证份额。台州钢铁厂对台州机械厂与工商银行台州分行的借款合同进行了抵押担保，担保物为一批钢材（价值1 000万元），未约定担保范围。

【问题】

（1）台州服装厂和台州陶瓷厂的保证是什么性质？

（2）设台州机械厂与工商银行台州分行决定推迟还款期限2年，并将推迟还款协议内容通知了台州服装厂、台州陶瓷厂和台州钢铁厂，台州服装厂、台州陶瓷厂、台州钢铁厂不同意推迟还款期限，则台州服装厂、台州陶瓷厂、台州钢铁厂是否承担担保责任？

（3）设工商银行台州分行决定放弃台州钢铁厂的抵押担保，且签订了协议，但未取得台州服装厂、台州陶瓷厂的同意。台州服装厂、台州陶瓷厂应否承担保证责任？

（4）设台州机械厂到期不能还款，工商银行台州分行申请法院对台州钢铁厂的钢材进行拍卖，价款为1 300万元，扣除费用后，得款1 250万元，足以偿还工商银行台州分行的本金、利息和费用。工商银行台州分行从台州钢铁厂处受偿了自己的全部债权后，台州钢铁厂享有什么权利？

（5）设台州钢铁厂的钢材因不可抗力灭失，台州钢铁厂也没有获得相应的代位物。台州服装厂被飞翔服装集团兼并，现台州机械厂不能偿还到期债务，台州陶瓷厂偿还了工商银行台州分行的全部债权，台州陶瓷厂的追偿权可向谁行使？

【评析】

（1）台州服装厂、台州陶瓷厂共同担保的性质为连带共同保证。

（2）台州服装厂、台州陶瓷厂仍在原合同约定的或者法律规定的期间内承担保证责任，台州钢铁厂仍应承担抵押担保责任。

（3）根据法律规定，同一债权既有保证又有物的担保的，保证人对物的担保以外的债权承担保证责任。债权人放弃物的担保的，保证人在债权人放弃权利的范围内免除保证责任。所以，台州服装厂、台州陶瓷厂由于工商银行台州分行放弃物上担保，可以相应免除保证责任。

（4）台州钢铁厂享有对台州机械厂全部债权的追偿权；也可以向台州服装厂、台州陶瓷厂主张要求其清偿其应当分担的份额。

（5）可向台州机械厂、飞翔服装集团行使追偿权。

同步测练与解析

一、单项选择题

1. 甲公司欠乙公司500万元到期债权，乙公司同时对丙公司享有400万元的到期债权，但乙公司既不履行到期的债务，也不行使其对丙的到期债权，致使严重损害了债权人甲公司的利益。那么甲公司（　　）。
   A. 只能要求乙公司偿还其债权，不能要求丙公司向其履行债务
   B. 可以要求丙公司向其履行债务
   C. 丙公司如果拒绝甲公司要求向其履行债务的请求，甲公司无权向人民法院提起诉讼
   D. 乙公司放弃了对丙的债权，甲公司就无权要求丙公司向其履行债务
2. 我国合同法规定，当事人在合同中既约定了违约金又约定了定金的，一方违约时，另一方（　　）。
   A. 只能请求适用定金条款
   B. 只能请求适用违约金条款
   C. 可以请求同时适用定金条款和违约金条款
   D. 可以选择请求适用定金条款或请求适用违约金条款
3. 依据我国担保法的规定，企业法人的分支机构可以作为保证人的条件是该分支机构有（　　）。
   A. 保证能力　　B. 充足盈余
   C. 法人主管机关同意　　D. 法人书面授权
4. 当一物之上同时存在抵押权、质权和留置权时，权利的行使顺序是（　　）。
   A. 抵押权、质权、留置权　　B. 留置权、抵押权、质权
   C. 质权、留置权、抵押权　　D. 留置权、质权、抵押权
5. 甲与乙订立空调购销预约，甲支付5万元，并约定，甲若半年内不与乙签订正式的购销合同，甲即丧失5万元。反之，若乙半年内不与甲签订正式购销合同，则应向甲双倍返还5万元。此时，甲所支付的5万元是（　　）。
   A. 证约定金　　B. 预付款　　C. 违约定金　　D. 解约定金
6. 甲是债务人，乙是债权人，丙受甲之委托为甲提供抵押物担保债权的清偿。若丁与乙协议，由丁承担甲的债务，此时乙丙所设定的抵押权（　　）。
   A. 仍担保乙债权的清偿
   B. 不再担保乙债权的清偿

C. 除非丙有承认的表示以外，不再担保乙债权的清偿

D. 不因丁承担甲之债务而消灭

7. 债务人向债权人给付定金作为金钱债权的担保，除双方有特约的外，（　　）。

A. 债务人履行债务时，债权人既可以用定金折抵价款，也可以将其返还债务人

B. 债务人履行债务时，债权人必须将定金返还债务人

C. 债务人履行债务时，债权人必须将其折抵价款

D. 债务人履行债务时，债务人只能要求返还定金

8. 一般保证人承担保证责任后，（　　）。

A. 不得向债务人追偿

B. 任何情况下，都有权向债务人追偿

C. 保证人出于赠与而作保证的，不得向债务人追偿

D. 保证人出于赠与而作保证的，原债权人的债权不得移转于保证人

二、多项选择题

1. 下列担保方式中属于约定担保的是（　　）。

A. 抵押　　B. 质押　　C. 定金　　D. 留置

2. 下列关于债权人代位权的说法正确的是（　　）。

A. 债权人与债务人之间须有合法的债权债务关系

B. 债务人须有对第三人的权利

C. 须债务人怠于行使权利的行为有害于债权人的债权

D. 债权人代位行使的范围不以保全债权的必要为标准

3. 下列可以作为债务保证人主体的有（　　）。

A. 国家机关为个人债务作保证人

B. 国家机关经国务院批准为使用外国政府贷款作保证人

C. 公司股东以公司财产为他人作保证

D. 公司股东以个人财产为他人作保证

4. 关于先诉抗辩权的说法正确的是（　　）。

A. 先诉抗辩权是适用于一般保证的制度

B. 债务人住所变更，致使债权人要求其履行债务发生重大困难的，保证人不得行使先诉抗辩权

C. 人民法院受理债务人破产案件，中止执行程序的，保证人不得行使先诉抗辩权

D. 先诉抗辩权由连带保证人行使

三、简答题

1. 撤销权的行使有何要求？

2. 代位权行使的法律后果是什么？

3. 定金与预付款有何区别?

4. 债的担保主要有哪些形式?

5. 保证主要有哪些法律特征?

四、论述题

1. 一般保证与连带责任保证有何区别?

2. 试比较债的担保制度和债的保全制度设计的意义。

五、案例题

甲公司向乙商业银行借款10万元，借款期限为1年。借款合同期满后，由于甲公司经营不善，无力偿还借款本息。但是丙公司欠甲公司到期货款20万元，甲公司不积极向丙公司主张支付货款。为此，乙商业银行以自己的名义请求法院执行丙公司的财产，以偿还甲公司的借款。

问题：(1) 法院是否应支持乙商业银行的请求?

(2) 若乙商业银行行使代位权花费3 000元必要费用，此费用应由谁承担?

参考答案

一、单项选择题

1. B　2. D　3. D　4. B　5. C　6. C　7. A　8. B

二、多项选择题

1. ABC　2. ABC　3. BD　4. ABC

三、简答题（答案略）

四、论述题（答案略）

五、案例题

(1) 法院应支持乙商业银行的请求。《合同法》第73条第1款规定:“因债务人怠于行使其到期债权，对债权人造成损害的，债权人可以向人民法院请求以自己的名义代位行使债务人的债权，但该债权专属于债务人自身的除外。”本案中，甲公司怠于行使对丙公司的债权，损害了债权人乙商业银行的利益，因此，乙商业银行有权行使代位权，请求人民法院执行丙公司的财产以偿还甲公司的借款。

(2) 花费的3 000元费用应由甲公司承担。《合同法》第73条第2款规定:“代位权的行使范围以债权人的债权为限。债权人行使代位权的必要费用，由债务人负担。”

第十四章

CHAPTER FOURTEEN

债的移转和消灭

学习目标

通过本章的学习，学生应当对债的移转与消灭情形有充分的认识，重点掌握债权让与和债务承担的条件及法律后果。

重点难点提示

- 债的移转的特征
- 债权让与的条件
- 债务承担的条件
- 债的消灭的原因

第一节　债的移转

一、债的移转概述

债的移转，是指在债的内容与客体保持不变的情形下，债的主体发生变更。前已述及，债的要素为主体、客体和内容，三个要素中的任何一个发生变化，债就发生变化。因此，广义的债的变更，包括债的主体变更、债的客体变更与债的内容变更。因为债的客体的变更与债的内容的变更是联系在一起的，客体的变更必然发生内容的变更，而内容的变更也就引起客体的变更。债的内容的变更，是指在债的主体不改变的情形下，当事人之间的权利义务的变更。债的内容的变更主要为合同之债的变更。债的主体变更实际上就是债的内容转移给他人承受，即由债的原第三人而成为债的新的债权人、债务人。所以债的移转也就是债的主体变更。

债的移转有以下特征：

第一，债的移转为债的主体的变更。债的主体包括债权人与债务人双方，不论是债权人变更还是债务人变更都为债的移转。债权人一方变更，债务人一方不变的，为债权移转，又称为债权让与。债务人一方变更而债权人一方不变的，为债务移转，又称为债务承担。若因债权人一方或债务人一方所参与的债都发生债权主体或债务主体变更而发生债的移转，则为债的概括移转。

第二，债的移转不改变债的内容与客体。债的移转仅为广义的债的变更中的主体变更，因而债的移转并不改变当事人间的权利义务关系，即债权与债务并不改变。所以债的移转与债的变更（狭义的债的变更）不同。债的变更是债权人与债务人间的权利义务的内容与标的发生改变，但债权人与债务人并无改变。

第三，债的移转是以债权债务关系的存在为前提的。债的移转是债权债务主体的变更，就必以债权债务的存在为前提。因而债的变更与债的发生不同。债的发生是指原来不存在债权债务关系而新产生债的关系。债的移转就其受让人来说，是在自己原不享有债权或不负担债务的情况下而新取得债权或负担债务，因此也可以说是产生了债权或债务，但该债权债务并非新发生的，而是原来就已存在的。所以依债的移转而成为债权人或债务人的，可称为债的继受主体，而非债的原始主体。

第四，债的移转保持债的同一性。债的移转并不引起新的债权债务关系的出现。债的移转后的债权债务与移转前的债权债务保持其同一性。因此，债的移转不同于债的更改。债的更改，又称为债的更替、债的更新，是指在原债的基础上成立一个新债以代替原债。例如，将租赁关系更改为买卖关系。一般认为，债的内容变更后与原来的内容具有同一性的，为债的变更；若无同一性，则为债的更改。但也有学者指出，我国民法上无规定债的更改之必要，关于债的变更也不必要求变更后的债须与原债有同一性；即使不具有同一性，亦不妨成立债的变更。

二、债的移转原因

债的移转原因是指引起债的主体变更的法律事实。能引起债的主体变更的具体原因是多种多样的，但依其性质来说，可分为以下三种：

（一）法律行为

债的移转可因法律行为而发生。在一般情形下，债的移转须有让与人与受让人间的合意才能发生，因此，依合意发生的债的移转为最常见的现象。债的移转也可因单方法律行为发生。例如，遗赠可发生债的移转。依法律行为而发生的债的移转，既可以仅将债权或债务的全部或一部让与他人承受，也可以将其全部债权债务一并让与他人概括承受，即概括让与。

（二）法律的直接规定

因法律的直接规定而发生的债的移转，称为债的法定移转。在法定移转时，一般只能是概括移转，即债权债务为财产的一部分移转于他人承受。例如，在法定继承中，被继承人的全部债权债务均由法定继承人承受；因企业法人的分立或合并而发生的债的移转等。

（三）法院的裁决

债也可因法院的裁决而发生移转，此种原因发生的债的移转称为裁判上的移转。

三、债权让与

（一）债权让与的概念和方式

债权让与即债权移转，也就是债权主体变更。债权让与可分为全部让与和部分让与。债权的全部让与是指债权人将债权全部转让给第三人，于转让生效后，原债权人退出债权的关系，受让人成为债权人。债权的部分让与是指债权人将债权的一部分转让给第三人，于转让生效后，原债权人并不退出债的关系，而是与受让第三人共同成为债权人。如果转让协议中规定了转让的债权份额，则原债权人与受让第三人按照份额享有债权，成立按份债权；若没有规定让与的债权份额，则原债权人与第三人连带享有债权，成立连带债权。

（二）债权让与的要件

债权让与通常是基于让与人与受让人之间关于转让债权的协议，即债权让与合同而发生，须具备以下条件方能生效：

1. 须当事人之间达成合意

债权让与时，让与人与受让人应订立债权让与合同。该债权让与合同应具备合同的有效要件。如有使合同无效的情形时，让与合同不能生效。在让与合同有可撤销或可变更的事由时，当事人得请求撤销或变更让与合同。让与合同一经撤销，溯及到成立时无效。但债权让与合同原则上为无因行为，因此若债权人已对债务人为债权让与的通知，债权让与合同虽为无效或被撤销，非再对债务人为债权让与无效的通知，不能对抗债务人。于此情形下，债务人向无效债权让与合同的相对人清偿债务的，其清偿为有效，债权人只能向相对人请求返还不当得利。

2. 须有有效债权的存在

债权让与合同的目的是转让债权，因而必须有有效债权存在。若转让人不享有有效债权，该让与合同当然无效。债权是否有效，应以何时为准，应具体分析。例如，以可撤销的债权为让与的，在所让与的债权未被撤销前，该债权为有效，因此，在其未被撤销前让与的，该让与合同为有效。以将来发生的债权为让与的，因于让与合同成立时该债权尚不存在，但并非将来不能有效存在，若当事人约定于债权人取得债权时债权移转于受让人，则该让与合同也应为有效。

3. 须所让与的债权具有可让与性

债权为财产权，一般具有可让与性，债权人得将其债权让与他人。但是并非所有的债权都具有可让与性。对于不具有可让与性的债权，债权人不得转让。按照《合同法》第79条的规定，下列情形下的债权不得让与：

（1）依债权性质不得让与的债权。这类债权主要有以下几种：其一，以特定身份为基础的债权。其二，以特定债权人为基础的债权。其三，基于当事人间特别信任关系的债权，原则上不得让与。其四，属于从权利的债权，不得单独让与。

（2）债的当事人双方约定不得转让的债权。债权人与债务人双方可以约定不得转让债权，但其约定不得违反法律的强行性规定。当事人关于不得让与债权的意思表示，可以于债权成立时为之，也可以在债权成立后为之，但须于债权让与前作出。

（3）依照法律规定不得转让的债权。

4. 须通知债务人

债权让与合同为转让人与受让人间的意思表示一致的协议，因此，债务人不为债权让与合同的当事人。从法律行为的一般原理上说，债务人的意思不能影响债权让与合同的效力。但因债权让与合同所转让的债权与债务人有关，于转让生效后，债务人须向受让人履行债务，因此债权让与合同是涉及债务人的合同。《合同法》第80条第1款规定：“债权人转让权利的，应当通知债务人。未经通知，该转让对债务人不发生效力。”

（三）债权让与的效力

债权让与的效力，是指债权让与所发生的法律效果，可分为内部效力与对外效力两个方面。

1. 债权让与的内部效力

债权让与的内部效力，是指债权让与在转让人与受让人间发生的法律效果，主要包括以下方面：

（1）债权及其从权利转让于受让人。《合同法》第81条规定："债权人转让权利的，受让人取得与债权有关的从权利，但该权利专属于债权人自身的除外。"

（2）让与人应使受让人能够完全行使债权。债权的转让人负有使受让人能够完全行使债权的义务，因此，让与人应将所有足以证明债权的文件，如债权证书、票据等交付受让人；让与人应向受让人告知有关主张债权所必要的情形，如债务人的住所、债务的履行方式等；有担保权的，让与人应将担保文书一并交付给受让人；占有担保物的，应将其占有移转给受让人。

（3）让与人对让与的债权负瑕疵担保责任。让与人对其所让与的债权应负瑕疵担保责任，不使受让人因债务人主张得对抗让与人的事由使受让人的利益受损害。

2. 债权让与的对外效力

债权让与的对外效力，是指债权让与对债务人及第三人发生的法律效果。这一效力主要有以下方面：

（1）债务人应向受让人履行债务。债权让与对债务人生效后，债务人应向受让人清偿债务，而不得再向让与人清偿债务。

（2）债务人对原债权人的抗辩权得向受让人为之。《合同法》第82条明确规定："债务人接到债权转让通知后，债务人对让与人的抗辩，可以向受让人主张。"

（3）债务人得主张以其债权与让与的债权抵销。《合同法》第83条规定："债务人接到债权转让通知时，债务人对让与人享有债权，并且债务人的债权先于转让的债权到期或者同时到期的，债务人可以向受让人主张抵销。"

四、债务承担

（一）债务承担的概念

债务承担，亦即债务移转，是指债务主体的变更，即在维持债的内容的同一性的前提下，原债务人的债务移转于新债务人承担。

债务承担可因法律的直接规定而发生，也可因法律行为而发生。依当事人之间的合意而发生的债务承担最为常见。因此，一般所说的债务承担，仅是指依当事人间的合意，将债务人的债务移转于承担人即新债务人承担。当事人间关于移转债务的合意即为债务承担合同（契约）。

债务承担包括免责的债务承担与并存的债务承担。免责的债务承担，是指由第三人即承担人代替债务人承担其全部债务，原债务人脱离债的关系，承担人成为新债务人。并存的债务承担，是指第三人加入债的关系与债务人共同承担债务，原债务人并不脱离债的关系，而仍为债务人。狭义的债务承担仅指免责的债务承担。

（二）债务承担的要件

《合同法》第84条规定："债务人将合同的义务全部或者部分转移给第三人的，应当经债权人同意。"依此，债务承担须具备以下要件：

1. 须有以债务承担为目的的有效合同

如当事人间订立的合同不是以移转债务为目的，或者虽以由第三人承担债务为目的，但合同存有无效的事由的，均不能发生债务承担的后果。债务承担合同可由债权人与第三人订立，也可由债务人与第三人订立。由债务人与第三人订立债务承担合同的，须经债权人同意方能有效。

2. 须有有效债务的存在

债务承担合同所移转的是有效债务，若债务并不存在或无效或已消灭，则债务承担合同不能有效。所移转的债务为将来发生的债务的，债务承担合同应自债务有效成立时，方能生效。

3. 须所移转的债务具有可移转性

性质上不能移转的债务，不得移转于他人承担；债权人与债务人约定不得移转的债务，也不得由第三人承担；法律直接规定不能移转的债务，也不具有可移转性。因此，凡以移转不具有可移转性的债务为目的的债务承担合同不能有效。有的债务从性质上不能移转，但若经债权人同意也并非不可以移转，例如特定人的劳务提供，此种债务应为具有可移转性。

4. 须经债权人同意

债权人同意是债务承担合同的生效要件，也是其与债权让与的最大不同。这是因为债务人的信用、资力是债权人利益得以实现的保障，债务由第三人承担直接影响到债权人的利益；而债权让与并不改变债务人的债务内容，可以不经债务人同意。如果债权人不同意债务承担，第三人以债务承担名义向债权人所为的履行不发生清偿效力，债权人可以拒绝，同时仍可要求原债务人履行债务。

（三）债务承担的效力

债务全部移转的，承担人取代原债务人的地位而为新债务人。原债务人脱离债的关系，而不再负担债务。债务人的债务部分转移给第三人的，第三人加入债，与原债务人共同承担债务。

新债务人取得原债务人基于债权债务关系所享有的抗辩权。《合同法》第85条规定："债务人转移义务的，新债务人可以主张原债务人对债权人的抗辩。"但原债务人对债权人享有同种类债权可主张抵销的，新债务人不得以此主张抵销。因债务承担为无因行为，新债务人基于债务承担合同得对原债务人所为的抗辩事由，不得以之对抗债权人。

从属于主债务的从债务一并移转于承担人承担。《合同法》第86条规定："债务人转移义务的，新债务人应当承担与主债务有关的从债务，但该从债务专属于原债务人自身的除外。”

五、债的概括承受

债的概括承受，是指债权债务一并转移给第三人。债的概括承受，主要有两种情形：一是合同的承受，二是企业的合并。

（一）合同的承受

合同的承受，是指合同当事人一方将其在合同中的权利义务全部转移于第三人，第三人承受其在合同中的地位，享受权利和负担义务。合同承受既可因当事人间的协议发生，也可因法律的直接规定发生。

《合同法》第88条规定：“当事人一方经对方同意，可以将自己在合同中的权利和义务一并转让给第三人。”因此，当事人一方将其合同上的权利义务一并转移于第三人的，须经对方同意，否则不能发生转移的效力。按照《合同法》第89条规定，权利和义务一并转让的，其成立条件和效力，适用关于债权让与和债务承担的规定。

（二）企业的合并

《民法通则》第44条第2款规定：“企业法人分立、合并，它的权利和义务由变更后的法人享有和承担。”《合同法》第90条规定：“当事人订立合同后合并的，由合并后的法人或者其他组织行使合同权利，履行合同义务。当事人订立合同后分立的，除债权人和债务人另有约定的以外，由分立的法人或者其他组织对合同的权利和义务享有连带债权，承担连带债务。”依此规定，债的当事人一方合并的，该当事人的债权债务也就一并由合并后的法人或者其他组织承受。

第二节 债的消灭

一、债的消灭概述

（一）债的消灭的概念

债的消灭，又称为债的终止，是指债的关系当事人双方间的权利义务于客观上已不复存在。债的消灭有以下含义：

1. 债的消灭是债的关系不再存在

债的消灭与债的效力的停止或减弱不同。债的效力的阻止或停止，是因债务人行使抗辩权而拒绝债权人的履行请求，从而使债权的效力受阻止或停止。债的效力减弱，是指债权人不能行使给付请求权而仅能受领债务人的给付。例如，诉讼时效完成后的债权，有的称此债权为不完全债权。但不论债权的效力停止还是减弱，债的关系仍存在。而债的消灭，则是债的关系消灭，再也谈不上债的效力。

2. 债的消灭是指债客观上不复存在

债的消灭与债的变更不同。债的变更包括主体变更与客体、内容的变更。债的主体的变更为债的移转，债的关系未消灭，仅是存在于新的主体之间而已。尽管从原主体的角度说，可为债的丧失，但从客观上说，债仍未失其同一性而存在于变更后的主体之间。债的内容或客体变更，仅是债的内容或客体变动，债权债务关系仍然存在，并未消灭。

债是债权人与债务人间的权利义务关系，是有期限性的权利，性质上不能永久存在。因为债权人设定债的目的是为取得某种利益的，而其利益的取得须通过债权的实现而达到。债权实现，债也就消灭。就此意义上说，债的设定本身就是为了债的消灭。债是一种动态的关系，正是通过债的发生、消灭的过程而满足债权人的利益，实现债的功能。

债的消灭，除当事人间的权利义务终止外，其债权的担保及其他从属的权利也随之消灭。有负债字据的债消灭的，债务人得请求返还或涂销负债的字据。

（二）债的消灭的原因

债的消灭的原因，是指能够引起债的消灭的法律事实。没有消灭的原因，债就不能消灭。

债的消灭原因可分为以下几类：（1）基于债的目的达到而消灭。例如，清偿、混同，都是使债的目的达到的原因。（2）基于债的目的不能达到而消灭。例如，在给付不能时债的目的就不能达到，债也应消灭。（3）基于当事人的意思而消灭。例如，债务免除。（4）基于法律的直接规定。

债的关系多种多样，各种具体的债各有其消灭的独特原因，又有其消灭的共同原因。债的消灭原因主要有清偿、抵销、提存、免除债务、双方协议、债务更新、混同等。

二、清偿

清偿，亦即履行，是指债务人按照法律的规定或者合同的约定向债权人履行义务。债务人向债权人为特定行为，从债务人方面说，为给付；从债权人方面说，为履行；从债的消灭上说，为清偿。债务人清偿了债务，债权人的权利实现，债的目的达到，债当然也就消灭。因此，清偿为债的消灭的最正常、最常见的原因。债的清偿与债的履行同义，因此关于清偿部分的内容在债的履行章节已详述，此处不再赘述。

三、抵销

（一）抵销的概念

抵销，是指当事人双方相互负有同种类的给付，将两项债务相互冲抵，使其相互在对等额内消灭。

抵销可分为法定抵销与合意抵销。法定抵销，是指具备法律所规定的条件时，依当事人一方的意思表示所为的抵销。其依当事人一方的意思表示，使双方的债权按同等数额消灭的权利，称为抵销权。通常所说的抵销即是指法定抵销。合意抵销又称为契约上抵销，是指依当事人双方的合意所为的抵销。合意抵销是由当事人自由约定的，其效力也决定于当事人的约定。《合同法》第100条规定："当事人互负债务，标的物种类、品质不相同的，经双方协商一致，也可以抵销。"这里规定的就是合意抵销。

抵销也是债的消灭的原因，并且用抵销方式消灭债，可便利当事人双方，节省交易成本。因为在当事人双方相互负有同种类给付的债务时，若各方均须履行自己的债务，双方就要相互交换给付，势必增加给付的费用。此外，抵销还有担保作用。例如，双方互负同类债务时，若其中一方的资力恶化，另一方向其履行，就有可能得不到相反的履行。但若实行抵销，则另一方即使不能履行债务，他方的利益也可得到保障。

（二）抵销的条件

1. 须双方互负有债务，互享有债权

抵销是通过冲抵债务，使双方的债权在同等数额内消灭，因此，抵销必以当事人双方相互享有对立的债权、负有对立的债务为前提。若当事人一方对另一方仅有债权而不负债务，或者仅负债务而不享有债权，当然也就不可能抵销。抵销人供抵销的债权应为自己享有的具有完全效力的债权。抵销人的债权为诉讼时效完成后的债权的，不得以之供抵销，但对方以其债权与之抵销的，可发生抵销的效力。抵销人只能以自己的债权供抵销。对于他人的债权，即使他债权人同意，也不得以之供抵销。

2. 须双方债务的给付为同一种类

抵销的债务以是同一种类的给付为必要。因为只有给付的种类相同时，当事人双方的经济目的才一致，通过抵销才可满足当事人双方的利益需要。两项债务为不同种类的给付，若当事人以抵销而不必为给付，则会难以满足当事人的经济需要。因此，抵销的债务一般为金钱债务和种类之债。

3. 须双方的债务均届清偿期

因为抵销具有清偿的效力，因此只有债务已届清偿期时才可抵销。债务未到清偿期，债权人不能请求履行，若债权人得以其债权与对方的债权抵销，也就等于请求债务人提前清偿。两项债务，一项已届清偿期，而另一项未届清偿期时，若未到期的债务人主张抵销的，可以抵销；已届清偿期的一方主张抵销，未到期的一方同意抵销的，则也可以抵销。因为于此情形下，债务人自愿放弃自己的期限利益，法律自无限制的必要。如果两项债务都没有规定清偿期，则因为债权人都可随时要求债务人履行，则可以抵销。

但是，在当事人一方受破产宣告时，破产债权人的债权不论是否已届履行期限，也不论是否附有期限或解除条件，也不论给付种类是否相同，均得抵销。此为破产中的抵销，与民事上的一般抵销不同。

4. 须双方的债务均为可抵销的债务

抵销的债务须为可以抵销的债务。对于依法律规定或者债务的性质不得抵销的债务，不得抵销。双方约定不得抵销的债务也不得抵销。例如，相互提供劳务的债务，与人身不可分离的债务（如抚恤金、退休金等债务），依其性质不能抵销。法律规定不能抵销的债务主要有：禁止强制执行的债务；因故意侵权行为而产生的债务；约定应向第三人为给付的债务；违约金债务、赔偿金债务等。

（三）抵销的效力

抵销可使双方的债务消灭，因而为形成权。抵销权的行使由抵销权人将其抵销的意思表示通知对方即可发生效力。《合同法》第99条第2款规定："当事人主张抵销的，应当通知对方。通知自到达对方时生效。抵销不得附条件或者附期限。"抵销的效力主要表现在以下方面：

第一，双方的债权债务于抵销数额内消灭。双方债务数额相等的，双方的债权债务全部消灭；双方的债务数额不等的，数额少的一方的债务全部消灭，另一方的债务与对方债务相等的数额内消灭，其余额部分仍然存在，债务人就此部分债务余额负清偿责任。

第二，因抵销双方债务的消灭为绝对消灭。除法律另有规定外，任何人不得主张撤回抵销。已抵销的债务再为清偿时，发生不当得利。

第三，抵销的意思表示溯及于得为抵销时发生消灭债的效力。双方的债务适于抵销时，即为抵销权发生之时。在双方的债务清偿期不一致时，以主张抵销的一方当事人发生抵销权的时间为适于抵销的时间。

四、提存

（一）提存的概念

提存，是指债务人于债务已届履行期时，将无法给付的标的物交提存机关，以消灭债务的行为。

债务人履行债务需要债权人的协助，如债权人不协助债务人的履行，对债务人的履行拒不接受，或者债务人无法向债权人履行，债务人就不能清偿债务。于此情形下，债务人将因债权人不受领而继续承担着清偿责任，这对于债务人是不公平的。因此，为使债务人不因债权人的原因而受迟延履行之累，法律设提存制度。通过提存，债务人得将其无法给付给债权人的标的物交给提存机关保存，以代替向债权人的给付，从而免除自己的清偿责任。债务人提存后，债务人的债务即消灭，因而提存亦为债的消灭的原因。我国《合同法》中对提存作了明确的规定。

（二）提存的要件

1. 须有可以提存的合法原因

提存的前提是债务人无法向债权人清偿。债务人只有在无法向债权人给付时才可用提存的方法消灭债务。因此，凡因债权人一方的原因致使债务人无法清偿的事实，均为提存的合法原因。依《合同法》第101条第1款的规定，有下列情形之一，难以履行债务的，债务人可以将标的物提存：（1）债权人无正当理由拒绝受领；（2）债权人下落不明；（3）债权人死亡未确定继承人或者债权人丧失民事行为能力未确定监护人；（4）法律规定的其他情形。

2. 须经法定程序

提存应经以下程序：首先，由提存人提出申请，申请书中应载明提存的原因、提存的标的物、标的物的受领人（不知受领人的，应说明不知受领人的理由）。其次，经提存机关同意。提存机关受理提存申请后应予以审查，以决定是否同意提存。提存机关同意提存的，指定提存人将提存物交有关的保管人保管。最后，由提存机关作成提存证书并交给提存人。提存证书具有受领证书同等的法律效力。

3. 提存的主体与客体适当

提存的主体为提存人与提存机关。一般情形下，提存人即为债务人，但提存人不以债务人为限，凡债务的清偿人均可为提存人。提存机关是法律规定的有权接受提存物并为保管的机关。有的国家设有专门的提存所，也有的并不专设提存所，而由法院或其他机关办理提存。依我国现行法的规定，拾得遗失物的，可向公安机关提存；定作人变卖留置物受偿后，可将余款向债权人所在地的银行办理提存；公证提存的，由公证处为提存机关；法院也可为提存机关。

提存的客体也就是提存人交付提存机关保管的物。提存标的物原则上是债务人应给付的标的物。提存物应为适于提存的物。标的物不适于提存或者提存费用过高的，债务人依法可以拍卖或者变卖标的物，提存所得的价款。

（三）提存的效力

提存涉及三方当事人，一经成立后发生三方面的效力。

1. 在债务人与债权人间的效力

提存后，债因提存当然消灭，债务人不再负清偿责任。提存物的所有权如同债务人给付后一样移转于债权人，标的物毁损、灭失的风险也一并移转于债权人，标的物的孳息归债权人所有，提存费用由债权人负担。但是，为使债权人及时得知提存的事实，除债权人下落不明的以外，提存人应当通知债权人或者债权人的继承人、监护人。

2. 在提存人与提存机关间的效力

提存人与提存机关是提存行为的双方当事人。于提存成立后，提存机关有保管提存物的义务。提存人在发现提存错误或提存原因消灭时，得撤销提存行为，并取回提存物。但是在提存有效成立期间，提存人不得取回提存物。即使债权人放弃或丧失请求权，提存人也不能取回提存物。提存人也不负担提存物的保管费用。当然若提存人取回提存物时，提存人自应负担提存物的保管费用。

3. 在提存机关与债权人间的效力

提存成立后，债权人与提存机关形成一种权利义务关系。对于此种关系的性质，我们认为属于债权债务关系。一些学者对此提出不同意见，认为提存系公法上的关系，提存机关系出于公法上的义务，将提存物交付债权人，是为处分行为。债权人虽有受领标的物的权利，但如对提存机关的处分有异议，仅可提出异议，而无请求发还提存物的私法上的请求权，也不能以提存机关为被告，提起民事诉讼。《合同法》第104条第1款规定："债权人可以随时领取提存物，但债权人对债务人负有到期债务的，在债权人未履行债务或者提供担保之前，提存部门根据债务人的要求应当拒绝其领取提存物。"依此规定，不能认为债权人无请求提存机关交付提存物的权利。所以，在一般情况下，债权人不仅有受领提存物的权利，也有请求交付提存物的权利。

债权人领取提存物的权利应于法律规定的期限内行使。债权人超过法律规定或者提存机关公告的领取时间而不领取提存物的，其权利即行丧失。依我国《合同法》第104条第2款的规定，债权人领取提存物的权利，自提存之日起5年内不行使而消灭，提存物扣除提存费用后归国家所有。

五、免除债务

（一）免除债务的概念

免除债务，简称免除，是指债权人免除债务人的债务而使债务消灭的意思表示。因免除成立后，债务人自不再负担被免除的债务，债权人的债权也就不再存在，债即消灭，因此免除债务也为债的消灭原因。

（二）免除债务的效力

免除的效力是使债消灭。债务全部免除的，债即全部消灭；债务部分免除的，债即于免除的范围内消灭。主债务因免除而消灭的，从债务也随之消灭。因免除债务实质上是对债权的抛弃，所以就法律禁止抛弃的债权而免除债务的，其免除为无效，不发生债消灭的效果。

六、双方协议

双方协议终止债的，债即因双方的协议而消灭。但当事人终止债的协议，不得违反法律的强行规定或禁止性规定。

七、债务更新

债务更新，又称为债务更改、债务更替，是指当事人双方以成立新债务而使旧债务消灭的法律行为。

债务更新为双方的法律行为，因此，其成立须具备以下条件：（1）须有应消灭的有效债务存在。尚未成立或尚未生效的债务，当事人自不得予以更新。可撤销或附解除权的债务在未被撤销或解除前，为有效债务，当然可以更新。（2）须有新的债务的发生。在债务更新中，新债务的发生与旧债务的消灭间有因果关系。若无新债务发生，则不成立债务更新。（3）须新债务与旧债务的性质不同。例如，成立一买卖之债以代原租赁之债的，为债务更新。但若新旧债务的给付相同，仅某些条件变更，例如改变履行地点、改变标的物的数量或质量标准，则为债的变更，而不为债务更新。（4）须当事人双方有更新债的合意。债务更新是当事人双方协议消灭债的行为，因此必须有当事人双方消灭旧债务的意思表示才能成立。

债务更新的效力体现在两方面：其一，原债因更新而消灭。原债消灭时，其从属权利，如担保物权等也随之消灭。其二，新债发生。债务更新是以新债消灭旧债的，因此，在旧债消灭时新债也就发生。新债是与旧债完全不同的另一债。这是债的更新与债的移转、债的变更的不同。因债务更新是以新债代替旧债的，因而若因当事人的更新协议无效而新债不能发生时，则旧债也就不能消灭。也就是说，新债的无效不能影响旧债的效力。

八、混同

混同，是指债权与债务同归于一人，而使债的关系消灭的事实。

法律上的混同，有广义与狭义之分。广义的混同，包括权利与权利的混同、义务与义务的混同、权利与义务的混同。这里所说的混同仅为狭义上的混同，即权利与义务的混同。

混同以债权与债务归于一人而成立，与人的意志无关，因而属于事件。发生混同的原因可分为两种：一是概括承受，即债的关系的一方当事人概括承受他人权利与义务。例如，因债务人继承被继承人对其享有的债权或者债权人继承被继承人对其负担的债务，债权人与债务人合为一人。概括承受是发生混同的最主要原因。二是特定承受，指因债权让与或债务承担而承受权利义务。例如，债务人自债权人受让债权，债权人承担债务人的债务，此时也发生混同。

《合同法》第106条规定：“债权和债务同归于一人的，合同的权利义务终止，但涉及第三人利益的除外。”因此，混同的效力是导致债的关系绝对消灭，并且主债消灭，从债也随之消灭。但在涉及第三人利益的情形下，虽发生混同，债也不消灭。例如，在债权出质时，债权不因混同而消灭；票据的债权人与债务人混同时，债也不当然消灭。

本章小结

债的移转是指在债的内容与客体保持不变的情形下，债的主体发生变更。债权让与即债权主体变更，分为全部让与和部分让与。债权全部让与的情况下，原债权人退出债权关系，受让人成为债权人；债权部分让与的情况下，原债权人与受让第三人共同成为债权人。债务承担即债务主体变更，是在维持债的内容的同一性的前提下，原债务人的债务移转于新债务人承担。债的概括承受是指债权债务一并转移给第三人。

债的消灭，又称为债的终止，是指债的关系当事人双方间的权利义务于客观上已不复存在。债的消灭的原因通常包括清偿、抵销、提存、免除债务、双方协议、债务更新、混同等。

重要概念

债的移转　债权让与　债务承担　债的概括承受　债的消灭　清偿　抵销　提存　免除债务　债务更新　混同

案例分析

【案情】

A欠B款29 380元，B欠C款4万元，C觉得对B追款无望，遂将其中的29 380元债权转让给了好友A，A以此要求与B进行抵销。B则认为，A与C之间的债权转让没有征得其同意，且A与C之间根本就不存在着债权债务关系。因此，该债权转让无效。

【问题】

本案如何处理？

【评析】

《民法通则》第91条不将合同债权债务转让进行区分，一概以债务人同意为成立或生效要件，除非法律规定或当事人约定，或合同的性质规定；而《合同法》对债权的转让与债务的转让作了区分，债权的转让只须通知债务人即可发生法律效力，债务人必须向受让人履行债务，而债务的转让则须债务人同意为有效要件。《民法通则》的规定目的在于保护债务人的合法权益，而《合同法》的规定则重在保护债权人的合法权益，两者的价值取向不一，体现了在我国社会主义市场经济体制在20世纪80年代建立初和90年代完善过程中的利益选择，更有利于社会主义市场经济体制的发展与完善。根据“后法优于前法”的原则，则应依照《合同法》的规定进行法律适用。本案中，转让方C与受让方A之间的债权转让合同系双方真实意思表示，且通知了债务人B，不存在着债权转让的除外情形，即依合同性质、当事人约定及法律性质不得转让。故A、C、之间的债权转让应发生法律效力，B应依法向A履行债务。

同步测练与解析

一、不定项选择题

1. 债的移转发生的原因包括（　　）。

A. 法律行为　　B. 事件　　C. 法院判决　　D. 法律的直接规定

2. 债权让与需要满足的条件有（　　）。

A. 当事人之间达成让与合意

B. 所转让的债权具有可让与性

C. 不可让与的债权通常包括第三人约定、法律规定或依债权的性质不得让与的债权

D. 须征得债务人的同意

3. 债务承担的条件包括（　　）。

A. 须有以债务承担为目的的有效合同　　B. 须存在有效的债务

C. 所转让的债务具有可让与性　　D. 须经债权人的同意

4. 下列关于债务抵销条件的说法不正确的是（　　）。

A. 须双方互负有债务，互享有债权

B. 不论双方债务的给付是否为同一种类

C. 须双方的债务均届清偿期

D. 须双方的债务均为可抵销的债务

5. 下列关于债务承担的法律效果说法正确的是（　　）。

A. 债务全部移转的，承担人取代原债务人的地位而为新债务人

B. 原债务人脱离债的关系，不再负担债务

C. 新债务人取得原债务人基于债权债务关系所享有的抗辩权

D. 从属于主债务的从债务一并移转于承担人承担

6. 依据我国法律的规定，引起债消灭的原因包括（　　）。

A. 解除　　B. 免除　　C. 混同　　D. 混合

二、简答题

1. 债务的承担有何法律后果？

2. 债的抵销有哪些条件？

3. 债权的让与有哪些条件？

4. 债的概括承受主要有哪些情形？

三、论述题

试述债的消灭的主要原因。

四、案例题

A地的甲厂与B地的乙商店于1999年6月订立洗衣粉买卖合同，约定7月25日由甲厂在B地的火车站交货。7月14日由于洪水冲垮两地间的铁路，交通中断，A地与B地之间又无飞机通航，甲厂未将此情势通知乙商店，乙商店亦未查询。8月1日交通恢复后，甲厂立即装运，8月9日运抵B地火车站，甲厂押运人通知乙商店取货。乙商店拒不受领，在与甲厂押运人的谈判中，要求压低价格，甲厂不能接受。甲厂押运人只好租用民房一间暂为保管，同时继续与乙商店交涉。8月15日，由于B地大雨，山洪暴发，冲垮民房，洗衣粉灭失1/3，另外2/3也因浸水而只能降价处理。

问题：（1）甲乙间的合同关系是否解除？为什么？

（2）甲厂未将交通中断的事实通知乙商店，若乙商店因此受有损害，甲厂是否应该负责赔偿？

（3）乙商店不受领是否构成违反买卖合同？为什么？

（4）甲厂因部分洗衣粉灭失以及降价而遭受的损失，可否要求乙商店予以赔偿？为什么？

参考答案

一、不定项选择题

1. ACD　2. ABC　3. ABCD　4. B　5. ABCD　6. ABC

二、简答题（答案略）

三、论述题（答案略）

四、案例题

（1）虽然不可抗力是法定的免责条款，但甲乙之间既没有解除合同的协议，也不符合法定的解除合同的情形，鉴于解除权的行使以通知为要件，故该合同没有解除。

（2）洪水是不可抗力，因洪水引起的交通中断所造成的履行不能带来的损失，甲方不承担赔偿责任；但发生不可抗力以后，甲方负有通知的义务，由于其未尽通知义务而造成的损失，则要承担赔偿责任。

（3）乙商店拒不受领违反买卖合同的义务。因为合同双方约定的履行期限虽然已过，但本案的履行期限在合同的内容上并不特别重要，故即使债务人在合同约定的履行期届满后才履行，原则上也不允许债权人立即解除合同。因此无正当理由乙商店不得拒绝受领。

（4）甲厂因部分洗衣粉灭失及降价所受的损失虽然同样是由于不可抗力而引起的，但既然合同没有解除，依合同约定运到B地火车站即算交付，故可以要求乙商店予以赔偿。但甲厂在迟延履行后发货时，并未通知对方，对损失的形成也有一定责任，故依据公平责任也应分担一定的损失。因此，不论乙商店是否拒绝受领，鉴于货物业已交付，由此而遭受的损失，即使是不可抗力亦要由乙商店承担主要责任。

第四编　民事责任

第十五章

CHAPTER FIFTEEN

民事责任

学习目标

通过本章的学习，掌握民事责任的概念、特征，民事责任与其他类型的法律责任的区别，不同种类的民事责任的特点；理解过错责任原则是民事责任的基本归责原则；认识无过错责任原则是民事责任的重要归责原则；把握公平责任原则的适用范围和法律要求；了解民事责任的承担方式和民事制裁方式。

重点难点提示

- 民事责任的概念与特征
- 民事责任的分类
- 民事责任与民事义务的联系与区别
- 过错责任原则的适用
- 过错推定责任原则与无过错责任原则的区别
- 公平责任原则的适用
- 民事责任的承担方式和民事制裁方式

第一节　民事责任概述

一、民事责任的概念和特征

（一）民事责任的概念

民事责任，是指民事主体因违反法律规定或合同约定的民事义务，侵害民事权利主体的民事权利，依民法之规定应承担的民事法律后果。民事责任不同于民事义务，民事义务是民事责任的前提，无义务就无责任。

民法保护民事权利主要通过两个途径：其一，确认民事主体享有民事权利，保障民事权利的行使和实现。其二，民事权利的实现有赖于对方当事人作为或者不作为义务的履行。如果当事人不履行民事义务，则通过民事责任制度强制其履行义务，以确保民事权利的实现。民事责任是保护民事权利，促进民事主体履行民事义务的重要法律手段。我国《民法通则》第106条规定："公民、法人违反合同或者不履行其他义务的，应当承担民事责任。公民、法人由于过错侵害国家、集体的财产，侵害他人财产、人身的，应当承担民事责任。没有过错，但法律规定应当承担民事责任的，应当承担民事责任。"本条的规定是我国民事责任制度的总纲。

（二）民事责任的特征

1. 强制性

法律责任的强制性是其区别于道德责任和其他社会责任的根本标志。民事责任作为法律责任之一，也以国家强制力为保障，具有强制性，主要体现在：第一，在民事主体违反合同或者不履行其他义务，或者由于过错侵害国家、集体的财产，侵害他人财产、人身时，法律规定应当承担民事责任。第二，当民事主体不主动承担民事责任时，通过国家有关权力机构强制其承担责任，履行民事义务。

2. 财产性

民事责任以财产责任为主，非财产责任为辅。一方不履行民事义务的行为，给他方造成财产和精神上的损失，通常通过财产性赔偿的方式予以恢复。但是，对人格权和身份权的侵害，仅通过财产性的赔偿，难以完全消除侵害所造成的后果，因此《民法通则》规定了一些辅助性的非财产责任，如赔礼道歉、消除影响、恢复名誉等。

3. 补偿性

所谓补偿性，是指民事责任以补足民事主体所受损失为限。就违约责任而言，旨在使当事人的利益达到合同获得适当履行的状态；侵权民事责任，旨在使当事人的利益恢复到受损害以前的状态。补偿性与惩罚性相对立，民事责任实行惩罚性赔偿属于特例。

二、民事责任的分类

（一）合同责任与非合同责任

根据民事责任是否由合同关系引起，可以分为合同责任与非合同责任。

合同责任，即合同上的责任。它不仅包括违约责任即违反合同债务所生的民事责任，还包括合同变更、解除所产生的民事责任、保证责任和非违约方未尽到防止或者减轻损害的义务所应负的责任。关于合同责任是否等同于违约责任，学术界有肯定说和否定说，本书采否定说。肯定说认为合同责任就是违约责任。两种理解的差别在于合同责任是违反合同的责任（违约责任）还是因合同关系引起的责任（合同上的责任）。

非合同责任，是指非因合同关系所产生的民事责任，具体包括缔约过失责任、侵权民事责任、不当得利返还民事责任等。

区分合同责任和非合同责任的意义在于：合同责任以合同关系为前提，不能将缔约过失责任混同于合同责任；有利于解决合同责任和非合同责任存在的竞合现象，如违约责任和侵权责任的竞合。

（二）双方责任与单方责任

根据承担责任者是否仅为一方当事人，民事责任分为双方责任与单方责任。

双方责任，是指民事法律关系的当事人双方对损害后果均有过错，各自依其过错程度承担民事责任。如《民法通则》第 113 条规定：“当事人双方都违反合同的，应当分别承担各自应负的民事责任。”

单方责任，是指民事法律关系的一方当事人向对方承担的民事责任。区分双方责任和单方责任的意义在于：双方责任通常为过错责任，责任的分配取决于双方的过错程度及其与损害后果之间的因果关系，其结果是侵权人损害赔偿责任的减轻。如《民法通则》第 131 条规定：“受害人对于损害的发生也有过错的，可以减轻侵害人的民事责任。”

（三）共同责任与单独责任

根据承担责任者是一人还是多人，民事责任可以分为共同责任与单独责任。

单独责任，是指责任人仅有一人的民事责任。

共同责任，是指责任人为两人或者两人以上的民事责任。根据共同责任人是否按一定的份额承担责任，共同责任又可以分为按份责任和连带责任。按份责任，是指依据法律规定或者当事人的约定，共同责任人按照特定的份额各自承担责任。连带责任，是指按照法律规定或者当事人约定，共同责任人不分份额地共同向权利人或者受害人承担民事责任。

区分共同责任和单独责任的意义在于：共同责任的责任分配关系复杂，单独责任的分配简单易行。对于按份共同责任而言，尚需确定共同责任人各自应当承担的责任份额。对于连带共同责任而言，受害人有权向连带责任人之一请求承担民事责任的全部；向受害人承担责任超过自己份额的责任人有权向其他责任人追偿。

（四）财产责任与非财产责任

根据责任的内容是否为财产，民事责任可以分为财产责任与非财产责任。

财产责任，是指以支付金钱、移转财产权利为内容的民事责任，如赔偿损失、返还财产、支付违约金等。

非财产责任，是指以不作为、精神抚慰等非以财产为内容的民事责任，如消除影响、停止侵害、赔礼道歉、恢复名誉等。

区分财产责任和非财产责任的意义在于：财产责任的承担受制于责任人的财产状况，即责任人承担责任的范围以其财产为限。非财产责任主要适用于精神损害。

（五）有限责任与无限责任

根据承担责任是否有财产限制，民事责任可以分为有限责任与无限责任。

有限责任，是指责任人以其某部分财产承担民事责任，如抵押人仅以抵押财产对所担保的债权承担的责任，有限责任公司的股东仅以其出资对公司债务所承担的责任。

无限责任，是指责任人以其所有的全部财产承担民事责任，如保证人的无限连带保证责任，个人合伙的合伙人对合伙组织债务所承担的责任。

区分有限责任和无限责任的意义在于：承担无限责任的财产范围不受责任人的出资或者特定财产的限制，更有利于保护受害人或者权利人的利益。

（六）过错责任、无过错责任与公平责任

根据责任的构成是否以当事人有过错为前提，民事责任可以分为过错责任、无过错责任与公平责任。

过错责任，是在行为人违反民事义务并致他人损害时，以过错作为是否承担责任及责任范围的依据的民事责任。

无过错责任，是行为人只要给他人造成损失，不问其主观上是否有过错，均应承担的民事责任，故又称严格责任。

公平责任，是当事人双方或多方对造成的损害均无过错，也不能适用无过错责任要求加害人承担赔偿责任，但如果不赔偿受害人遭受的损失又显失公平的情况下，由人民法院根据实际情况，依公平原则判由双方或多方分担损失的民事责任形式。

三、民事责任与民事义务的区别与联系

（一）二者的区别

1. 法律性质不同

从权利、义务、责任三者的关系看，义务的本质是权利人实现民事权利的必要条件。民事义务根据当事人的约定或法律规定而产生，是为了权利人实现其权利。义务是义务人“应为”（传统术语是“当为”）的行为。应为而为，即义务人履行了义务，则权利人的

权利得到实现。从权利、义务、责任三者的关系看，民事责任的本质是促使义务人履行民事义务的辅助条件。义务人应为而不为，即不履行民事义务，其结果是权利人的权利不能得到实现。因此，义务人应当承担其后果，即承担民事责任。

2. 发生条件不同

民事义务的发生是民事合法行为和某种适法的事实状态；而民事责任的发生则是民事主体实施了违反其负担的民事义务的违法行为。

3. 法律的拘束力不同

义务为“当为”，民事主体如果不履行义务，将受到法律的强制或制裁，但此种强制或制裁仅仅是潜在的；而对于民事责任来讲，这种强制或制裁则是现实的。

4. 对应关系不同

民事义务与民事权利相对应。通常，有民事权利即有民事义务，有民事义务即有民事权利。民事责任与民事义务相对应，但不完全对应。说其对应，是指在通常情况下，有民事义务才会有民事责任，没有民事义务就不会有民事责任。说其不完全对应，是因为在多数情况下，民事主体能自动履行民事义务，因而不发生民事责任问题。实践中通常是债务人自动履行债务，而没有责任，少数情况下债务人不履行债务而产生责任。应当说责任与债务相分离为常态，合一存在是例外。

5. 范围不同

民事义务通常与民事权利相对应，在财产关系中，义务与权利有对价性。民事责任主要是弥补权利人的损失，也有对价性。但是，责任的范围不限于对价，当事人约定的责任可以有惩罚性，例如惩罚性违约金。民事法律规定的责任也有惩罚性，例如，故意侵害他人人身，造成他人精神损害，情节严重的，司法机关有权依法裁决侵权行为人承担惩罚性赔偿金。此外，民事责任不限于赔偿，还有停止侵害、排除妨碍、消除危险、消除影响、恢复名誉等。

（二）二者的联系

第一，民事责任是履行民事义务的法律保障。民事责任为法律对违反民事义务者的制裁手段，它是督促主体认真履行义务的一种强制力，能保证义务得到履行，使民事权利主体的权利得以实现。

第二，民事责任与民事义务中的责任主体或义务主体都要对权利人为一定给付行为，给付形式是相同的。基于此给付形式相同，有学者主张民事责任本质上是一种特殊的债务，其特殊性就表现在民事责任之债，得以义务的违反为生效条件。

四、民事责任与其他法律责任的区别

法律责任通常分为民事责任、刑事责任和行政责任。民事责任与另两种法律责任的区别主要在于：

第一，强制程度不同。刑事责任和行政责任通常由国家有关权力机构追究，直接体现了国家的强制力，不存在当事人的调解或者和解。民事责任更多体现的是威慑力，是一种间接的强制，主要体现在两个方面：其一，当事人自己可以主动承担民事责任，无须强制机构的介入；其二，当事人可以就民事责任的内容、承担方式进行协商、调解和和解。

第二，责任性质不同。刑事责任和行政责任体现了国家对某种行为的否定性评价，以惩罚犯罪和行政违法行为为目标，属于惩罚性责任。民事责任以弥补受害人所受损失为目标，属于补偿性责任。

第三，承担责任的方式不同。刑事责任的承担方式为刑罚，如死刑、无期徒刑、有期徒刑、罚金、剥夺政治权利等。行政责任的承担方式主要表现为行政拘留、罚款等。民事责任的承担方式为停止损害，排除妨碍，消除危险，返还财产，恢复原状，修理、重作、更换，赔偿损失，支付违约金，消除影响、恢复名誉，赔礼道歉。

第二节　民事责任的归责原则及免责事由

一、过错责任原则

我国《民法通则》第106条第2款规定："公民、法人由于过错侵害国家的、集体的财产，侵害他人财产、人身的，应当承担民事责任。"该条确定了过错责任的归责原则。过错责任，是指以过错作为归责的最终构成要件，并且以过错作为确定责任范围的重要依据。

所谓过错，主要包括两种情况：第一，故意，即行为人明知自己的行为会造成损害他人的权益的结果，仍然积极追求或听任损害结果发生的主观心理状态。第二，过失，即行为人因未尽合理的注意义务而未预见自己的行为会造成的损害后果，因此而造成损害后果发生的主观心理状态。

过错责任原则在侵权行为的归责原则中处于主导和统帅地位，过错推定责任原则、公平责任原则是对过错责任原则的补充，而无过错责任仅是特例。

过错责任的特点在于：一是相对于违法行为、损害事实及其因果关系等构成要件而言，过错是归责的最终要件，无过错即无责任。根据"谁主张，谁举证"原则，受害人对加害人的过错承担举证责任。二是依过错程度确定责任范围，即在混合过错的情况下，考虑加害人和受害人之间的过错程度并进行比较，通过适用过错相抵规则确定加害人和受害人的责任范围；在共同过错的情况下，考虑共同侵权人的过错程度，或者数人在无意思联络而共同实施侵权行为的情况下，考虑各侵害人的过错，从而确定各自与其过错相适应的民事责任。

我国把过错责任原则作为侵权损害赔偿的基本归责原则，其根本目的是保护社会主义国家的、集体的财产和公民财产权利、人身权利不受侵犯，保护公民权利能够平等、自由地行使。

二、过错推定责任原则

过错推定责任原则是过错责任原则的一种特殊表现形式。它是指在适用过错责任原则的前提下，在某些特殊的场合，由损害事实本身推定行为人有过错，并据此确定过错行为人赔偿责任的原则。

过错推定责任的特点在于：第一，免除了受害人对加害人的过错所承担的举证责任。受害人仅须证明加害人的行为或者物件与损害事实之间存在因果关系即可，而无须证明加害人主观上存在过错。第二，实行举证责任倒置，由被告就自己没有过错承担举证责任。第三，过错推定责任作为一项归责原则主要适用于《民法通则》规定的几种特殊侵权行为，法律对过错推定责任的免责事由作出了严格的限定，主要包括受害人的过错、第三人的过错、不可抗力等。

过错推定责任原则仍然是过错责任原则，它的构成要件还是过错责任的四个构成要件。推定过错责任原则的特殊性，就在于举证责任的不同。一般的过错责任的举证责任在受害人，推定过错责任原则实行举证责任倒置，先推定加害人有过错，再把举证责任加给加害人，加害人须证明自己无过错，如果加害人证明不了自己无过错，则为有过错，因而承担民事赔偿责任。

过错推定责任原则的适用范围，《民法通则》有明文规定的只有一条，即第126条建筑物及其搁置物、悬挂物致人损害赔偿责任。但是根据司法实务和外国立法例，下述情况也适用这一原则：(1) 无行为能力人或限制行为能力人致人损害，其监护人的责任确定（《民法通则》第133条）；(2) 在公共场所、道旁或者通道上挖坑、修缮安装地下设施等，没有设置明显标志和采取安全措施致人损害的责任确定（《民法通则》第125条）；(3) 医疗事故；(4) 其他应当适用过错推定责任原则的情况，例如国家机关及其工作人员致人损害的责任，法人及其工作人员致人损害的责任；雇佣人对受雇人在执行职务中致人损害的责任等。

适用过错推定责任原则的意义在于，使受害人处于较为有利的地位，切实地保护受害人的合法权益，加重加害人的责任，有效地制裁违法行为，促进社会的安定团结。适用过错推定责任原则，从损害事实中推定行为人有过错，那么就使受害人免除了举证责任而处于有利的地位，行为人则因担负举证责任而加重了责任，因而更有利于保护受害人的合法权益。

三、公平责任原则

公平责任原则，是指加害人和受害人对造成的损害事实均没有过错，而根据公平的观念，在考虑当事人的财产状况、支付能力等实际情况的基础上，责令加害人或者受益人对受害人所受损失给予补偿。其特点在于：第一，归责上仍然考虑过错，只是当事人均无过错，故有公平责任适用的余地。第二，以社会公平观念作为归责的基础。第三，公平责任主要适用于财产责任，在责任的具体分担上主要考虑损害事实、双方的财产状况、支付能力等实际情况。第四，公平责任的目的在于减轻而非补足受害人所受损失。

适用公平责任原则，应当注意以下三个问题：

第一，适用范围。公平责任原则应当限制在当事人双方均无过错，并且不属于无过失责任原则调整的那一部分侵权法律关系中，超出这个范围的，不能适用《民法通则》第132条的规定。这样可以避免公平责任原则与另外两个归责原则的冲突。

第二，所谓实际情况，主要是指当事人双方的经济状况，即实际的经济负担能力。其他需要考虑的因素还有社会的同情等，适用公平责任原则，就是要根据这些实际情况确定双方的民事责任。

第三，民事责任在一般情况下实行“分担”，即要根据双方第2项所列举的情况以及其他情况，综合判断：情况相似或相近的，可以平均分担；一方情况好而另一方情况差的，可以一方负担大部分，另一方负担小部分。

应当注意的是，在侵害人身权的案件中，只有侵害物质人格权行为才可以依照公平责任原则的适用条件予以适用。对于侵害精神性人格权行为、侵害身份权行为，均不适用公平责任原则分担责任。

我国《民法通则》根据本国的审判实践经验，参考外国立法文献，对公平责任原则作了原则性规定。该法第132条规定：“当事人对造成损害都没有过错的，可以根据实际情况，由当事人分担民事责任。”这就是说，凡是侵权行为中存在着过错责任和无过错责任都无法解释的特殊法律事实，准予适用公平责任原则，具体说来有以下几种情形：

第一，意外事故。意外事故，是指行为人在客观上虽然造成损害结果，但不是出于故意或者过失，而是由于不能抗拒或者不能预见的原因引起的事故。根据我国刑法的规定，意外事故缺乏主观要件，不能认为是犯罪。但根据《民法通则》的规定，却不能完全免除其民事责任，行为人应对受害人的损失给予适当补偿，否则有失公平。

第二，紧急避险不当。紧急避险，是指为了使公共利益，本人或者他人的人身和其他权利免受正在发生的危险，迫不得已而采取的损害其他较小的公共利益或者他人合法权益的行为。该行为的实质是以牺牲较小利益来保全较大利益。紧急避险是一种合法行为，我国刑法规定，紧急避险不负刑事责任。但是因紧急避险所造成的损害，则应根据不同情况，由有关当事人承担相应的民事责任。如果险情由第三人的过错引起，应由引起险情的第三人承担民事责任，这即是适用过错责任原则。如果危险是由自然原因引起的，或紧急避险采取措施不当或者超过必要的限度，应由紧急避险人承担适当的民事责任，这即是用公平责任原则。

第三，防卫过当。正当防卫，是指为了保护社会公共利益、自己或者他人的人身权利、财产权利或其他合法权益，对于正在进行的非法侵害进行必要防卫反击的合法行为。正当防卫是一种积极的保护性措施，属于合法行为。但是，正当防卫超过必要的限度，造成了被反击人不应有的损害，则构成防卫过当。对防卫过当部分造成的损害，行为人应承担适当的民事责任，依公平责任原则给予补偿。

综上所述，在特殊侵权行为中，同时存在着推定过错责任、无过错责任、公平责任三种不同的归责原则。一般说来，在特殊侵权案件中，无过错责任是主要的，推定过错责任是少量的，公平责任是个别的。它们同时存在，互为补充，共同构成了特殊侵权行为的民事责任体系。

四、无过错责任原则

无过错责任原则，又称严格责任原则，是指基于法律的特别规定，加害人对其行为造成的损害没有过错也应当承担民事责任。

无过错责任的法律特征在于：

第一，无过错责任不以行为人主观上有过错为侵权行为的构成要件，无论行为人主观上有无过错，都要承担侵权责任。但这并不意味着无过错责任原则不考虑受害人的过错和第三人的过错，它们也可以成为行为人责任减免的事由。

第二，受害人不必举证证明行为人主观上有过错来支持自己的主张，行为人也不能以自己主观上无过错来抗辩，法院在处理案件时也不必考虑行为人主观上的过错问题。

第三，因果关系是决定责任的要件。在过错责任的前提下，行为人是否承担民事责任，最终取决于他有无过错，而在无责任情况下，行为人是否承担责任并不取决于他有无过错，而取决于他的行为和物件的损害后果之间是否有因果关系，而在合同领域只要行为（作为或不作为）最终导致合同不能履行，且不论该行为的发生原因如何，行为人都要对自己的行为承担责任，即法律已认定当事人的行为与损害后果间有直接联系。

第四，无过错责任限制了一般免责事由的适用。在过错责任情况下，当事人可以提出法定免责事由，免除其对损害后果的责任，如不可抗力为过错责任的一般免责事由，但在无过错责任情况下，包括不可抗力在内的法定免责事由的适用都受到限制。

第五，无过错责任的宗旨在于合理补偿损失。过错责任的发生根据是违反合同的当事人具有主观过错或侵权人具有主观过错，因此要求有过错的当事人承担责任可以同时实现惩罚功能和补偿功能。在无过错责任的情况下，由于当事人并无过错，惩罚功能也就失去了目标，而只能保留其补偿功能，在合同领域“无过错责任的基本思想只在于合理分配不幸损害，而不在于惩罚不履行合同；因而它只具有补偿作用而无惩罚作用”。

第六，无过错责任原则的适用范围由法律作出特别的规定。《民法通则》规定了无过错责任原则，并且具体规定了高度危险作业、动物致人损害、环境污染、产品责任等一系列无过错责任原则的适用类型。

五、免责事由

（一）免责事由的概念和特点

免责事由也称免责条件，是指当事人即使违约也不承担责任的事由。合同法上的免责事由可分为两大类，即法定免责事由和约定免责事由。法定免责事由，是指由法律直接规定、不需要当事人约定即可援用的免责事由，主要指不可抗力；约定免责事由，是指当事人约定的免责条款。

（二）不可抗力

合同法中的免责事由主要是不可抗力。《合同法》第117条第2款规定，不可抗力“是指不能预见、不能避免并不能克服的客观情况”。

不可抗力的主要特征在于：一方面，它具有不能预见性。在判断是否可以预见时，必须以一般人的预见能力及现有的科学技术水平作为能否预见的判断标准。另一方面，它具有不能避免并不能克服性。这就表明，对不可抗力事件，即使当事人已经尽到最大努力仍不能避免其发生，或者在事件发生以后，即使当事人已经尽到最大努力也不能克服事件所造成的损害后果并使合同得以履行。

不可抗力包括以下两类情况：第一类是自然灾害，如地震、台风、洪水、海啸、泥石流、山崩、雪崩、沙暴、蝗灾等。第二类是人的行为，包括战争、罢工、骚乱以及技术风险等。这些行为对于合同当事人来说，在订约时是不可预见的，也是无法避免和克服的，因此也可以称为不可抗力事件。

《合同法》第117条第1款规定：“因不可抗力不能履行合同的，根据不可抗力的影响，部分或者全部免除责任，但法律另有规定的除外。当事人迟延履行后发生不可抗力的，不能免除责任。”可见，我国法律并不认为不可抗力发生后，当事人就自然被全部免除责任。在某些情况下，不可抗力的事由只是导致合同部分不能履行或暂时不能履行，这样，当事人只能部分被免除责任或者暂时停止履行，在不可抗力事由消除以后如能够履行还要继续履行。所以，不可抗力是否导致当事人被免除责任，应视具体情况而定。

（三）免责条款

免责条款，是指当事人在合同中约定免除将来可能发生的违约责任的条款，其所规定的免责事由即约定免责事由。免责条款不能排除当事人的基本义务，也不能排除故意或重大过失的责任。

第三节　民事责任的承担方式和民事制裁方式

一、民事责任的承担方式

承担民事责任的方式，是指为使受害人的合法权益恢复到未受损害或者合同得到履行的状态，加害人所应当为或者不为的一定的行为。

（一）承担民事责任的十种主要方式

根据《民法通则》第 134 条第 1 款的规定，承担民事责任的方式主要包括如下十种：

1. 停止侵害

停止侵害，是指侵害人终止其正在进行或者延续的损害他人合法权益的行为。停止侵害的功能在于及时制止侵害行为，防止损害的扩大。它主要适用于正在进行或者延续的侵权行为，对于已经实施完毕或尚未发生的侵权行为无适用余地。

2. 排除妨碍

排除妨碍，是指侵害人排除由其行为引起的妨碍他人权利正常行使和利益实现的客观事实状态。如在公用通道上堆放物品，妨碍他人通行的，堆放人应当将物品搬走。排除妨碍针对的是必须实际存在或者将来必然会出现的妨碍。

3. 消除危险

消除危险，是指侵害人消除由其行为或者物件引起的现实存在的某种有可能对他人合法权益造成损害的紧急事实状态。如要求所有人及时修理可能坍塌并危及他人人身安全的房屋。消除危险旨在防止损害和妨碍的发生。损害已经发生或者妨碍已经形成，适用消除危险已于事无补。

4. 返还财产

返还财产，是指侵害人将其非法占有或者获得的财产移转给所有人或者权利人。返还财产包括三种情形：一是不当得利返还，即没有合法根据，取得不当利益，造成他人损失的，应当将取得的利益返还给受损失的人。二是依民事行为所作的给付，即民事行为被确认无效或者被撤销后，第三人因该行为取得的财产，应当返还给受损失的一方。三是非法侵占他人财产的返还，即侵占国家、集体财产或者他人财产的，应当返还财产。

5. 恢复原状

狭义的恢复原状，是指使受害人的财产恢复到受侵害之前的状态。适用此种责任形式的条件有二：一是可能性，即受损害的财产在客观上具有恢复的可能。二是必要性，即受损害的财产须有恢复原状的必要。广义的恢复原状，是指使受害人的财产权利或者人身权利恢复到受侵害之前的状态。从此种意义上说，恢复原状作为一种责任形式，实际上是侵害人承担民事责任所要达到的结果或者目的，而非手段。如恢复原状适用于侵害财产权的责任形式，则返还财产、修理、重作、更换、赔偿损失等，都是恢复原状的手段。

6. 修理、重作、更换

修理、重作和更换主要是违反合同质量条款的民事责任形式。修理，是指使受损害的财产或者不符合合同约定质量的标的物具有应当具备的功能、质量。重作，是指重新加工、制作标的物。它主要适用于加工承揽合同，如定作物不符合约定的质量标准的，应当予以修理，修理仍达不到标准的，应当重作。更换，是指以符合质量要求的标的物替代已交付的质量不符合要求的标的物。修理和重作可以适用于种类物或者特定物，而更换只能适用于种类物。

7. 赔偿损失

赔偿损失，是指行为人因违反民事义务致人损害，应以财产赔偿受害人所受的损失。它是最基本、适用范围最广泛的责任形式，可以适用于违约责任、缔约过失责任和侵权责任。赔偿损失适用于违约责任，赔偿额应相当于对方因违约所受的损失，不仅包括实际受到的损失，还包括履行合同可以得到的利益，从而使对方的利益达到合同获得适当履行的状态。但违约损害赔偿受可预见规则的限制，即损失赔偿额不得超过违反合同一方订立合同时预见到或者应当预见到的因违反合同可能造成的损失。赔偿损失适用于缔约上的过失责任，主要是赔偿对方的信赖利益的损失，使对方的利益恢复到合同订立之前的状态。赔偿损失适用于侵权责任，包括财产损失和精神损害的赔偿，使受害人的利益恢复到未曾受到侵害的状态。

8. 支付违约金

违约金，是指一方违约时依法律规定或者合同当事人约定，向对方支付的一定数额的金钱。依产生依据不同，违约金分为法定违约金和约定违约金，前者的产生基于法律的直接规定，违约金的比例、数额等均由法律规定，不以当事人的意志为转移；后者的产生基于当事人在合同中的约定。依性质不同，违约金分为惩罚性违约金和补偿性违约金，前者是指一方支付违约金后，不影响其承担实际履行、采取补救措施、赔偿损失等违约责任；后者实际上是合同当事人对违约损害赔偿额的事先估算，以违约金作为违约造成损害的补偿。但约定违约金和实际损失往往不尽一致，因此，《合同法》第114条第2款规定，“约定的违约金低于造成的损失的，当事人可以请求人民法院或者仲裁机构予以增加；约定的违约金过分高于造成的损失的，当事人可以请求人民法院或者仲裁机构予以适当减少”。

9. 消除影响、恢复名誉

消除影响，是指加害人在其不良影响所及范围内消除对受害人不利后果的民事责任。恢复名誉，是指加害人在其侵害后果所及范围内使受害人的名誉恢复到未曾受损害的状态。消除影响是侵害人格权如隐私权、肖像权的民事责任；恢复名誉则专属于侵害名誉权的民事责任。消除影响、恢复名誉的范围，一般应与侵权行为所造成不良影响的范围相当。加害人拒不执行生效判决，不为受害人消除影响、恢复名誉的，人民法院可以采取公告、登报方式，将判决的内容和有关情况公布于众，达到消除影响、恢复名誉的目的。公告、登记的费用由加害人承担。

10. 赔礼道歉

赔礼道歉，是指加害人以口头或者书面的方式向受害人承认过错、表示歉意。它主要适用于侵害人格权的侵权行为。赔礼道歉一般应当公开进行，否则不足以消除影响。但是，如果受害人不要求公开进行的，也可以由加害人向受害人秘密进行。由人民法院判决加害人承担赔礼道歉责任，赔礼道歉的内容，应当经人民法院审查同意。

（二）适用承担民事责任方式的注意事项

适用承担民事责任的方式，应当注意以下问题：

1. 单独适用和合并适用

民事责任制度旨在充分保护受害人的合法权益，故承担民事责任的方式可以单独适用或者并用。如果加害人承担一种民事责任方式尚不足以补偿受害人的所受损失的，则同时适用多种责任方式，直至受害人的损失得到完全补偿。如侵害名誉权时，仅适用停止侵害尚不足以保护受害人的名誉，则可适用消除影响、恢复名誉、赔礼道歉、赔偿损失等民事责任方式。

2. 根据适用条件确定适用顺序

各民事责任方式都有其适用条件。如停止侵害只能适用于正在进行的不法侵害。根据民事责任方式的适用条件确定是否适用和适用顺序，有利于充分保护受害人的利益。如污染环境致人损害的民事责任，对于正在进行的污染环境的不法侵害，必须首先适用停止侵害的责任形式，否则不能防止损害的扩大。

二、民事制裁方式

民事制裁是人民法院依照法律对严重违反民事法律规范应负民事责任的行为人所采取的民事处罚措施。

根据《民法通则》第 134 条第 3 款的规定，民事制裁包括训诫、责令具结悔过、收缴进行非法活动的财物和非法所得以及罚款、拘留五种法定方式。人民法院在审理民事、经济案件中，运用上述法定的民事制裁方式的目的在于，通过对民事违法行为人实行应有的民事处罚，以保护社会主义公共财产和公民、法人的财产、人身权利不受侵犯，并使当事人和广大人民群众从中受到教育，从而减少和防止民事违法行为的发生。民事制裁是国家审判机关与民事违法行为作斗争的法律手段，是国家对民事活动实行必要干预的一种重要形式，它体现了我国民法的社会主义性质。

民事制裁是以实体法为依据，从实体方面对民事违法行为进行处罚，它与人民法院对妨害民事诉讼违法行为所采取的强制措施（如拘传、训诫、罚款、拘留以及强制执行措施等）也有原则区别。妨害民事诉讼的行为发生在诉讼过程之中，人民法院依照民事诉讼法的规定，对这种违法行为人采取强制措施，其目的是为了排除妨碍，保障诉讼活动的正常进行，以使案件的审理不至中断。按照法律规定，对妨害民事诉讼秩序的行为人，不论是当事人，还是其他诉讼参加人，或者案外人，只要他妨害了诉讼，阻碍了诉讼的正常进行，人民法院就可以对之采取强制措施。显然，在性质、目的、对象和依据等方面这都与实体法上所规定的民事制裁不一样。

根据《民法通则》第134条的规定，可把民事制裁的法定方式分为如下两大类：

（一）财产性制裁方式

财产性制裁方式包括收缴进行非法活动的财物和非法所得、罚款等。

1. 收缴进行非法活动的财物和非法所得

这是人民法院对在民事活动中严重损害国家、集体或他人的合法权益的违法行为人所采取的经济制裁措施之一。收缴的客体，一是违法行为人用以进行违法活动起工具性作用的财物；二是进行违法活动所取得的非法利益。例如，对因制造和贩卖假药而引起的民事、经济纠纷，人民法院在审理中，除依法追究违法行为人的民事责任外，还要依法收缴违法行为人制造、贩卖假药所得的非法赢利，收缴制造、贩卖假药的原料、工具、设备等。只有这样，才能有效地制止这种非法活动，保护广大人民的生命、财产安全。“收缴”与本法第61条中的“追缴”在涵义和适用上有所不同。收缴的财物只能是收归国家所有；而按本法的规定，追缴的财物，则应返还给原财物所有人。

2. 罚款

罚款是人民法院对严重违反民事法律规范的行为人，依法强制其在一定期限内缴纳一定数额的金钱的处罚方法。它不同于民事责任中的赔偿损失，因为罚款并不以违法行为是否造成具体损失为前提，即它不论相对方是否受到经济损失和损失大小，同时也不是以所罚款项补偿相对方所受的损失，而是与收缴的财物一样，上缴国库，归国家所有。由于罚款是一种严厉的经济制裁措施，本条规定，人民法院适用时必须“依照法律规定”，即只有法律明文规定罚款的情况才能适用。

（二）非财产性制裁方式

非财产性制裁方式包括训诫、责令具结悔过、拘留等。

1. 训诫和责令具结悔过

训诫是人民法院对民事违法行为人在法庭上进行公开的严肃的批评、谴责、警告的一种处罚方法。责令具结悔过是人民法院限定民事违法行为人在一定期限内以一定的形式（书面的或口头的）作出反省检查，并保证以后不再从事违法活动的一种处罚方法。训诫和责令具结悔过一般适用那些违法行为情节比较轻微，尚未造成严重后果的情形。

2. 拘留

拘留是人民法院对严重违反民事法律规范的行为人的人身自由加以临时限制的一种具有较强强制性的处罚方法。它是民事制裁中最为严厉的处罚措施，按照本法规定，它与罚款一样必须“依照法律规定”正确适用。

本章小结

民事责任，是指民事主体因违反法律规定或合同约定的民事义务，侵害民事权利主体的民事权利，依民法之规定应承担的民事法律后果。它具有强制性、财产性、补偿性等特征。依据不同的标准，可以对民事责任进行不同的分类。民事责任与民事义务是紧密相连而又存在重大区别的概念，其区别主要表现在责任性质、责任范围以及法律拘束力等方面的不同，其联系表现在民事责任保障民事义务的履行，二者同样存在给付内容。

过错责任的特点在于：一是相对于违法行为、损害事实及其因果关系等构成要件而言，过错是归责的最终要件，无过错即无责任。根据“谁主张，谁举证”原则，受害人对加害人的过错承担举证责任。二是依过错程度确定责任范围。

过错推定责任的特点在于：第一，免除了受害人对加害人的过错所承担的举证责任。第二，实行举证责任倒置，由被告就自己没有过错承担举证责任。第三，过错推定责任作为一项归责原则主要适用于《民法通则》规定的几种特殊侵权行为，法律对过错推定责任的免责事由作出了严格的限定，主要包括受害人的过错、第三人的过错、不可抗力等。

公平责任原则，是指加害人和受害人对造成的损害事实均没有过错，而根据公平的观念，在考虑当事人的财产状况、支付能力等实际情况的基础上，责令加害人或者受益人对受害人所受损失给予补偿。

无过错责任原则，是指基于法律的特别规定，加害人对其行为造成的损害没有过错也应当承担民事责任。

根据《民法通则》第134条第1款的规定，承担民事责任的方式主要包括如下十种：停止损害，排除妨碍，消除危险，返还财产，恢复原状，修理、重作、更换，赔偿损失，支付违约金，消除影响，恢复名誉，赔礼道歉。

根据《民法通则》第134条第3款的规定，民事制裁包括训诫、责令具结悔过、收缴进行非法活动的财物和非法所得以及罚款、拘留五种法定方式。

重要概念

民事责任　　双方责任与单方责任　　共同责任与单独责任　　按份责任与连带责任　　有限责任与无限责任　　合同责任　　过错责任　　过错推定责任原则　　公平责任原则

无过错责任原则　　不可抗力　　违约金　　责令具结悔过

案例分析

【案情】

2003年10月2日中午12时至13时，原告甲乘坐被告乙（交运公司）的公交车，上车购票3元，目的地为丙地。途中，有两名小偷用刀片划破甲的裤袋欲偷窃，甲发觉后即与小偷抗争，而车内其他人均对此毫无行动。当车行至途中的丁地时，甲某走到车门前，要求司机停车，这时，两名小偷从车后冲上来殴打原告，并用语言警告司机不可多事，而司机及乘务员在此情况下未出声制止也未采取报警等积极行动。车停后，甲某及时下车，并于当日下午3时到派出所报案。乙的公共汽车行车至中途戊地，两名小偷自行下车离去，该车司机将乘客运至目的地，于当日下午2时许折返回时到派出所报案。事件发生后，甲曾多次找乙就赔偿问题提出请求，无果。甲于是向法院提起诉讼，要求被告方：(1) 赔偿原告医疗费，车费及误工费共1 218元；(2) 赔偿原告精神损失费6万元；(3) 承担本案诉讼费。

【问题】

原告医疗费、车费及误工费共1 218元的赔偿请求能否得到满足？原告要求精神损失费6万元的请求能否得到法院支持？

【评析】

原告甲乘坐被告乙的公共汽车，并交付了3元车票款，双方已形成了客运合同，对该合同双方应严格信守履行。被告乙在为客人提供服务时，有法定的义务救助有危难的乘客。在乘客的人身安全受到威胁时，应予采取积极的保护措施（如迅速报警或救助等）。但原告在乘坐被告方的公共汽车时遭受两名小偷的殴打，而被告的司乘人员发现后未采取积极的保护措施，亦不履行救助义务，其行为违反我国合同法关于当事人履行义务应当尊重社会公德的规定和客运合同中承运人的责任，使原告的身体受到伤害，被告对此应承担相应的责任。因原告所受的人身损害是两名小偷殴打所致，两名小偷应承担赔偿责任；被告不积极履行法定的救助义务行为，客观上助长了两名小偷故意伤害原告的行为。原告的受伤害与被告的违约责任亦有关联。鉴于被告在客运途中对发生的暴力事件无实施救助行为，故被告应依其过错程度赔偿原告直接经济损失的三成。

经查实，原告身体受到伤害造成的直接经济损失包括医疗费、交通费、误工费等共计1 116元。关于原告要求的赔偿6万元的精神损失，缺乏事实和法律依据，法院不会支持。因此法院应作出如下判决：(1) 限被告于判决发生法律效力之日起3日内赔偿原告医疗费、交通费、误工费1 116元的30%，即335元。(2) 驳回原告其他诉讼请求。本案诉讼费用50元,, 由被告负担。

同步测练与解析

一、单项选择题

1. 以下不属于非财产责任的有（　　）。

A. 赔礼道歉　　B. 消除影响　　C. 恢复名誉　　D. 赔偿损失

2. 有关过错的说法正确的是（　　）。

A. 过错是所有侵权责任的构成要件

B. 过错包括故意和过失两种形式

C. 过错是所有民事责任的构成要件

D. 过错责任原则的适用范围内，过错均须由受害人举证

3. 依据我国合同法的规定，违约责任的归责原则为（　　）。

A. 过错责任原则　　B. 严格责任原则

C. 过错推定责任原则　　D. 公平责任原则

4. 下列不属于民事责任的特征的是（　　）。

A. 强制性　　B. 单一性　　C. 财产性　　D. 补偿性

5. 赔礼道歉是（　　）。

A. 一种财产性的责任承担方式

B. 必须通过在报纸等大众传媒上公开道歉的方式消除影响

C. 侵权行为人在其行为造成不良影响的范围内消除对受害人的不利后果，使其名誉恢复到未受损害之前的状态

D. 由侵权行为人以口头或书面的方式向受害人承认错误，表达歉意的承担责任方式

6. 根据民事责任的归责原则，可将民事责任划分为（　　）。

A. 违约责任与侵权责任

B. 单方责任与混合责任

C. 单独责任与共同责任

D. 过错责任、无过错责任、公平责任

7. 下列选项中，不适用无过错责任原则的是（　　）。

A. 高速运输工具造成的损害　　B. 剧毒产品生产造成的损害

C. 打架斗殴造成的损害　　D. 核原料生产造成的损害

8. 下列侵权民事责任的形式中，属于财产性民事责任形式的是（　　）。

A. 消除影响　　B. 恢复名誉　　C. 赔礼道歉　　D. 返还原物

9. 下列关于无过错责任原则的表述中，错误的是（　　）。

A. 无过错责任原则不以行为人主观上有过错为责任的构成要件

B. 受害人在主张权利时，对加害人主观上有无过错不负举证责任

C. 加害人承担的责任是一种绝对责任，无抗辩权

D. 在无过错责任原则中，责任的确定主要从受害人一方的损害程度来考虑，并且对这种责任往往规定有最高赔偿限额或限制赔偿范围

10. 下列责任形式中，虽然人民法院审理民事案件中可以适用，但是不属民事责任形式的是（　　）。

A. 停止侵害　　B. 恢复原状

C. 返还财产　　D. 责令具结悔过

二、不定项选择题

1. 在双方违约的情况下，应当如何确定各自的责任？（　　）。

A. 根据公平责任原则分担　　B. 根据各自的过错程度来确定

C. 双方各自承担自己的损失　　D. 不能再请求对方承担违约责任

2. 下列有关侵权行为的归责原则中，不属于在我国《民法通则》所规定的侵权行为归责原则的是（　　）。

A. 过错责任原则　　B. 等价有偿原则

C. 无过错责任原则　　D. 公平责任原则

3. 以下不属于民事责任的有（　　）。

A. 赔偿损失　B. 罚款　C. 罚金　D. 支付违约金

E. 恢复名誉

4. 违约责任的免责事由包括（　　）。

A. 不可抗力　　B. 意外事故

C. 免责条款　　D. 违约方无过错

5. 侵权行为的归责原则中，过错责任原则的特点是（　　）。

A. 以过错为责任的构成要件

B. 以过错作为决定行为人承担民事责任的理由、标准

C. 贯彻“谁主张权利，谁提供证据”的原则

D. 采取“举证责任倒置”的原则

三、简答题

1. 过错推定责任的特点是什么？

2. 无过错责任的法律特征是什么？

3. 承担民事责任的十种主要方式有哪些？

4. 不可抗力的特征有哪些？

四、论述题

1. 试述民事责任与民事义务的区别与联系。

2. 论述公平责任原则。

五、案例题

甲家政服务公司与乙服装公司订立合同一份，约定由甲提供布料，乙公司为甲公司加工一批工作服。完工后，由乙公司送货上门。乙公司完成加工任务后，委托丙运输公司为其送货。两辆送货的卡车在送货途中，遭受雷击。其中一辆卡车幸免逃脱，另一辆起火燃烧，车毁人亡。事后，甲家政服务公司要求乙服装公司补齐其定作的全部工作服，并承担迟延交货的责任；乙服装公司则主张甲家政服务公司应依照合同约定支付全部加工费，服装损失则应由丙运输公司承担；丙运输公司则要求乙服装公司支付全部运费，并分担部分汽车损失责任。各方争执不下，纷纷向法院提起诉讼。

问题：假设各方均未向保险公司投保的情况下：

（1）本案当事之间存在几种民事法律关系？

（2）定作服装的布料损失应由谁承担？为什么？

（3）甲家政服务公司可否请求乙服装公司承担违约责任？为什么？

（4）乙服装公司可否向甲家政服务公司请求加工费用？为什么？

（5）丙运输公司可否请求乙服装公司支付全部运费？可否请求乙服装公司分担毁损汽车的部分损失？为什么？

参考答案

一、单项选择题

1. D　2. B　3. B　4. B　5. D　6. D　7. C　8. D　9. C　10. D

二、不定项选择题

1. B　2. B　3. BC　4. AC　5. ABC

三、简答题（答案略）

四、论述题（答案略）

五、案例题

（1）本案当事人间存在的民事法律关系有：① 甲家政服务公司与乙服装公司间的加工承揽关系；② 甲家政服务公司对用于加工布料的所有权关系；③ 甲家政服务公司对工作服享有的所有权关系；④ 乙服装公司与丙运输公司间的运输合同关系；⑤ 丙运输公司对运输汽车的所有权关系；⑥ 甲家政服务公司与乙服装公司间对加工服装灭失损失的分担关系。

（2）布料损失由甲家政服务公司承担，因为布料是因为不可抗力而灭失的，应由所有权人承担损失。

(3) 甲家政服务公司无权请求乙服装公司承担违约责任，因为乙服装公司因不可抗力不能交付加工的工作服，依法可以免除其违约责任。

(4) 乙服装公司无权向甲家政服务公司请求加工费，因乙服装公司已不能向甲家政服务公司交付加工的工作服，依法不能请求加工费。

(5) 丙运输公司不能请求乙服装公司支付运费，也无权请求乙服装公司分担汽车损失。因为发生不可抗力事件致运输合同不能完全履行。

第十六章

CHAPTER SIXTEEN

违反合同的民事责任

学习目标

通过学习本章内容掌握缔约过失责任和违约责任的概念、构成要件；注意缔约过失责任和违约责任的区别；了解违约责任的归责原则、免责事由；重点掌握承担违约责任的方式，如继续履行、赔偿损失、支付违约金、定金罚则及其他方式。

重点难点提示

- 缔约过失责任的构成要件与责任范围
- 违约责任的归责原则及免责事由
- 违约责任的归责原则
- 承担违约责任的方式

第一节　缔约过失责任

在传统的合同法中，合同当事人之间权利义务关系仅仅存续于合同的成立与履行完毕这一段时间。如果合同关系尚不存在或未成立，就无所谓违约责任可言。因此，在合同因一方当事人缔约时的过失不成立或无效时，如何保护受损失的一方当事人的利益，就是违约责任不能解决的问题。缔约过失责任就是为了解决这一难题而产生的。

一、缔约过失责任的概念

缔约过失责任是介于违约责任和侵权责任之间的一种特殊的民事责任制度，我国《合同法》第42条规定了缔约过失责任。依该条的规定，缔约过失责任，是指在合同订立的过程中，一方因其违反诚实信用原则所生的义务，给对方造成损失所应承担的损害赔偿责任。缔约过失发生在合同订立的过程中，而合同订立后当事人的过失为履约的过失，这是缔约过失责任和违约责任的基本区别。因此，确定当事人过失发生的时间，是正确适用缔约过失责任的基础和前提。只有在合同尚未成立，或者虽然已经成立但被认定为无效或被撤销时，对此有过失的一方才承担缔约过失责任。如果当事人在合同成立以后，因过失给对方造成损害的，就不适用缔约过失责任。即使是在附条件的合同中，在条件为成就前，一方因恶意阻碍或延缓条件的成就，也因为合同已经成立而按违约责任处理。

二、缔约过失责任的构成要件

（一）当事人之间发生先合同义务

先合同义务，是指合同成立之前，订立合同的当事人依据诚实信用原则所承担的忠实、照顾、告知等义务。民事主体一旦进入缔约过程中，就应当推定在双方之间形成一种合理的信赖，即一方当事人依据诚实信用原则给予对方以照顾、忠实于对方、告知对方与合同有关并涉及对方财产、人身安全的事由。

（二）当事人一方违反了以诚实信用原则为基础的先合同义务

当事人缔约上的过失主要表现为违反先合同义务。合同法规定的一方假借订立合同，以损害对方利益为目的，恶意进行磋商的，显然属于违反诚实信用原则的行为。违背诚信原则的行为还表现为违反下列义务：及时通知的义务、协助和照顾义务、提供必要条件的义务、使用方法告知义务、瑕疵告知义务、保密义务等。例如，合同的订立需要先检测样品，出卖人应当告知样品的使用方法或者瑕疵。如果出卖人有意隐瞒给对方造成损害的，出卖人就应当承担缔约过失责任。

（三）对方因一方违反先合同义务而受有损害

损害事实是民事责任的构成要件之一，缔约过失责任也不例外，即一方的缔约过失必须给对方造成了损害。损害既包括财产损失，也包括人身伤害。如为缔约支出的合理费用。如果仅有一方的过失行为，而无对方受有损害的事实，就无所谓赔偿。而且，损害和一方的缔约过失之间存在因果关系。如果对方遭受的损害非因一方的过失，即使发生在缔约过程中，也不产生缔约过失责任。

（四）违反先合同义务的一方有过错

过错是民事责任的构成要件，缔约过失责任作为民事责任的一种，也不例外。如果缔约过程中发生的损失是受害人、不可抗力等原因造成的，则违反先合同义务的一方也不承担缔约过失责任。

三、缔约过失责任的适用与损害赔偿的范围

（一）缔约过失责任的适用

根据《民法通则》和《合同法》的规定，缔约过失责任大致适用于以下情形：(1) 假借订立合同，恶意进行磋商而给对方造成损失。(2) 故意隐瞒与订立合同有关的重要事实或者提供虚假情况，造成对方损失。(3) 泄漏或者不正当地使用在订立合同的过程中知悉的商业秘密的。(4) 因一方当事人的过错，致使合同被宣告无效或被撤销的。(5) 在订立合同的过程中的其他有违背诚实信用原则的行为，造成对方损失。

（二）缔约过失损害赔偿的范围

根据《民法通则》和《合同法》的规定，缔约过失责任的主要内容是损害赔偿。缔约过失损害赔偿的范围，可分以下几种情况分别予以讨论：

第一，在合同不成立，或虽已成立但被宣告无效或撤销的情况下，赔偿范围为因相信合同有效成立而遭受的损失，即信赖利益的损失。

信赖利益的损失同样包括直接损失与间接损失两种。其中直接损失有：订立合同的费用，包括往返差旅费、通讯费等；准备履行合同所支出的费用；上述费用的利息。间接损失主要指因此而丧失的商机所造成的损失。

第二，由于一方当事人在订立合同的过程中未尽照顾保护义务而使对方的人身遭受损失时，其赔偿范围以实际损失为限，但一般不包括精神损失。

第三，由于一方当事人在订立合同的过程中未尽通知、说明义务致使另一方遭受财产损失时，其赔偿范围也以实际损失为限。

当然，在受害人对于损害的发生也有过失时，应根据过失相抵的原则确定当事人的责任。近年来，有些日本学者认为，在确定损害赔偿的范围时应考虑合同的进展程度及导致合同磋商受挫的责任大小等因素。这种观点不无道理。

四、缔约过失责任与违约责任的区别

由于缔约过失责任依据合同法而成立并且发生于合同缔结阶段，因此它与违约责任联系密切。尽管如此，缔约过失责任与违约责任有着本质的不同，是两种性质不同的民事责任，主要区别体现在：

第一，产生的根据不同。缔约过失责任是在缔结合同中基于合同不成立、合同无效或被撤销的情形而产生的责任，缔约一方当事人违背以诚实信用原则所应负的通知、说明、协力、忠实、照顾等先合同义务，此时合同并未生效，即未发生合同之效力，因此，缔约过失责任产生的根据是先合同义务。而违约责任则只能产生于已生效的合同，合同已生效，债务人应按合同约定的义务履行，对约定义务的违反，债务人应承担违约责任，因此，违约责任产生的根据是合同义务。

第二，责任保护的利益不同。缔约过失责任制度在制度设立上最初就是为了保护缔约双方从开始接触、磋商到合同不能成立、合同无效、合同被撤销时双方之间为此而形成的一种特殊的信赖关系，并基于这种特殊的信赖关系期望通过合同的订立、履行去实现合同目的过程中产生的信赖利益。而违约责任则重在保护合同当事人的履行利益，所谓履行利益，是指合同当事人基于合同的生效实际履行后所获得的利益。合同生效后，对于债务人不履行合同义务或履行合同义务不符合约定而使得债权人的履行利益得不到实现时，法律规定或当事人约定债务人对此应承担违约责任。

第三，责任的性质不同。缔约过失责任具有法定性，它是基于法律的直接规定而产生的，不是以当事人之间的约定产生，并且缔约过失责任的责任形式也是法律规定的，即赔偿损失，当事人不能任意选择。而违约责任具有约定性，这是合同法意思自治原则的体现，当事人可以在合同中约定违约责任的形式，约定违约金及赔偿损失的数额、计算办法等；同时违约责任也具有一定的法定性，如它规定了定金罚则及约定的违约金不得过分高于实际损失赔偿额等。但违约责任的性质更多地体现在约定性上。

第四，归责原则不同。缔约过失责任的归责原则应该是过错责任原则，即当事人在订立合同过程中因合同未成立、合同无效或合同被撤销，致使对方信赖利益损失时，应以其过错作为确定责任的要件及确定责任范围的依据。违约责任的归责原则是严格责任原则，即违反合同义务的当事人无论主观上有无过错，均应承担违约责任的归责原则。

第五，责任形式不同。缔约过失责任的责任形式只能是赔偿损失。违约责任的责任形式则很多，《合同法》在第七章“违约责任”中主要规定了如下几种责任形式：(1) 继续履行；(2) 采取补救措施；(3) 赔偿损失；(4) 支付违约金；(5) 定金罚则；同时，在“合同履行”一章中的第63条规定了针对执行政府定价或政府指导价的合同的价格制裁的违约责任形式。

第六，赔偿损失的范围不同。缔约过失责任赔偿的是信赖利益的损失，既包括因他方的缔约过失而导致信赖人的直接财产的减少如费用的支出，也包括信赖人的财产应当增加而未增加的利益、信赖合同有效而失去的某种应得到的机会。当然，这些利益表现是在缔约时可以预见的范围之内。违约责任赔偿的是履行利益的损失，即合同成立且生效后，而违约方不履行合同义务或履行合同义务不符合约定时给非违约方造成的损失，履行利益赔偿的结果是使当事人达到合同完全履行时的状态。一般而言，违约责任赔偿的范围要比缔约过失责任赔偿范围大。对于赔偿的计算办法、数额等，违约责任可以通过双方当事人协商，也可事前达成合意，但缔约过失的损害赔偿则不能合意事先达成。

第二节　违约责任

一、违约责任的概念与特征

违约责任，又称违反合同的民事责任，是指合同当事人不履行合同债务或者履行合同义务不符合合同的约定而依法应承担的民事责任。违约责任是违约行为的法律后果，同时也是合同效力的表现。

与其他的法律责任相比，违约责任具有以下特点：（1）违约责任是当事人不履行或不适当履行合同债务所导致的结果。构成违约，必须存在有效成立的合同关系，而且存在债务人不履行债务的事实。因此，违反合同义务是违约责任与侵权责任相区别的重要特点。（2）违约责任具有相对性。违约责任只能发生在特定的合同当事人之间，只有守约方才能基于合同向违约方提出请求或提起诉讼，与合同无关的第三人不能依据合同对违约方提出请求或诉讼。（3）当事人可以预先在法律规定的范围内约定违约责任。（4）违约责任具有惩罚性和补偿性双重属性。

根据《合同法》第 107 条之规定，违约方承担的违约责任包括继续履行、采取补救措施或者赔偿损失等形式。

二、违约责任的归责原则

违约责任的归责原则，是指基于一定的归责事由确定违约责任承担的法律原则。一般包括严格责任原则和过错责任原则。

（一）严格责任原则

所谓严格责任原则，是指一方当事人不履行或者不适当履行合同义务给另一方当事人造成损害，就应当承担违约责任。我国《合同法》第 107 条规定：“当事人一方不履行合同义务或者履行合同义务不符合约定的，应当承担继续履行、采取补救措施或者赔偿损失等违约责任。”本条的规定将违约责任的归责原则明定为严格责任原则。

严格责任原则的特点：第一，它不同于过错责任原则，即违约行为发生后，违约方即应当承担违约责任，而不以违约方的主观过错作为其承担违约责任的依据，非违约方无须就违约方的过错承担举证责任。而过错责任原则要求受害人就对方的过错承担举证责任。第二，它不同于过错推定责任原则，即只有法定的抗辩事由可以作为免责事由，违约方没有过错不能作为免责的依据。而过错推定责任原则承认“无过错即无责任”，一旦违约方能够证明自己没有过错就不承担违约责任。

（二）过错责任原则

所谓过错责任原则，是指一方当事人不履行或者不适当履行合同义务时，应以该当事人的主观过错作为确定违约责任构成的依据。我国《合同法》虽然在“总则”中就违约责任的归责原则实行严格责任，但过错责任原则亦散见于“分则”之中。如《合同法》第303条第1款规定，在运输过程中旅客自带物品毁损、灭失，承运人有过错的应当承担损害赔偿责任。

此外，《合同法》在个别条文中还规定了过错推定责任，如第374条规定，保管期间，因保管人保管不善造成保管物毁损、灭失的，保管人应当承担损害赔偿责任，但保管是无偿的，保管人证明自己没有重大过失的，不承担损害赔偿责任。

三、违约责任的构成要件

违约责任，即违反合同的民事责任，是指合同当事人不履行或者不适当履行合同义务所应承担的继续履行、采取补救措施、损害赔偿、支付违约金等民事法律后果。违约责任的构成要件是指违约责任成立所必须具备的要件。

违约责任的构成要件分一般构成要件和特殊构成要件。一般构成要件是所有的违约责任都必须具备的要件，而特殊构成要件则是具体的违约责任形式所必须具有的要件。传统的理论将违约责任的构成要件概括为违约行为、损害事实、违约行为与损害事实之间的因果关系、行为人主观上的过错四个方面。其实这四个方面不是所有的违约责任都必须具备的，违约责任形式不同，违约责任的构成要件也不同，如违约金责任的构成要件只有违约行为一个。当然，在过错责任原则下，还要求违约方有过错。强制实际履行的构成要件有违约方不履行合同、违约方能够履行、对方当事人要求履行；赔偿损失的构成要件是违约行为、损害、违约行为与损害之间的因果关系，在过错责任的情况下，还需要违约方有过错。

四、违约责任的免责事由

免责事由又称免责条件，是指法律规定或者合同中约定的当事人对其不履行或者不适当履行合同义务免于承担违约责任的条件，通常包括不可抗力、受害人过错和免责条款。

（一）不可抗力

不可抗力，是指不能预见、不能避免并不能克服的客观情况。其含义有三：第一，不可抗力仅指客观情况，即独立于个体之外的事件，不包括单个民事主体的行为，从而排除了将第三人行为导致违约作为抗辩事由的可能。第二，不可抗力具有不可预见性，即合同当事人以现有的技术水平、经验无法预知。第三，不可抗力具有不可避免和不可克服性。不可抗力的影响大小、范围各异，故免除违约责任的范围应有所不同。

（二）受害人过错

受害人过错，是指受害人对违约行为或者违约损害后果的发生或者扩大存在过错。违约责任虽然实行严格责任，但是受害人的过错可以成为违约方全部或者部分免除责任的依据。

（三）免责条款

免责条款，是指合同当事人约定的排除或者限制其将来可能发生的违约责任的条款。一方当事人基于他方所应承担的民事责任而享有的权利属于民事权利，民法实行意思自治原则，民事主体可以依法放弃民事权利，免除他人的民事义务、民事责任。但是，免责条款属于合同的有机组成部分的事实并不意味着免责条款就一定生效。根据合同法及有关法律的规定，下列免责条款无效：（1）一方以欺诈、胁迫等手段订立的；（2）恶意损害国家、集体或者第三人利益的；（3）以合法形式掩盖非法目的的；（4）损害社会公共利益的；（5）免除或限制造成对方人身伤害而应承担的民事责任的；（6）免除或限制因故意或者重大过失造成对方财产损失而应承担民事责任的；（7）其他违反法律、行政法规的强制性规定的。

五、违约责任的方式

根据合同法的规定，违约责任的方式主要有继续履行、采取补救措施、赔偿损失、支付违约金、定金罚则及其他方式。

（一）继续履行

继续履行也称为强制继续履行、依约履行、实际履行。作为一种违约后的补救方式，继续履行是指在一方违反合同时，另一方有权要求其依据合同的规定继续履行。我国《合同法》第107条规定："当事人一方不履行合同义务或者履行合同义务不符合约定的，应当承担继续履行……等违约责任。"《合同法》第109条和第111条针对金钱债务和非金钱债务两种情况中的继续履行问题也分别作出了规定。

继续履行作为一种责任形式，必然具有自身的构成要件，这些构成要件包括：

第一，必须有违约行为的存在。继续履行责任是一方不履行合同的后果，只有在一方不履行合同义务或者履行合同义务不符合约定的情况下，另一方才有权要求其继续履行。

第二，必须要由非违约方在合理期限内提出继续履行的请求。我国合同法从保护债权人的利益出发，将是否请求继续履行的选择权交给非违约方。如果非违约方决定采取继续履行的措施，必须要在合理的期限内向违约方提出继续履行的要求。如果在违约方违约后，非违约方未在合理期限内提出继续履行的要求，则依据《合同法》第110条，不得再提出此种要求。

第三，必须依据法律和合同的性质能够履行。一般来说，在金钱债务中，当事人一方不支付价款或报酬的，另一方有权要求其继续履行，违约的一方不得以任何理由拒绝履行。然而，在非金钱债务中，如果依据法律和合同的性质不能继续履行，则违约方也可以拒绝非违约方的继续履行的要求。

第四，继续履行在事实上是可能的和在经济上是合理的。根据《合同法》第110条的规定，在非金钱债务中，如果在事实上不能继续履行，或者债务的标的不适合于强制履行或履行费用过高的，则不能采取继续履行措施。

（二）采取补救措施

除修理、重作、更换外，《合同法》第111条还规定了退货、减少价款或者报酬等违约责任。退货、减少价款或者报酬属于违约责任的一种，但不属于继续履行的形式，而是《合同法》第107条规定的采取补救措施的责任。不能因为退货、减少价款或者报酬与修理、重作、更换规定在一个条文中而认为它们都属于继续履行责任的表现形式。

（三）赔偿损失

赔偿损失，又称为违约赔偿损失，是指违约方因不履行或不完全履行合同义务而给对方造成损失，依法和依据合同的规定应承担赔偿损失的责任。我国《合同法》第107条规定："当事人一方不履行合同义务或者履行合同义务不符合约定的，应当承担……赔偿损失等违约责任。"

1. 赔偿损失的构成要件

（1）违约行为。这是赔偿损失责任的第一个构成要件，包括不能履行、迟延履行、不完全履行、拒绝履行等违约形式。

（2）债权人受有损失。损失是指财产或权益所遭受的不利益状态，包括直接损失和间接损失。直接损失又称积极损失，指既存利益因违约行为而减少。间接损失又称消极损失，指可得利益因违约行为而没有获得的损失。

（3）违约行为与损失的发生有因果关系。所谓因果关系是指违约行为与损失之间的相互联系，即损失是由违约行为造成的。因果关系决定着赔偿损失的责任是否成立及损害赔偿的范围。

2. 赔偿损失的范围

（1）完全赔偿原则。所谓完全赔偿原则，是指因违约方的违约使受害人遭受的全部损失都应当由违约方负赔偿责任。

（2）可得利益的赔偿。根据完全赔偿原则，违约方应赔偿受害人的实际损失和可得利益的损失。所谓可得利益，是指合同在履行以后可以实现和取得的利益。可得利益是一种未来的必须通过合同的继续履行才能实现的利益，是当事人订立合同时能够合理预见到的利益，因此，尽管它没有为当事人实际享有，但只要合同如期履行当事人就会获得。从这个意义上说，可得利益的损失与实际损失没有实质的差别，它们都是因为违约所造成的损失。

3. 与确定损害赔偿范围相关的若干原则

虽说违约方要对守约方承担全部损失的赔偿，但由于违约行为的复杂性，法律对损害赔偿金额作了一些限制，原则如下：

（1）合理预见原则。《合同法》第 113 条第 1 款规定了损害赔偿不得超过违反合同一方订立合同时所预见到因违反合同约定而造成的损失。从这一规定可以推断出，损害赔偿的赔偿金额只有在违约方订立合同时所能够预见的范围内才能受法律保护，超出法律规定的范围，则不予支持。据以判断是否预见到或者应当预见到的依据是违约方在订立合同时已经知道的事实和情况。

（2）减轻损害原则。所谓减轻损害原则，是指在一方违约并造成损失以后另一方应及时采取合理的措施以防止损失的扩大，否则，应对扩大部分的损害负责。减轻损害原则之所以被普遍采用，其理论基础是诚实信用原则和经济收益。减轻损害是受害方的义务，这种义务被视为一种不真正义务或者间接义务，违反其同样要承担责任。

（3）损益相抵规则。损益相抵，是指受害人基于损害发生的同一原因而获得某种利益时，在其应得的损害赔偿数额中，应扣除其所获得的利益部分。损益相抵原则必须注意因果关系，即违约行为不仅给受损害方造成了损失，而且又为受害方带来了收益，损害和收益是同一违约行为的不同结果。

（四）支付违约金

违约金，是指由当事人通过协商预先确定的、在违约发生后作出的独立于履行行为以外的给付。我国《合同法》第 114 条第 1 款规定，“当事人可以约定一方违约时应当根据违约情况向对方支付一定数额的违约金”。违约金具有以下特点：

第一，违约金是由当事人协商确定的。当事人约定违约金的权利是我国法律所确立的合同自愿原则的具体体现。

第二，违约金的数额是预先确定的。违约金作为预先确定的赔偿数额，在违约后对损失予以补偿，非常简便迅速，免除了受害人一方在另一方违约后就实际损失所负的举证责任，同时也省去了法院和仲裁机关在计算实际损失方面的麻烦。由于违约金数额是预先确定的，它在事先向债务人指明了违约后所应承担责任的具体范围，从而既能督促债务人履行合同，又有利于当事人在订约时计算风险和成本，从而也有利于促进交易的发展。

第三，违约金是一种违约后生效的责任方式。换言之，违约金责任在订立时并不能立即生效，而只是在一方发生违约后才能产生效力。由于违约金的设立旨在督促当事人履行债务，因此也具有担保的功能。然而违约金的适用作为对违约行为的制裁措施，表明其主要是作为一种违约后的责任形式而存在的。

（五）定金责任

1. 定金的概念和特征

定金，是指合同当事人为了确保合同的履行，约定由一方按合同标的额的一定比例预先给付对方的金钱。《合同法》第115条规定："当事人可以依照《中华人民共和国担保法》约定一方向对方给付定金作为债权的担保。债务人履行债务后，定金应当抵作价款或者收回。给付定金的一方不履行约定的债务的，无权要求返还定金；收受定金的一方不履行约定的债务的，应当双倍返还定金"。定金具有以下的特点：

（1）我国合同法所规定的定金在性质上属于违约定金，适用于债务不履行的行为。换言之，定金具有惩罚性，是对违约行为的惩罚。

（2）定金具有担保作用。其基本内容是：给付定金的一方不履行约定的债务的，无权要求返还定金；收受定金的一方不履行约定的债务的，应当双倍返还定金。此种责任不仅能够有效地制裁不法行为，而且能够起到督促债务人履行债务的作用。

（3）定金合同属于从合同，它以主合同的存在为必要条件。当主合同不成立、无效或被撤销时，定金条款也不能生效。主合同消灭，约定的定金也发生消灭。

（4）定金合同属于实践性合同。即定金的成立不仅需要有当事人的合意，而且还必须要有定金的现实的交付行为。

2. 定金的法定比例

根据《担保法》第91条的规定，定金的数额不得超过主合同标的额的20%。这一比例为强制性规定，当事人不得违反。如果当事人约定的定金比例超过了20%，并非整个定金条款无效，而只是超过部分无效。

3. 定金与预付款的区别

预付款是由双方当事人商定的在合同履行前所支付的一部分价款。预付款的交付在性质上是一方履行主合同的行为，合同履行时预付款要充抵价款，合同不履行时预付款应当返还。预付款的适用不存在制裁违约行为的问题，无论发生何种违约行为，都不发生预付款的丧失和双倍返还。所以，预付款与定金的性质是完全不同的。

4. 定金和其他责任形式的关系

（1）定金与违约金。如果当事人在合同中既约定了定金，又约定了违约金，该怎样执行呢？根据我国《合同法》第116条的规定，"当事人既约定违约金，又约定定金的，一方违约时，对方可以选择适用违约金或者定金条款"。这就是说，定金和违约金是不能同时适用的，而只能选择其一适用，二者只能是单罚而不能是双罚，否则会给违约方施以过重的责任，是不公平的。当然，是选择定金还是选择违约金，这一权利属于守约方即被违约方。

（2）定金责任与赔偿损失。定金责任不以实际发生的损害为前提，定金责任的承担也不能替代赔偿损失。所以，在既有定金条款又有实际损失时，应分别适用定金责任和赔偿损失的责任，二者同时执行，这与前面所讲的定金与违约金的关系是不一样的。当然，如果同时适用定金和赔偿损失，其总值超过标的物价金总和的，法院应酌情减少定金的数额。

本章小结

缔约过失责任，是指在合同订立的过程中，一方因其违反诚实信用原则所生的义务，给对方造成损失所应承担的损害赔偿责任。违约责任，即违反合同的民事责任，是指合同当事人不履行或者不适当履行合同义务所应承担的继续履行、采取补救措施、损害赔偿、支付违约金等民事法律后果。缔约过失发生在合同订立的过程中，而合同订立后当事人的过失为履约的过失，这是缔约过失责任和违约责任的基本区别。两者在构成要件和赔偿范围上也存在区别。

违约责任的免责事由是指法律规定或者合同中约定的当事人对其不履行或者不适当履行合同义务免于承担违约责任的条件，通常包括不可抗力、受害人过错和免责条款。

根据合同法的规定，违约责任的方式主要有继续履行、采取补救措施、赔偿损失、支付违约金、定金罚则及其他方式。

重要概念

缔约过失责任　　先合同义务　　信赖利益　　履行利益　　违约行为　　严格责任原则　　过错责任原则　　免责条款　　定金　　违约金

案例分析

【案情】

2000年3月，甲在某摄影器材公司购买了一部商品标签上表明产地为日本、价格为12 000元的数码相机。甲在使用的过程中，发现此相机性能不佳，怀疑其是假货。甲便将该相机送至某省进出口商品检验局鉴定，鉴定结论是该产品并非日本所产。甲某认为某摄影器材公司在经营中对其有误导和欺诈行为，遂向法院起诉，要求某摄影器材公司加倍赔偿。某摄影器材公司则辩称其无欺诈故意，不同意原告的诉讼请求。

【问题】

本案应当如何解决？

【评析】

在本案中，某摄影器材公司将产地不是日本的数码相机作为日本产的相机销售给了原告甲，而且某摄影器材公司在销售相机的过程中未能向甲提供商品的真实信息，作了引人误解的虚假宣传，损害了甲的权益。根据《民通意见》第68条的规定，应当认为被告的行为构成了欺诈，由于此欺诈行为并未损害国家利益，因此，根据《合同法》第54条的规定，此买卖合同为可撤销合同，现原告正式向法院起诉，要求被告双倍赔偿损失，其行为已表明了撤销该合同的明确意思，因此，买卖相机的合同被撤销后自始无效，根据《合同法》第58条、第107条、第113条以及《消费者权益保护法》第49条的规定，双方应当互相返还财产，同时被告应当双倍赔偿原告的损失，即原告将所购相机退还给被告，被告返还原告货款12 000元，赔偿原告12 000元。

同步测练与解析

一、单项选择题

1. 甲、乙签订一份买卖合同，后由于丙的原因，造成甲未履行合同义务，（　　）向乙承担违约责任。

A. 甲　　B. 丙　　C. 甲和丙　　D. 甲和丙连带

2. 甲、乙签订一份合同，合同约定：甲向乙出让某物品，但合同未约定违约责任条款。现甲向乙提供的物品不符合合同约定的质量标准。乙可以要求对方承担（　　）的违约责任。

A. 修理和退货　　B. 退货和减少价款

C. 修理和减少价款　　D. 减少价款

3. 我国合同法规定的违约金属于赔偿性的违约金，不具有惩罚性质。若当事人约定的违约金过分高于造成的损失，当事人可要求人民法院或者仲裁机构（　　）。

A. 确认该约定的违约金无效　　B. 撤销该约定的违约金

C. 予以适当减少　　D. 视其为惩罚性违约金

4.《合同法》第120条规定："当事人双方都违反合同的，应当各自承担相应的责任。"这里，"各自承担相应的责任"是指（　　）。

A. 当事人各自的损失各自承担

B. 当事人各自的责任相互抵销

C. 根据当事人各自的责任大小、主次、轻重分担责任

D. 根据当事人各自的过错大小、主次、轻重分担责任

5. 甲明知自己的车子被盗，仍然积极地与乙磋商订立车子买卖合同，致使乙花费一定的订约费用，甲对乙的订约费用可基于（　　）获得赔偿。

A. 违约责任　　B. 侵权责任

C. 缔约过失责任　　D. 违约责任或缔约过失责任

6. 根据法律规定，定金的数额不得超过主合同标的额的（　　）。

A. 20%　　B. 10%　　C. 5%　　D. 25%

7. 甲洗衣店将乙送来干洗的西服丢失，乙要求甲洗衣店照价赔偿，甲洗衣店以取衣单背面印有“如将顾客衣服丢失，只按洗染费的2倍赔偿”的条款为由拒绝照价赔偿。下述关于该条款效力的表述，正确的是（　　）。

A. 该条款有效　　B. 该条款无效

C. 该条款属于效力待定的条款　　D. 该条款属于可撤销的条款

8. S为观看英国女王2月16日的登基大典，于2月1日与伦敦一家旅馆签订一租房合同，约定：旅馆提供临街能够观看大典的客房一套，租期为2月15日与16日两天，租金每日100英镑。2月14日，英国王室宣布登基大典因故取消。据了解，该客房在平时的日平均租金仅为2英镑左右。则（　　）。

A. 该合同继续有效，旅馆可要求S实际履行

B. 该合同自然失效，S不必实际履行

C. 发生了不可抗力，S可主张合同不成立

D. 发生了情事变更，S可主张变更或撤销合同

9. 缔约过失责任与违约责任的主要区别是（　　）。

A. 行为发生在合同订立过程中还是发生在合同成立后

B. 当事人是否有过错

C. 违约责任与侵权责任是否相竞合

D. 有无订立过书面合同

10. 违约一方当事人，应对非违约方承担赔偿责任，赔偿额应当（　　）因此而造成的损失。

A. 高于　　B. 低于　　C. 相当于　　D. 略高于

二、多项选择题

1. 违反下列义务应承担违约责任的是（　　）。

A. 先合同义务　　B. 后合同义务

C. 附随义务　　D. 主给付义务

E. 从给付义务

2. 当事人一方不履行非金钱或者履行非金钱债务不符合约定的，对方可以要求履行，但有下列情形的除外（　　）。

A. 法律上或者事实上不能履行

B. 债务的标的不适用于强制履行或者履行费用过高

C. 债权人在合理期限内未要求履行

D. 债务人拒绝履行

3. 违约责任的特点有（　）。

A. 违约责任的产生是以合同当事人不履行合同义务为条件

B. 违约责任具有相对性

C. 违约责任具有补偿性

D. 违约责任具有约定性

E. 属于民事责任的一种形式

4. 下列违约责任补救方式可以并用的是（　　）。

A. 损害赔偿与实际履行　　B. 实际履行与解除合同

C. 定金与支付违约金　　D. 损害赔偿与修理、重作、更换

E. 违约金与解除合同

三、简答题

1. 缔约过失责任的构成要件是什么？

2. 赔偿损失的构成要件是什么？

3. 继续履行的构成要件是什么？

4. 合理预见原则是什么？

四、论述题

1. 缔约过失责任与违约责任的区别是什么？

2. 定金责任与违约金、赔偿损失的关系如何？

五、案例题

1999年10月5日，原告甲县农机公司与被告乙市拖拉机厂签订合同，合同规定，原告购买被告的手扶拖拉机50台，每台定价1.2万元，共计价款60万元，定于11月10日在农机公司住所地交货，货到付款，并约定，如一方违约，要缴纳4%的违约金。合同签订后，被告积极生产，在期限到来前两天全部组装完毕。1999年11月10日，拖拉机厂派车将50辆拖拉机运往农机公司，途中遇到第三方丙农贸商行。因拖拉机厂两年前与其的一笔交易中欠货款50万元，农贸商行多次催要未果。农贸商行趁机强行扣下50台手扶拖拉机，要求以拖拉机抵债。拖拉机厂与农贸商行反复交涉达成协议：约定拖拉机厂拿到货款后马上清偿农贸商行的货款。当拖拉机厂的运输车于1999年11月20日终于赶到农机公司时，已过交货期限10天，而农机公司已于1999年10月10日分别与某县化肥厂、某市农业局以1.6万元/台的价格签订了销售50台拖拉机的合同，合同约定于11月11日交货，货到付款，若违约须支付违约金5万元。由于拖拉机延期交货，农机公司受到化肥厂、农业局的解约通知，并各支付违约金5万元，共计10万元。农机公司要求拖拉机厂赔偿其全部经济损失，并各支付违约金。拖拉机厂辩称自己违约是农贸商行造成的，与自己

无关。农机公司向法院起诉。

问题：（1）拖拉机厂是否违约？其抗辩事由是否成立？为什么？

（2）农机公司与化肥厂和农业局订立的合同因自己违约行为所造成的损失能否要求拖拉机厂赔偿？为什么？

（3）拖拉机厂应赔偿农机公司的损失额大致是多少？应如何赔偿？请说明理由。

参考答案

一、单项选择题

1. A 2. D 3. C 4. C 5. C 6. A 7. B 8. D 9. A 10. C

二、多项选择题

1. CDE 2. ABC 3. ABCDE 4. ADE

三、简答题（答案略）

四、论述题（答案略）

五、案例题

（1）拖拉机厂违约。其抗辩事由不能成立。拖拉机厂的违约虽然由农贸商行的行为造成，但依据合同关系的相对性，当事人一方因第三人的原因造成违约的，应当向对方承担责任。所以拖拉机厂应对农贸商行造成的违约对农机公司承担违约责任。

（2）可以要求拖拉机厂赔偿。因为这一损失是由拖拉机厂的违约行为直接造成的，并且也是拖拉机厂在订立合同时可以预见到的。

（3）拖拉机厂应赔偿农机公司的损失额大致为30万元。依完全赔偿原则，如果拖拉机厂不违约，农机公司可以获得$(1.6-1.2)\times 50=20$（万元）的利润，现拖拉机厂违约，不仅致使20万元的利润无从获得，而且还使农机公司支付10万元违约金的损失，共计损失额为30万元；拖拉机厂赔偿农机公司的损失时，由于有违约金的约定，违约金的数额为$60\times 4\%=2.4$（万元），应先向农机公司支付2.4万元的违约金；由于违约金低于给农机公司造成的实际损失30万元，所以农机公司可以要求拖拉机厂再赔偿其$30-2.4=27.6$（万元）的损失。

第十七章

CHAPTER SEVENTEEN

侵权的民事责任

学习目标

通过本章的学习，应当掌握侵权行为的免责事由，一般侵权行为民事责任的构成要件；对特殊侵权行为应仔细把握；对于侵权责任与违约责任的竞合应重点掌握。

重点难点提示

- 一般侵权行为民事责任的构成要件
- 侵权行为民事责任的免责事由
- 《侵权责任法》中具体的侵权行为
- 侵权责任与违约责任的竞合

第一节　一般侵权行为的民事责任

一、侵权行为民事责任的概念和特征

侵权行为民事责任，简称侵权责任，是指行为人实施一定的侵权行为所应当承担的民事责任。所谓侵权行为是指行为人由于过错侵害他人的财产或者人身，依法应当承担民事责任的行为，以及依照法律特别规定应当承担民事责任的其他致人损害的行为。

侵权责任的法律特征主要表现在：

第一，侵权责任具有国家强制性。侵权责任是由法律规定的侵犯他人的民事权利必须承担的法律后果，以国家的强制力作保障。侵权责任的形式、范围都由法律明确规定而不允许当事人协商改变，因而具有极强的强制性和制裁性。

第二，侵权责任是民事主体违反法定义务而应承担的法律责任。民事义务有法定义务和约定义务。法定义务是通过法律的强制性规范、禁止性规范设定的义务。这种义务对于每个自然人、法人具有普遍的适用性，违反此种义务，即构成侵权行为责任。

第三，侵权责任以侵权行为的存在为前提。侵权责任产生的基础是侵权行为，没有侵权行为则不存在承担侵权责任的问题。侵权责任正是行为人实施侵权行为应承担的法律后果。

第四，侵权责任的形式主要为财产责任，但不限于财产责任。侵权责任的行为人或责任人除了要承担赔偿损失、返还财产等财产责任外，在很多情况下，还可能同时承担停止侵害、恢复名誉、消除影响、赔礼道歉等非财产形式的责任。

二、侵权行为民事责任的构成要件

（一）损害事实

损害是指侵权行为给受害人造成的不利后果。损害作为侵权民事责任的构成要件，是由侵权行为法的本质和社会功能决定的。侵权法的功能之一在于补偿受害人所受的损害，使其利益尽可能恢复到如同未曾受到损害的状态。因此，无损害即无责任。损害包括财产损害、人身伤害和精神损害。

（二）违法行为

违法行为是指侵权行为具有违法性。如果行为人的行为符合法律规定，即使造成损害，不能也不应当承担民事责任，如依法执行公务的行为。违法包括违反法律规定和违背社会公序良俗。违法性主要通过侵权行为损害他人的法定权利和合法利益得到体现。

（三）因果关系

因果关系是指侵权人实施的违法行为和损害后果之间存在因果上的联系。此种因果关系是行为人对损害事实承担民事责任的必备条件之一。而在实行公平责任和无过错责任的情形下，因果关系是确定责任范围的直接依据。

（四）主观过错，但特殊侵权行为除外

过错是指合同当事人通过其实施的侵权行为所表现出来的在法律和道德上应受非难的故意和过失状态。故意，是指行为人已经预见到自己行为的损害后果，仍然积极地追求或者听任该后果的发生。过失，是指行为人因未尽合理的注意义务而未能预见损害后果，并致损害后果发生。未尽一般人对他人人身、财产的注意义务，为重大过失；未尽处于行为人地位的合理人对他人人身、财产的注意义务，为轻过失。一般人和合理人的注意均系客观标准，有利于过失的认定。正确划分和认定过错程度对于确定责任的归属和承担具有重要意义，特别是在混合过错和共同过错的情形下，过错程度直接影响到过失相抵规则的适用和共同侵权行为人责任的分担。

三、侵权行为民事责任的免责事由

（一）不可抗力

因不可抗力造成他人损害的，一般不承担民事责任，但法律另有规定的除外。不可抗力作为侵权行为的免责事由，以不可抗力是损害发生的唯一原因为条件。如果不可抗力只是造成损害后果扩大的原因，行为人对扩大之前的损害应当依其过错承担相应的民事责任。

（二）受害人的过错

受害人的过错，是指受害人对侵权行为的发生或者侵权损害后果扩大存在过错。受害人过错对于侵害人责任的免除主要体现在两个方面：一是部分免除，即适用过错相抵规则，减轻侵害人的民事责任。《侵权责任法》第 26 条规定："被侵权人对损害的发生也有过错的，可以减轻侵权人的责任。"此种减轻通常需要考虑双方的过错程度及其与损害之间的因果关系。二是全部免除，即只要受害人对于损害的发生存在过错或者故意，就全部免除行为人的责任。

（三）正当防卫

正当防卫，是指为了使公共利益，本人或者他人的财产、人身或者其他合法权益免受正在进行的不法侵害，而对不法侵害人所实施的不超过必要限度的行为。正当防卫不得超过必要的限度。《侵权责任法》第 30 条规定："因正当防卫造成损害的，不承担责任。正当防卫超过必要的限度，造成不应有的损害的，正当防卫人应当承担适当的责任。"此处的适当，是指防卫人仅对不应有的损害承担民事责任。

（四）紧急避险

紧急避险，是指为了使公共利益，本人或者他人的财产、人身或者其他合法权益免受正在发生的危险，而不得已采取的致他人较小损害的行为。其构成条件如下：

1. 危险的紧迫性

所谓紧迫性，是指合法权益正遭受危险。危险是指现实存在的某种有可能立即对合法权益造成损害的紧迫事实状态；合法权益意味着紧急避险不适用于非法利益遭受危险。

2. 避险措施的必要性

所谓必要性，是指避险人在不得已的情况下采取的避险措施，不采取该措施就不足以使合法权益避免现实正在遭受的危险，不足以保全较大的合法权益。

3. 避险行为的合理性

合理性，是指避险行为适当并且不得超过必要的限度。必要限度要求避险行为造成的损害应当小于危险可能造成的损害。损害的比较涉及利益衡量，所应遵循的原则是人身权利大于财产权利，生命权、身体权和健康权在人身权中位于前列；财产权可依财产价值的大小加以衡量。根据《侵权责任法》第31条的规定，因紧急避险采取的措施不当或者超过必要的限度，造成不应有的损害的，紧急避险人应当承担适当的民事责任。

（五）受害人的同意

受害人的同意，是指受害人在侵权行为或者损害后果发生之前自愿作出的自己承担某种损害后果的明确的意思表示。“受害人的同意”在损害后果发生之后作出，不能作为免责事由对待，而是对侵害人的民事责任的事后免除。受害人免除侵害人在受害人同意的范围内实施侵权行为造成损害后果的，侵害人不承担民事责任。未经受害人同意或者损害超出受害人同意的范围，又没有其他免责事由的，侵害人应当承担民事责任。受害人的同意既可以通过单方面声明，也可以通过与侵害人达成免责条款的形式作出。但受害人的同意不得违反法律、法规的规定，不得违背社会公序良俗。

四、侵权行为民事责任的承担方式

侵权责任的承担方式主要有以下几种：（1）赔偿损失，即指行为人违反民事义务致人损害后，以其财产赔偿受害人所受的损失。这是适用最广泛的承担责任方式。（2）返还财产，即指侵权行为人将其非法占有或获得的财产移转给原所有人或其他合法的权利人。（3）恢复原状，即指使受害人的财产恢复到受侵害之前的状态。（4）停止侵害，即指侵权行为人终止其正在进行或者延续的损害他人合法权益的行为。（5）排除妨碍，即指侵权行为人排除由其行为造成的妨碍他人权利正常行使和利益实现的客观事实状态。（6）消除危险，即指侵权行为人消除由其行为引起的现实存在的某种可能对他人合法权益造成损害的紧急事实状态。（7）消除影响、恢复名誉。消除影响，是指侵权行为人在其行为造成不良影响的范围内消除对受害人的不利后果。恢复名誉，是指侵权行为人采取适当方式使受害人的名誉恢复到未受损害之前的状态。(8)赔礼道歉，即指由侵权行为人以口头或书面的方式向受害人承认错误，表达歉意的承担责任方式。

五、无民事行为能力人、限制民事行为能力人致人损害的民事责任

无民事行为能力人、限制民事行为能力人致人损害的民事责任，即被监护人致人损害的民事责任。《侵权责任法》第32条规定："无民事行为能力人、限制民事行为能力人造成他人损害的，由监护人承担侵权责任。监护人尽到监护责任的，可以减轻其侵权责任。有财产的无民事行为能力人、限制民事行为能力人造成他人损害的，从本人财产中支付赔偿费用。不足部分，由监护人赔偿。"此种责任成立的特殊要件包括：第一，加害人是无民事行为能力人或者限制民事行为能力人。第二，责任人和加害人存在监护关系。监护关系的确定，依《民法通则》第16条和第17条的规定。被监护人致人损害的民事责任的特点在于加害人和责任人的分离，其免责事由有四个：其一，监护人尽到监护职责，可以减轻民事责任。其二，加害人受他人教唆、帮助。即无民事行为能力人受他人教唆、帮助实施加害行为致人损害的，由教唆人、帮助人承担民事责任，监护人不承担民事责任；限制民事行为能力人受他人教唆、帮助实施加害行为致人损害的，由监护人和教唆人、帮助人共同承担民事责任，但教唆人、帮助人应当承担主要的民事责任。其三，加害人有财产。即有财产的无民事行为能力人、限制民事行为能力人造成他人损害的，从本人财产中支付赔偿费用。不足部分，由监护人适当赔偿。其四，加害人在诉讼时已年满18周岁，并有经济能力。即侵权行为发生时加害人不满18周岁，在诉讼时已满18周岁，并有经济能力，应当承担民事责任，从而免除或者减轻监护人的责任。但完全民事行为能力人因醉酒、滥用麻醉药品或者精神药品对自己的行为暂时没有意识或者失去控制造成他人损害的，应当承担侵权责任。

第二节　《侵权责任法》中
具体的侵权行为

一、产品责任

因产品质量不合格造成他人财产、人身损害的，产品的制造者、销售者应当依法承担民事责任。产品责任的构成要件有三个：一是产品不合格或者存在缺陷；二是造成他人人身、财产损害；三是产品和损害之间存在因果关系。依据《侵权责任法》第41条至第47条的规定，因产品存在缺陷造成人身、他人财产损害的，受害人可以向产品的生产者要求赔偿，也可以向产品的销售者要求赔偿。属于产品生产者责任的，产品的销售者赔偿的，

产品的销售者有权向产品生产者追偿。属于产品销售者责任的，产品的生产者赔偿的，产品的生产者有权向产品销售者追偿。产品的运输者、仓储者对产品的不合格造成损害负有责任的，产品的生产者、销售者有权要求赔偿。

二、机动车交通事故责任

《侵权责任法》第48条至第53条及《道路交通安全法》第76条规定了机动车交通事故责任。据此，机动车发生交通事故造成人身伤亡、财产损失的，由保险公司在机动车第三者责任强制保险责任限额范围内予以赔偿；不足的部分，按照下列规定承担赔偿责任：(1) 机动车之间发生交通事故的，由有过错的一方承担赔偿责任；双方都有过错的，按照各自过错的比例分担责任。(2) 机动车与非机动车驾驶人、行人之间发生交通事故，非机动车驾驶人、行人没有过错的，由机动车一方承担赔偿责任；有证据证明非机动车驾驶人、行人有过错的，根据过错程度适当减轻机动车一方的赔偿责任；机动车一方没有过错的，承担不超过10%的赔偿责任。交通事故的损失是由非机动车驾驶人、行人故意碰撞机动车造成的，机动车一方不承担赔偿责任。

三、医疗损害责任

医疗损害责任指医疗机构及其从业人员在医疗活动中，未尽相关法律、行政法规、规章和诊疗技术规范所规定的注意义务，在医疗过程中发生过错，并因这种过错导致患者人身损害所形成的民事法律责任。根据《侵权责任法》第54条至第64条的规定，患者因下列情形之一造成损害的，推定医疗机构有过错：(1) 违反法律、行政法规、规章以及其他有关诊疗规范的规定；(2) 隐匿或者拒绝提供与纠纷有关的病历资料；(3) 伪造、篡改或者销毁病历资料。因下列情形之一造成患者有损害的，医疗机构不承担赔偿责任：(1) 患者或者其近亲属不配合医疗机构进行符合诊疗规范的诊疗；(2) 医务人员在抢救生命垂危的患者等紧急情况下已经尽到合理诊疗义务；(3) 限于当时的医疗水平难以诊疗。另外，医疗机构及其医务人员的合法权益受法律保护。干扰医疗秩序，妨害医务人员工作、生活的，应当依法承担法律责任。

四、环境污染责任

《侵权责任法》第65条至第68条规定了环境污染责任。环境污染责任是指行为人的行为造成生活环境或生态环境的污染导致他人的人身、财产权益损害而应当承担的侵权责任。污染环境致人损害民事责任的构成要件有三个：(1) 存在加害人违反国家有关规定污染环境的行为；(2) 造成他人损害；(3) 损害和加害人污染环境之间存在因果关系。污染环境致人损害民事责任的免责事由通常由民事特别法规定，主要有三个：一是《大气污染防治法》规定的不可抗力；二是《水污染防治法》规定的受害人过错；三是《海洋环境保护法》规定的第三人的过错，即完全由于负责灯塔或者其他助航设备主管部门在执行职责时的疏忽或者其他过失行为，经采取合理措施仍不能避免对海洋造成污染损害的，免予承担赔偿责任。

五、高度危险责任

《侵权责任法》第 69 条至第 77 条规定了高度危险责任。高度危险责任是指高度危险行为人实施高度危险活动或者管理高度危险物，造成他人人身损害或者财产损害，应当承担损害赔偿责任的特殊侵权责任。高度危险责任的法律特征是：（1）某一活动或者物品对周围环境具有高度危险性，（2）涉及该种活动或者物品的高度危险作业具有合法性。高度危险责任的构成要件有三个：（1）须有危险活动或者危险物对周围环境致损行为；（2）须有损害后果存在和严重危险存在；（3）须有因果关系存在。高度危险责任适用无过错责任原则，受害人的故意是高度危险作业致人损害的免责事由。需要注意的是，免责的范围仅限于具有故意的受害人所受损害，第三人因此所受的损害仍由高度危险作业人承担，唯此才能充分保护没有过错的受害人的利益。高度危险作业人在承担民事责任之后，有权向具有故意的受害人追偿。

六、饲养动物损害责任

《侵权责任法》第 78 条至第 84 条规定了饲养动物损害责任。饲养动物致人损害，是指饲养的动物出于本能致人损害。如果人以动物为工具致人损害，为一般侵权行为。《侵权责任法》第 78 条规定："饲养的动物造成他人损害的，动物饲养人或者管理人应当承担侵权责任，但能够证明损害是因被侵权人故意或者重大过失造成的，可以不承担或者减轻责任。"依此规定，饲养动物致人损害的免责事由有两个：（1）受害人的过错，包括受害人的过错引起动物加害，受害人的过错导致损害后果的扩大。由于受害人的过错造成损害的，动物饲养人或者管理人不承担民事责任；由于受害人的过错造成损害后果扩大的，适当减轻动物饲养人或者管理人的民事责任，即对扩大的损害不承担责任。（2）由于第三人的过错造成损害的，第三人应当承担民事责任。在此情形下，动物饲养人和管理人是否应当承担民事责任，对此，《侵权责任法》第 83 条规定："因第三人的过错致使动物造成他人损害的，被侵权人可以向动物饲养人或者管理人请求赔偿，也可以向第三人请求赔偿。动物饲养人或者管理人赔偿后，有权向第三人追偿。"

七、物件损害责任

物件损害责任，是指管领物件的人未尽适当注意义务，致使物件造成他人损害，应当承担对物的替代责任。根据《侵权责任法》第 85 条至第 91 条的规定，在我国，物件损害责任主要包括：建筑物等设施及其搁置物、悬挂物脱落损害责任，建筑物等设施倒塌损害责任，不明抛掷物，坠落物损害责任，堆放物倒塌损害责任，妨碍通行物损害责任，林木折断损害责任以及地面施工损害责任。物件损害责任归责原则为适用过错推定责任原则。物件损害责任的构成要件有：(1) 须有物件致害行为；(2) 须有受害人的损害事实；(3) 损害事实须与物件致害行为之间有因果关系；(4) 须物件所有人或者管理人有过错（采推定方式）。物件损害责任的赔偿责任主体分别为所有人、管理人、其他占有人，例如，依承包、租赁等法律行为经营、使用他人物件的，由约定的责任者所有人或者占有人承担赔偿责任；没有约定的，原则上由承包、租赁者承担责任；没有过错的，由所有人承担赔偿责任。对于从建筑物中抛掷物品或者从建筑物上坠落的物品造成他人损害，难以确定具体侵权人的，除能够证明自己不是侵权人的外，由可能加害的建筑物使用人给予补偿，但能够证明自己不是加害人的可以免责，能够确定具体侵权人的，其他人免责。

第三节　侵权责任和其他民事责任的竞合

所谓民事责任竞合，是指行为人实施某一违反民事义务的行为符合多种民事责任的构成要件，从而在民法上导致多种责任形式并存和相互冲突。出现民事责任竞合的情况下，侵害人应当承担何种民事责任，受害人享有选择权。常见的民事责任竞合为违约责任与侵权责任的竞合、侵权责任与不当得利返还责任的竞合。

一、民事责任竞合概述

(一) 民事责任竞合的概念和成立条件

民事责任竞合，是指行为人实施某一违反民事义务的行为符合多种民事责任的构成要件，从而在民法上导致多种责任形式并存和相互冲突。其构成要件如下：

1. 行为人只实施了一个不法行为

一个不法行为引起多个民事责任，是民事责任竞合的基本特征。一个不法行为是责任竞合产生的前提条件。所谓“一个不法行为”，乃出于一个故意或过失的违反法律义务的行为。因此，数人基于共同故意或共同过失实施的行为，也属于“一个不法行为”。

2. 同一不法行为同时满足两个或两个以上的民事责任构成要件

同一不法行为同时违反两个或者两个以上相对独立的民事法律规范，符合两个或者两个以上的民事责任构成要件，这是民事责任竞合的决定性条件。如侵权行为法与合同法、不当得利法律制度相对独立，为侵权责任和违约责任、不当得利返还责任的竞合提供了前提条件。同一不法行为既违反了侵权法，又违反了合同法或者不当得利的法律规定，则产生责任之竞合。

3. 数个民事责任之间相互冲突

数个民事责任相互冲突，是指数个责任之间不能相互吸收或者同时并存，行为人只能承担其中之一。不能相互吸收，是指一种民事责任不能为另一种民事责任所涵盖。不能同时并存，是指行为人不能同时承担数个民事责任。民事责任竞合和民事责任聚合有所区别，后者是指行为人同时承担数个民事责任方式。因此，民事责任竞合是不同类型的责任的竞合，民事责任聚合是数个民事责任方式的聚合。

（二）民事责任竞合的法律效果

《合同法》第122条规定对违约责任和侵权责任竞合的法律效果作出了明确的规定，即因当事人一方的违约行为，侵害对方人身、财产权益的，受损害方有权选择依照合同法要求其承担违约责任或者依照其他法律要求其承担侵权责任。民事立法和审判实践也可根据该条规定的精神，对侵权责任和不当得利返还责任的竞合作出类似的规定和处理，即允许受害人选择行使不当得利返还请求权或者侵权行为请求权。

二、民事责任竞合的表现形式

（一）侵权责任与违约责任的竞合

1. 侵权责任与违约责任的区别

（1）归责原则不同。侵权责任以过错责任为一般归责原则，以过错推定责任、公平责任、无过错责任为补充。违约责任以严格责任为一般原则，以过错责任为补充。归责原则的差异直接决定了当事人的举证责任的不同。

（2）举证责任不同。过错责任原则实行“谁主张，谁举证”，即受害人对其加害人应当承担侵权责任的主张负举证责任，但法律规定的特殊侵权行为除外。严格责任原则实行举证责任倒置，即由违约人证明其违约行为存在免责事由。

（3）违反义务不同。侵权行为违反的是不得侵害他人财产或者人身的法定义务。违约行为违反的是合同当事人之间的约定义务。因此，侵权行为和违约责任发生竞合以当事人存在合同关系为条件，违约责任难以使受害人的人身伤害和精神伤害得到补偿。

（4）诉讼时效不同。因侵权行为产生的损害赔偿请求权一般适用2年的诉讼时效，但因身体受伤害而产生的损害赔偿请求权的诉讼时效为1年。因违约行为产生的损害赔偿请求权的时效一般为2年；延付或者拒付租金争议、寄存财物被丢失或者损毁争议适用1年的诉讼时效；国际货物买卖合同和技术进出口合同争议的诉讼时效为4年。

（5）构成要件不同。侵权责任以损害事实为构成要件，无损害即无责任；违约责任不以实际损害为条件，如支付违约金。

（6）责任范围不同。侵权责任的范围包括财产损失、人身伤害和精神损害。而违约责任仅以财产损失为限，且适用可预见规则以限定赔偿范围。

2. 侵权责任与违约责任竞合的构成要件

侵权责任与违约责任的竞合，是指行为人的同一不法行为同时违反侵权法和合同法的有关规定，同时符合侵权责任和违约责任的构成要件而产生的责任竞合现象。

侵权责任和违约责任竞合的构成要件有三个：第一，加害人与受害人之间存在合同关系。合同关系是违约责任发生的前提，侵权责任与违约责任的竞合当然离不开合同关系的存在。第二，加害人实施了不法行为。不法行为是民事责任的构成要件之一，能够导致侵权责任与违约责任竞合的不法行为包括违约行为和侵权行为。第三，加害人的行为同时违反侵权法和合同法的规定，并符合侵权责任和违约责任的构成要件。

侵权责任和违约责任具体的竞合情形主要有如下两种：第一，违约性侵权行为，即合同当事人的违约行为致他人合同利益以外的利益损害，符合侵权行为的构成要件。第二，侵权性违约行为，即行为人实施的侵权行为致他人合同利益损害的，符合违约责任的构成要件。

3. 对侵权责任与违约责任竞合的处理

《合同法》第122条规定："因当事人一方的违约行为，侵害对方人身、财产权益的，受损害方有权选择依照本法要求其承担违约责任或者依照其他法律要求其承担侵权责任。"在责任竞合的情况下，允许由受害人选择请求权，不仅充分尊重了受害人的意愿和权利，同时可能加重不法行为人的责任，而这种责任也是不法行为人依法应当承担的。

（二）侵权责任与不当得利返还责任的竞合

1. 侵权责任与不当得利返还责任的区别

（1）构成要件不同。侵权责任以补偿受害人的所受损害为目的，故以损害事实为条件，而不考虑侵害人是否直接受益及受益多寡。不当得利旨在剥夺加害人的不正当的受益，故不仅要求致人损害，而且以加害人直接受益为条件。在加害人侵害他人权利造成损害较大而受益较少，或者造成损害较小而受益较多的情形下，适用不同的民事责任直接影响到责任的范围和对受害人的保护程度。

（2）责任方式不同。承担侵权责任的方式具有复合性，即以赔偿损失为主，可同时适用返还财产、停止侵害等多种责任方式。承担不当得利返还责任的方式具有单一性，即返还财产。一般而言，适用侵权责任不仅可以使受害人的损害得到赔偿，还可以恢复对财产或者权利的支配与控制，从而更有利于充分保护受害人的利益。

（3）举证责任不同。侵权责任以过错为一般构成要件，受害人对加害人的过错负举证责任。不当得利返还责任不以过错为要件，受害人只需证明加害人获得利益没有合法根据。正由于侵权责任和不当得利返还责任存在上述区别，适用不同的民事责任将直接影响加害人承担责任的方式和范围，从而关系到举证责任的内容和受害人利益的保护，这就要求法律为此种竞合的构成要件、竞合原因和法律效果加以规范。

2. 侵权责任与不当得利返还责任的竞合

侵权责任与不当得利返还责任的竞合，是指加害人因侵权行为取得利益同时符合侵权责任和不当得利返还责任的构成要件而产生的责任竞合现象。其构成要件有两个：第一，加害人因过错实施侵权行为致人损害。这是侵权责任和不当得利返还责任竞合产生的前提条件。第二，取得不当利益，即加害人因侵权行为获得利益。获得利益包括财产的增加和应当减少的未减少。实践中，因侵权行为发生不当得利的情形主要有如下三种：(1) 无权有偿处分，即加害人未经权利人同意，将权利人的财产有偿转让给第三人或者许可第三人使用。有偿处分是加害人取得利益的前提，也是构成不当得利返还责任的条件；无权处分则是构成侵权责任的条件。(2) 非法出租，即加害人未经权利人同意，将权利人的财产交付第三人使用、收益，并收取租金，且无合法抗辩事由。需要注意的是，承租人在租赁期间擅自转租获得利益不构成不当得利。因为转租是承租人使用、收益的方式之一，法律要求转租须经出租人同意的目的在于保护出租人对租赁物的控制和支配。而且，允许出租人请求返还不当得利，则出租人获得双重租金，显失公平。但承租人未经出租人同意转租的，出租人可以解除合同，并要求承租人赔偿因转租造成的损失。(3) 非法使用并收益，即加害人未经权利人同意，使用权利人的财产或者权利并获得利益，且无合法抗辩事由，如非法印制他人的商标标识出售。

我国现行的民事立法及司法解释尚未涉及这种责任的竞合，但司法实践中不乏实例。为了切实保护受害人的合法权益，合理平衡当事人的利益关系，在将来完善我国民事立法中，应肯定返还不当得利与侵权责任的竞合。

本章小结

侵权行为民事责任，是指民事主体对其侵权行为所承担的民法上的责任。一般侵权行为民事责任的构成要件包括损害事实、违法行为、因果关系和主观过错。侵权责任的免责事由包括不可抗力、受害人的过错、正当防卫、紧急避险和受害人的同意。

我国《侵权责任法》规定的具体的侵权行为包括产品责任、机动车交通事故责任、医疗损害责任、环境污染责任、高度危险责任、饲养动物损害责任、物件损害责任。

侵权责任与违约责任的竞合，是指行为人的同一不法行为同时违反侵权法和合同法的有关规定，同时符合侵权责任和违约责任的构成要件而产生的责任竞合现象。

侵权责任与不当得利返还责任的竞合，是指加害人因侵权行为取得利益同时符合侵权责任和不当得利返还责任的构成要件而产生的责任竞合现象。

重要概念

侵权行为　正当防卫　紧急避险　受害人的同意　产品责任　机动车交通

事故责任　医疗损害责任　环境污染责任　高度危险责任　民事责任的竞合　侵权责任与违约责任的竞合

案例分析

【案情】

2005年7月21日，被告谢某驾驶中型货车超速行驶至山长线处，遇相对方向由被告简某驾驶的中型客车因未靠右侧行驶，致两车于路右偏左发生碰刮，造成两车受损，乘客即原告邱某受伤住院治疗。该事故经警察部门责任认定：被告谢某、简某分别应负本次事故的主、次要责任。另查明，被告谢某受雇于被告庄某，被告简某受雇于被告肖某。原告邱某要求四被告连带赔偿医药费、护理费、误工补贴、伙食补助费、交通费、营养费共计12 300.2元。

【问题】

本案应当如何处理？

【评析】

本案是以旅客运输合同为基础法律关系产生的一般侵权责任与违约责任两种民事责任的竞合。根据《合同法》第302条的规定，可知承运人对旅客的伤亡承担的是无过错责任原则，如果承运人无法举证证明伤亡是由于旅客自身健康或故意、重大过失造成的，承运人应对运输过程中旅客的伤亡承担损害赔偿责任。本案中，原告邱某是乘客，被告肖某是承运人，被告简某是肖某雇请的司机，是执行职务行为而已，故原告邱某与被告肖某之间构成旅客运输合同关系。但承运人雇请的司机被告简某在运输过程中由于未注意来车，与相对方向的被告谢某驾驶的车避车不当，致乘客受伤。承运人已违反旅客运输合同约定的应安全送达这一义务，已构成违约，乘客可以依法提起违约责任之诉，追诉承运人的违约责任。被告简某和肖某应共同连带赔偿乘客的损失。

由于同一行为，产生了既违反合同法的有关规定，符合了违约责任的构成要件，又违反了侵权行为法的有关规定，符合侵权责任的构成要件，产生了违约民事责任与侵权民事责任的竞合。依《合同法》第122条的规定，受损害方可依合同法请求违法行为人承担违约责任，也可依其他法律的规定请求违法行为人承担侵权责任，受害人可自由地选择。本案中，由于被告简某避车不当，致乘客邱某受伤害，既构成违约，又违反了侵权法规定构成侵权，受害人即乘客邱某可选择违约之诉也可选择侵权之诉来维护其自身的合法权益。从本案来看，乘客邱某选择了侵权之诉。为此承担本事故主要责任的共同侵权方即被告庄某及其雇员谢某也应共同连带赔偿乘客的损失。

同步测练与解析

一、单项选择题

1. 民事责任中的侵权行为是（　　）。

   A. 违法行为　　B. 犯罪行为　　C. 行政过失责任　　D. 不具有强制性

2. 我国民法规定，受害人对于损害的发生有过错的（　　）。

   A. 免除侵权人的民事责任　　B. 减轻侵权人的民事责任

   C. 双方各承担损害赔偿额的1/2　　D. 受害人不承担任何责任

3. 以下说法中错误的是（　　）。

   A. 注册税务师与委托人勾结出具虚假报告的，应当由委托人承担连带责任，而与注册税务师事务所无关

   B. 注册税务师故意侵害委托人权益的，应当承担全额的赔偿责任

   C. 注册税务师因过失造成委托人损害的，应当承担赔偿额不超过佣金5—10倍的损害赔偿

   D. 注册税务师事务所应当承担注册税务师的民事责任

4. 某大学生甲去水房打水，回来途中遇见两个学生乙、丙在踢足球，为了使热水瓶不被足球踢碎，甲便将热水瓶高高举起，由于热水瓶的质量问题导致热水瓶突然爆裂，热水将甲、乙、丙三人烫伤，就三人遭受损害下列观点正确的是（　　）。

   A. 甲可以向热水瓶的销售者、制造者要求承担损害赔偿责任

   B. 甲也可以要求乙、丙承担损害赔偿责任

   C. 乙、丙可以向热水瓶的销售者、制造者要求承担损害赔偿责任

   D. 乙、丙可以向甲要求承担损害赔偿责任

5. 根据侵权责任法的规定，下列侵权行为中适用过错推定责任原则的是（　　）。

   A. 产品责任　　B. 物件损害责任

   C. 环境污染责任　　D. 高度危险责任

6. 某饭店楼上所挂的广告招牌，一天被风吹倒压伤一行人。依据法律的规定，应赔偿该行人的损失的是（　　）。

   A. 饭店　　B. 饭店大楼的承建人

   C. 该饭店所在城市的城建局　　D. 该行人自己负责

7. 某工厂向附近的一条小河排放工业废水，已经取得排污许可证，并向环保部门缴纳了排污费。一次，由于技术员张某的误操作，导致排出废水中的有害化学物质含量超标，工厂在河边装上围栏并贴出告示。以下判断正确的是（　　）。

A. 附近某村民甲因看管不严，其自家的牛越过围栏至河边饮水而死，该厂不承担赔偿责任

B. 数日后该河段水质接近正常，附近某村民乙的一头牛因饮此河水而患病，致使丧失耕作能力，该厂要承担赔偿责任

C. 该厂超标污染的河水流入附近某村民丙的农田，造成庄稼损失2 000元，丙欲起诉，应将该厂和张某列为共同被告

D. 该厂超标排污致使附近丁村的农作物大面积死亡、牲畜大量伤亡，由此只发生民事赔偿责任而不发生刑事赔偿责任

8. 某市市政公司为安装管道，在街道上挖掘坑道，并于坑道两侧设置了障碍物和夜间警示灯。某夜，司机许某酒后驾车，撞毁了障碍物和夜间警示灯后逃逸。随后骑自行车经过的秦某摔入坑道中，造成粉碎性腿骨骨折，其损失应（　　）。

A. 由市政公司赔偿　　B. 由许某赔偿

C. 由市政公司和许某承担连带责任　　D. 由秦某自己承担

9. 乙将蜂箱寄存于甲院内，甲未拴住毛驴，毛驴踢倒了乙的蜂箱，蜂群蜇死毛驴，蜂群也大量死亡，甲、乙争执不下，诉至法院。此案（　　）。

A. 过错在甲，由甲承担责任　　B. 过错在乙，由乙承担责任

C. 双方均有过错，互相承担赔偿责任　　D. 双方均无过错，各自承担损失

10. 甲外出探亲，临时委托邻居乙照看房屋。一日，乙进入甲房，发现客厅一角放有一盆鲜花，因久未见阳光而开始发黄。乙遂将花盆移放窗外晒太阳。后一阵大风将花盆吹落，恰好砸在楼下与丙吵架的丁的头上，造成丁的各种损失2 000元。该费用应由（　　）承担。

A. 甲　　B. 乙　　C. 甲和乙　　D. 甲、乙、丙

二、不定项选择题

1. 张某和周某是邻居，一天张某约周某来家里洗澡，张某从锅炉房提了两桶开水，一桶拿进浴室，另一桶让周某过会儿洗澡用，周某将热水放在室外回家拿衣服，这时，张某的儿子（两岁）玩耍至此而被周某放的开水烫伤致死。（　　）。

A. 本案属于意外事故

B. 周某应对事故的发生负主要责任

C. 张某应对事故的发生负主要责任

D. 应当按公平责任处理，由周某和张某共同分担责任

2. 甲将数箱蜜蜂放在自家院中槐树下采蜜。在乙家帮忙筹办婚宴的丙在帮乙喂猪时忘关猪圈，猪冲入甲家院内，撞翻蜂箱，使来甲家串门的丁被蜇伤，经住院治疗后痊愈。下列说法正确的是（　　）。

A. 甲应对丁的医疗费用承担全部民事责任

B. 乙应对丁的医疗费用承担全部民事责任

C. 丙应对丁的医疗费用承担全部民事责任

D. 乙和丙应对丁的医疗费用承担连带责任

3. 甲经营金山酒店，顾客爆满，相邻的银海酒店由乙经营，生意清淡。乙指使数十人进入金山酒店，2—3 人占据一桌，每桌仅消费 10 余元。前来金山酒店就餐的顾客见无空桌，遂就近转往银海酒店。如此数日，银海酒店收入大增。乙的行为应定性为（　　）。

A. 构成缔约过失　　B. 构成欺诈行为

C. 构成不当得利　　D. 构成不正当竞争行为

4. 甲、乙在火车上相识，甲怕自己到站时未醒，请求乙在 A 站唤醒自己下车，乙欣然同意。火车到达 A 站时，甲沉睡，乙也未醒。甲未能在 A 站及时下车，为此支出了额外费用。甲要求乙赔偿损失。对此，应如何处理？（　　）。

A. 由乙承担违约责任　　B. 由乙承担侵权责任

C. 由乙承担缔约过失责任　　D. 由甲自己承担损失

5. 因当事人一方的违约行为，侵害对方人身、财产权益的，受损害方（　　）。

A. 只能要求其承担违约责任

B. 只能要求其承担侵权责任

C. 有权同时要求其承担违约责任和侵权责任

D. 有权选择要求其承担违约责任或者承担侵权责任

6. 因当事人一方的违约行为，侵害对方人身、财产权益的，受损害方向人民法院提起违约之诉后，在一审开庭以前又变更诉讼请求，提起侵权之诉，人民法院（　　）。

A. 不应准许　　B. 应当准许　　C. 可以准许　　D. 可以不准许

7. 侵权行为是（　　）。

A. 侵害他人财产的行为　　B. 对他人人身造成损害的行为

C. 违法行为　　D. 是犯罪行为

E. 受刑法处罚的行为

8. 侵权民事责任在一般情况下具备的要件有（　　）。

A. 损害事实的客观存在　　B. 侵权行为的违法性

C. 违法行为和损害事实之间的因果关系　　D. 受害人的故意或重大过失

E. 行为人的过错

三、简答题

1. 侵权责任的法律特征有哪些？

2. 侵权责任的承担方式有哪几种？

3. 产品责任侵权行为的特征是什么？

4. 民事责任竞合的成立条件及法律效果是什么？

5. 侵权责任与违约责任的区别是什么？

四、论述题

1. 物件损害侵权行为民事责任应当怎样承担？

2. 论侵权责任与违约责任的竞合。

五、案例题

1995年3月，甲（1977年4月出生）、乙（1977年6月出生）与丙（1978年1月出生）发生口角，甲和乙进而出手将丙打伤。丙为治疗而住院3个月，出院后于1995年7月向法院起诉，要求甲和乙赔偿医药费共计3 000元。已知甲于1994年已参加工作，乙还在高中念书。

问题：本案中丙的医药费由谁承担？

参考答案

一、单项选择题

1. A　2. B　3. A　4. A　5. B　6. A　7. B　8. B　9. A　10. A

二、不定项选择题

1. B　2. B　3. D　4. D　5. D　6. B　7. ABC　8. ABCE

三、简答题（答案略）

四、论述题（答案略）

五、案例题

丙的医药费由甲个人和乙的父母共同承担，对于限制民事行为能力人致人损害的民事责任，如侵权发生时，加害人不满18周岁，在诉讼时已满18周岁并且有经济能力，应当承担民事责任；加害人没有经济能力的，应当由原监护人承担民事责任。在本案中，甲和乙在侵权时都不满18周岁，在诉讼时都已满18周岁，但因为甲此时已经参加工作，有一定的经济能力，所以由其自己承担民事责任。而乙此时还在学校念书，不具有经济能力，所以由其父母垫付赔偿金。

综合测练与解析

综合测练与解析（一）

一、单项选择题（在每小题的四个备选答案中选出一个正确的答案，并将正确答案的号码填在题干的括号内。每题2分，共24分）

1. 某居民小区右侧新建了一个昼夜不停工作的印刷厂，机器噪音很大，小区居民纷纷提出抗议，这是他们在行使（　　）。

   A. 所有权　B. 地上权　C. 相邻权　D. 地役权

2. 土地使用人为营造建筑物或其他工作物而使用国有土地的权利，是（　　）。

   A. 地役权　B. 地上权

   C. 国有土地拥有权　D. 国有土地使用权

3. 下列属于单一物的是（　　）。

   A. 一只羊　B. 一台电脑　C. 一辆汽车　D. 一架飞机

4. 担保物权的效力及于担保物的代替物，这就是担保物权的（　　）。

   A. 变价受偿性　B. 不可分性

   C. 物上代位性　D. 从属性

5. 最高额抵押的主合同债权（　　）。

   A. 不得转让　B. 可以转让

   C. 经债权人与债务人协商可以转让　D. 经债权人与抵押人协商可以转让

6. 债的当事人对履行地点约定不明确，给付货币的，应在（　　）履行。

   A. 给付一方的所在地　B. 接受给付一方的所在地

   C. 债权人指定的地点　D. 债务人决定的地点

7. 甲、乙两人订立买卖一幅古画的合同，甲交付定金100元，后乙因故违约，则乙应返还定金（　　）。

A. 100元　　B. 50元　　C. 200元　　D. 300元

8. 甲向乙借款30万元，丙将自己的一辆东风牌汽车抵押给乙担保甲到期付款，此时乙（　　）。

A. 可以转让其债权而自己保留抵押权

B. 可以转让其抵押权而自己保留债权

C. 可以在转让债权时抵押权随之转让

D. 可以将债权和抵押权分别转让给两个人

9. 甲建筑安装公司从乙家电设备制造厂购进了5 000只电源开关，价值4万元，但回来经检测发现其中1 000只电源开关的质量不合格。经双方协商，乙工厂同意全部退货。但甲公司退货后几经催讨都未取得退货款。后来乙工厂被丙电力设备公司兼并，成为其分公司。对于这4万元债务，应由（　　）。

A. 乙承担　　B. 丙承担　　C. 乙与丙共同承担　　D. 乙与丙分担

10. 债务人甲因债权人乙下落不明而将货物提存，后因不可抗力该批货物灭失，则此货物灭失的损失应由（　　）。

A. 甲承担　　B. 乙承担

C. 提存部门承担　　D. 甲、乙分担

11. 法律对人的效力，我国民法采取（　　）原则。

A. 属人主义　　B. 属地主义

C. 以属地主义为主的折衷主义　　D. 以属人主义为主的折衷主义

12. 宣告失踪，是指自然人失踪达到法定期间，经其（　　）申请，由法院宣告为失踪人，并为之设立财产管理人的制度。

A. 父母　　B. 配偶　　C. 子女　　D. 利害关系人

二、多项选择题（在每小题的四个备选答案中，选出二至四个正确的答案，并将正确答案的号码分别填在题干的括号内。每题2分，共16分）

1. 债的效力及于第三人的特殊情形包括（　　）。

A. 债权人行使代位权　　B. 债权人行使撤销权

C. 合伙关系中的三方当事人　　D. 委托合同关系的相对人

E. 不法侵害债权的第三人

2. 一般侵权行为的构成要件是（　　）。

A. 损害事实　　B. 损害与行为间的因果关系

C. 行为的违法性　　D. 行为人的主观过错

E. 行为的严重性

3. 根据我国现行立法及司法实践，侵权损害的原则主要有（　　）。

A. 全面赔偿原则　B. 部分赔偿原则

C. 考虑当事人经济状况原则　D. 限制加重原则

E. 衡平原则

4. 民法和经济法的区别主要体现在（　　）。

A. 二者的调整对象不同　B. 二者的调整手段不同

C. 二者追求的利益目标不同　D. 二者的救济措施不同

5. 所有权的性质包括（　　）。

A. 全面性　B. 支配性　C. 弹力性　D. 恒久性

6. 民事法律关系是由（　　）组成的。

A. 主体　B. 客体　C. 义务　D. 内容

E. 权利

7. 民事法律关系的客体通常包括（　　）。

A. 物　B. 行为　C. 智力成果　D. 人身利益

8. 民法调整的关系包括（　　）。

A. 财产关系　B. 人身关系　C. 社会关系　D. 家庭关系

三、简答题（每题 4 分，共 20 分）

1. 简要说明用益物权与担保物权的分类及其意义。
2. 简述债权人代位权的特点。
3. 简述定金与预付款的区别。
4. 如何处理侵权民事责任与违约责任的竞合？
5. 环境污染责任的构成要件包括哪些？

四、案例题（每题 10 分，共 40 分）

1. 某电脑公司委托其业务员甲到某地采购 100 台电脑。甲在购买电脑后，见该地有一种打印机销路很好，就用盖有某电脑公司公章的空白介绍信和空白合同书，与该地批发打印机的丙公司签订了购买打印机 50 台的合同。合同中约定：自合同签订之日起 5 日内发货，货到后付款。甲回到公司后即向公司领导汇报了购买打印机一事。公司领导认为，5 日内难以筹足货款，且打印机是否好销也说不准。于是，公司领导不同意购买打印机，并指示甲速撤销合同。甲即打电话给丙公司，而丙公司告知货已发出，不能撤销合同。丙公司于货到后即要求电脑公司付款，电脑公司则称并未让甲购买打印机，并已经让甲通知丙公司不同意购买。双方发生争执，丙公司遂起诉至法院。

问题：电脑公司应否承担付款责任？

2. 老张有平房三间，1986 年 7 月，老张去世，未留遗嘱。老张的两个儿子张三和张四各继承一间半，并将三间房屋重新间隔，在房屋中间以木板隔开，各住一间半。1989

年7月，张三单位分给张三一套两室一厅的住房，张三遂欲将自己的一间半房卖掉。张四表示愿意以1.5万元买张三的一间半平房，但张三认为价格低，不同意卖。李四表示愿意以2万元价格买该房，张三于是同李四签订了房屋买卖合同，并到有关部门办理了过户手续。张四因此起诉到法院，诉称该房屋为兄弟二人共有，哥哥张三在未经其同意的情况下将一间半房屋卖给他人，侵犯了其所有权，请求法院判决合同无效。

问题：（1）张三与张四对本案涉及的一间半房屋是否为共同所有？如果是，是按份共有还是共同共有？如果不是，为什么？

（2）假设张三和张四在继承后均未住进该房屋，该房屋保持其父在世时之原样，那么，张三在这种情况下欲卖自己的一间半房屋应如何办理？要受到什么限制？

3. 1998年6月1日，大华橡胶厂向黄村信用社借款10万元，合同约定的借款期限为1998年6月1日起至1999年6月1日止，大华橡胶厂以其4台YLL型轮胎硫化机作为抵押，价值87 600元。1998年6月5日，双方为该抵押在工商局办理了抵押登记。同时，金诚工贸公司就此笔借款也提供了保证，但是没有明确约定保证方式。借款合同签订后，黄村信用社如约发放了贷款，但大华橡胶厂在借款期限届满后未归还借款本息。

问题：（1）大华橡胶厂与黄村信用社之间的抵押合同何时生效？为什么？

（2）金诚工贸公司承担的是什么方式的保证责任？为什么？

（3）假设黄村信用社放弃了抵押权，金诚工贸公司是否应对黄村信用社的全部债权承担保证责任？为什么？

4. 李某受单位委派到某国考察，王某听说后委托李某代买一种该国产的名贵药材。李某考察归来后将所买的价值1 500元的药送至王某家中。但王某的儿子告诉李某，其父已于不久前去世，这药本来就是给他治病的，现在父亲已去世，药也就不要了，请李某自己处理。李某非常生气，认为不管王某是否活着，这药王家都应该收下。

问题：（1）李某行为的法律后果到底应由谁来承担？

（2）药是否应由王家出钱买下？为什么？

参考答案

一、单项选择题

1. C　2. D　3. A　4. C　5. A　6. B　7. C　8. C　9. B　10. B　11. C　12. D

二、多项选择题

1. ABE　2. ABCD　3. ACE　4. ABCD　5. ABCD　6. ABD　7. ABCD　8. AB

三、简答题

1. 用益物权与担保物权是根据物权人对标的物所支配的内容所作的分类。用益物权是以支配标的物的使用价值为内容的物权；担保物权是以支配标的物的价值为内容的物权。

区分这两类物权的主要意义在于：(1) 设立用益物权的目的在于取得物的使用价值，而设立担保物权的目的在于取得物的价值。(2) 在同一物上已存在用益物权时，通常不能再设定用益物权；而在同一标的物上可有数个担保物权存在。(3) 用益物权的标的物为不动产，在动产上不能设定用益物权；而担保物权的标的物可为动产，也可为不动产，还可以是权利。

2. 债权人代位权具有如下特点：(1) 代位权是债权人基于其对债务人享有的债权而对债务人的债务人（也称次债务人）主张权利，体现了债的效力的扩张，是由法律直接予以规定的权利，不论当事人之间是否有约定。(2) 代位权是债权人以自己的名义行使债务人权利的权利，而且最终是为了债权人自己的利益，所以代位权不是代理权，债权人不是债务人的代理人。(3) 债权人的代位权是债权人为保全债权而代债务人行使其权利，其行使的仍是债务人原本享有的请求权，所以代位权就其性质而言应属于请求权，而非形成权。(4) 代位权只能通过向法院提起诉讼才能有效行使，而非直接向次债务人行使。

3. 定金与预付款的区别主要在于：(1) 定金的主要作用是担保合同履行，而预付款的主要作用是为对方履行合同提供资金上的帮助，属于履行的一部分；(2) 交付定金的协议为从合同，而交付预付款的协议一般为合同内容的一部分；(3) 定金只有在交付后才成立，而交付预付款的协议只要双方意思表示一致即可成立；(4) 定金合同当事人不履行主合同时，适用定金罚则，而预付款交付后当事人不履行合同的，不发生丧失或双倍返还预付款的效力。

4. 侵权民事责任与违约责任的竞合是指行为人实施的某一违法行为同时具有侵权行为和违约行为的双重特点，从而在法律上导致了侵权责任和违约责任并存的现象。

依我国合同法的规定，在侵权责任与违约责任竞合的情况下，受害人可以择一行使，但不能同时主张。也就是说，责任人若依违约责任承担了责任，则不再承担侵权的民事责任；反之，若其依侵权行为法的规定承担了侵权的民事责任，则不能再承担违约责任。

5. 环境污染责任的构成要件有：(1) 存在污染环境的行为。污染环境的行为通常表现为排放有害物质和有害废弃物、散发有害气体、散漏放射性物质等。(2) 污染环境的行为造成了他人的损害。这种损害事实主要表现为对他人的生命、健康造成的损害，以及对人的生活等造成的妨害。(3) 污染环境的行为与损害事实之间要有因果关系。

四、案例题

1. 电脑公司应当向丙公司承担付款责任。在本案中，甲持有盖有电脑公司公章的空白介绍信和空白合同书的事实，足以使丙公司相信甲有购买打印机的代理权，且丙公司在主观上并无过错。因此，甲的行为构成了表见代理。表见代理虽属于无权代理，但发生有权代理的法律后果，因此，被代理人电脑公司应对甲与丙公司所订立的购买打印机的合同承担付款责任。

2.（1）张三与张四对该房屋不能构成共有。共有是指两个以上的权利主体对同一个财产都享有所有权的状态。本案中，张三和张四对于其父遗留的三间房屋已经作出了适当的分割，已经做到了产权的进一步分化，应当认定各自对其所实际占有的一间半房屋享有所有权，不存在共有关系。

（2）在这种情况下，由于房屋未做分割，张三和张四对继承财产都享有所有权，因而构成共同共有关系。在共同共有的情况下，张三欲处理其一间半房，应受到如下限制：① 对于共有财产不能全部处分，只能处分部分共有财产；② 共有人对其处分共有财产，享有优先购买权。因此，张三在出卖其房屋时，一方面无权处分属于张四的部分，同时在出卖时要考虑到张四享有优先购买权，在同等条件下应把房屋卖给张四。

3.（1）合同于1998年6月5日生效。因为以企业的设备抵押的应当办理抵押物登记，抵押合同自办理抵押物登记之日起生效。

（2）连带责任保证。因为保证合同中没有约定保证方式，按照担保法的规定，保证人应按照连带责任保证承担保证责任。

（3）不是。因为债权人放弃物的担保的，保证人在债权人放弃权利的范围内免除保证责任。

4.（1）李某购买名贵药材是受王某的委托才进行的，其行为应属民事代理。《民法通则》第63条第2款规定，代理人在代理权限内，以代理人的名义实施民事法律行为，被代理人对代理人的代理行为，承担民事责任。因此，本案中李某购买药材的行为后果应由王某承担。

（2）根据《民通意见》第82条的规定，当被代理人死亡后，代理人由于不知道被代理人死亡而为的民事法律行为仍然有效。也就是说，代理人因实施代理行为所取得的后果应由被代理人的继承人受领，由此所产生的债务作为被代理人的债务，以被代理人的遗产或者其继承人或受遗赠人来承担。本案中，王家理当出钱买下此药。

综合测练与解析（二）

一、单项选择题（在每小题的四个备选答案中选出一个正确的答案，并将正确答案的号码填在题干的括号内。每题 2 分，共 24 分）

1. 甲将其所有的一台旧冰箱出卖给乙，得价金 300 元，甲出卖其冰箱的行为是所有人行使（　　）的行为。

A. 占有权　　B. 使用权　　C. 收益权　　D. 处分权

2. 集体所有的财产归（　　）所有。

A. 全民　　B. 集体组织成员共同

C. 国家　　D. 集体组织

3. 典权的客体为（　　）。

A. 不动产　　B. 动产

C. 动产或不动产　　D. 动产、不动产或权利

4. 下列合同中，既属于无偿合同，又属于诺成性合同的有（　　）。

A. 寄存保管合同　　B. 赠与合同

C. 保证合同　　D. 借用合同

5. 可撤销的合同，当事人应当自（　　）时起一年内行使撤销权。

A. 订立合同之日　　B. 合同成立之日

C. 合同生效之日　　D. 知道或应当知道撤销事由之日

6. 双方当事人约定了债务履行的期限，债务人提前履行债务，必须（　　）。

A. 取得债权人同意　　B. 承担民事责任

C. 事前通知债权人　　D. 证明提前履行不会给债权人造成损失

7. 保证人与被保证人之间的权利义务关系是（　　）债权债务关系。

A. 附停止条件的　　B. 附解除条件的

C. 附始期的　　D. 附终期的

8. 经债权人同意而将主债务转移给第三人承担的，保证人的保证责任（　　）。

A. 不变　　B. 一律消灭

C. 归于消灭，除非保证人同意债务转移　　D. 继续存在

9. 加害人共同过错致人损害，应当（　　）。

A. 由加害人按份承担赔偿责任　　B. 由加害人连带承担赔偿责任

C. 由双方当事人分担损失　　D. 减轻加害人的责任

10. 甲遗失一块瑞士表，被乙拾得。依照我国民法规定，甲与乙之间产生（　　）。

A. 不当得利关系　B. 无因管理关系　C. 财产所有权关系　D. 侵权关系

11. 债权是（　　）。

A. 请求权　B. 形成权　C. 期待权　D. 依赖权

12. 所谓物权，是指权利人直接支配其标的物，并享受其利益的（　　）权利。

A. 利己性　B. 排他性　C. 利他性　D. 排己性

二、多项选择题（在每小题的四个备选答案中，选出二至四个正确的答案，并将正确答案的号码分别填在题干的括号内。每题2分，共16分）

1. 留置权属于民法上的（　　）。

A. 主物权　B. 从物权　C. 不动产物权　D. 动产物权

E. 他物权

2. 共有关系具有的特征有（　　）。

A. 主体为二人以上　B. 客体为同一项财产

C. 内容包括权利、义务关系　D. 客体为不可分物

E. 其形成基础为民事主体共同经营或共同生活的需要

3. 处理相邻关系，应当坚持的原则有（　　）。

A. 有利生产，方便生活　B. 诚实信用

C. 团结互助　D. 等价有偿

E. 公平合理

4. 债的客体可以是（　　）。

A. 智力成果　B. 物　C. 行为　D. 人身利益

E. 劳务

5. 土地使用权合同具有的特征有（　　）。

A. 客体是土地使用权　B. 是有偿合同

C. 是诺成性合同　D. 土地使用权出让期较长

E. 出让期满地上的附着物归国家取得

6. 下列属于"禁治产人"的是（　　）。

A. 未成年人　B. 心神丧失的人　C. 精神耗弱的人　D. 浪费人

7. 我国《民法通则》第37条规定了法人在我国成立必须具备的一般条件是（　　）。

A. 经过主管部门的批准

B. 依法成立

C. 有必要的财产或者经费

D. 有自己的名称、组织机构和场所，能够独立承担责任

8. 根据《最高人民法院关于贯彻执行〈中华人民共和国民法通则〉若干问题的意见（试行）》第10条的规定，监护职责具体包括（　　）。

A. 保护被监护人的身体健康　　　　B. 照顾被监护人的生活
C. 代理被监护人进行民事活动　　　D. 对被监护人进行管理和教育

三、名词解释（每题3分，共15分）

1. 抵押权　2. 债的解除　3. 共同共有　4. 善意取得　5. 地役权

四、简答题（每题5分，共15分）

1. 相邻关系的特征。
2. 用益物权的法律特征。
3. 不当得利制度的构成要件。

五、案例题（每题15分，共30分）

1. 甲某为采购员，经常在全国各地出差。乙某是其邻居，平时以采撷山药为生。乙某在山中挖到一名贵草药，正好甲某要到上海出差，于是乙某就委托甲某将草药带去卖掉。甲某却将草药带到邻村朋友家。朋友父亲丁某是老中医，他看了之后请甲某将草药卖于他，并表示愿给甲某200元的好处费。结果甲某以低于上海市场将近500元的价格把草药卖给丁某。双方约定，如果事后乙某来此处打听这种草药价格，丁某就说此草药现在已经大跌价，在上海也不值钱了。不想此事被正要到丁某家来看病的乙某的一个远房亲戚听见，不久就告诉了乙某。乙某遂要求甲某和丁某赔偿自己的损失。

问题：（1）甲某的代理行为是一种什么性质的行为？
（2）乙某是否有权要求甲某和丁某两人赔偿？为什么？

2. 2002年2月26日的一天下午，小孩陈某（6岁）在路边玩耍，一不小心掉入路旁的下水道，造成"下颌粉碎性骨折，鼻骨骨折"等损害结果，花去医疗费近万元。经过调查发现，甲市为了整顿市容，美化环境，接受上级有关部门的检查，由市政公司把全市所有的下水道井盖进行更换。此下水道井盖在更换时有不明显的裂纹，由于新井盖已经用完，上级检查很快到来，施工人员认为此井盖不会影响适用，就没有更换新的。但在小孩掉入下水道的当天上午，该市红星工厂的一辆超载汽车将井盖压塌，但红星工厂既没有告诉市政公司，也没有作任何示警标志。

问题：小孩陈某受到的损害由谁承担赔偿责任？为什么？

参考答案

一、单项选择题

1. D　2. D　3. A　4. B　5. D　6. D　7. A　8. C　9. B　10. C　11. A　12. B

二、多项选择题

1. BDE　2. ABCE　3. ACE　4. ABCE　5. ABCDE　6. BCD　7. BCD　8. ABCD

三、名词解释

1. 抵押权是指债务人或第三人不转移财产的占有，将该财产作为债权的担保，债务人不履行债务时，债权人有权依法以该财产抵价或以拍卖、变卖该财产的价款优先受偿的权利。

2. 债的解除是指在债务尚未履行或者尚未全部履行的情况下，提前终止债的效力。

3. 共同共有，是指两个或两个以上的公民或法人，根据某种共同关系而对某项财产不分份额地共同享有权利并承担义务。

4. 善意取得，是指无权处分他人动产的占有人，在不法将动产转让给第三人以后，如果受让人在取得该动产时出于善意，就可依法取得对该动产的所有权，受让人在取得动产的所有权以后，原所有人不得要求受让人返还财产，而只能请求转让人赔偿损失。

5. 地役权，是指为了自己使用、经营土地的便利而通过订立合同使用他人土地的一种物权。

四、简答题

1. 相邻关系具有如下法律特征：第一，相邻关系总是发生在两个以上不动产的所有人或使用人之间。其权利主体可以是法人，也可以是公民。第二，相邻关系的内容是相邻人间的权利、义务。相邻一方有为了维护其合法权益而行使方便的权利，他方负有提供这种便利的义务。第三，相邻关系是在不动产相毗邻或相近的特定条件下对财产的使用而发生的。但它不仅涉及占有、使用土地、房屋、建筑物、通行道路等不动产本身相邻关系，还包括截水、排水、通风、采光、眺望、蒸气、烟尘、臭气、噪声、垃圾等所发生的不利影响或有害侵扰。

2. 用益物权是从所有权分离出来的他物权，是指对他人所有的物使用和收益的权利。

用益物权的法律特征如下：(1) 用益物权是对所有权的行使有所限制的权利；用益物权人的权利也受到一定的限制，所以用益物权也称为限制物权。(2) 用益物权是非所有人基于法律、合同或其他合法途径而得取的权利，是对他人的财物享有的直接支配权。(3) 用益物权是从所有权的权能分离出来的相对独立的他物权。(4) 用益物权人依法取得占有、使用、收益的权利。

3. 不当得利的构成要件包括以下四个方面：(1) 须一方受到利益，即一方当事人因一定的事实结果而使其得到一定的财产利益。(2) 须他方受到损失。这里的所谓的受到损失，是指因一定的事实结果使财产利益的总额减少，既包括积极的损失，也包括消极的损失。(3) 须一方受利益与另一方受损失间有因果关系。所谓受利益与受损失间有因果关系，是指他方的损失是因一方的受益造成的，一方受益是他方受损的原因，受益与受损二者之间有变动的关联性。(4) 须无合法的根据，这是不当得利构成的实质性要件。

五、案例题

1. (1) 甲某的行为是一种与第三人串通、损害被代理人利益的行为。乙某委托甲某将草药带到上海去卖，而甲某却将草药卖于丁某，这本身就违背了被代理人的意思；而且甲某还以低于市场价的价格出让草药，更是直接损害了乙某的利益；甲某在出让草药的过程中，私下收受了丁某给予的好处费，将草药以低价卖给丁某，并相约共同欺骗乙某，这就是相互串通、共同损害被代理人乙某的利益。

（2）我国《民法通则》第66条第3款规定："代理人和第三人串通，损害被代理人的利益的，由代理人和第三人负连带责任。"因此，本案中甲某与第三人丁某应对乙某的损失承担连带赔偿责任。

2. 红星工厂、市政公司和陈某监护人对小孩陈某承担赔偿责任。其中，红星工厂承担主要民事责任。其理由是：（1）市政公司装置质量不合格的井盖，主观上有过错，其行为是陈某摔伤的原因之一。（2）陈某6岁是未成年人，应有其监护人看管。陈某摔伤其监护人也负有一定的责任。（3）红星工厂超载汽车压塌井盖，但既未告诉市政公司，又没有设置示警标志，是造成陈某摔伤的主要原因。红星工厂应承担主要的赔偿责任。

综合测练与解析（三）

一、单项选择题（在每小题的四个备选答案中选出一个正确的答案，并将正确答案的号码填在题干的括号内，每题1分，共14分）

1. 借贷合同是（　）。
A. 单务合同　B. 诺成合同　C. 转移财产使用权的合同
D. 以国家专业银行、其他金融机构和信用合作社为出借人的合同

2. 共有人对共有关系的性质发生争议无法查明是按份共有还是共同共有时，应按（　）处理。
A. 按份共有　B. 共同共有　C. 个人所有　D. 公共所有

3. 某甲在上班路上拾到提包一个，因当时找不到失主，又急于上班，甲就将提包带到单位，存放于办公室，并当即贴出招领启事。至甲下午下班时，仍无人认领，甲就锁上办公室回家。次日，甲上班时发现办公室被盗，拾得的提包也被盗走，即向公安机关报案。第三天，失主发现招领启事后，就找到甲索要提包，甲将详情告诉了失主，失主即向法院起诉，要求甲返还不当得利。法院应判（　）。
A. 甲应当返还　B. 甲应予赔偿
C. 甲应给予一定补偿　D. 甲不予返还或赔偿

4. 连带债务的债权人（　）。
A. 只能向债务人中的一人或数人同时或先后请求其履行全部债务
B. 只能向全体债务人请求其履行全部债务
C. 只能向债务人中的一人或数人请求其履行部分债务
D. 可以向债务人中的一人或数人同时或先后请求其履行全部或部分债务

5. 从民事法律关系的主体上看，债的主体（　）。
A. 双方都是不特定的
B. 债权人是特定的，债务人是不特定的
C. 债权人是不特定的，债务人是特定的
D. 双方都是特定的

6. 受要约人向要约人作出的对要约完全同意的意思表示生效的时间一般为（　）。
A. 意思表示作出时　B. 意思表示发出时
C. 意思表示送达对方时　D. 要约人作出回复时

7. 建筑物或者其他设施以及建筑物上的搁置物、悬挂物发生倒塌、脱落、坠落造成他人损害的，应由（　）承担民事责任。

A. 所有人或管理人　　B. 受害人
C. 受害人和管理人共同　　D. 受害人和所有人共同

8. 按照合同协作履行的原则，（　　）。
A. 各方当事人可根据情况履行合同
B. 当事人各方应严格按照约定的条件履行义务
C. 一方不履行时，他方应予谅解
D. 各方应按照合同标的履行

9. 民事赔偿金应该（　　）。
A. 上缴国库　　B. 补偿受害人的损失
C. 交受害人的所在单位　　D. 交养老院赡养老人

10. 王某与李某分别出资 4 500 元和 8 000 元合开一个饭馆，后因经营管理不善欠债 19 000 元，对该项债务双方应承担（　　）。
A. 无限连带责任　　B. 无限按份责任
C. 有限连带责任　　D. 有限按份责任

11. 按照关联行为中，某一行为是否具有（　　）分为主行为与从行为。
A. 关联性　　B. 独立性　　C. 非独立性　　D. 非关联性

12. 民事行为能力，是指（　　）据以独立参加民事法律关系，以自己的民事法律行为取得民事权利或承担民事义务的法律资格。
A. 法人　　B. 未成年人　　C. 自然人　　D. 成年人

13. 民事法律行为的一般成立要件是（　　）。
A. 意思表示　　B. 行为表示　　C. 主观表示　　D. 客观行为

14. 我国物权法草案建议稿将物定义为：“物，指能够为人力控制并具（　　）的有体物。”
A. 无价值　　B. 有价值　　C. 有适用价值　　D. 无适用价值

二、多项选择题（在每小题的四个备选答案中，选出二至四个正确的答案，并将正确答案的号码分别填在题干的括号内。每题 2 分，共 16 分）

1. 定金具有以下作用和性质（　　）。
A. 担保合同履行　　B. 证明合同有效
C. 证明合同成立　　D. 有预先给付的性质

2. 运输中造成货物灭失、短少，承运人不承担违约责任的情况有（　　）。
A. 托运人未按时支付运费　　B. 货物本身的自然性质
C. 货物的合理损耗　　D. 货物未按时运达指定地点

3. 下列责任形式中，属于民事责任形式的是（　　）。
A. 恢复原状　　B. 赔偿损失　　C. 收缴非法所得　　D. 罚款

4. 下列属于财产所有权的继受取得的有（　　）。

A. 收取孳息　　B. 取得无主财产　　C. 合同关系　　D. 接受遗产

5. 根据承包合同，所有人将他的财产占有权、使用权、收益权等转让给承包人，他们的权利发生的变化有（　　）。

A. 所有人丧失了财产所有权　　B. 承包人取得了财产所有权

C. 所有人没有丧失财产所有权　　D. 承包人取得了财产经营权

6. 监护是对（　　）的人身、财产和其他合法权益依法实行的监督和保护。

A. 对未成年人　　B. 儿童　　C. 老人　　D. 精神病人

7. 民事法律行为的生效要件是（　　）。

A. 当事人须有相应的行为能力　　B. 须意思表示真实

C. 标的须合法　　D. 标的须可能和确定

8. 下列关于代理的说法正确的是（　　）。

A. 代理人根据代理权而实施代理行为

B. 代理人为被代理人而实施代理行为

C. 代理的对象为意思表示，而非事实行为

D. 代理行为直接或间接对被代理人产生效力

三、名词解释（每题3分，共9分）

1. 特定物　　2. 财产共有　　3. 合同

四、简答题（6分）

什么是担保物权？它有哪些法律特征？

五、案例题（10分）

李某在湖南工作，将坐落在济南的祖遗房屋两间借给王某使用。王某自住一间，将另一间租给宋某居住，每月租金500元。后来李某得知此事非常不满，王某声称，房屋借给我后，如何使用我有权利。因此，李某起诉法院，要求收回借房并请求王某支付出租房屋所得的2 500元租金。

问题：本案应如何处理？

六、辨析题（15分）

“所有权是完全物权——非定限物权，意味着所有权人可以任意地对标的物行使其支配权。”试用民法学的知识和理论对该说法加以辨析。

七、法条分析题（10分）

《中华人民共和国民法通则》第130条规定：“二人以上共同侵权造成他人损害的，应当承担连带责任。”试用民法原理分析该条法律规定。

八、论述题（20分）

论述侵权责任与违约责任的异同。

参考答案

一、单项选择题

1. A 2. B 3. D 4. D 5. D 6. C 7. A 8. B 9. B 10. A 11. B 12. C 13. A 14. B

二、多项选择题

1. ACD 2. BC 3. AB 4. CD 5. CD 6. AD 7. ABCD 8. ABCD

三、名词解释

1. 特定物是指具有自身单独特征、不能由其他物所代替的物。

2. 财产共有是指两个以上的权利主体对同一项财产都享有所有权。

3. 合同是当事人之间设立、变更、终止民事法律关系的协议。

四、简答题

担保物权，是为了担保债务的履行，在债务人或第三人特定之物或权利上所设定的物权。

担保物权的法律特征有：(1) 是一种从物权；(2) 属于他物权；(3) 必须以特定物或权利为标的；(4) 担保物权人有排除他人干涉和追及权。

五、案例题

(1) 借用合同是单务合同，借用人接受借用物后，只有义务，借用人未经出借人同意，不得将借用物转借他人，不得转租他人，更不得从转租中获利。根据这点，王某未经李某同意，根本无权转租他人。(2) 未经出借人许可，转借、转租借用物可以引起借用合同的终止。因此，出借人李某有权解除合同收回房屋。(3) 本案应判令王某返还房屋两间，将 2 500 元租金交还李某。

六、辨析题

(1) 该说法不完全正确。

(2) 所有权是所有人依法对物进行占有、使用、收益和处分的权利。这体现了权利人对标的物进行全面的支配，具有整体性、弹力性、排他性以及永久存续性，是完全物权。

(3) 所有权不是定限物权。定限物权是权利人对标的物的支配被限定于某一特定方面或某一特定期间的物权，它是所有权之外的各种物权形态。

(4) 所有权作为完全物权——非定限物权是正确的，但并不意味着所有权是一种绝对的、不受任何制约的权利。根据民法及其他相关法律、法规的规定，基于社会公共利益、国家建设、相邻关系等方面的需要，可对所有权的内容进行必要的限制。如行使所有权不得违反法律规定、不得损害他人利益和社会公共利益。

七、法条分析题

(1) 本法条是关于共同侵权行为及其责任承担的规定。共同侵权行为就是二人以上共同实施的侵权行为。共同侵权行为分为共同加害行为和共同危害行为。

（2）与单独侵权行为相比，共同侵权行为具有以下特征：主体的复合性，即有两个以上的加害人存在；行为的共同性，即数人的行为相互联系，构成一个统一的造成损害的原因；结果的单一性，即共同的加害行为造成了一个统一的不可分割的结果。

（3）共同侵权造成他人损害的，共同侵权人承担连带责任。即每个共同侵权行为人都有义务向债权人清偿全部债务。但是，在共同侵权人内部，确定每一个共同行为人应承担的份额，共同行为人在偿还了全部损失后，有权向其他行为人追索。

八、论述题

侵权责任和违约责任都是民事责任，但仍然存在着重大的差别。侵权责任和违约责任的区别主要有：

（1）归责原则不同。侵权责任则一般采取过错责任原则，例外采取无过错责任原则和公平责任原则；而违约责任一般采取严格责任原则，例外采取过错责任原则。

（2）构成要件不同。构成侵权责任，行为人主观上是否须有过错，依其适用的归责原则的不同而有所不同，但一定损害后果的存在是构成侵权责任的必要条件；而构成违约责任，一般以行为人主观上有过错为要件，违约金的交付不以其违约行为给对方造成的损失为要件。

（3）举证责任不同。在侵权责任中，一般侵权行为的受害人有义务就加害人有无过错负举证责任；在特殊的侵权行为中，加害人对于自己的行为无过错负有举证责任，而且在有些情形下，即使加害人举证证明自己没有过错也不能免责。而在违约责任中，由于一般实行严格责任原则，违约方只有证明具有法定的或者约定的免责事由才可免责。

（4）免责条件不同。在侵权责任中，免责条件只能是法定的，当事人不得事先约定免责条件，也不能对不可抗力的范围事先约定。而在违约责任中，除了法定的免责条件以外，合同的当事人还可以事先约定不承担民事责任的情况，但当事人不得事先约定免除故意或重大的过失责任。即使就不可抗力来说，当事人也可以就不可抗力的范围事先约定。

（5）责任形式不同。侵权责任的形式有停止侵害、返还财产、恢复原状、消除影响、恢复名誉、赔偿损失等；而违约责任的形式主要有强制实际履行、支付违约金、赔偿损失等。侵权责任既包括财产责任，也包括非财产的责任；而违约责任主要是财产责任。

（6）责任范围不同。在侵权责任中，损害赔偿责任的范围不限于财产损害，而且包括人身伤害和精神损害；不仅包括直接损失，也包括间接损失，且损害赔偿的范围是法定的，不能因当事人的事先约定而改变；而在违约责任中，损害赔偿的责任只限于财产损害，不包括人身损害和其他的非财产损害，且当事人可以在合同中约定赔偿损失额，如果没有约定，赔偿额应相当于受害人因违约受到的损失，但是不得超过违约方订立合同时应当预见到的违约可能造成的损失。

（7）诉讼时效不同。因侵权行为产生的损害赔偿请求权一般适用2年的诉讼时效，但因身体受伤害而产生的损害赔偿请求权的诉讼时效为 1 年。因违约行为产生的损害赔偿请求权的时效一般为 2 年；延付或者拒付租金争议、寄存财物被丢失或者损毁争议适用 1 年的诉讼时效；国际货物买卖合同和技术进出口合同争议的诉讼时效为 4 年。

侵权责任和违约责任的竞合是指行为人实施的某一违法行为，同时具有侵权行为和违约行为的双重特征，从而在法律上导致了侵权责任和违约责任的竞合。侵权责任和违约责任的竞合主要有以下几种：

（1）合同当事人的违约责任行为，同时侵犯了法律规定的其他的强行性义务，如保护、照顾等附随义务或其他的法定的不行为的义务，违反合同约定的保密义务而致使他人的隐私权受到侵害等。

（2）在某些情况下，侵权行为直接构成违约的原因，即所谓“侵权性违约行为”。同时违约行为也可能造成侵权的后果。

（3）不法行为人故意或者重大过失实施侵害他人权利并造成他人损害时，在加害人和受害人之间事先就存在着一种合同关系。这种合同关系的存在，使加害人对受害人的损害行为，不仅可以作为侵权行为，也可以作为违反当事人事先约定义务的违约行为。如在医疗服务合同中，因医生的故意或重大的过失造成病人的伤害或死亡。

参考文献

魏振瀛．民法．北京：北京大学出版社，2000.
张俊浩．民法学原理．北京：中国政法大学出版社，2000.
王泽鉴．民法总则．北京：中国政法大学出版社，2001.
王利明．民法．北京：中国人民大学出版社，2000.
梁慧星．民法总论．北京：法律出版社，1998.
王泽鉴．民法物权 通则 所有权．北京：中国政法大学出版社，2001.
王泽鉴．民法物权 用益物权 占有．北京：中国政法大学出版社，2001.
谢在全．民法物权论．北京：中国政法大学出版社，1999.
王利明．物权法研究．北京：中国人民大学出版社，2002.
梁慧星．中国物权法研究．北京：法律出版社，1999.
梁慧星．中国物权法草案建议稿．北京：社会科学文献出版社，2000.
郭明瑞．担保法．北京：中国政法大学出版社，1998.
张广兴．债法总论．北京：法律出版社，1998.
王泽鉴．债法原理（一）、（二）．北京：中国政法大学出版社，2001.
崔建远：合同法．北京：法律出版社，2000.
王利明，崔建远．合同法新论·总则．北京：中国政法大学出版社，2000.
张新宝．中国侵权行为法．北京：中国社会科学出版社，1998.
王利明．侵权法论．北京：人民法院出版社，2004.
王利明．违约责任论．北京：中国政法大学出版社，2000.
郭明瑞，房绍坤，于向平．民事责任论．北京：中国社会科学出版社，1991.

最后，我要衷心感谢我的父母，感谢他们赋予我生命，在我的人生路上给予我无私的关怀与照顾，感谢他们给我带来的幸福与欢乐。在博士后期间，父母任劳任怨，拖着病痛的身体帮我照顾孩子的生活起居，为我分担着原本应该由我所承担的一切，他们唯一的期盼就是我能学有所成，学有所用。我要衷心感谢我的爱人刘江涛，在我39年的生命中，陪伴我走过20个春秋。我们在事业上相关鼓励，在生活中互相关心，我的点滴进步都离不开他的支持与理解，他永远是我心灵的港湾和坚强的后盾。我要衷心感谢我的儿子刘亦东，从你还没出生开始，妈妈就勤于学习，忙于工作，不能把全部精力放在你的身上，可是你坚强、懂事、乐观、上进，不仅学习成绩优异，而且在象棋、钢琴、书法等方面也都有着出色的表现，妈妈非常欣慰！得子如此，夫复何求？

所有感激，我唯有化成动力，踏踏实实做人、勤勤恳恳做事，才能不辜负老师的辛勤培养、朋友的鼎力支持和家人的无私关爱！

由于本人学识水平有限，以及时间和研究条件限制，本书不足和疏漏之处难免，恳请各位专家学者和读者批评指正。

董　蕾

2019.3